印度哲學史

A History of Indian Philosophy

楊惠南——著

要理解佛教，不可不知印度哲學；

要認識印度哲學，不可不知印度哲學史。

東大圖書公司

獻給業師

傅偉勳教授

再版序

筆者的一生，到目前為止，出版了十九種佛學專書，其中《龍樹與中觀哲學》、《吉藏》和《印度哲學史》，花費心思最多。寫作期間，有時通宵不眠。有一次，寫到一個段落，關掉檯燈，發現窗口射進了微光，原來天亮了！我到洗手檯刷牙洗臉，竟吐出一大口血來。

古代中國和印度有密切的來往。唐代玄奘大師到印度取經，以及其後吳承恩的《西遊記》，更使得印度成了既神祕又令人嚮往、很想前去一遊的國度。也因為這樣，在古代的中國，有關印度的相關著作，可謂汗牛充棟，其中當然以佛典為大宗。另外，兩部遊記——東晉法顯大師的《佛國記》和唐代玄奘大師的《大唐西域記》，記錄了當時印度的風土人情和佛教傳播的實況，實是最珍貴的一手資料。

然而，在這之後，印度好像被華人忘了似的，不再有值得參考的著作問世。中國和印度的關係彷彿斷了線。除了民間流傳的《西遊記》之外，人們竟把影響中國如此之甚的印度給忘了。而在現代的臺灣，有關印度的著作也不多見。外交家糜文開先生譯了一些印度詩人泰戈爾的詩作，吳俊才教授寫了《印度史》和《甘地與現代印度》，還有李志夫教授出版了論文集《印度哲學及其基本精神》(李教授還出版 S. Chatterjee: *An Introduction to Indian Philosophy* 的中譯本，但只譯了一半)。倒是林煌洲先生譯自達斯笈多 (S. Dasgupta) 英文本的《印度哲學史》，比較值得注意。另外，值得注意的還有郭忠生先生譯自李查．羅賓森 (Richard H. Robinson) *Early Madhyamika in India and China* 的《印度與中國早期中觀學》。

以上是目前流傳在臺灣有關印度的出版品，對於一個影響華人世界如此重大的國家來說，這樣的出版品著實不足。而本書的出版，也只能稍補這種不足罷了！

最後，在這第二版出版的前夕，筆者還想敬告讀者：本書除了正文花了筆者不少心血之外，注釋也是值得細讀的。如果讀者們能夠用心研讀各章各節的注釋，相信會有一些收穫的。

楊惠南

寫於臺灣大學教職員宿舍

2022 年 1 月

自序

對於一個專門研究佛教的學者來說，印度哲學史顯然是極為重要的一門必修課程。但是，由於國人的忽視，這一方面的書籍，不管是在質或是在量上，都顯得極為貧乏；有心研究的學者，泰半必須經由外文資料或其翻譯，才能一窺其中奧祕。最近，藍吉富兄送來一部中國大陸學者黃心川先生所撰寫的《印度哲學史》，這應該是漢文界少數幾部合乎學術水準的相關巨作。特別是該書在專章討論了「順世派哲學」（第五章）之後，緊接著又另闢篇幅，討論「生活派（邪命外道）的哲學」（第六章）。無疑地，這是少有的見解。可惜，收到該書時，本書已經完稿，以致沒有機會參考其中的觀點！

由於國內相關資料缺乏，本書撰寫期間曾經數度輟筆，為的是向國外採購相關書籍。然而，所欲採購的書籍，或是已經絕版，或是版本老舊；少數採購所得，雖然難掩如獲至寶的興奮，卻不免有零星不全的遺憾！以致無法全面採用一手資料，來撰寫印度哲學各宗各派的中心思想，各章品質參差不齊。這是筆者感到最為不安的地方！

前面已經說過，國人研究印度哲學的目的，大都在為研究佛教鋪路。因此，本書處理一些專有名詞時，儘管譯音已經隨著時間的遷移而有所改變，但卻仍然盡量沿用佛教的固有譯名。而在引用參考資料方面，也是盡量採自佛教的文獻。在這方面，著實花費筆者許多時間；一個佛典所未曾出現的專有名詞，為了把它譯得像是佛典中的譯名，往往花費數十分鐘之久。至於佛典的引文部分，由於必須一一檢閱、查察，更是耗時經日。對於一部印度哲學史來說，也許這並不是最為必要的，但為了便利佛教學者，想來這也是值得的！

最後，還要感謝幾位師友：

三十年前，筆者就讀臺灣大學哲學系時，「印度哲學史」一課，是由目前任教於美國天普大學 (Temple University) 宗教系的傅偉勳教授所開講。沒想到後來筆者也在臺灣大學哲學系，任教同一課程，而且一教就是十幾年！在這十幾年的教學過程當中，儘管深深感受到教科書的重要性，但卻一直沒有提筆撰寫有關印度哲學史的論文或書籍。傅教授原本囑我撰寫《印度古代思想文化史》一書，後來體諒我一向只是從事印度哲學史和佛學的教學工作，因而囑我改寫本書。如果沒有傅教授的教導和囑咐，本書也不可能和各位讀者見面。因此，筆者要把本書獻給傅教授！

楊　惠　南

寫於臺灣大學哲學系

1995 年孟春

印度哲學史　　目　次

第一章　印度哲學史的分期

第一節　印度的人民與國土

・第一項　印度的人民

印度哲學的開創者，一般認為是雅利安人 (Āryan)。但是，許多跡象顯示，當雅利安人入侵印度之前，印度已有原住的民族，而且他們所開創出來的文明，比起當時的雅利安人所開創出來的文明，並不遜色。這些原住的民族共有兩種，一是達羅維荼人 (Draviḍa)，另一則是科羅利耶人 (Kalaria)❶。本世紀初，在印度河 (Indus) 流域所發現的古代文明遺跡當中，有一枚印章，由兩個蛇頭所組成。咸認這是膜拜半人半蛇之那加人（那伽人、龍族，Nāga）的民族象徵，這一民族後來被入侵的雅利安人所征服，因而流竄在荒僻的山區裡❷。另外，考古

❶ 參見高楠順次郎、木村泰賢著，高觀盧譯，《印度哲學宗教史》，臺北：臺灣商務印書館，1991（臺一版六刷），頁 6。另外，吳俊才，《印度史》，臺北：三民書局，1981，頁 34，曾依目前的情況，把印度的種族分成四類：⑴使用梵文語系，信仰印度教，膚色白皙，社會地位較高的雅利安人；⑵居住在印度半島南部，使用泰米爾（坦米爾）、泰洛格、卡拉雷賽、馬拉雅蘭語文的德拉維荼人（達羅維荼人）；⑶居住在山區或叢林之中，膚黑、矮小、扁平鼻的少數民族：柯爾、貝爾、芒達等部落；⑷高大的蒙古種體型，少鬚、膚黃，居住在喜馬拉雅山區及阿薩密，如哥卡爾人、不丹人。

學家還在印度河流域的牟桓鳩達羅 (Moheñjo-dāro) 地方，挖掘出另一枚印章，上面雕有一尊類似結跏趺坐，作禪定（冥想）狀態的神像，一般認為這是後來流行全印度的印度教三大神祇之一的濕婆神 (Śiva) 之原型；這一雕像也被認為和原住民的信仰有關❸。至於目前居住在印度中南部德干 (Dekhan) 高原地區的達羅維荼人，則是皮膚黑色的原住民族。在被雅利安人征服以前，他們已有相當發達的文明。他們以農立國，不同於雅利安人的遊牧為生；他們組織母系社會，不同於雅利安人的父系社會；他們的商人，曾經遠到須彌爾 (Sumer) 和巴比倫 (Babylon) 地區經商。入侵的雅利安人，甚至還採用了他們的村落組織、耕種方法和賦稅制度。直到現在，印度中南部德干高原地帶的文明，仍然染著濃厚的達羅維荼人的色彩❹。事實上，代表雅利安古文明的《梨俱吠陀》(*Ṛg-veda*) 當中，達羅維荼人以黑色、無鼻、半人半魔的形態出現，名叫大沙 (Dāsa) 或叫大斯尤 (Dasyu)❺。但是，包括代表雅利安古文明的另一巨著——《阿闥婆吠陀》(*Atharva-veda*)，乃至其後印度教的許多神祇和宗教思想，卻都和達羅維荼人的文明有著密切的關連❻。

---

❷ 參見威爾·杜蘭 (Will Durant) 著，幼獅翻譯中心譯，《印度與南亞》(*Our Oriental Heritage: India and Her Neighbors*, 1935)，臺北：幼獅文化事業公司，1973（3 版），頁 15～16。

❸ Cf. Susan L. Huntington, *The Art of Ancient India*, New York: Weather Hill, 1985, pp. 20～23.（感謝臺北故宮博物院李玉珉博士提供文獻資料。）又見中村元編，葉阿月譯，《印度思想》，臺北：幼獅文化事業公司，1984，頁 132～133。

❹ 同❸。

❺ 參見高楠順次郎、木村泰賢著，《印度哲學宗教史》，頁 11。

雅利安，高貴的意思；無疑地，這是他們對於自己種族的驕傲稱呼❼。許多跡象顯示，雅利安人和現在的歐洲人、伊朗人、阿富汗人、土耳其人，原屬同一民族——印歐民族，共同居住在中亞細亞。西元前三、四千年以前，開始向各方遷移。其中有一部分向西遷移，即成現在的歐洲人；另外一些則向東遷移，進入伊朗、阿富汗地區。大約是因為宗教上的歧見❽，居住在伊朗、阿富汗地區的這一民族，又分裂成兩部分：一部分留在伊朗、阿富汗原地，成為現在的伊朗人和阿富汗人；另外一些則向東南遷移，進入了印度東北部的印度河 (Indus) 流域——「五河」（即現在的旁遮普省，Pañjāb❾），他們即是印度雅

---

❻ 有關達羅維荼人和古印文明的關係，散見於前注所引書；特別是該書第一篇第一章。

❼ 但是摩尼爾．威廉斯 (Monier Willams) 對於 Āryan 一詞，卻有不同的看法；他以為，該詞的字根是 ri-ar，乃耕地的意思。如果這一說法屬實，那麼，雅利安人原本是務農，並非他所自稱的「高貴」的人士。（參見威爾．杜蘭，《印度與南亞》，頁 16。）

❽ 伊朗雅利安人和印度雅利安人的分裂，起因於宗教上的歧見。這點，可以從雷霆神因陀羅 (Indra) 的神格看出來：在伊朗雅利安人的信仰裡，因陀羅是惡神；而在印度雅利安人的信仰裡，因陀羅則為保護人民的善神。（參見高楠順次郎、木村泰賢，《印度哲學宗教史》，頁 8～9。又見糜文開，《印度三大聖典》，臺北：中國文化大學出版部，1980，頁 3。）

❾ Pañjāb 一詞，古代波斯（今伊朗）語，乃五 (pañj) 和河 (āb) 二詞的合成語。印度梵文 (Sanskṛt) 寫為 Pañca-nada，同樣是五 (pañca) 和河 (nada) 的合成語。五河，指的是以印度河 (Indus) 為中心的五條河流。在《梨俱吠陀》當中，它們的名字是：Vitastā, Asikṇī (Candrabhāgā), Puruṣṇī (Irā-vatī), Vipāśā, Śutudrī (Śatadrū)。而它們現在的名字，則分別是：Jhelum (Bihat), Chenāb, Rāvī, Beās, Sutlej。（參見高楠順次郎、木村泰賢，《印度哲學宗教史》，頁

利安人。因此，印度雅利安人在進住五河流域（印度河流域）之前，有兩個和其他雅利安民族同住的階段：⑴和歐洲（伊朗等）雅利安人同住的時期，我們可以稱之為「印歐時期」；⑵和伊朗（阿富汗）雅利安人同住的時期，我們稱之為「印伊時期」。

事實上，雅利安人所信仰的神祇，例如 Dyauṣpitar（天父），和希臘人所信仰的 Zeuspater，乃至羅馬人所信仰的 Jupiter，都是同一神祇的變化；再如雅利安人的 Deva（天神），和羅馬人的 Deus、立陶宛人的 Devas，也都具有相同的語根和神格❿。這些點點滴滴都可證明：雅利安人和現在的歐洲人，確實曾有一段時間共同居住在一起。至於印伊時期，兩個民族間的共同神祇，例如：雅利安人的雷神因陀羅 (Indra)、太陽神彌陀羅 (Mitra)、天空父神婆盧那 (Varuṇa)、酒神蘇摩 (Soma)，也都以相似的神格和語根，出現在伊朗人的信仰當中⓫。一些歷史學家還發現：位於小亞細亞的雅利安赫提斯族 (Hittites)，在紀元前第十四世紀初期，曾和位於西南亞洲之美索不達米亞 (Mesopotamia) 西北的彌坦尼王國 (Mitani) 締結條約；條約中，出現了印度雅利安人所信仰的許多神祇的名字，這些神祇也都出現在印度雅利安人早期的文明結晶──《吠陀》(*Veda*) 當中。其中，包括因陀羅、彌陀羅，以及婆盧那⓬。由此可見，伊朗人和印度雅利安人，確實有一段共同居住的時期。

進住印度五河流域（印度河流域）之後的雅利安人，征服了以達

4。）

❿ 其他例子請參見高楠順次郎、木村泰賢，《印度哲學宗教史》，頁 7～8。

⓫ 參見前注所引書，頁 8～10。又見威爾．杜蘭，《印度與南亞》，頁 16～17。

⓬ 參見威爾．杜蘭，《印度與南亞》，頁 16。

羅維荼人為主的原住民，將他們趕入中南部的德干高原或擄為奴隸。然後，向東、向南繼續伸張雅利安人的統治勢力，以致征服了全印度。在這征服全印度的過程當中，大約可以分為幾個階段：(1)五河流域時期；(2)恆河 (Gaṅga) 流域時期；(3)德干高原等中南印度時期。這三個時期，無疑地，是依照印度的地理位置而劃分的。因此，在沒有進入它們的說明之前，讓我們先來看看印度國土的概況。

・第二項　印度的國土

印度 (Indu) 一詞是唐・玄奘的翻譯⓭，在此之前，也有譯為身毒、申毒、天竺、賢豆、身豆等者。無疑地，這是因為流經印度東北部旁遮普省的印度河而得名的。進住五河流域的雅利安人，有感於印度河河水的浩瀚無邊，因此將之稱為「信度」(Sindhu)，那是水或海的意思⓮。然而，由於 Sindhu 一詞，在古代波斯（今伊朗）語中，稱為

⓭ 玄奘，《大唐西域記》卷 2，曾說：「詳夫天竺之稱，異議糺紛。舊云身毒，或曰賢豆。今從正音，宜云印度。」（引見《大正藏》卷 51，頁 875，中。）可見印度一詞是玄奘的翻譯。另外，有關印度一詞的意義，《大唐西域記》卷 2，也解釋說：「印度者，唐言月。月有多名，斯其一稱。言諸群生輪迴不息，無明長夜，莫有司晨。其猶白日既隱，宵燭斯繼。雖有星光之照，豈如朗月之明？苟緣斯致，因而譬月。良以其土聖賢繼軌，導凡御物，如月照臨。由是義故，謂之印度。」（同前引。）

⓮ 玄奘以為印度一詞的字義是月亮（參見前注），但是唐・義淨，《南海寄歸內法傳》卷 3，在夾注中卻說：「或有傳云：印度譯之為月。雖有斯理，未是通稱。且如西國名大唐為支那者，直是其名，更無別義。又後須知，五天（即全印度）之地，皆曰婆羅門國；北方速例（速利？），總號胡疆。不得雷同，咸為一喚耳。」（引見《大正藏》卷 54，頁 222，上。）這樣看來，把印度

Hindhu，後來又化作希臘語 India，以致才有 Indu 一名。事實上，在古代的印度文獻當中，印度雅利安人往往以「婆羅多國」(Bhārata-varṣa) 或「閻浮提（洲）」（贍部洲，Jambu-dvīpa），來泛稱他們所居住的印度。後來，印度雅利安人建立起他們特有的宗教——婆羅門教 (Brahmanism) 之後，又把他們所居住的地方稱為「婆羅門國」(Brahmāvarta)⓯。

古代中國，曾把印度區分為五個地區，因而有「五印度」或「五天（竺）」之說⓰。但實際上，所謂的五印度或五天竺，其實只限於印度河流域和恆河流域兩個地區，並不包括德干高原以南的廣大地區⓱。

譯為月亮，並不是最恰當的作法。

⓯ 唐．玄奘，《大唐西域記》卷 2，曾說：「印度種姓，族類群分；而婆羅門特為清貴。從其雅稱，傳以成俗，無云經界之別，總謂婆羅門國焉。」（引見《大正藏》卷 51，頁 875，中。）另外，唐．義淨，《南海寄歸內法傳》卷 3，也說：「五天（即印度）之地，皆曰婆羅門國。」（引見前書，卷 54，頁 222，上。）由此可見，因為婆羅門教之傳教士——婆羅門 (Brāhmaṇa) 的關係，印度有時又叫做婆羅門國。

⓰ 關於五印度或五天竺，玄奘，《大唐西域記》卷 2，曾說：「五印度之境，周九萬餘里，三垂大海，北背雪山，北廣南狹，形如半月。畫野區分七十餘國。……北乃山阜，隱丘陵舄鹵；東則川野沃潤，疇壠膏腴；南方草木榮茂；西方土地磽确。斯大概也，可略言焉。」（引見《大正藏》卷 51，頁 875，中－下。）因此，所謂五印度或五天竺，乃是把印度分為東、南、西、北、中等五個地區。

⓱ 吳俊才，《印度史》，頁 30，曾說：「事實上所謂五印度，不過是指印度河流域及恆河流域所流貫之地。摩達雅 Madhya 居中，西為布拉亥瑪西 Brahmarshi，北為烏塔拉拔撒 Uttarapatha，南為達卡希拉巴撒 Dakashinapatha，東為甫爾瓦 Purva。」

另外，有些印度史的作者，曾把印度分為四個部分；它們是：⑴北部山區，包括中印邊境的不丹、錫金、尼泊爾和喀什米爾；⑵北部平原地區，包括印度河流域、恆河流域；⑶中南部印度，包括德干高原；⑷印度半島狹長的南邊地區，直到印度洋⓲。但是，多伊森 (Paul Deussen) 卻從文化史的觀點來劃分：首先，他從阿拉伯海的印度河口，向東劃了一條線，到達孟加拉灣的恆河口。這樣一來，不規則四邊形的印度版圖，被分割成上、下兩個三角形：上面正立的三角形，包括了西北角的五河流域（印度河流域）和東北角的恆河流域；這一地區，一般稱為痕都斯坦（興都斯坦，Hindustān）。下面倒立的三角形，則是頻闍耶山 (Vindhya) 以南的德干高原，一直到最南邊的半島頂端。其次，再從上面正立三角形的頂端，亦即興都克什山 (Hindukush) 為頂點，向南劃一垂直線，即把上面這個三角形，又分割成兩個更小的三角形。西邊的三角形，即是以印度河為中心的五河流域；東邊的三角形，則是恆河流域。這樣一來，全印度被劃分為三個三角形：⑴印度河為中心的五河流域（旁遮普）；⑵恆河流域；⑶頻闍耶山以南的印度中南部地區⓳。

第二節　印度哲學的分期與派別㈠
——從《吠陀》神話到婆羅門教的成立

像上面這樣，把印度劃分為三個地區，具有文明發展史的意義。事實上，原本居住在中亞的雅利安人，在經過「印歐時期」和「印伊時期」，而進住印度的過程，是以這三個三角形的先後次序而展開。因

⓲ 詳見吳俊才，《印度史》，頁 30。

⓳ 參見高楠順次郎、木村泰賢，《印度哲學宗教史》，頁 2。

此，由雅利安人所開創出來的印度古文明，也是以這三個三角形的先後次序而發展。也就是說，雅利安人首先進住於第一個三角形地區——五河流域，開創出第一期的印度古文明。隨著占領地區的向東擴大，雅利安人進住了第二個三角形地區——恆河流域，並且開創出第二期的印度古文明。最後又進住第三個三角形地區——頻闍耶山以南的德干高原，進而開創出第三期的印度古文明。這三期的古印度文明，奠定了以雅利安人為中心的宗教信仰和思想，為後代的印度宗教、哲學鋪下了深厚的基礎。

其中，第一期的印度古文明，開創於西元前 1500～1000 年，雅利安人剛剛進住於五河流域，過著遊牧為主、農耕為輔的生活。而在遊牧為主的生活當中，尤其以牛隻的牧養最為重要。有關這點，可以從此時期的「國王」(gopā) 一詞的字義，得到證明；該詞的字義是「守牛（者)」⑳。另外，也可以從「戰爭」(gauiṣṭi) 一詞的字義看出來；它的字義是「求牛」㉑。相信這是後世印度教徒之所以視牛隻（特別是具有繁殖能力的母牛）為不可侵犯之聖獸的原因㉒。

---

⑳ gopā 一詞是 go（牛）和 pā（監視、統御、保護、支配）二詞的合成語。因此，gopā 一詞的字義，除古典文獻中的「國王」之外，還有畜牧者、保護者等意思。

㉑ gauiṣṭi（戰爭）一詞，是由 gau（牛，go 一詞的變化）和 iṣṭi（探索、希望）二詞所合成。

㉒ 威爾．杜蘭，《印度與南亞》，頁 170，曾說：「母牛是印度最得人心的動物，在街頭任意漫步；牠的糞便被用作燃料或一種神聖的油膏；牠的尿是一種神聖的酒，可洗淨一切內外的污穢。……牠們死去時，其葬儀之盛有如宗教儀式。……牠們為數幾達（印度）全人口的四分之一。」由此可見牛隻在印度所受到的重視。

總之，「靠天吃飯」是印度雅利安民族第一期文明的重要特色。表現在宗教信仰上的，則是自然神觀和「庶物崇拜」（物神崇拜，Fetishism）。他們把自然界非人力所能想像、駕馭的各種事物或現象，例如雷電、暴風雨、山川、風、火等，加以神格化而崇拜之。而其代表作品則是《梨俱吠陀》。

梵文「梨俱」(ṛg) 一詞，由 ṛc 變化而來，有放光、歌詠、讚誦、禮敬等意思㉓。而「吠陀」(veda) 一詞，則是（有關祭祀之）知識的意思；古代中國，有義譯為明論者，也有音譯為毘陀、韋陀者。因此，《梨俱吠陀》可以義譯為《讚誦明論》。稱為「讚誦」，無疑地，那是對神格化之自然界諸事物和現象的讚美。例如，《梨俱吠陀》I, 6，曾經以十首詩歌，用來讚美雷神因陀羅及其兩旁的兩個隨從神祇——摩盧陀 (Marutv)㉔；其中，前五首是這樣㉕：

一、祂們（摩盧陀）隨侍在祂（因陀羅）身旁，當祂前進時，
把火紅的戰車披上鎧甲吧！
天空中，光芒四射！

二、祂們把鎧甲披在戰車上，
兩旁是祂心愛的兩匹馬，棕色的和勇猛的，載著

㉓ 玄奘，《大唐西域記》卷 2，曾把「梨俱」一詞譯為「壽」，並解釋說：「壽，謂養生繕性。」（引見《大正藏》卷 51，頁 876，下。）這應該是引申的翻譯，而非「梨俱」一詞的原義。

㉔ 摩盧陀，風、氣息、空氣的意思。因此，應該是暴風的神格化。（詳見㉗）

㉕ 譯自 F. Max Müller, *Vedic Hymns*, in F. Max Müller, *Sacred Book of the East*, London: Oxford Univ. Press Warehouse, 1891, part I, p. 14.

英雄前進吧！

三、你，創造光明，在缺乏光明的地方；

你，創造形象㉖，

啊！人們呀！在沒有形象的時刻，

你和黎明一起誕生！

四、於是，祂們（摩盧陀）依照習慣，

再次顯現為新生嬰兒的形象，並賦予它們

神祕的名字。

五、你，啊！因陀羅！奮迅的摩盧陀隨侍著，

從堅固的堡壘中

脫困而出，

你已找尋到光明的藏身之處！

在這五首讚歌當中，描寫太陽剛剛昇起時，天空中帶著金光的烏雲飛馳著的情形。雷霆神因陀羅及其侍從神摩盧陀，不過是這種自然現象的神格化而已㉗。無疑地，這是自然神學最典型的作品。像這樣

㉖ 「形象」一詞的英文譯名是 form。顯然，它是指太陽初昇時，山河大地中形形色色的事物。

㉗ F. Max Müller 對於這幾首讚歌的注解是：讚歌開始於旭日初昇時的描寫。因陀羅象徵白晝之神，祂的戰車是太陽，祂的侍從神——摩盧陀是颸風神。（參見㉕所引書，頁 16～17。）這樣看來，第三首讚歌中的「形象」，以及第四首讚歌中的「新生嬰兒」，都是萬事萬物的象徵。黑夜中看不到事物；但是，旭日初昇時，事物的「形象」（參見前注）就像「新生嬰兒」一樣，明顯地呈現在眼前。另外，以「新生嬰兒」一詞來描寫萬事萬物，似乎也意味著這些事物都是因陀羅神（及其侍從摩盧陀）所創造。

的詩作，在第一期印度雅利安文明的代表作——《梨俱吠陀》當中，隨處可見。

西元前 1000～500 年間，印度文明進入了第二期。雅利安人以恆河支流——閻牟那河 (Yamuna) 上流的俱盧地方 (Kurukṣetra) 為中心，開創出婆羅門教的宗教文明。因此，這個地方被稱為婆羅門國 (Brahmāvarta)㉘，或雅利安國 (Āryāvarta)。而且，由於雅利安人把它視為最重要的文化中心，因此有時又叫做中國 (Madhya-deśa)㉙。這一期，雅利安人透過婆羅門教的宗教力量，建立起不平等的社會四階級——四（種）姓：⑴最高階級的婆羅門教傳教士——婆羅門 (Brāhmaṇa)；⑵掌管軍事大權和統治大權的武士階級——剎帝利 (Kṣatriya)；⑶一般的平民——吠舍 (Vaiśya)；⑷被征服而成為奴隸的原住民——首陀羅 (Śūdra)。其中，前三階級（種姓）由於可以信仰婆羅門教，死後可以重獲新生，因此稱為再生族 (Dvija)；相反地，首陀羅由於沒有權利信仰婆羅門教，無法在死後獲得新生命，因此稱為一生族 (Ekajāti)。婆羅門教的僧侶們，繼續創作嶄新的《吠陀經》——《夜柔吠陀》（祭祀明論，*Yajur-veda*）、《沙磨吠陀》（歌詠明論，*Sāma-veda*）、《阿闥婆吠陀》（禳災明論，*Atharva-veda*）。這三種《吠陀經》，加上舊有的《梨俱吠陀》，合稱《四吠陀（經）》㉚。為了確立

㉘ 參見⑮。

㉙ 「中國」一詞是人文中心的意思，這點可以由義淨的《南海寄歸內法傳》卷 3 當中的幾句話看出來：「或云，末睇 (madhya) 是中，提捨 (deśa) 是國。百億之中心，斯其事也。」（引見《大正藏》卷 54，頁 222，上。）

㉚ 對於《四吠陀經》，玄奘的《大唐西域記》卷 2，曾有簡單的描述：「其婆羅門，學《四吠陀論》。（原注：舊曰《毘陀》，訛也。）一曰《壽（吠陀論）》，

《四吠陀》的權威，也為了解釋《四吠陀》中深奧艱澀的文字和內容，婆羅門族（種姓）甚至還創作了各種內容的《梵書》(*Brāhmaṇa*) 和《奧義書》(*Upaniṣad*)。(有關《四吠陀》、《梵書》和《奧義書》的種種情形，我們將在本書的適當章節專門介紹。)

另外，婆羅門族還提出了「婆羅門三綱領」，試圖進一步確立其不容置疑的權威；三綱領是：(1)《吠陀》天啟，《梨俱吠陀》等《吠陀經》是天神的啟示，不可懷疑；(2)祭祀萬能，只要委託婆羅門僧侶祭祀天神，必定可以逢凶化吉；(3)婆羅門至上，婆羅門族是社會四（種）姓中最高尚的族群。

在這一時期，雅利安人已從遊牧為主的生活方式，改採農耕為主的生活方式。因此，商業和簡單的工業也得以發展。而在政治方面，隨著剎帝利族勢力的擴張，原本經由選舉方式所產生的國王，變成了世襲制度。其中強而有力者，分別占領恆河兩岸，互相侵奪、打殺的戰爭，自然在所難免。最慘烈的一次戰爭，推測發生於西元前 800～600 年之間，乃俱盧地方之婆羅多族 (Bhārata) 的內戰。為了爭奪領導權，婆羅多族分裂為二：以持國王 (Dhṛtarāṣṭra) 及其（一百個）兒子（之一的）——難敵 (Duryodhana) 為領導中心的俱盧族 (Kaurava)，以及由般度王 (Pāṇḍu) 及其五個兒子——般度兄弟（般度五子，Pāṇḍava）所領導的般度族 (Pāṇḍavas)[31]。雖然這是婆羅多族的內戰，但是周圍

謂養生繕性。二曰《祠（吠陀論）》，謂享祭祈禱。三曰《平（吠陀論）》，謂禮儀、占卜、兵法、軍陣。四曰《術（吠陀論）》，謂異能、伎數、禁呪、醫方。」(引見《大正藏》卷 51，頁 876，下。)

[31] 般度五子的名字是：堅戰 (Yudhiṣṭhira)、怖軍（Bhīma 或 Bhīmasena）、有修 (Arjuna)、無種 (Nakula)、偕天 (Sahadeva)。他們和俱盧族的一百個王子，是

涉入的大、小國家共有一、二十個之多，慘烈的殺戮一共進行了十八天之久。這一大戰的實際情形，曾以史詩的方式表現出來，這即是著名的《摩訶婆羅多》（又譯《大戰歌》，*Mahābhārata*）。其中，大戰前夕，黑天 (Kṛṣṇa) 對其學生——般度五子之一的有修 (Arjuna) 的訓示，即是有名的《薄伽梵歌》(*Bhagavad-gītā*)，後世往往從《摩訶婆羅多》中抽離出來單獨流通㉜。

無疑地，在這第二期印度文明的開展過程當中，婆羅門族之所以能夠創作經典、制定不平等之四（種）姓制度、建立婆羅門三綱領，以樹立其無上的權威，原因即在統治國家的剎帝利族相互殘殺，無暇顧及宗教界的惡質發展所致。然而，這也種下婆羅門教內部分裂、反對婆羅門教之新興宗教——佛教、耆那教 (Jaina) 和唯物派 (Cārvāka)

表兄弟的關係。(Cf. J. A. B. van Buitenen, *The Mahābhārata*, Chicago: The Univ. of Chicago Press, 1973, vol. I, pp. 20～31.)

㉜ 《薄伽梵歌》，一般學者認為乃西元前 400～200 年之間的後期作品。成型之後，才被加入《摩訶婆羅多》一書之中，成為第六篇——〈大威猛篇〉(*Bhīṣmaparva*) 的 25–42 章。(《摩訶婆羅多》共有十八篇，每篇長短不一。) 當時，印度的文明已經進入第三期，婆羅門教分裂為許多教派；其中之一是數論 (Sāṅkhya)。《薄伽梵歌》中的許多宗教哲學，都是吸收數論派哲學之後，而發展出來的。例如，第十四、十七、十八章曾提到：人們的身體當中，有「不可毀滅者」，但卻被具有喜（薩埵，sattva）、憂（羅闍，rajas）、闇（多摩，tamas）等「三德」（三種性質，triguṇa）的「自性」（物質，prakṛti）所繫縛住。如果能夠超越具有三德之自性的束縛，即能解脫。這些概念和觀點，都來自數論派的宗教哲學。(參見糜文開譯，《薄伽梵歌》，收錄於《印度三大聖典》，頁 128～129、137～140。又見楊斐華譯，《薄伽梵歌》，臺北：斐華出版社，1985，頁 84～87、95～110。)

相繼形成的遠因（詳下）。

第三節　印度哲學的分期與派別㈡——從婆羅門教的分裂到婆羅門教的復興

印度雅利安文明的第三期是教派成立期，而其時間大約發生在西元前 500～250 年之間。這一時期，婆羅門教分裂為四個主要的教派；它們是：數論（僧佉，Sāṅkhya）、勝論（吠世、衛世、鞞世，Vaiśeṣika）、正理（尼夜，Nyāya），以及瑜伽 (Yoga)。而在這四個「正統的」(āstika) 婆羅門教之外，也成立了「非正統的」(nāstika) 三個教派；它們是：佛教、耆那教和唯物派。代表這一時期的婆羅門教作品是散文體的《經書》(*Sūtra*)——有別於《四吠陀》的韻文體。事實上，連佛教、耆那教等「非正統」的教派，也都以「經」的名義，來記錄其教主的言行。〔例如佛教的《阿含經》(*Āgama-sūtra*)、耆那教的《耆那經》(*Jaina-sūtras*) 等等。〕另外，染有四大教派（數論、勝論、尼夜、瑜伽）之思想色彩的「新《奧義書》」，也是這一時期的代表作品。它們成立的背景，前文已經略有論及；亦即：一者是由於婆羅門族威權太高而腐化，二者是因為剎帝利族王權的伸張。就後者而言，此時印度（俱盧戰場的）內亂已經結束，剎帝利族開始注意思想、宗教界的發展。因此，剎帝利族的權力凌駕在婆羅門族之上，而發展到最高峰。在剎帝利族當中，原本族群與族群之間分治的情形㉝，變成大族吞併小族的局面。因此，幾個「（小）王」(rāja) 之上，還有一個更具

㉝ 第二期的印度政治界，是族群分治的狀態。例如，住在俱盧地方的婆羅多族，即稱為俱盧族。而由般度五子所統治的國家，則成般度族。在俱盧大戰之前，二族相安無事地治理各自的國家。

有權威的「大王」(mahārāja) 或「最高君王」(samrāja) 凌駕其上。「明君聖主」型的「轉輪（聖）王」(Cakravartin) 神話和理念，也因而應運而生㉞。幾乎和《摩訶婆羅多》齊名的史詩——《羅摩耶那》(*Rāmāyaṇa*)，即是描寫這一時期印度雅利安人，在羅摩王 (Rāma) 的領導之下，由北向南發展的情形。另外，佛教文獻當中，同樣也保留了相關的記載。《長阿含經（卷 5）‧闍尼沙經》，即曾說到釋迦時代印度共有十六大國㉟，其中尤以摩竭陀國（摩竭提國，Magadha）和居

㉞ 「轉輪（聖）王」一詞中的「轉」(vartin) 是轉動、實行的意思。而「輪」(cakra)，則是車輪或圓盤的意思，那是正義或真理——「法」(dharma) 的象徵。轉輪聖王的傳說和理念，流傳甚廣，甚至屬於「非正統」的佛教經典，也熱烈地討論它。代表早期佛教經典之一的《長阿含經》卷 6，〈轉輪王修行經〉，即曾這樣地描寫轉輪聖王：過去久遠世時，有一位名叫堅固念 (Daḷhanemi) 的轉輪聖王，當他快要逝世時，告訴他的王子說：「此金輪寶者，非汝父產。汝父但勤行聖王正法；行正法已，於十五日月滿時，沐浴香湯，婇女圍遶，昇正法殿上，金輪寶自然當現。」(引見《大正藏》卷 1，頁 39，中－下。）引文中的金輪寶即是轉輪聖王治世時，在天空中自動出現的金色「輪」子。引文中還說到，金輪寶並不是轉輪聖王所私有，而是因為聖王「行正法」時，所自然感應而得的瑞相。所以，堅固王繼續告訴他的王子，如果要和他一樣，獲得金輪寶的話，那麼，就必須：「當依於法、立法、具法，恭敬、尊重、觀察於法，以法為首，守護正法。又當以法誨諸婇女；又當以法護視、教誡諸王子、大臣、群寮、百官，及諸人民、沙門（非正統教派的出家僧侶）、婆羅門，下至禽獸，皆當護視。」（引見前書，頁 39，下。）可見轉輪聖王其實代表著正義、真理流行之時代的國王。

㉟ 十六大國的名字是：鴦伽 (Aṅga)、摩竭（摩竭陀，Magadha）、迦尸 (Kāśi)、居薩羅 (Kośala)、跋耆 (Vṛji)、末羅 (Malla)、支提 (Cedi)、跋沙 (Vatsa)、居摟（俱盧，Kuru）、般闍羅 (Pañcāla)、阿濕波 (Aśvaka)、阿般提 (Avanti)、婆

薩羅國（拘薩羅國，Kośala）最為強大，兩國之間也時有激烈的戰爭發生。當時，居薩羅國有名的國王是波斯匿 (Prasenajit)；而摩竭陀國的國王則是阿闍世（未生怨，Ajātaśatru）。代表早期佛教經典之一的《雜阿含經》，卷 46，第 1236 經，曾描寫二王互相交惡、攻伐的情形：

> 時，波斯匿王、摩竭提國阿闍世王韋提希子㊱，共相違背。摩竭提王阿闍世韋提希子，起四種軍：象軍、馬軍、車軍、步軍，來至拘薩羅國。波斯匿王聞阿闍世韋提希子，四種軍至，亦集四種軍：象軍、馬軍、車軍、步軍，出共鬪戰。阿闍世王四軍得勝；波斯匿王四軍不如，退敗星散，單車馳走，還舍衛城。㊲

在這段描寫當中，居（拘）薩羅國的波斯匿王戰敗而逃。但在同經，卷 46，第 1237 經當中，卻說：「波斯匿王四種軍勝，阿闍世王四種軍退，摧伏星散。波斯匿王悉皆虜掠阿闍世王象馬車乘錢財寶物，生禽阿闍世王身，載以同車，俱詣佛所。」㊳可見二王之間時有戰爭，也互有勝負。

另一代表早期佛教的經典——《增一阿含經》，卷 26，第 2 經，

蹉 (Matsya)、蘇羅婆 (Śūrasena)、乾陀羅（揵陀羅，Gandhāra)、劍併沙 (Kamboja)。(詳見《大正藏》卷 1，頁 34，中。)

㊱ 阿闍世王是摩竭陀國王頻婆娑羅 (Bimbisāla) 和皇后韋提希 (Vaidehī) 所生，因此稱為「韋提希子」。

㊲ 引見《大正藏》卷 2，頁 338，中。

㊳ 同前引。

曾說：「波斯匿王為人暴惡。」㊴而《雜阿含經》，卷 46，第 1234 經，則更詳細地描寫波斯匿王為惡的情形：「時波斯匿王忿諸國人，多所囚執。若剎帝利，若婆羅門，若鞞舍（吠舍），若旃陀羅（首陀羅），持戒、犯戒，在家、出家，悉皆被錄。或鏁，或杻械，或以繩縛。」㊵而波斯匿王的兒子——（毘）流離 (Virūḍhaka)，雖在釋迦佛的兩次靜坐示威之下退兵，卻在第三次出兵時，吞併了釋迦佛的祖國——迦毘羅國 (Kapilavastu)㊶。可見，迦毘羅國是一小國，乃居薩羅大國之下的許多小國當中的一個。而釋迦的父王——淨飯王 (Śuddhodana)，相對於波斯匿或毘流離這樣的「大王」而言，只是一個「小王」。強國統治了若干弱國，大王領導著許多小王；這是第三期印度文明的特色㊷。

前文已經論及，剎帝利王權的增強，是第二期印度文明的特色。這還可以從下面的事實得到證明：首先，兩個批判婆羅門教的大教派——佛教和耆那教，其創始人都是剎帝利族。佛教的創始人釋迦牟尼，是迦毘羅國淨飯王的兒子；這點已在前面說過。而比釋迦稍長的耆那教創始人——伐馱摩那 (Vardhamāna)，亦即佛經中所提到的尼乾子（尼乾陀若提子，Nirgantha Jñātaputra）或大雄 (Mahāvīra)，則是昆達布拉國 (Kuṇḍapura) 國王悉達多 (Siddhārtha) 的王子㊸。

㊴ 引見《大正藏》卷 2，頁 690，中。

㊵ 引見前書，頁 338，中。

㊶ 詳見《增一阿含經》卷 26，第 2 經；《大正藏》卷 2，頁 690～693。

㊷ 有關十六大國的簡略討論，請參見憍桑比，〈佛世時印度十六國的政治形勢〉，收錄於張曼濤編，《現代佛教學術叢刊(61)．佛教與政治》，臺北：大乘文化出版社，1980，頁 1～28。

㊸ 尼乾陀 (Nirgantha)，是耆那教的教名；若提子（又譯為親子，Jñātaputra），是若提族 (Jñātā) 之兒子 (putra) 的意思。而若提族，則是昆達布拉國

其次，這一時期開始創作的婆羅門教聖典——《奧義書》，曾說到《奧義書》中的中心宗教哲學主題——「梵」(brahman) 或「我」(ātman)，乃是剎帝利族教導婆羅門族的思想。例如，《布利哈德奧義書》(*Bṛhakāraṇyaka-upaniṣad*) 2, 1，即說：《吠陀》學者——婆羅門族伽吉爾 (Gārgya) 的波羅迦 (Balāka)，曾向迦濕國 (Kāśi) 的國王——阿闍世 (Ajātaśatru) 要求，做為阿闍世王的學生。而阿闍世王雖然說「一個婆羅門去當一個剎帝利的弟子，違背了傳統習慣」，但最後還是教導波羅迦有關「梵」的道理㊹。另外，同書 6, 2，也說到般伽羅斯國 (Pañcālas) 的波婆訶那王 (Pravahaṇa)，曾向婆羅門教的有名學者——阿盧尼 (Āruṇi) 的兒子濕威陀計都（白淨，Śvetaketu），問了五個問題；結果，濕威陀計都完全無法回答。阿盧尼知道之後，也來要求做為波婆訶那王的弟子。於是，波婆訶那王為阿盧尼宣說有關輪迴的道理㊺。

(Kuṇḍapura) 的剎帝利族。〔參見 Hermann Jacobi (English tr.), *Jaina Sutras*, in F. Max Müller, *The Sacred Book of the East*, Delhi: Motilal Banarsidass, vol. XXII. 又見 E. Frauwallner (English tr. by V. M. Bedekar), *History of Indian Philosophy*, Delhi: Motilal Banarsidass, 1973, vol. I, p. 197.〕

㊹ Cf. P. Deussen (English tr. by V. M. Bedekar & G. B. Palsule), *Sixty Upaniṣads of the Veda*, Delhi: Motilal Banarsidass, 1980, vol. I, p. 428.（請特別注意該書頁 428 當中的 15 條。）

㊺ Ibid., pp. 525～529. 值得注意的是，輪迴 (saṃsāra) 一詞並沒有在目前筆者所引據的文獻當中出現。出現在這一文獻的，只是生命體在各種物體，例如煙火、月陰、食物、乙太、風等事物當中輪轉的過程。另外，《強都吉雅奧義書》(*Chāndogya Upaniṣad*) 5, 3–10，也記載了類似的內容。(Ibid., pp. 142～146.) 波婆訶那王甚至還向阿盧尼（又名喬達摩，Gautama）說：由於輪迴的道理是剎帝利族向婆羅門族所宣說的，因此，剎帝利族至今才能擁有統治世

由以上種種跡象顯示，印度第三期文明的開創，不再以婆羅門族為唯一的創造中心；事實上，在這一創造的過程當中，剎帝利族扮演著極其重要的角色。這也是為什麼婆羅門教分裂為四大教派（數論、勝論、尼夜和瑜伽），乃至代表剎帝利族之佛教、耆那教興起的主要原因之一。

印度雅利安人在第三期當中，已經占領了印度全境，包括最南端的離島——錫蘭〔Ceylon，古稱獅子國或獅子洲 (Siṃhala-dvīpa)，即今斯里蘭卡 (Sri Lanka)〕，並且創造了婆羅門教為主導的文明。然而，在此之後，印度還有新文明的開創：西元前 250～西元後 500 年，是佛教的全盛期；我們可以稱之為印度文明的第四期。在這七、八百年之間，前兩百五十年（西元前 250～000 年）是「小乘佛教」(Hīnayāna) 的全盛期；西元 001～500 年則是「大乘佛教」(Mahāyāna) 興起的時期。初期（小乘佛教），佛教的取得優勢，而進入全盛時期，得力於阿育王 (Aśoka) 的支持。西元前 327 年，希臘王——亞歷山大大帝 (Alexander the Great, 356～323 B.C.) 率領大軍，從波斯（今伊朗）越過印度最北邊的興都克什山 (Hindukush) 入侵印度，統治了印度的北部地區。七年後，摩竭陀國 (Magadha) 的首都發生了一場政變，統治的難陀 (Nanda) 家族被放逐，而由月護王 (Candragupta) 所取代，並且建立起印度史上有名的孔雀王朝 (Maurya)[46]。孔雀王朝統治印度和阿富汗等地區，達一百三十七年之久（西元前 321～184 年）；其中最有名的國王，即是第三代的阿育王。阿育王登位於西元前 273 年，在他之前，沒有一個王國的領土大過於他。他的領土幾乎包括全印度，以及阿富

界的權力。(Cf. *Chāndogya Upaniṣad*, 5, 3, 7, in Ibid., p. 143.)

[46] 以上參見威爾．杜蘭，《印度與南亞》，第三章第一節。

汗。年輕時代，他是一個惡王，曾建造一座監獄，名為「愛樂獄」，犯人有進無出；以致「舉國人民皆稱暴惡，遂號名為惡阿恕伽（即惡阿育，Caṇḍāśoka）」。後來受到一個俗名「海」(Samudra) 之出家人的感化，把這座監獄改為供奉釋迦遺骨的大塔，並在全國各地建造塔廟。因此，人民改口稱他為「正法阿恕伽王」，意思是：推行真理的國王㊼。

事實上，阿育王涉入佛教出家僧團的內部事務甚深。依照《善見律毘婆沙》卷 1–2 的記載㊽，他的弟弟帝須 (Tissa)、兒子摩哂陀 (Mahinda)、女兒僧伽蜜多 (Saṅghamittā)、姪兒泥瞿陀、外甥阿嗜婆羅門 (Aggibrahman) 的兒子阿嗜，全都出家為僧。當時佛教僧團因為對戒律的不同看法，以致分裂為兩大集團。阿育王甚至不惜殺害無數僧人，以求僧團的和合。然而，並沒有成功。最後在佛教僧團耆老，同時也是王子摩哂陀的師父──目犍連子帝須 (Moggalaputta-tissa) 的出面調停，才平息了這場僧團內部的爭執。並且，在阿育王的支持之下，藉機舉行了一次一千僧人的集會，整理佛教的文獻──《經藏》和《律藏》㊾。這即是佛教史上傳說的「第三集法」㊿。

㊼ 以上參見《阿育王傳》卷 1；《大正藏》卷 50，頁 101，上－102，中。

㊽ 以下有關阿育王的事跡，請參見《善見律毘婆沙》卷 1–2；《大正藏》卷 24，頁 678，中－687，中。

㊾ 佛教文獻共有三種，稱為「三藏」(Trīṇi-piṭakāni)；即：⑴釋迦佛所宣說之哲學性的道理──《(契) 經藏》(*Sūtra-piṭaka*)；⑵釋迦所制訂的戒條──《律藏》(*Vinaya-piṭaka*)；⑶釋迦（及其）弟子對於《經藏》的解釋──《論藏》(*Abhidharma-piṭaka*)。其中，前二者咸認是比較早期的佛教文獻；而第⑶則是較晚成立的文獻。

㊿ 集法 (saṃgīti)，又譯結集；乃釋迦佛逝世之後，其弟子聚集在一起，整理其

阿育王不但讓兒子、女兒出家為僧，而且還在目犍連子帝須的咐囑之下，派遣出家的兒子摩哂陀，率領另外的四名僧人，遠至獅子國(Sīhaladīpa) 即今斯里蘭卡去傳教。事實上，摩哂陀一行，只是奉命向各處傳教的九批僧人當中的一批而已；另外還有八批僧人，遠至罽賓犍陀羅國 (Kasmīra-gandhāra)、摩醯娑末陀羅國 (Mahisakamaṇ-ḍala)、婆那婆私國 (Vanavāsi)、阿波蘭多迦國 (Aparantaka)、摩訶勒咤國(Maharattha)、臾那世界國 (Yonakaloka)、雪山邊國 (Himavantapadesa)、金地國 (Suvaṇṇabhūmi) 等地傳教。其中，臾那世界國，在原注中說：「是漢地也。」❺❶另外一些國家名字，有些已經不可考；但是，這些傳教僧人曾經到達敘利亞、埃及、希臘，乃是可靠的事實❺❷。佛教之所以能夠在短短的一、兩百年之間，從恆河流域的地方性宗教，迅速傳遍全印度，並向歐、亞其他各地擴展教區，最後成為世界性的大宗教，阿育王的功勞實不可沒。

由於文獻和考古資料的欠缺，阿育王逝世（西元前 232 年）之後的五、六百年間，已經不很清楚。這一階段，印度歷史再度進入分裂的局面。西元前 184 年，孔雀王朝最後一任國王——弗利訶陀羅達(Bṛhadratha)，被部將弗沙蜜多羅（差友，Pusyamitra）❺❸所弒之後，即

所宣說、制訂之《經藏》、《律藏》、《論藏》等「三藏」的集會。第一次集法是在釋迦逝世當年所舉行的，結集出《經藏》(《四阿含經》) 和《律藏》。第二次集法，除了修改《經藏》和《律藏》之外，還結集出《論藏》。傳說中的第三次集法，乃斯里蘭卡佛教的獨有說法，並不為整個佛教界所認同。事實上，本書所引據的《善見律毘婆沙》，即是斯里蘭卡佛教的代表作品。

❺❶ 以上參見《善見律毘婆沙》卷 2；《大正藏》卷 24，頁 684，中－685，上。

❺❷ 參見威爾・杜蘭，《印度與南亞》，頁 86。

❺❸ 弗沙蜜多羅，《舍利弗問經》當中，以為是阿育王（孔雀輸柯王）的孫子。

進入桑迦王朝 (Śuṅga)。這一王朝維持了一百一十一年，到西元前 73 年才覆亡。桑迦王朝是一個復興婆羅門教，因而傾向於反佛教的王朝。另一方面，阿育王時代即已建立於中、南印德干高原的案達羅國 (Andhra)，原本是阿育王的附庸國，但在阿育王逝世之後，隨即宣布獨立，並一反阿育王親佛教的政策，而以復興婆羅門教、保護四姓階級為政策。這個王朝統治了四百五十年左右，大約在西元 236 年才覆滅[54]。考古學者曾經發掘出一些阿育王所建立的石柱；其中，第十二號石柱上，曾經這樣刻著他的「法勅」(dhamma-lipi)：「一個人尊崇他自己的教派，而同時也可以對其他的教派服事工作。」[55]而在第十五號石柱法勅上面，阿育王更刻下了他那有名的「憐恤法」：「由於憐恤法根據了許多理由，並經神聖仁慈的陛下頒行，增列禁止殺害有生物作犧牲，禁止殺戮活生生的人物，善待親戚，善待婆羅門。」[56]由此可見，阿育王雖然信仰佛教，卻採行善待其他宗教（例如法勅上所提到之婆羅門教）的政策。然而，也由於禁止殺生以祭祀天神，這對於強調「祭祀萬能」的婆羅門教來說，顯然是一大傷害。因此，他的「憐恤法」並沒有受到婆羅門教的歡迎。《阿育王傳》卷 7 即說：「昔阿恕伽王深信三寶[57]，常供養眾僧，諸婆羅門皆生嫉妒。」[58]事實上，甚

（參見《大正藏》卷 24，頁 900，上。）

[54] 參見吳俊才，《印度史》，頁 72～73。又見周祥光，《印度通史》，中壢：圓光寺印經會，1991，頁 87～92。

[55] 引見威爾．杜蘭，《印度與南亞》，頁 85。

[56] 引見前書，頁 86。

[57] 三寶是指佛教徒所敬重的三種寶物：創教的教主──（釋迦牟尼）佛（佛陀，buddha）、（釋迦牟尼）佛所宣說的道理──法 (dharma)，以及由出家人所組成的團體──僧（僧伽，saṃgha）。

至連他的臣子當中，都有不少人反對他過分偏袒佛教的作法[59]。因此，在他逝世之後的數百年間，儘管國家又進入分裂的局面，統治的朝代也迭有更易，但都採取反對佛教而親婆羅門教的宗教政策。在北方，桑迦王朝如此，推翻她的甘瓦王朝 (Kāṇva)[60]也是這樣[61]。而在南方，統治了四百五十年的案達羅王朝，也同樣採取反佛教而復興婆羅門教的措施。因此，在這數百年中，佛教為了求發展，必然會有一些「質變」[62]。所謂「質變」，即是吸收婆羅門教的神祇、教義，並逐漸發展出嶄新的佛教新教派——「大乘佛教」(Mahāyāna)，以有別於舊有的「小乘佛教」(Hīnayāna)。

大約在西元前 174～160 年之間，居住在西亞的一支遊牧民族，被匈奴所驅逐。其中一支名為大月氏，逃入印度西北定居；大約在西元後 50 年左右，還由丘就卻〔Kujura，亦即卡德費薩斯一世 (Kadphises

---

[58] 引見《大正藏》卷 50，頁 129，上。

[59] 《阿育王傳》卷 7 曾說：「昔阿恕伽王見出家者，不問大小悉皆禮拜。諸邪見臣，怪其所作。」（引見《大正藏》卷 50，頁 129，下。）又見威爾．杜蘭，《印度與南亞》，頁 86～87。

[60] 桑迦王朝最後一任國王——提婆負梨 (Devabhūti)，被他的婆羅門教大臣——婆藪提婆 (Vasudeva) 所弒之後，即進入甘瓦王朝。這一王朝僅維持了四十五年，西元前 28 年，婆藪提婆被南方的案達羅王所殺，因而結束了甘瓦王朝。（參見吳俊才，《印度史》，頁 73。）

[61] 例如，《舍利弗問經》即曾描寫桑迦王朝的弗沙蜜多羅王，迫害佛教信仰的情形：「害之無問少長，血流成川，壞諸寺塔八百餘所。諸清信士，舉聲號叫，悲哭懊惱。王取囚繫，加其鞭罰。五百羅漢登南山獲免。」（引見《大正藏》卷 24，頁 900，上－中。）

[62] 參見印順，《印度之佛教》，臺北：正聞出版社，1985（2 版），第九章。

I)〕，建立了貴霜王朝 (Kuṣan)。貴霜王朝最有名的國王是第三代的迦膩色迦王〔Kaniṣka，又名栴檀罽尼吒 (Kaniṣṭha)〕，他建立了健馱羅國 (Gāndhāra)。在位時，甚至還遠征中國新疆的和闐、疏勒等地㊸。他對佛教採取大力支持的態度，元魏．吉迦夜所譯的《雜寶藏經》卷 7 說：「月氏國有王，名栴檀罽尼吒，與三智人，以為親友。第一名馬鳴菩薩；第二大臣，字摩吒羅；第三良醫，字遮羅迦。」其中，馬鳴 (Aśvaghoṣa) 乃佛教史上有名的大乘佛教學者，在他的感化之下，迦膩色迦王「修檀持戒，造立僧房，供養眾僧，四事不乏」㊹。另外，唐．玄奘，《大唐西域記》，卷 3，曾記載說：在高僧脇尊者 (Pārśva) 輔佐之下，迦膩色迦王曾召集了一次五百人的會議，其中包括有名的佛教學者——世友 (Vasumitra)。在這次會議當中，集成了「鄔波第鑠論」、「毘奈耶毘婆沙論」、「阿毘達磨毘婆沙論」各十萬頌，以注釋佛教的《經》、《律》、《論》等「三藏」㊺。又說：迦膩色迦王把集成的這些

㊸ 詳見吳俊才，《印度史》，頁 77。

㊹ 詳見《大正藏》卷 4，頁 484，中－下。其中，「四事」是指僧人日常所需之衣服、飲食、臥具、湯藥等四種東西。另外，同書還說：迦膩色迦王和一個名叫祇夜多 (Jeyata) 的佛教高僧，相交甚篤。(詳《大正藏》卷 4，頁 484，上。)

㊺ 「三藏」是指佛教的三種文獻——《經》、《律》、《論》。(參見㊾)「鄔波第鑠論」(upadeśa)，又音譯為優波提舍（論），義譯為論議。依《大唐西域記》卷 3 的說法，這是「釋素呾纜（即經，sūtra）藏」的一種作品。(詳見《大正藏》卷 51，頁 887，上。）因此，鄔波第鑠論是解釋三藏中之《經藏》的一種佛教文獻。其次，「毘奈耶毘婆沙」一詞中的「毘奈耶」(vinay)，指的是三藏中之《律藏》。而「毘婆沙」(vibhāsā)，義譯為廣解、廣說，也是注解的意思。最後，「阿毘達磨毘婆沙」一詞中的「阿毘達磨」(abhidharma)，指

文獻，「以赤銅為鍱，鏤寫論文，石函緘封」，然後藏在佛塔之中[66]。由這些記載，可見迦膩色迦王支持佛教的程度。事實上，這一時期還有另外一個更重要的佛教學者——龍樹 (Nāgārjuna) 出世，創立了大乘佛教的兩大教派之一——中觀派 (Mādhyamika)。

然而，佛教的好景並沒有維持多久；迦膩色迦王逝世之後，訖利多種 (Krīta) 自立為王，並對佛教採取迫害的態度。《大唐西域記》卷 3 說：訖利多種王「斥逐僧徒，毀壞佛法」。又說：「其訖利多種，屢以僧徒覆宗滅祀，世積其怨，嫉惡佛法」；也就是說，訖利多種王有感於佛教徒破壞宗法、滅除祭祀，因此才有毀佛的舉措，以致「外道天祠，特留意焉」[67]。

貴霜王朝大約亡於西元 220 年，一百年後（西元 320 年），崛多王朝 (Gupta) 興起。崛多王朝的第一代國王是月護 (Candragupta)，由於他的名字和孔雀王朝的開國國王同名，因此通常稱為「月護一世」。第二任國王名叫海護 (Samudragupta)，乃印度史上有名的國王。第三代國王是正勤日王（又譯超日王、鞞柯羅摩阿祑多，Vikramāditya），在位的時間大約是西元 380～413 年，相當於中國的晉朝安帝時代。當時，中國有一位高僧法顯，來到了印度，並把他所看到的情形記錄了下來。他說：

中國寒暑調和，無霜雪。人民殷樂，無戶籍官法。唯耕王地者，乃

的是三藏中的《論藏》；而「毘婆沙」的意思如前。

[66] 以上參見《大正藏》卷 51，頁 886，下－887，上。

[67] 引見前書，頁 887，上－中。引文中的「天祠」，無疑地，乃婆羅門教祭祀天神的儀式或宗廟。

輸地利。欲去便去，欲住便住。王治不用刑斬，有罪者但罰其錢，隨事輕重。雖復謀為惡逆，不過截右手而已。……舉國人民悉不殺生、不飲酒、不食蔥蒜。……國中不養豬雞，不賣生口。市無屠店，及沽酒者。㊳

法顯的描寫也許誇張了點，但卻仍然可以看出崛多王朝在三代國王的統治之下，政治清明、人民安居樂業的情形。事實上，在正勤日王的支持之下，印度的文學、哲學、科學和藝術，都興盛起來。有名的戲劇家迦利達沙 (Kālidāsa)，也在正勤日王的護持之下，活躍於印度㊴。

崛多王朝維持了三個半世紀，於西元 647 年滅亡。在這三個半世紀當中，雖然是佛教的盛行時代，但更是婆羅門教的復興時代；末期甚至有毀佛事件的發生。就佛教而言，這一時期正是大乘佛教兩大教派之一的瑜伽行派 (Yogācāra-vāda) 最盛行的時代，無著 (Asaṅga)、世親（婆藪槃豆，Vasubandhu）等該學派的高僧輩出。另一方面，由於崛多王朝親婆羅門教的宗教政策，數論（僧佉）等婆羅門教的傳（正）統教派，也相當興盛。在正勤日王及其繼承王子——新日王（婆羅袟底耶王，Bālāditya）的支持之下，佛教瑜伽行派的世親及其師父——佛陀蜜多羅（覺親，Buddhamitra），曾和數論派的頻闍訶婆娑 (Vindhyavāsī)，以及新日王的妹夫——婆修羅多（他是一個婆羅門），

㊳ 東晉．法顯，《高僧法顯傳》（又名《佛國記》）；引見《大正藏》卷 51，頁 859，中。引文一開頭的「中國」，應該是 Madhyadeśa 的翻譯。（參見本章第二節。）

㊴ 參見威爾．杜蘭，《印度與南亞》，頁 89。

展開辯論；結果互有輸贏 ⑩。由此可見，崛多王朝是一個偏袒婆羅門教，但對佛教仍然採取懷柔政策的時代。

崛多王朝覆滅（西元 647 年）之後，佛教進入衰微期；相反地，婆羅門教復興，商羯羅 (Śaṅkara, 788～820)、羅摩奴闍（Rāmānuja，11 世紀）、摩度 (Madhva, 1197～1276) 等婆羅門教的學者輩出。這即是印度文明史上的第五期——婆羅門教復興期。這一時期，開創出彌曼差 (Mīmāṃsā)、吠檀多 (Vedānta) 等婆羅門教的新教派，再加上原已成立的數論、勝論、瑜伽、正理等四教派，使得婆羅門教共有六派之多，史稱「六派哲學」(Ṣaḍ-darśana)。相對於佛教、耆那教和唯物派之被稱為「非正統」(nāstika) 派，這六派哲學則被稱為「正統派」(āstika)。

印度文明的第五個時期，乃回教傳入的時期。崛多王朝之後，阿拉伯人入侵印度之前，印度雖然還有戒日王 (Śīlāditya) 一世所創立的王朝，而且戒日王二世——嘉增王 (Harṣa-vardhana)，還曾禮遇遠從大唐帝國來的高僧玄奘 ⑪；但是，當他逝世之後，印度即進入戰亂。西

---

⑩ 詳見陳．真諦譯，《婆藪槃豆法師傳》；《大正藏》卷 50，頁 189，中－190，下。其中，頻闍訶婆娑寫了《金七十論（偈)》；該書一般認為是自在黑 (Īśvara-kṛṣṇa) 所作。因此，有人以為頻闍訶婆娑即自在黑。（參見望月信亨，《佛教大辭典》2，1776。）其次，婆修羅多寫有《毘伽羅論》(*Vyakaraṇa*)，又譯《字本論》或《聲明記論》，乃是有關語言學的書籍。

⑪ 有關戒日王禮遇玄奘的記載，請參見唐．玄奘，《大唐西域記》卷 5；《大正藏》卷 51，頁 893，下－895，下。另外，《大唐西域記》卷 5，對戒日王朝有這樣的描寫：「邪、正二道，信者相半。伽藍百餘所，僧徒萬餘人。大、小二乘兼功習學。天祠二百餘所，異道數千人。」（引見《大正藏》卷 51，頁 893，下。）可見這是一個大、小乘佛教和婆羅門教互爭長短的王朝。

元 712 年，第一批阿拉伯回教徒入侵北印和西印；其後的一千年間，印度陷入了戰亂當中。婆羅門教大勢已去，代之而起的是：濕婆 (Śiva)、毘瑟笯 (Viṣṇu)，以及梵天 (Brahmā)「三位一體」(trimūrti) 之神祇為信仰中心的「新婆羅門教」，這即是俗稱的印度教。而佛教，更因此而幾近於絕跡。由於回教的傳入，因此，即使是傳統婆羅門教的教派，例如吠檀多派，也往往染有回教的色彩。前面提到的摩度，即是一位試圖融合婆羅門教和回教的學者。無疑地，這是傳統婆羅門教的落日餘暉。

第二章　《吠陀》的自然神學

第一節　《吠陀》的成立及其種類

本書第一章已經論及，《吠陀（經）》共有四種：《梨俱吠陀》、《夜柔吠陀》、《沙磨吠陀》，以及《阿闥婆吠陀》。它們的成立並非一時一地一人所為，而是經過漫長的兩個印度文明發展期——第一、二期（西元前 1500～500 年），地點也含括印度河流域（五河流域）和恆河中、上游的「中國」地方。而其創作者，也無法確定其名字；事實上，《四吠陀》乃是這一千年中，婆羅門教的祭師——婆羅門族，所集體創作出來的詩歌集。其中，《梨俱吠陀》代表了印度文明的第一期（西元前 1500～1000 年）思想；而另外三種《吠陀》，則屬印度文明的第二期文獻。

現存的《四吠陀》，含有兩部分：詩歌體的部分，稱為「本集」(saṃhitā)；散文體的部分則是對這些詩歌的注釋，又分成《梵書》、《森林書》(*Āraṇyka*)，以及《奧義書》三部分。《梵書》和《奧義書》我們已在前章略有論及；而《森林書》，有些被劃歸到《梵書》當中，有些則獨立於《梵書》之外。我們可以把《吠陀》本集稱為「狹義的《吠陀》」；而把含有《梵書》和《奧義書》的《吠陀》，稱為「廣義的《吠陀》」。類似地，我們也可以把含有《森林書》的《梵書》，稱為「廣義的《梵書》」；而把不含《森林書》的《梵書》，稱為「狹義的《梵書》」。

有些時候，也把第三期（西元前 500～250 年）所創作出來的《經書》，視為（廣義的）《吠陀》。事實上，《經書》也可分成三類：⑴那些記錄公共祭典之方法的《經書》，稱為《隨聞經》(*Śrauta-sūtra*)；⑵那些記錄家庭祭祀之方法的《經書》，稱為《家庭經》(*Gṛhya-sūtra*)；⑶而那些記錄社會一般民眾所應遵行之法規的《經書》，則稱為《法經》(*Dharma-sūtra*)。

《吠陀》本集（狹義的《吠陀》）、《梵書》（含《森林書》）、《奧義書》，以及《經書》中的《隨聞經》，這四種被認為是天神的啟示（詳下段）；因此被視作「聖教」（天啟，Śruti❶）。另外的《家庭經》、《法經》，雖然並不是受到天神的啟示而作，卻是婆羅門家族歷代相承而保留下來的作品；因此稱為「聖傳」(Smṛti)。梵文 smṛti 一詞的字面意義是記憶。依照婆羅門教的古老傳統，包含三種《經書》在內之最廣義的《吠陀》，都是神聖的作品，不可形諸文字。因此，在最起先，這些聖典都沒有寫成文字，而是靠婆羅門族的記憶，以口傳的方式，一代傳給一代，而保存下來。記載佛教女性出家僧人──苾芻尼（比丘尼，bhikṣuṇī）所應遵守之戒律（之一）的《根本說一切有部苾芻尼毘奈耶》卷 1，即曾這樣說：

> 《薜陀》（即《吠陀》），譯為明智，若解此四（《吠陀》），智無不周，用無不備。應云《四明論》，總有十萬餘頌。口相傳授，不合書於紙葉。……其《薜陀》聲韻，外道執以為常，起乎自然，來從無始。

❶ 梵文 śruti 一詞的字面意義是傾聽。無疑地，這是指遠古的婆羅門祭師，傾聽天神的啟示之意思。

此聲常住，恆在虛空。人口發出，即是無常。❷

引文中說到兩件值得注意的事情：⑴《四吠陀》都是「口相傳授，不合書於紙葉」❸。因此，嚴格說，不但《家庭經》和《法經》是屬於「聖傳」（亦即記憶）；甚至連《吠陀》本集、《梵書》、《奧義書》，乃至《隨聞經》，也都應該屬於「聖傳」（記憶）的範圍。但是，由於它們已被視為「聖教」，因此，「聖傳」的範圍就縮小到只含《家庭經》和《法經》了。⑵《四吠陀》中的詩歌、咒語，都是自然而永恆（常）地存在於宇宙當中。有關這點，和後來彌曼差學派之「聲音永恆」的主張（聲常住論）有關，我們將在第十一章詳細討論。

現在，我們可以把以上所述各點，歸納成為下面的表格：

❷ 引見《大正藏》卷 23，頁 909，上。

❸ 口傳《吠陀》是婆羅門教的傳統；唐朝留學印度的高僧——義淨，在其《南海寄歸內法傳》卷 4 當中，曾這樣說：「又五天（即印度）之地，皆以婆羅門為貴勝。……所尊典誥，有《四薜陀書》（即《四吠陀》），可十萬頌。……咸悉口相傳授，而不書之於紙葉。每有聰明婆羅門，誦斯十萬。……親覩其人，固非虛耳。」（引見《大正藏》卷 54，頁 229，中－下。）甚至到現在，婆羅門教還保存這種口傳《吠陀》的傳統，以致當馬克士．穆勒 (F. Max Müller) 在出版《梨俱吠陀》全集，並附以《吠陀》大注釋家——沙耶那 (Sayana) 的注解時，曾發生了許多困難。（Cf. F. Max Müller, *Vedic Hymns*, in F. Max Müller, *Sacred Book of the East*, Oxford Univ. Press Warehouse, 1891, part I, pp. liii～lxxii. 又見高楠順次郎、木村泰賢，《印度哲學宗教史》，臺北：臺灣商務印書館，1991（臺一版六刷），頁 43～44。）

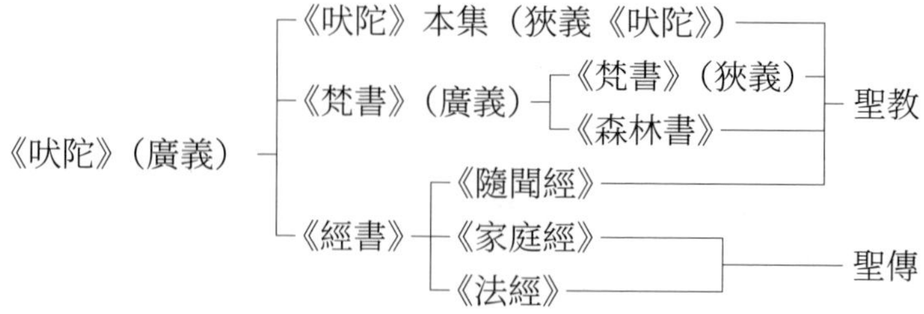

第一章已經略有論及，「吠陀」(veda) 一詞的字義是知識。這些知識（《四吠陀》），相傳乃大仙 (Ṛṣi) 聽聞了天神的聖教 (Śruti) 之後，所詠誦出來的。這些大仙，其實即是雅利安人所信仰之原始宗教的祭師 (ṛtvij)；從他們所負有的宗教任務來說，又可分成四種祭師：⑴勸請者 (Hotṛ)，唸誦讚歌 (ṛc)，以勸請諸神降臨祭壇；他們所唸誦的讚歌，集成了《梨俱吠陀》。⑵歌詠者 (Udgātṛ)，唸唱詩歌 (sāman)，以讚美天神之德性；他們所唸唱的詩歌，集成了《沙磨吠陀》。⑶祭供者 (Adhvaryu)，低聲唸誦祭詞 (yajus)，並以祭品供養天神；他們所唸誦的祭詞，集成了《夜柔吠陀》。⑷祈禱者 (Brahman)，即婆羅門，統理祭祀之全部過程，以免出現差錯的現象。他們所詠誦的禱文，集成了《阿闥婆吠陀》。原先，他們並沒有固定唸誦的詩詞或咒語；《阿闥婆吠陀》所收集的詩歌和咒語，是後來才出現的。《四吠陀》的前三種稱為「三明」(Trayīvidyā)，那是三種 (trayī) 學問或知識 (vidyā) 的意思。前章已經說過，記錄著許多咒語的《阿闥婆吠陀》，雜糅著印度原住民的下層思想；因此，早期的婆羅門教不把《阿闥婆吠陀》視為正式的學問或知識。這是為什麼只有「三明」而無「四明」的原因。

《四吠陀》的內容，中國佛教的文獻（包括由印度翻譯出來者）當中，一致地這樣傳說：《梨俱吠陀》是有關「解脫法」、「養生繕性」，甚至是「醫方諸事」的典籍；《夜柔吠陀》是有關「祭祀」、「享祭祈禱」或「善道」的典籍；《沙磨吠陀》是有關「欲塵法」（亦即「婚嫁、欲樂之事」）、「禮儀、占卜、兵法、軍陣」，乃至「國儀、卜相、音樂、戰法諸事」的典籍；而《阿闥婆吠陀》則是有關「咒術」、「算數」，乃至「異能、伎數、禁呪、醫方」的典籍。例如，隋．吉藏，《百論疏》卷上之下，即說：

> 《四韋陀》（《四吠陀》）者，外道十八大經，亦云十八明處。《四皮陀》為四，復有六論，合《四皮陀》為十。復有八論，足為十八。《四皮陀》者，一、《荷力皮陀》，明解脫法。二、《冶受皮陀》，明善道法。三、《三摩皮陀》，明欲塵法，謂一切婚嫁、欲樂之事。四、《阿闥皮陀》，明呪術、算數等法。本云《皮陀》，此間語訛，故云《韋陀》。六論者，一、《式叉論》，釋六十四能法。二、《毘伽羅論》，釋諸音聲法。三、《柯剌波論》，釋諸天仙上古以來因緣、名字。四、《竪底沙論》，釋天文、地理、算數等法。五、《闡陀論》，釋作首盧迦法。佛弟子、五通仙人第說偈，名首盧迦。六、《尼鹿多論》，釋立一切物名因緣。復有八論，一、《肩亡婆論》，簡擇諸法是非。二、《那邪毘薩多論》，明諸法道理。三、《伊底呵婆論》，明傳記宿世事。四、《僧佉論》，解二十五諦。五、《課伽論》，明攝心法。此兩論同釋解脫法。六、《陀論》，釋用兵杖法。七、《楗闥婆論》，釋音樂法。八、《阿輸論》，釋醫方。❹

❹ 引見前書，卷 42，頁 215，上－中。另外，唐．玄奘，《大唐西域記》卷 2，也說：「其婆羅門學《四吠陀論》。一日《壽》，謂養生繕性；二日《祠》，謂享祭祈禱；三日《平》，謂禮儀、占卜、兵法、軍陣；四日《術》，謂異能、

值得注意的是，引文中說到了婆羅門教的「十八大經」（十八明處）；它們又可分為三大類：⑴《四皮陀》（《四吠陀》）；⑵「六論」，亦即：《式叉論》(*Śikṣa*)、《毘伽羅論》(*Vyākaraṇa*)、《柯剌波論》(*Kalpa*)、《竪底沙論》(*Jyotiṣa*)、《闡陀論》(*Chandas*)，以及《尼鹿多論》(*Nirukta*)。⑶「八論」：《肩亡婆論》、《那邪毘薩多論》(*Naya-vistara*?)、《伊底呵婆論》(*Idihāsa*)、《僧佉論》(*Sāṅkya*)、《課伽論》（*Garga* 或 *Gargya*?）、《陀論》(*Dharnur*)、《楗闥婆論》（又譯《擺闥婆論》，*Gāndharva*），乃至《阿輸論》(*Aȳur*)。這十八大經，囊括了世間和出世間（解脫世間）的所有學問；它們都包括在廣義的《吠陀》之中。依照婆羅門教的傳統典籍——《宗派論》(*Carana-vyūha*) 的說法，《吠陀》有主要的部分和附錄的部分，後者稱為《副吠陀》(*Upa-veda*)。在十八大經當中，前四——《四吠陀》，是《吠陀》的主要部分；而後面的十四種，亦即「六論」和「八論」，都是屬於《副吠陀》的範圍之內❺。從哲學的觀點來說，《副吠陀》並不是重要的參考文獻。因此，除非有所標明，否則，本書所謂《吠陀》，指的是《吠陀》的主要部分，而不包括《副吠陀》。

伎數、禁呪、醫方。」（引見《大正藏》卷 51，頁 876，下。）而唐．定賓，《四分律疏飾宗義記》卷 10一本，也有相似的說法：「西方有《四鞞陀論》，……一名《阿由鞞陀》，謂醫方諸。二名《夜殊》，謂祭祀也。三名《娑磨》，此云《等》，謂國儀、卜相、音樂、戰法諸事。四、《呪術鞞陀》。……於《娑磨》中，自有六支：一、《式叉論》（原注：此云《學》）；二、《毗羅論》（原注：此云《記論》）；三、《劫波論》；四、《樹提論》；五、《闡提論》（原注：此云《詞論》，謂善釋訓達諸方音也）；六、《尼祿多論》。」（引見《卍續藏》冊 66，頁 284–1，上。）

❺ 參見望月信亨，《佛教大辭典》卷 3，頁 2361，上。

《梨俱吠陀》的「梨俱」(ṛg) 一詞，無疑地，是由第一類祭師（勸請者）所唸誦的「讚歌」(ṛc) 一詞，所轉變而來。《沙磨吠陀》的「沙磨」(sāma) 一詞，則由第二類祭師（歌詠者）所唸誦之「詩歌」(sāman) 一詞，變化而來。《夜柔吠陀》中的「夜柔」(yajur) 一詞，是第三類祭師所唸誦之「祭詞」(yajus) 一詞的變化。而《阿闥婆吠陀》中的「阿闥婆」(atharva) 一詞，則是依照集成該《吠陀》之祭祀僧族——阿闥婆 (Atharva) 而取名。事實上，《阿闥婆吠陀》的古名是《阿闥婆安革拉沙斯》(*Atharvāṇgirasas*)。其中，阿闥婆 (Atharva) 和安吉羅沙斯 (Aṅgirasas)，都是古代祭師僧族的名字。前者以息災、開運之咒法為主，後者則以詛咒、降伏之咒法為主❻。

如果沒有注明，本書下面各章節所說到的《吠陀》，都是指不含《梵書》、《森林書》、《奧義書》和《經書》的「狹義《吠陀》」(《吠陀》本集）而言。而且，由於《梨俱吠陀》(本集）代表印度文明的第一期思想，其他三種《吠陀》則代表第二期思想；因此，要探討印度哲學史上的第一期思想，也必須以《梨俱吠陀》(本集）做為研究的對象。本章下面各節，也是以《梨俱吠陀》本集為主要的參考文獻，來介紹印度哲學史上的第一期思想——《梨俱吠陀》的神觀及其哲學。

第二節 《吠陀》的宗教哲學：自然主義的多神論

・第一項 《吠陀》的「交換神教」

《吠陀》不是一時一地一人的作品（這點已在前面各章節屢次提

---

❻ 參見高楠順次郎、木村泰賢著，高觀廬譯，《印度哲學宗教史》，臺北：臺灣商務印書館，1991（臺一版），頁 48。

到)，因此，《吠陀》當中的宗教哲學，可以分成三個階段和三個層面來加以說明：(1)自然主義的多神論 (naturalistic polytheism)；(2)一神論 (monotheism)；(3)一元論 (monoism)。❼下面我們將依照這三個階段和層面，來介紹《吠陀》的宗教哲學。

首先是第一階段（第一層面）——自然主義的多神論。所謂自然主義的多神論，是指《吠陀》當中含有眾多的神祇，而且，這些神祇何者為主要的神祇，何者為次要的神祇，會隨著不同的時、空變化，而有所交換、改變。在前面的章節，我們曾把這種自然主義的神觀，稱為「交換神教」(Kathenotheism) 或「單一神教」(Henotheism)。我們也曾以雷霆神因陀羅的一首讚歌為例，來說明自然神觀的特色是：神祇乃自然界之現象或事物的神格化。

事實上，在《梨俱吠陀》當中，把整個宇宙劃分為三個範圍：(a)日、月、星辰運轉的空間——天界 (div)；(b)雲、雷、風等大氣中之自然現象發生的空間——空界 (antarīkṣa)；(c)人類或其他動、植物生存的空間——地界 (pṛthivī)。在這三界當中，各有許多神祇，祂們大都是三界中自然現象的神格化。其中，天界的無限廣大、包容 (var) 的特質，神格化之後變成了司法神——婆盧那 (Varuṇa)、阿提緻（無限、無縛，Aditi）等神祇；太陽及其光輝、帶給大地的恩惠，神格化之後變成了天父 (Dyauspitar)、彌陀羅（友人，Mitra）、毘瑟笯 (Viṣṇu) 等神祇。而在空界，雷電的神格化即是因陀羅以及隨侍其旁的摩盧陀神群。（有關這點，我們已在第一章第二節討論過。）雷電（或瘴癘之氣）對人類、牲畜的傷害，神格化之後即成魯達羅 (Rudra)。風的神格化，即是窪尤

❼ 下面有關《吠陀》宗教哲學的三階段，請參見 S. Radhakrishnan and C. A. Moore, *A Source Book in Indian Philosophy*, Princeton Univ., 1957, p. 5.

(Vāyu) 和窪他 (Vāta) 二神。而在地界當中，祭壇之火的神格化即是阿耆尼 (Agni)；祈禱儀式的神格化，則變成了祈禱主（Bṛhaspati 或 Brahmaṇaspati）；另外，祭祀時所用之蘇摩酒 (Soma) 的神格化，即是蘇摩神 (Soma)。

在三界中的這些神祇當中，天界的主要神祇是司法神婆盧那；空界的主要神祇是因陀羅；而地界的主要神祇則是阿耆尼。婆盧那代表正義和規律 (ṛta)❽；舉凡天界中之日、月、星辰等天體的規律運轉，春、夏、秋、冬等四季的適時到來，乃至人類社會的道德、倫理的維繫，全都是依靠著婆盧那的無限力量。《梨俱吠陀》VIII, 41, 1，曾說：「婆盧那善於防守人們的思想，就像看管牛群一樣。」❾同書 II, 28, 4–5，則說：「河川依照婆盧那的命令而奔流！從罪惡中脫離吧！就像脫離繫縛我的枷鎖一樣。婆盧那呀！願我們濡沐在您命令的泉水當

❽ 由於婆盧那代表規律 (ṛta)，因此，祂又被稱為有規律者 (Ṛtāvan) 或欣規律者 (Ṛtāvṛdh)，乃至規律的保護者 (Ṛtasya Gopā)。事實上，保護規律的神祇不只婆盧那一神；彌陀羅、因陀羅、阿耆尼，都具有相同的神格。因此，祂們也被尊稱為有規律者、欣規律者。另外，規律 (ṛta) 一詞，原本是指自然界或人類社會中的固有秩序；它一方面指的是自然律，二方面卻也代表道德律。也就是說，在《梨俱吠陀》的時代，自然律即是道德律。但是到了《吠陀》時期之後，自然界的秩序，例如天體的規律運轉、四時的沒有差錯等，仍然以「規律」一詞來形容。另一方面，人類社會的倫理秩序或宗教的德性生活，則以「法」(dharma) 一詞來代替，因此而有《法經》(*Dharma-sūtra*) 的集成；甚至佛教的經典，也稱為「法」，而有「佛法」(buddha-dharma) 這一概念的出現。（參見高楠順次郎、木村泰賢，《印度哲學宗教史》，頁 68～70。）

❾ Cf. S. Radhakrishnan and C. A. Moore, *A Source Book in Indian Philosophy*, p. 17.

中……。」❿由此可見，婆盧那確實是一位保護正義和規律的神祇。

以上是天界主神——婆盧那的神格特色。空界的主神是因陀羅，有關祂的神格特性，我們已在本章第二節中舉例說明過；因此不再贅言。而地界的主神是火神阿耆尼，祂是祭壇所用之祭火的神格化。原來，婆羅門教和伊朗（古波斯）的拜火教一樣，也是一個善於利用火來進行祭祀的宗教。以家庭祭祀來說，通常會把祭場設在家裡某處，祭場的中央放置了一個火爐，稱為家主火 (gārhapatyāgni)。另外還有兩個火爐，分別設在祭場的南、北二方。家主火的旁邊築有祭壇，即是祭師請神祭祀的地方。祭祀進行時，除了唸誦詩歌、咒語之外，還必須以平常人類所食用的物品，投入火爐當中焚燒⓫。焚燒時，火神阿耆尼即可將食物送至神祇的面前，令其享用。因此，阿耆尼雖然本身是神，但卻做為人與神之間的橋樑。在祭典中，其重要性可見一斑。下面是一篇讚美阿耆尼的詩歌，出自《梨俱吠陀》I, 1；由它，我們可以約略看出阿耆尼的神格特色：

1.讚美阿耆尼！（祂是）祭祀的代理者，神的輔佐人，祭官勸請者

---

❿ Ibid., pp. 27, 29.

⓫ 除了焚燒日常食物之外，還有牛、馬、羊、野羊 (aja) 和人等「五種犧牲獸」，做為祭祀時的供品。其中，野羊神格化而成野羊神。人死後火葬時，往往和野羊共焚；因為野羊神可以把死者的靈魂，以祖神布咸 (Pūṣon) 的座車為前導，帶往祖先們所居住的天國。另外，以馬做為犧牲的祭典，稱為馬祠 (Aśvamedha)，通常是由國王舉行。而以人為犧牲的祭典，則稱為人祠 (Puruṣamedha)；在雅利安人進住印度五河流域時，可能已經改由其他東西來代替了。（參見高楠順次郎、木村泰賢，《印度哲學宗教史》，第一篇第三章第二節。）

(Hotṛ)⓬，最偉大的施予者！

2. 阿耆尼呵！祂為古今大仙 (Ṛṣi) 所讚美，——願祂引導諸神降臨此處。

3. 願人們日復一日，從阿耆尼處得到財富和幸福，它們帶給強健的子孫榮耀和深深的祝福。

4. 阿耆尼呵！不論何種祭祀和禮拜，您都把握住它們吧！讓它們確實送達諸神的面前。

5. 祈求阿耆尼，細心的勸請者呵！真誠且最具光彩名聲的神呵！願您隨著諸神降臨這裡！

6. 無論何種幸福，您將因為（吾人）對您的讚美，而創造它們，啊！阿耆尼！那確實是屬於您所要做的工作，啊！安革拉斯 (Aṅgiras)⓭！

7. 您，啊！阿耆尼！我們日復一日趨近於您。啊！您在黑暗中閃耀；隨著我們的祈禱，將（我們的）景仰奉獻給您——

8. 祭祀之王，規律 (ṛta) 的保護者，光明者呀！（我們的景仰）將在您的宅院增長。

9. 在此，啊！阿耆尼！悠游自如地親近吾人吧！就像父親親近兒子一樣。為了吾人的幸福，和我們同住吧！

⓬ 細心的讀者也許已經注意到：勸請者 (Hotṛ) 是四種祭官之一，而且是《梨俱吠陀》的集成者。（參見本章第一節。）

⓭ 安革拉斯 (Aṅgiras) 是古代半人半神的大仙 (ṛṣi)。前文曾經說過，《阿闥婆吠陀》的作者群之一是安吉羅沙斯 (Aṅgirasas) 家族；從梵文字看來，他們似乎和安革拉斯有關。

在這首讚歌當中，值得注意的是：火神阿耆尼被視為祭祀的「代理者」、「輔佐人」、「勸請者」，祂可以把祭品「確實送達諸神的面前」。因此，阿耆尼是祭火的神格化，應該是沒有爭議的。其次，讚歌還說到，阿耆尼是「規律 (ṛta) 的保護者」。就這點來說，阿耆尼和前面說過的司法神——婆盧那，具有相同的神格⓮。

以上是《(梨俱) 吠陀》自然主義之多神論的實例說明，這是《吠陀》發展三階段（或三層面）當中的第一階段（第一層面）。下面的例子，則是《(梨俱) 吠陀》中之一神論和一元論傾向的神祇；祂們分別代表《吠陀》發展三階段（層面）中的後面兩個階段（層面）。

・第二項　《吠陀》的一神論思想

《梨俱吠陀》第 X 章，收錄著五首《讚歌》(*Sūkta*)⓯；它們是：

⑴《祈禱主讚歌》(*Brahmaṇaspati Sūkta*)；

⑵《造一切主讚歌》(*Viśvakarman Sūkta*)；

⑶《原人讚歌》(*Puruṣa Sūkta*)；

⑷《生主讚歌》(*Prājāpatya Sūkta*)；

⑸《無有讚歌》(*Nāsadāsīya Sūkta*)。

在這五首《讚歌》當中，明顯存在著一神論甚至一元論的神觀，影響後世印度宗教哲學的發展甚鉅。現在，我們將以第⑶之《原人讚

⓮ 參見❽。

⓯ 這五首《讚歌》分別收錄於《梨俱吠陀》第 X 章當中的第 72, 81–82, 90, 121, 129 等各節。

歌》和第(5)之《無有讚歌》為例，來說明《吠陀》的一神論和一元論思想。首先是《原人讚歌》的全譯⑯：

1. 原人 (Puruṣa) 有千頭、千眼、千足。祂從每一個方向擁抱地界，但卻還剩餘十隻手指。
2. 原人，乃所有已經存在者和將要生成者的全體。祂是由（祭祀時之）食物所長養的，不死之性的主人 (Amṛtatvasyā-īśāna)！
3. 偉大 (Mahimā)，雖是如此之大；然則，原人較之還要偉大！萬物是祂的四分之一 (pāda)；祂的四分之三 (tripād) 則在天之不死界。
4. 原人提起祂的四分之三登於高處，並讓祂的四分之一在此（地界）再度生起。於是，祂遍行於食與不食之兩界 (sāśanā-naśane)！
5. 由原人出生遍照者 (Virāj)，由遍照者出生原人。當祂出生時，即已超越了地界；前方如此，後方亦如此。
6. 當諸神以原人為犧牲而進行祭祀時，春天 (vasanta) 是其酥油 (ājyam)，夏天 (grīṣma) 是其柴薪，秋天 (śarad) 是其祭品 (haviṣ)。
7. 當犧牲放在茅草上時，他們灌淋初生 (jātum agrataḥ) 的原人。諸神以祂獻祭，聖者 (Sādhya) 和智者也都以祂獻祭。
8. 圓滿成就的祭祀之後，流出了酥油的混合物 (saṃbhṛtam)。天空中、森林中，還有村落中的生類，由此而生。
9. 圓滿成就的祭祀之後，出生了讚歌 (ṛcaḥ) 和詩歌 (sāmāni)。咒詞 (chandasa) 由此出生，祭詞 (yajus) 亦由此出生。

⑯ 下面這首《原人讚歌》，乃參考高楠順次郎、木村泰賢的《印度哲學宗教史》頁 148～150 之翻譯，而譯自 S. Radhakrishnan and C. A. Moore, *A Source Book in Indian Philosophy*, pp. 19～20.

10.馬由此出生，具有兩排牙齒之獸由此出生。牛由此出生，羊和野羊亦由此出生。

11.當他們切割原人時，共有多少部分讓他們整理安排？祂的口是什麼？祂的手臂是什麼？祂的兩腿和雙足如何稱呼？

12.婆羅門 (brāhmin) 是祂的口；兩臂出生王族 (rājanya)；兩腿是吠舍 (vaiśya)；由祂的雙足，首陀羅 (śūdra) 出生了。

13.月亮由祂的心識 (manas) 生起；祂的眼睛生出了太陽；祂的嘴巴生出了因陀羅和阿耆尼；由祂的呼吸，窪尤出生了。

14.祂的肚臍生出了空界；祂的頭形成了天界；祂的腳生起了地界；而方位由其耳生。如此，建造了宇宙。

15.（把祭火）圍繞起來的柱子共有七支，薪柴則有三個七把。當諸神進行祭祀時，原人被當做犧牲而繫縛於柱子之上。

16.諸神以祭祀而進行祭祀，這是開天闢地的第一祭。而其威力達於蒼穹，那裡住著遠古的諸神——聖者 (Sādhya)！

在這首《原人讚歌》當中，「原人」(Puruṣa) 是主角。「原人」一詞的字典意義是：人（類）。無疑地，這是一首印度雅利安人舉行以人為犧牲的「人祠」⓱時，所創作出來的《讚歌》；這從整首《讚歌》旨在描寫「開天闢地的第一祭」之整個過程，即可看出。

⓱ 有關以人為犧牲的「人祠」，請參見⓫。

- 原人
  - 頭面部
    - 頭部：天界
    - 面部
      - 眼：太陽
      - 耳：方位
      - 鼻（呼吸）：窪尤（風）
      - 口：因陀羅（雷）、阿耆尼（火）、婆羅門族
  - 軀幹部
    - 心臟（心識）：月亮
    - 雙臂：王族（剎帝利族）
    - 肚臍：空界
  - 肢足部
    - 腿部：吠舍族
    - 足部：地界、首陀羅族
  - 其他（膏脂等）：《四吠陀》、馬、（家）羊、野羊等生類

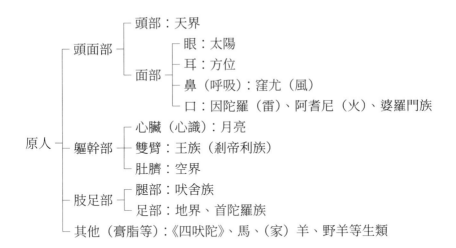

在諸神第一次舉行以人為犧牲的人祠當中，塗抹在（原）人身上的酥油、用來起火燃燒的薪柴，以及祭拜的供品，分別變成了春、夏、秋等三季。（印度的冬季不明顯，因此存而不論。）而被烈火所焚燒的（原）人，流出了膏脂；這些膏脂即變成了天空、森林和村落中的生類。原人身體的各部位，則生出了讚歌、詩歌、咒詞和祭詞等《四吠陀》，乃至生出了婆羅門、王族（剎帝利）、吠舍、首陀羅等四種姓（四階級），以及天、空、地等三界及隸屬於其中的諸神（日、月、因陀羅、阿耆尼、窪尤等）。我們可以把它們歸納成為上面的圖表。

從原人的身體生起一切宇宙中的事物，基本上，這種宇宙創造論是一種泛神論 (Pantheism)。萬物就像母親身體裡面的胎兒；而創造宇宙萬物的原理——「原人」，就像能生產胎兒的母親一樣。由母親所生產出來的胎兒，具有母親的血統、遺傳，母親在外表或性格上的特徵，也都具體而微地存在於胎兒的身心之上。同樣地，由於萬物都是出自最高神原人的身心之內，因此，神性必然也隱藏在萬物之中。這是泛

神論的典型思想。

然而，《原人讚歌》所展現出來的泛神論思想，還有更加深刻的意義在內。《讚歌》中的第 1 段，說到原人用雙手擁抱地界，卻還剩下十隻手指；這意味著：雖然整個地界（宇宙）中的萬物，都由祂所創生，但祂卻（以十隻手指的方式）超越了地界（宇宙）。另外，第 3、4 兩段也說到：宇宙中的萬物，只是原人整個身體的「四分之一」(pāda) 而已；祂的身體還存有四分之三 (tripād)，祂把這四分之三的身體提到了「天之不死界」。由於原人一方面是萬物的創造者，二方面又是「不死之性的主人」(Amṛtatvasyā-īśāna；參見《讚歌》第 2 大段)，因此，事實上祂是來往於絕對的本體界和相對的現象界之間的神祇。這是為什麼《讚歌》第 4 大段，把原人視為「遍行於食與不食之兩界 (sāśanā-naśane)」的原因⑱。做為創造萬物之神祇的原人，其神性雖然內存於祂所創造的萬物之中，但由於祂多出萬物「十隻手指」、「四分之三」，而且，祂不但存在於相對的「食界」，也來往於絕對的「不食界」，因此，祂顯然有超越現象界（食界）之萬物的特質。像這樣，神性一方面內存於萬物之中，卻又超越萬物的神觀，稱為萬有在神論 (Panentheism)⑲。

---

⑱ 食界 (sāśanā)，乃指需要食物養活才能生存的地方；無疑地，這是指相對的現象界而言。相反地，「不食界」(naśane) 則是指不需要食物養活即可生存的地方；這是指絕對的本體界而言。

⑲ 《大不列顛百科全書》中文版(5)，臺北：丹青圖書公司，1987，頁 16，曾對泛神論與萬有在神論，做了這樣的說明：「……不同類型的有神論都強調神與萬物分離，而這兩種觀點都強調神包容萬物。……泛神論強調上帝與宇宙之間的同一性；萬有在神論認為宇宙包括在上帝之內，上帝包容宇宙而有餘。古印度的《吠陀經》所載的諸神多是自然力，例外的是生主和原人（神

《原人讚歌》的神觀，還有許多意義不清楚而難以理解的地方。例如第 5 大段說到原人和遍照者 (Virāj) 互相生起一事，即是難以理解的內容。遍照者被某些學者認為是一個女神，祂協助原人創造了這個宇宙。而在《阿闥婆吠陀》之中，祂則是一個獨立的神祇，而且等同於咒語神——梵 (Brahma)、語言神——窪克 (Vāk)，乃至《生主讚歌》中的主角——生主 (Prajāpati)[20]。但是，高楠順次郎和木村泰賢二氏則認為，所謂「由原人出生遍照者」，意思是：「本地之原人」所生出來的「根本物質」，即是遍照者。在此，「本地」指的是宇宙的源頭。而所謂「由遍照者出生原人」，則是「根本物質」——遍照者，生起「垂迹」的原人。垂迹，意味著那不是原初，而是次要的存在體。由這一垂迹的原人，更進一步生起了其他具體的萬物[21]。依照這一說法，我們可以把《原人讚歌》的宇宙創造論，用下面的表格來說明：

本地之原人 —（生起）→ 遍照者 —（生起）→ 垂迹之原人 —（生起）→ 現象界

（本體界）〔括號線涵蓋「本地之原人」至「垂迹之原人」〕

我）。根據一種創世神話（筆者按：指《原人讚歌》），原人被眾神用作犧牲，以便屍體碎塊產生世上萬物。這樣，萬物都來自普在的自我。……」這段說明也許有助於讀者了解泛神論和萬有在神論的不同。

[20] Cf. S. Radhakrishnan and C. A. Moore, *A Source Book in Indian Philosophy*, p. 19.

[21] 參見高楠順次郎、木村泰賢，《印度哲學宗教史》，頁 162。在此，高楠氏和木村氏，顯然採用了中國佛教天台宗祖師——智顗，在其《妙法蓮華經玄義》中的術語——「本」與「迹」。智顗說：「本者，理本，即是實相，一究竟道。迹者，除諸法實相，其餘種種皆名為迹。」又說：「體為本；依體起用，用為迹。」（引見《大正藏》卷 33，頁 764，中。）

《原人讚歌》當中說到了《四吠陀》、四種姓（四階級），因此推斷這是代表第一期末、第二期初之印度雅利安人文明的作品。亦即以恆河中、上游之「中國」地區為中心之婆羅門教成立期的代表作品。第一期印度文明的特色是天然神話——「交換神教」或「單一神教」；天、空、地等三界的眾神當中，並沒有一個主要的神祇。前文說過，這是因為當時的政治環境處在戰亂、分裂的狀態所致。但是，進入第二期之後，在政治方面，內亂已經平息；儘管此時仍有「十六大國」之多，國家依然處於分裂的狀態，但是統治權卻漸漸集中在少數王族（剎帝利）的身上㉒。反映在宗教思想上的，即是眾多神祇的歸於一神或一元，因此而有一神論和一元論的出現。《原人讚歌》代表的宗教思想，即是這兩個時期的交會階段；它雖然已有一神論的傾向，卻仍然保有交換神教或單一神教的特色。因此，諸神固然可以在進行「開天闢地的第一祭」的時候，藉由原人而創造出萬事萬物；但是，原人卻也可以創造出太陽、月亮、因陀羅、阿耆尼、窪尤等諸神。這樣看來，諸神和原人之間的關係並不清楚。原人可以解釋為諸神之下的次要的存在物，但也可以理解為創造萬物和諸神的宇宙最高原理。前者仍有第一期文明的殘存特色，而後者則是一神論的神觀。無疑地，《原人讚歌》是介於第一期文明和第二期文明之間的產物。

從《原人讚歌》更進一步的是《無有讚歌》，它是典型的一神論或一元論的思想。下面是《無有讚歌》的全譯㉓：

㉒ 以上參見第一章第三節。

㉓ 下面這首《無有讚歌》，乃參考高楠順次郎、木村泰賢的《印度哲學宗教史》頁 140～141 之翻譯，而譯自 S. Radhakrishnan and C. A. Moore, *A Source Book in Indian Philosophy*, pp. 23～24.

1. 起初，既沒有無 (asat)，也沒有有 (sat)：
沒有空界，也沒有在它上面的天界。
何物被隱藏著？在何處？在誰的保護之下？
而深不可測的天上之水 (Ambha) 何在？

2. 因此，既沒有死亡，也沒有不死 (amṛta)；
沒有黑夜與白晝的徵象。
依靠著它自己內在的力量，獨一 (Tad Ekam)
無息 (avātam) 地呼吸著：
除此之外，並沒有任何其他事物的存在。

3. 起初只有冥闇 (tamas)，冥闇隱藏了一切 (idam sarvam)；
沒有鮮明的標記，只有水。
被虛空 (ābhu) 所隱藏的獨一呵！
依熱力 (tapas) 而出生。

4. 起初慾愛 (kāma) 進入獨一之中而開展 (tad adhi saṃavartata)：
它是最初的種子 (retas)，心識 (manas) 是它的產物。
聖者 (kavayaḥ) 以其智慧思索於心 (hṛd)，
發掘了有與無的連鎖。

5. 他們的光芒 (raśmi)，橫過了冥闇：
然而，獨一在上或在下？
創造力 (retodhāḥ) 存在那裡，繁殖力 (mahimānaḥ) 存在那裡：
下面是自在力 (svadhā)，上面是衝動力 (prayati)。

6. 誰是真知者？誰能說明之？
它創生 (ājātā) 於何時？造化 (visṛṣṭi) 形成於何時？
諸神在造化形成之後出生：

那麼，誰知道它何時產生？

7.無人知道造化何時形成；

祂是否創造 (dadhe) 了它？

祂眺望於最高天，或許只有祂知道，

或許，連祂也不知道！

在這首《讚歌》當中，說到宇宙的源頭是一個名叫「獨一」(Tad Ekam) 的實體。那時，宇宙只有「冥闇」(tamas)；但是，由於「熱力」(tapas)，亦即「慾愛」(kāma) 的進入獨一之中，使獨一開展出「有」(sat) 與「無」(asat) 這兩種原初的實存物，然後更進一步分化為其他比較複雜的事物——「造化」(visṛṣṭi) 和諸神㉔。在這一連串的宇宙創生過程當中，獨一固然是不可或缺的實體；但是熱力或慾愛卻也扮演著極其重要的角色。

值得我們首先注意的是：《無有讚歌》 的第 4 大段，說到了「慾

㉔ 高楠順次郎、木村泰賢，《印度哲學宗教史》，頁 141，把《無有讚歌》的第 4 大段譯為：「彼開展而始有愛 (kāma)，是乃識 (manas) 之最初種子也，是即有與無之連鎖。……」這樣看來，慾愛 (kāma) 是由獨一所開展出來的東西；這和筆者依據 S. Radhakrishnan 和 C. A. Moore 二氏之著作而翻譯的——「慾愛進入獨一之中而開展」 一句，顯然不同。如果依照高楠氏和木村氏的說法，那麼，《無有讚歌》的宇宙創造論，應該具有下面的模式：

獨一——（依熱力而生起）⟶慾愛——（生起）⟶心識——（生起）⟶現象界

但是，如果按照 Radhakrishnan 和 Moore 二氏的說法，《無有讚歌》的宇宙創造論，則具下面的模式：

獨一——（依熱力 = 慾愛而生起）⟶心識——（生起）⟶現象界

愛」是「心識」(manas) 之「最初的種子 (retas)」。在印度哲學史上，「心識」是一個重要的概念；甚至到了西元四、五百年，正當佛教的瑜伽行派 (Yogācāra-vāda) 盛行的時候，還以「心識」一詞指稱人類八種精神活動當中的第六和第七種㉕。其次，《無有讚歌》當中的宇宙創生論，顯然受到了男女性生活的啟發。「慾愛是心識最初的種子」一句當中，「種子」(retas) 一詞的字典意義，其實是男性精液或精子的意思。另外，出現在第 5 大段中的「創造力」(retodhāḥ) 一詞的字典意義，則有「含精液者」的意思。而「下面是自在力，上面是衝動力」一句，也令人聯想到男女的性生活。事實上，《無有讚歌》的宇宙創生論，乃是某種意義的生殖說；宇宙中的萬事萬物早已內存於「獨一」的內部，由它生起了「有」與「無」這兩種原素，然後再由這兩種原素生成其他現實世界的事物。「獨一」像是蘊育著胎兒的母親，而萬物則是生自這一母親身體內部的嬰兒。事實上，像這樣受到男女性生活的啟發，而開展出來的宇宙創生論，在《梨俱吠陀》當中屢見不鮮；例如《生主讚歌》中的「(原) 水」(ap) 和「胎子」(garbha)、《造一切主讚歌》中的「(原) 水」(āpas) 和「初胎」(prathamaṃ-garbha)，都有明顯的這種傾向㉖。

另外，《無有讚歌》的第 5 大段說到了橫過冥闇的「光芒」(raśmi)，它把冥闇分割成上、下兩部分：在下的是自在力 (svadhā)，在上的則是衝動力 (prayati)。宇宙未分之前是一片「冥闇」，那是絕對的

㉕ 在瑜伽行派的漢譯作品當中，通常都把第六種精神活動譯為「意識」，而把第七種精神活動譯為「末那識」。不管是意識或末那識，都是梵文 manas 的翻譯；前者是義譯，後者則為音譯。

㉖ 詳見高楠順次郎、木村泰賢，《印度哲學宗教史》，第一篇第四章第二節。

本體界。等到「慾愛」或「熱力」進入冥闇之中以後，冥闇的本體界開始分化成上、下兩部分；那是衝動力和自在力，也是《讚歌》第 4 大段所說到的「有」與「無」這兩界。而「光芒」則是這兩界的分界線。高楠順次郎、木村泰賢，《印度哲學宗教史》，曾以下面的圖表，說明「光芒」（該書譯為「繩尺」）一詞所扮演的角色：

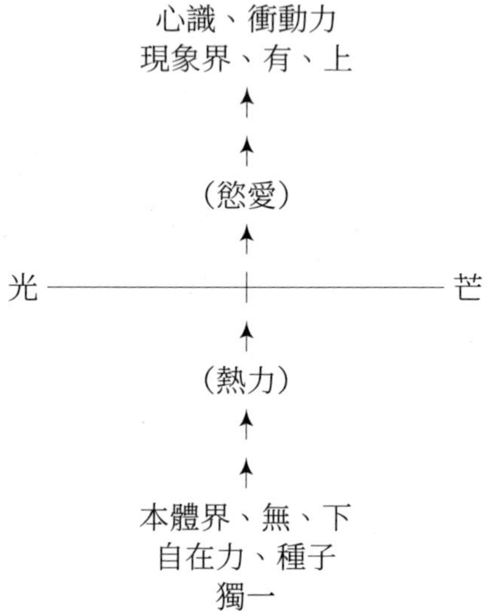

總之，《無有讚歌》的宇宙創生論，具有下面的基本模式：

宇宙根本原理 ——（生起）⟶ 元素 ——（生起）⟶ 現象界

基本上，《無有讚歌》中的宇宙根本原理——「獨一」，是一性格未定的原理；它到底是實「有」或是虛「無」？這一問題的答案並不清楚。這是因為「有」和「無」，乃是「相對」的概念，它們都由「絕對」的「獨一」所生起。因此，不能以相對界的概念——「有」，來形容絕對界的「獨一」。但是，「獨一」做為生起「有」、「無」，乃至（間接地）生起其他具體事物的原理，卻又必須是某種意義的實「有」，而不能屬於完全的虛「無」；因此，後來在《奧義書》中，大哲學家——優陀羅迦．阿盧尼 (Uddālaka Āruṇi) 即曾批判性地吸收了《無有讚歌》的「獨一」思想，而成為具有下面這一形式的宇宙創生論：

實有 (Sat) ——（生起）—➤ 三元素 (trivṛt) ——（生起）—➤ 現象界

後來，數論派學者更進一步，從優陀羅迦．阿盧尼的思想，吸收而成該派特有的宇宙創生論——「物原轉變論」（自性轉變論，Prakṛti-pariṇāma Vāda）；並且透過佛教瑜伽行派的大哲學家——世親 (Vasubandhu)，而開展出瑜伽行派的宇宙創生論——「阿賴耶識轉變論」(Ālayavijñāna-pariṇāma Vāda)。有關這些影響，我們將在下面的適當章節再行詳細討論。

另外，還值得注意的是：《無有讚歌》的第 6 大段曾說到「諸神在造化形成之後（才）出生」；這意味著「獨一」比諸神更加根本。諸神的存在被統合到「獨一」之中，成了次要的存有。這種一元論的神觀，和《梨俱吠陀》第一階段——「自然主義的多神論」，顯然有很大的不同。在自然主義的多神論中，諸神並沒有被統合在某一個主要的神祇之下。每一個神祇，隨著不同時空的轉移，都有可能成為主神。（我們前面曾把這種神觀，稱為「交換神教」或「單一神教」。）而在《無有讚歌》之中，諸神卻被安置在宇宙最高原理「獨一」的底下。可見這是《吠陀》哲學家深思熟慮的思想結晶；無疑地，它是《梨俱吠陀》最後階段（第三階段）的成熟思想。比起前面所討論到的《原人讚歌》，其神觀仍然停留在第一階段的交換神教（單一神教）和第二、三階段的一神論或一元論之間，《無有讚歌》的一元論立場，顯然有很大的差異。

第三章　《奧義書》的「梵我合一論」

第一節　《奧義書》的成立及其種類

《奧義書》是印度文明第三期的產物，其形成的原因，我們已在前面各章節中略有說明；亦即，這一時期印度的內亂已經結束，統治階級剎帝利族開始關心宗教思想界的事務，因此而有「梵」(Brahman)、「(自)我」(Ātman)、「輪迴」(saṃsāra) 等《奧義書》中的主要思想，乃來自剎帝利族的說法。

事實上，新思想的產生還不只因為剎帝利族的興起；對於《吠陀》(神祇)之權威的懷疑、反對「祭祀萬能」(婆羅門教三綱之一)的聲音，乃至庶民階級和婦女地位的提高，都直接或間接促成《奧義書》中新思想的形成和圓熟。這些異議之聲，全都忠實而且具體而微地記錄在《奧義書》當中。例如，《唱贊奧義書》(*Chāndogya Upaniṣad*) 7, 1，即曾記載：有一位名叫那羅(人之子，Nārada)的仙人❶向一個名叫舍那鳩摩羅(帝釋子，Sanatkumāra)的戰神，請教問題❷。他向戰

❶ 那羅被認為是眾婆羅門中最高的代表。[Cf. P. Deussen (tr. by V. M. Bedekar and G. B. Palsule), *Sixty Upaniṣads of the Veda*, Delhi: Motilal Banarsidass, 1980, part I, p. 173.]

❷ 這個故事，也可以做為婆羅門向剎帝利請教問題的例子。也就是說，由於剎帝利族勢力的興起，使得《奧義書》中的新思想也因而產生。

神說：「我已研讀《梨俱吠陀》、《夜柔吠陀》、《沙磨吠陀》、第四《阿闥婆吠陀》(*Atharvana*)、第五《吠陀》——《敘事史詩》(*Itihāsa-purāṇa*)、《吠陀》之《吠陀》、祭祖之儀禮 (Pitrya)、數學 (Rāśi)、占卜 (Daiva)、曆法 (Nidhi)、辯論術（邏輯，Vākovākya）、倫理學 (Ekāyana)、天明 (Deva-vidyā)、梵明 (Brahma-vidyā)、靈明 (Bhūta-vidyā)、兵器明 (Kṣatra-vidyā)、星宿明 (Naksatra-vidyā)、毒蛇和天眾明 (Sarpa-Devagaṇa-vidyā)。」❸而戰神舍那鳩摩羅，卻對他說：「你所

---

❸ 本段及下面幾段原文，乃參考徐梵澄，《五十奧義書》，臺北：中國瑜伽出版社，1986，頁 197 的原文翻譯，以及 R. E. Hume, *The Thirteen Principal Upanishads*, London: Oxford Univ. Press, 1934, pp. 250～251，而譯自 F. Max Müller, *The Upanishads*, in F. Max Müller, *The Sacred Books of the East*, Delhi: Motilal Banarsidass, 1969, part I, p. 111. 其中，「《阿闥婆吠陀》」一詞的原文是 Atharvana，依照 P. Deussen, *Sixty Upaniṣads of the Veda*, p. 1，則寫為 Atharvan。另外，P. Deussen 還說，Atharvan 一詞是較晚的用語。其次，被稱為「第五《吠陀》」的《敘事史詩》，Max Müller 的原注說是指《婆羅多》(*Bhārata*)，那是有關剎帝利之婆羅多族 (Bharata) 之故事的意思。事實上，《敘事史詩》(*Itihāsa-purāṇa*) 即是本章第一節當中所說的《伊底呵娑論》。（前者是義譯，後者是音譯。）不過，日本．榊亮三郎，《(梵藏漢和四譯對校）翻譯名義大集》，則把 Itihāsa(ka) 譯為《古事》，而和 Purāṇa（譯為《先世》）分開；它們分別是「十八明處」(Aṣṭādaśa-vidyā) 當中的第十七和第十八。（參見望月信亨，《佛教大辭典》3, 2361，上一中。）另外，拉嘉轄帕拉查理 (C. Rajagopalachari) 著（季琡漢譯），《摩訶婆羅多》(*Mahābhārata*)，臺北：中國瑜伽出版社，1985，〈前言〉，也說：印度古代的書籍共分為四類：⑴《欽定詩》(*Kavya*)；⑵《往世書》(*Purāṇa*)，即前面所謂的《先世》；⑶《歷史》(*Itikatha*)，亦即編年史；⑷《(具有教育價值的）歷史》(*Itihāsa*)，即前面所說的《古事》或《伊底呵娑論》。其次，所謂的「《吠陀》之《吠

研讀的，僅僅是『名字』(nāman) 而已！」❹可見在《奧義書》當中，《四吠陀》及其「(《吠陀》) 支分」(附屬於《吠陀》的部分，Vedāṅga)，都是表面的、不重要的「名字」而已，並不是具有實質意義的內容。《吠陀》(諸神) 權威的沒落，由此可見一斑。

不只是表面的「名字」，而是具有實質意義的內容是什麼呢？無疑地，那是《奧義書》裡最重要的思想——「梵」或「我」❺。不過，

陀》」，指的是文法；「倫理學」一詞，徐梵澄和 R. E. Hume 則譯為「政術」或「政治學」；「天明」的字面意思是有關天神的知識 (vidyā)，但其真正的意思則是文字學、語源學；「梵明」的字意是有關「梵」(Brahma) 的知識，它包括聲韻學 (śikṣā)、禮儀學 (kalpa)、詩學 (chandas)；「靈明」乃是有關鬼怪精靈 (bhūta) 的知識；「毒蛇明」是有關毒蛇和毒藥的知識；而「天眾明」(R. E. Hume 作 Devajana)，則是有關香料、舞蹈、歌唱、戲劇等藝術之守護神的知識。

❹ 譯自 F. Max Müller, *The Upaniṣads*, in F. Max Müller, *The Sacred Books of the East*, part I, p. 111.（參見前注。）另外，屬於新《奧義書》的《文荼卡奧義書》(*Muṇḍaka Upaniṣad*) 1, 1，也提到了「二明」(兩種知識)：「上」(para) 與「下」(apara)。上明，指的是高深的知識，那是指能夠讓我們悟入「不變滅者」(akṣara) 的知識。而下明則列舉了《四吠陀》、聲明 (聲韻學，Śikṣā)、儀禮 (Kalpa)、文法 (Vyākaraṇa)、文字學 (Nirukta)、詩學 (Chandas)、天文學 (Jyotiṣa)。後六種後來被稱為「《吠陀》支分」(Vedāṅga)，意思是附屬於《吠陀》的文獻；事實上，它們都是《吠陀》的注釋作品。(Cf. R. E. Hume, *The Thirteen Principal Upanishads*, pp. 366～367.) 把知識分為上與下兩類，並把《四吠陀》列入下明當中，而且，強調只有可以讓人悟入「不變滅者」的知識，才是最高的知識——上明；這種說法，無疑地，貶低了《四吠陀》的權威性，相對地，卻提高了對於抽象哲理，例如梵我思想的探究。這也是為什麼會有《奧義書》之新思想的原因之一。

❺ 依照戰神舍那鳩摩羅對那羅仙人所說，具有實質意義的內容是「生（命）氣

在還沒有進一步探討梵我的思想之前，讓我們再來看看《奧義書》中新思想之所以形成的另一個原因：庶民和婦女地位的提升。記載庶民和婦女學習最高深之梵我思想的事跡，在《奧義書》中屢見不鮮。例如，《由誰奧義書》(*Kena Upaniṣad*) 3–4，即說：大梵 (Brahman) 曾戰勝諸神；諸神卻不服氣，傲慢地宣稱自己戰勝。大梵於是化為夜叉 (yakṣa)❻，諸神都不認識。於是諸神先後指派火神阿耆尼、風神窪尤、雷神因陀羅去試探夜叉，以便識破其身分；但卻都沒有成功。最後，因陀羅遇到了雪山（喜馬拉雅山，Himavat）之女——烏摩 (Umā)，才在她的說明之下，知道夜叉是大梵的化身❼。從這則故事可以看出，

（息）」(Prāṇa)；它的字面意義是呼吸，但也有生命、心靈等意思。(Cf. *Chāndogy Upaniṣad*, 7, 15, in F. Max Müller, *The Upaniṣads*, part I, p. 120.) 而所謂「生氣」，在《奧義書》中，往往即是「梵」或「我」的同義詞。例如，《考史多啟奧義書》(*Kauṣītaki Brāhmaṇa Upaniṣad*) 2, 1，即這樣說：「生氣，即是梵 (Brahman)。」還說，這是《奧義書》的哲人——考史多啟 (Kauṣītaki)、賓吉耶 (Paiṅgya) 等人所主張的。(Cf. F. Max Müller, *The Upaniṣads*, p. 280.) 生氣之所以成為梵我的同義語，大約和生氣（呼吸）與生命的具存具亡有關。有生氣即有生命，有生命即有生氣；因此，生氣即是生命。等到梵我做為生命的本質之後，與生命等同的生氣也就成了梵我的同義語了。所以，《考史多啟奧義書》3, 2，雷霆神因陀羅說：「生命即是生氣，把我冥想為般若我（有意識的自我，Prajñātman），為生命，為永生。生命即是生氣，生氣即是生命。永生即是生氣，生氣即是永生。當生氣住於身體中時，即有生命。由於生氣，人們能在他方獲得永生，能以智慧獲得真知。」(Ibid., p. 294.)

❻ 夜叉，是一種行動輕捷的鬼類。

❼ 詳見徐梵澄，《五十奧義書》，頁 234～236。其中，烏摩象徵知識，在後來的神話中，烏摩是濕婆神 (Śiva) 之妻子的外號，她和濕婆神同住於喜馬拉雅山

諸神的知識比不上一個婦女的知識。這是婦女地位在《奧義書》中受到肯定的例證之一。另外一個例證，記載於《大林間奧義書》(*Bṛhadāraṇyaka Upaniṣad*) 2, 4 和 4, 5 之中。例如，該書 4, 5 說：《奧義書》裡的大哲學家祀皮衣 (Yājñavalkya)❽，有兩個妻子，一名彌勒薏 (Maiteyī)，一名迦旃延尼 (Kātyāyanī)。前者是一個喜歡討論「梵論」(Brahma-vādinī) 的婦人，而後者只是一個具有「婦女智慧」(strīprajñā) 的普通人。當祀皮衣決定放棄家庭生活而出家修行時，彌勒薏要求祀皮衣教導她有關永生的道理。於是，祀皮衣教導彌勒薏下面有關「(自) 我」(Ātman) 的道理：「自我無毀損，是不滅法 (anucchittidharmā❾)。」又說：「自我不是這樣，不是那樣 (neti neti)。」❿由此可見，即使是婦女，也可以學習《奧義書》中最高深

上。(Cf. R. E. Hume, *The Thirteen Principal Upanishads*, pp. 337～338.)

❽ 佛教文獻中也有「祀皮衣仙人」一詞，他是部派佛教多聞部的開創者。唐．窺基，《異部宗輪論述記》，在解釋「多聞部」時即說：「佛在世時，有無學（即解脫者，通常指小乘佛教修行上的最高果位——阿羅漢），名祀皮衣，為仙人時，恆被樹皮為衣，以祀天故。先住雪山，佛入涅槃，其祀皮衣入定，不覺至二百年已，從雪山來於大眾部中，弘其『三藏』（即佛教的三種文獻——《經》、《律》、《論》）。唯見大眾部弘其淺義，不能弘深。此師具足，更誦深義。時有弘其說者，有不弘者，所以乖競。所弘之教，深於大眾，過舊所聞者，故名多聞也。」（引見《卍續藏經》冊 83，頁 218, c。）依望月信亨，《佛教大辭典》2, 1979, c～1980, a，多聞部的祀皮衣，可能是《奧義書》中之祀皮衣的後代，但也有可能只是傳說而已。

❾ anucchittidharmā 一詞，是由「不毀壞」(anucchitti) 和「法」(dharma) 二詞的合成語。在此，「法」是指事物的性質而言。因此，這一合成語可以譯為「無毀壞性」或「不滅性」。(Cf. P. Deussen, *Sixty Upaniṣads of the Veda*, p. 504.)

❿ 以上兩段乃參考徐梵澄，《五十奧義書》，頁 587～590，而譯自 P. Deussen,

的學問——有關「我」的知識。

《奧義書》的新思想，還來自庶民階級；有關這點，可以從下面的事實得到證明：《唱贊奧義書》4, 4，曾說：薩遮迦摩．迦巴拉 (Satyakāma Jabala) 的母親——迦波羅 (Jabālā)，年輕時以婢侍為生，並和不少男人發生性關係，因此並不知道確切的父親名字和種姓（社會階級）。然而，他卻來到《奧義書》哲學家——訶梨都摩陀．喬達摩 (Hāridrumata Gautama) 座下，請求作為他的學生。當喬達摩問起他的身世時，他忠實地報告他的低賤身世。然而，喬達摩卻高興地讚美說：「一個非婆羅門 (a-brāhmaṇa) 不可能這樣誠實地說話。」因而把他收為弟子⓫。由此可見，在《奧義書》流行的時代，即使是一個出身在低賤的種姓（社會階級）之中的人，也可以學習其中的高深哲理。

前面已經說明過，廣義的《梵書》包括兩部分：(1)哲學史上被稱為《梵書》的狹義的《梵書》；(2)含《奧義書》在內的《森林書》。因此，新時代、新思想所集成的《奧義書》，乃是（廣義）《梵書》的一部分。事實上，（廣義）《梵書》還可以從不同的觀點，將它分成三部分：(1)儀規 (Vidhi)，對於祭祀方法的指示；(2)釋義 (Arthavāda)，對於儀規的詳細解釋；(3)吠檀多 (Vedānta)，對於前面兩部分之哲理性的闡揚。其中，前二者的意義和內容，從字面意義即可推測其內容之一斑；而第(3)部分的「吠檀多」，它的字面意思是「《吠陀》之終」；這有兩層意思：(a)它是附屬《吠陀》的最後篇章，這點我們已在前面的章節說

Sixty Upaniṣads of the Veda, pp. 501～505. 其中，「不是這樣，不是那樣」這一屢次出現在各種《奧義書》中的名句，其意思是：「我」是無法用語言文字來加以描述的。

⓫ Cf. R. E. Hume, *The Thirteen Principal Upanishads*, p. 218.

明過；(b)它是《吠陀》之最後（最高、最究竟）的哲理。原來，除了最早集成的「本集」之外，《吠陀》的篇章又可區分為「屬行的部分」(Karma Kāṇḍa) 和「屬智的部分」(Jñāna Kāṇḍa)；前者以宗教的儀式、修行為內容，這即是《梵書》中的儀規、釋義兩部分；而後者則是以宗教的哲理為內容，這即是吠檀多——《奧義書》⓬。

事實上，我們還可以從一個婆羅門的一生，來了解吠檀多或《奧義書》所扮演的角色。一個標準的婆羅門，一生可以分為四個階段：⑴梵行期 (Brahmacārin)，即學生時期。如果學習一種《吠陀》，一般需要十二年；但是如果學習《四吠陀》，則需四十八年。後者稱為終身（修）行者 (Naiṣṭhika)⓭。⑵家住期 (Gṛhastha)，在家結婚生子，履行對於諸神和祖先的祭拜義務。《梵書》中儀規、釋義兩部分，大約是在這一時期實行。⑶林棲期 (Vānaprastha)，年老時，帶著妻子或獨自一人到森林裡過著半隱居的生活。兩部《梵書》中的《森林書》（含《奧義書》）或三部《梵書》中的第三部分——吠檀多（《奧義書》），即是這些林棲婆羅門的智慧結晶。⑷遁世期 (Saṃnyāsin)，剃髮、著薄衣，過著流浪、乞食的隱遁生活。此時期的婆羅門稱為比丘 (Bhikṣu) 或行者 (Yati)、遊行者 (Parivrājaka)、沙門 (Śramaṇa)⓮。

⓬ Cf. P. Deussen, *Sixty Upaniṣads of the Veda*, pp. 1～2. 又見高楠順次郎、木村泰賢，《印度哲學宗教史》，頁 230～231。

⓭ 參見高楠順次郎、木村泰賢，《印度哲學宗教史》，頁 327～328。另外，唐．玄奘，《大唐西域記》卷 2，曾這樣描寫他在印度的所見所聞：「七歲之後，漸授五明大論：一曰聲明，釋詁訓字，詮目疏別；二工巧明，伎術、機關、陰陽、曆數；三醫方明，禁咒、閑邪、藥石、針艾；四謂因明，考定正邪，研覈真偽；五曰內明，究暢五乘因果妙理。其婆羅門學《四吠陀》……年方三十，立志學成。」（引見《大正藏》卷 51，頁 876，下—877，上。）

婆羅門族有許多不同的宗派 (Śākhā)，原則上，不同的宗派雖然共用相同的《吠陀》本集，但是卻各自採用不盡相同的《梵書》；因此，也採用不盡相同的《奧義書》。事實上，這些《奧義書》都是屬於各自宗派的哲學家所創作。依照《慕克提卡奧義書》(*Muktika Upaniṣad*) 的說法，屬於《梨俱吠陀》的婆羅門宗派共有二十一個，屬於《沙磨吠陀》的宗派共有一千個，屬於《夜柔吠陀》的共有一百零九個，屬於《阿闥婆吠陀》的宗派則有五十個。因此，理論上共有一千一百八十種不同的《奧義書》⓯。但是，實際上，現存而且影響深遠的《奧義書》卻只有幾十種而已。

由於《奧義書》並非一時一地一人的作品，因此也有新、舊之分。屬於《梨俱》、《沙磨》、《夜柔》等「三明」的《奧義書》，是古《奧義書》；而那些隸屬《阿闥婆吠陀》的《奧義書》，則是年代較晚才出現的新《奧義書》。新《奧義書》往往染有數論、瑜伽等不同教派和不同信仰的色彩，這是因為其集成的年代已經進入教派成立時期的緣故。多伊森 (Paul Deussen)，在其《六十奧義書》中，即把這些新《奧義書》分成下面幾大類：⑴屬於純吠檀多派的《奧義書》(*Pure Vedānta-Upaniṣads*)，例如《文荼卡奧義書》(*Muṇḍaka Upaniṣad*)、《六問奧義書》(*Praśna Upaniṣad*)；⑵屬於瑜伽派的《奧義書》(*Yoga Upaniṣads*)，例如《梵明奧義書》(*Brahmavidyā Upaniṣad*)、《慧劍奧義書》(*Kṣurikā Upaniṣad*)；⑶屬於遁世派的《奧義書》(*Saṃnyāsa Upaniṣads*)，例如

⓮ Cf. P. Deussen, *Sixty Upaniṣads of the Veda*, p. 3. 又見高楠順次郎、木村泰賢，《印度哲學宗教史》，頁 327～331。其中，比丘義譯乞士，顯然是因為他們以乞食為生的緣故。而沙門，則是（肉體之）苦行者的意思。

⓯ Cf. P. Deussen, *Sixty Upaniṣads of the Veda*, p. 2.

《大梵奧義書》(*Brahma Upaniṣad*)、《遁世奧義書》(*Saṃnyāsa Upaniṣad*)；(4)屬於濕婆（信仰）派的《奧義書》(*Śiva Upaniṣads*)，例如《阿闥婆頂奧義書》(*Atharvaśira Upaniṣad*)、《阿闥婆髻奧義書》(*Atharva-śikhā Upaniṣad*)；(5)屬於毘瑟笯（信仰）派的《奧義書》(*Viṣṇu Upaniṣads*)，例如《那羅衍那奧義書》(*Nārāyaṇa Upaniṣad*)、《大奧義書》(*Mahā Upaniṣad*)[16]。在下面的介紹和討論當中，我們將把重點放在不帶宗派色彩的古《奧義書》上面；因為只有這樣，才能正確無誤地把握《奧義書》的原始精神。

《奧義書》的梵文是：Upaniṣad。漢譯為鄔波尼殺曇（分）、優波尼沙陀（分）等。乃是 upa（鄔波、優波）、ni（尼）、ṣad（殺曇、沙陀）等三詞的合成語。其中，upa 是接近、在旁邊、一起的意思；ni 是文法中的介系詞 (preposition)，有進入、在內的意思（相當英文的 in, into, within）；而 ṣad，是由 sad 變化而來，有坐下、坐在前面、圍繞著（坐著），甚至有沉沒的意思[17]。因此，upaniṣad 的原義應該是：接近

[16] Cf. P. Deussen, *Sixty Upaniṣads of the Veda*, pp. xix～xxxii. 另外，徐梵澄，《五十奧義書》，則把新《奧義書》分類成下面的幾種：(1)屬《阿闥婆吠陀》者，例如《文荼卡奧義書》（他譯為《蒙查羯奧義書》）、《六問奧義書》等；(2)屬瑜伽匯（派）者，例如《大梵點奧義書》(*Brahmabindu Upaniṣad*)、《聲點奧義書》(*Nādabindu Upaniṣad*) 等；(3)屬遁世匯者，如《大梵奧義書》、《波羅摩訶薩奧義書》(*Paramahaṅsa Upaniṣad*) 等；(4)屬濕婆道（信仰）者，如《阿闥婆頂奧義書》、《阿闥婆髻奧義書》等；(5)屬維師魯道（毘瑟笯信仰）者，如《尼理心訶奧義書》(*Nṛsimhapūrvatāpanīya Upaniṣad*)、《那羅衍那奧義書》等。

[17] Cf. Sir Monier Monier-Willams, M.A., K.C.I.E., *A Sanskrit-English Dictionary*, London: Oxford Univ. Press, 1960, pp. 194c, 201a, 538c, 1138b.

而坐；亦即學生——梵行者 (brahmacārin) 接近老師——上師 (guru) 的身邊而坐，以傾聽祕密而深奧之哲理的意思。唐．慧琳，《一切經音義》，卷 10，曾說：「微細極至鄰虛，名優波尼沙陀分。」⑱宋．法雲，《翻譯名義集》，卷 3，也說：「優波尼沙陀……此云近少……亦翻近對。」⑲而印度佛教學者天親（世親，Vasubandhu）著，元魏．菩提流支譯，《金剛般若波羅蜜經論》卷下，曾以「因勝」來解釋《金剛般若波羅蜜經》中的「優波尼沙陀分」一詞；天親說：「因勝者，因果不相似。以此因果勝彼因果故。如《(金剛般若波羅蜜）經》(所說：)『乃至優波尼沙陀分，不及一故』。」⑳這樣看來，優波尼沙陀一詞還有殊勝、偉大的意思㉑。因此，把它譯為「奧義書」，乃是極為恰當的作法。

---

⑱ 引見《大正藏》卷 54，頁 368，中。其中，鄰虛是接近虛無的意思，形容其少或其接近的程度。

⑲ 引見前注所引書，頁 1107，上。

⑳ 引見前注所引書，卷 25，頁 794，中。天親的這段注解，是解釋下面這段《金剛般若波羅蜜經》的經文：「三千大千世界中，所有諸須彌山王，如是等七寶聚，有人持用布施；若有人以此《般若波羅蜜經》，乃至四句偈等，受持讀誦，為他人說，於前福德……優波尼沙陀分不及一，乃至算數譬喻所不能及。」因此，天親所謂「因（果）勝」，是指以《(金剛）般若波羅蜜經》裡的「道理布施」(所謂「法布施」) 之「福德」，比起以財物布施的「福德」，還要來得殊勝得多。財布施的福德極少分——所謂「優波尼沙陀分」，而法布施的福德則是不可限量。

㉑ 事實上，upaniṣad 一詞的字典意義，確實有殊勝、偉大的意思。(Cf. Sir Monier Monier-Willams, M.A., K.C.I.E., *A Sanskrit-English Dictionary*, p. 201a.)

第二節　《奧義書》的思想淵源

《奧義書》裡的「奧義」是什麼呢？無疑地，那是「(大) 梵」和「(自) 我」以及二者合一 (梵我合一) 的道理。這種思想是《四吠陀》所沒有的，因此必然也不是一時所形成的。事實上，它是發端於《四吠陀》，並經由《梵書》的蘊釀，而後成熟的思想。

《梵書》中的主要神祇和思想是生主、大梵和自我。其中，對於生主的崇拜，早在《梨俱吠陀》時代即已形成；該書第十章當中的《生主讚歌》，即是有關這一神祇的一首《讚歌》。大梵一詞，早在《吠陀》(本集) 時期即已出現㉒，但卻成熟於《梵書》和《奧義書》成立的時期。而有關「自我」的哲理，則在《梨俱吠陀》本集之中，即已多

㉒ 例如，《阿闥婆吠陀》XI, 5, 5，即說：「先於梵 (原注：心靈的提升，brahma)，梵行者 (Brahmacārin) 產生了；從被熱力所覆蓋著的創造熱情 (tapas) 產生了。祂生起了梵行 (brahmaṇam) 和最高梵，以及諸神和甘露 (amṛta)。」(參考高楠順次郎、木村泰賢，《印度哲學宗教史》，頁 172，而譯自 M. Bloomfield, *Hymns of the Atharva-veda*, in F. Max Müller, *The Sacred Book of the East*, p. 215.) 其中，「創造熱情」一詞的梵文，和熱力、苦行的梵文相同。而「甘露」一詞的梵文字義是「不死」。這幾句引文說到，由於梵行者 (婆羅門教的學生) 內在的「創造熱情」，而創造了梵行 (清淨的修行)、梵，乃至創造了諸神和甘露。梵行者雖然是宇宙的最高原理，梵只是由祂所生起的次要存在實體而已；因此，這並不是有關「梵」的成熟思想。但是，「梵」這一概念已經明顯地出現在《阿闥婆吠陀》之中，則是不爭的事實。另外，同書 XI, 5, 7，也說到由梵行者生起梵、水、世界、主宰之生主 (Prajāpati Parameṣṭhin)、遍照者 (Virāj)，形成了一個藏在永恆之胎藏的胚胎，並且進而生起刺殺阿修羅 (Asura) 的雷霆神——因陀羅。(參見前書。) 在此，再次說到梵行者生起了梵等其他諸神和事物。

次出現㉓，而在《梵書》之中則已有相當成熟的內容。例如，《百段梵書》(*The Śatapatha-Brāhmaṇa*) XIII, 7, 1, 1，即說：

> 自存梵 (Brahman Svayaṃbhū) 已經實踐了苦行 (tapas)。(但是) 祂慎重地說：「苦行確實不能獲致永恆；因此，我將奉獻我自己給萬物，而萬物也奉獻給我 (Ātman)。」由於祂奉獻自己給萬物，而萬物也奉獻給祂，因此，祂達到了最高位，成為萬物的主宰和主導。㉔

引文中明顯地已有「梵我合一」的思想雛型。自存梵把祂自己奉獻給現象界的萬事萬物；而現象界的萬事萬物，也奉獻它（他、牠）們自己給自存梵的「自我」(Ātman)。因此，不但「(自存) 梵」和「(自) 我」是一體的，而且梵、我和現象界的萬事萬物也是一體的。

㉓ 根據 B. R. Sharma, *The Concept of Ātman in the Principal Upaniṣads*, New Delhi: Dinesh Publications, 1972, p. 11 的說法，Ātman 一詞，在《梨俱吠陀》之中大約出現三十次之多。其中有二十二次是獨立出現；八次是和其他詞複合式地出現，例如：Ātmadā, Ātmanvat, Ātmanvatībhiḥ, Ātmāiva, Ātmanvantam, Śatātmā, Śatātmānam。而其意義則有下面幾個：⑴風 (Ātman vātaḥ)；⑵呼吸 (Prāṇa)；⑶自身 (Svayam)；⑷肉體 (Śarīra)；⑸本質 (Sāra)；⑹主宰者（Dhārayitṛ 或 Sūtrātman）；⑺永恆而且智慧的原理 (Cetanātman)。

㉔ 本段原文乃參考高楠順次郎、木村泰賢，《印度哲學宗教史》，頁 207，而譯自 J. Eggeling, *The Śatapatha-Brāhmaṇa*, part V, in F. Max Müller, *The Sacred Books of the East*, pp. 417～418. 其中，苦行 (tapas) 一詞還有熱力的意思在內。前面章節討論過《梨俱吠陀．無有讚歌》，其中的宇宙根本原理──「獨一」(Tad Ekam)，即是依「熱力」（慾愛，kāma）而開創出心識 (manas)，乃至其他現象界的事物。

這是《奧義書》的最中心思想，但在上面所引據的《百段梵書》當中已經萌芽。

然而，什麼是「梵」？什麼是「我」呢？梵文「梵」(brahman) 這一詞，是由 bṛh 變化而來的，它有增大、增高、增強、增加等意思。因此，「梵」也有擴大、開展、演化、增強（心力）等意思。這大約是印度雅利安人，以為透過祭祀、祈禱或口唸咒語等宗教行為，即可增加心力或神力，以避凶趨吉的意思。因此，後來更進一步引申為聖語、聖典（《吠陀》）、咒語，乃至宗教上的知識、生活等意思㉕。事實上，「梵」這一詞，早在《梨俱吠陀》本集即已出現過兩百多次；有時它以陽性名詞出現，有時則以中性名詞出現㉖。當它以陽性型態出現時，具有下面幾種可能的意思：⑴婆羅門（族的）歌者（崇拜者）(Brāhmaṇaḥ stotā)；⑵偉大或殊勝 (parivṛḍhaḥ)；⑶生主（創造者，Prajāpati）；⑷祈禱主 (Bṛhaspati)；⑸梵僧；⑹祈禱者；⑺祭師；⑻安革拉沙斯 (Aṅgirasas) 或摩盧陀 (Marut)，前者是（創作《阿闥婆吠陀》的）祭師（之一）的名字，後者則是伴隨雷神因陀羅的暴風雨神；⑼婆羅門族㉗。

其次，如果「梵」這一詞是以中性名詞的型態出現（在《梨俱吠陀》中，這是最常見的情形），那麼，它有下面的幾個意思：⑴祈禱者 (stotra)；⑵祭拜用的供物 (havis) 或一般的食物 (anna)；⑶宇宙的生起之因 (jagat kāraṇam)；⑷偉大的行為 (paivṛḍhaṃ karma)；⑸婆羅門

㉕ Cf. Sir Monier Monier-Willams, M.A., K.C.I.E., *A Sanskrit-English Dictionary*, pp. 735c, 737c～738a.

㉖ 梵文名詞共有三種性別：陽性、陰性和中性。

㉗ Cf. B. R. Sharma, *The Concept of Ātman in the Principal Upaniṣads*, pp. 15～16.

（族）；⑹肉體 (putrādivardhanakāri śaríram)；⑺偉大 (bṛhat)；⑻律他（魯達羅，Rudra）㉘。

其次，什麼叫做「（自）我」(Ātman) 呢？在學術界，這是一個爭議較多的概念。文字學家以為，Ātman 一詞有下面的幾個意思：⑴生命物 (jīva)；⑵本性或本質 (svabhāva)；⑶努力 (yatna)；⑷見解 (dṛṣṭi)；⑸智慧（覺，buddhi）；⑹究極的原理——梵；⑺肉體 (deha)；⑻心識（末那，manas）；⑼排除其他 (para-vyāvartanam)；⑽兒子 (putra)；⑾火 (agni)；⑿風 (vāyu)㉙。另外，西元前 450 年左右的一個印度梵文學者——耶史迦 (Yāska)，在其有名的《字源學》(*Niruktam*) 一書當中，曾歸納出 ātman 一詞的兩個可能的語根：其一是 at，另一則是 ap。前者有恆久變動的意思，而後者則有擴散、普及、充滿等意思。耶史迦並且從三方面來說明「自我」這一詞的意義：⑴它恆久不變地變動 (ātmā atatervā)；⑵它遍滿一切 (āptervā)；⑶它顯現為遍滿或被包容（在物質性的身體之中）(api vāpta iva syād yāvad vyāptibhūtah)㉚。

一些德國學者，例如史懷澈 (A. Schweitzer) 以為：梵文中的

㉘ Ibid., p. 16. 其中，律他是《梨俱吠陀》中的空界神祇，在《梨俱吠陀》中，已經以「濕婆」（吉祥、恩惠，Śiva）一詞，做為祂的尊號。因此，在後來的印度教當中，祂變成了濕婆神——印度教的三大主神之一。

㉙ Cf. B. R. Sharma, *The Concept of Ātman in the Principal Upaniṣads*, p. 11.

㉚ Cf. Yāska, *Niruktam*, Ajmer, 1957, in B. R. Sharma, *The Concept of Ātman in the Principal Upaniṣads*, pp. 12～13. 另外，B. R. Sharma 還進一步說到，如何從 at 變成 ātman 的過程。他說：首先在 at 的後面，加上一種叫做 Unādi 的語尾詞，亦即加上 maniṇ；此時，at 的 a 母音會變成長音 ā，成為 āt。因此，整個變成了 ātmaniṇ。然後依據文法規則，再去掉名叫 Anubandha 的 iṇ，即成為 ātman。

Ātman 和德文中的 Ātmen，來自同一語源㉛，因此推測 Ātman 一字的語根是 an，那是呼吸的意思。另外，寇特斯 (Curtius) 和葛羅斯曼 (Grassmann) 則認為：ātman 一詞是由語根 av (vā) 所變化而來，那是（風）吹的意思。也就是說，他們以為 atman 一詞和呼吸（生氣，prāṇa）一詞有關。事實上，「呼吸」確實是《梨俱吠陀》以來即已非常重要的概念；在《阿闥婆吠陀》當中，它甚至被視為宇宙的最高原理㉜。凱斯 (A. B. Keith) 採信這個說法，並做了下面的推論：首先由「風」變成了「呼吸」；再由「呼吸」變成「自我」的意思；接著由「自我」變成「反身代名詞」(reflexive pronoun)㉝；然後再由「反身代名詞」變成諸如「身體」、「身軀」、「事物的本質」、「意識」(vijñāna)；最後再發展出等同於宇宙究極原理——「梵」的理論出來㉞。

但是，同樣是德國的學者——多伊森 (P. Deussen)，卻認為：ātman 一詞，應該是 aham 和 ta 二詞的合成語。前者是一般意思的「我」，後者則是「這個」。因此，ātman 的原義是「這個我」㉟。

㉛ 由於印度雅利安人和歐洲人是同一種族（詳第一章第一節），因此，他們也具有相似的語言，稱為印歐語系。

㉜ 例如，《阿闥婆吠陀》XI, 4, 1，即說：「禮敬波羅那（呼吸，Prāṇa）！萬物附屬於祂，祂是萬物的主宰，萬物依靠於祂！」（譯自 M. Bloomfield, *Hymns of the Atharva-veda*, p. 218.）

㉝ 反身代名詞，例如，我自己、你自己、他自己、（任何）一個人自己等。在此，指的是「（任何）一個人自己」（自身，Svayam）；事實上，這一詞曾出現在《梨俱吠陀》當中，共四次之多。（參見《梨俱吠陀》VIII, 3, 34; IX, 85, 3; IX, 113, 1; X, 97, 4。）

㉞ Cf. B. R. Sharma, *The Concept of Ātman in the Principal Upaniṣads*, pp. 12～13.

不管「自我」的原義是什麼，但是，它在最後和「梵」合一，而成「自我即是大梵」、「大梵即是自我」的「梵我合一」思想，則是不爭的事實。例如，《大林間奧義書》1, 4, 10，即曾這樣說：

> 起初，宇宙中只有大梵 (Brahman)。祂知道自己的存在，且體悟到祂自己 (ātmānam)：「我是大梵！」(Aham Brahman asmi) 於是，祂化為全宇宙。……至今依然如此：凡是體悟「我是大梵」者，即可化為全宇宙；即使諸神也沒有能力阻止，因為他已成為祂們的自我 (Ātman)。[36]

在這段有名的引文當中，說到了「(大) 梵」，說到了「(自) 我」；更重要的是，把大梵和自我合一，而說到了「我是大梵」。「我是大梵」這個句子，以及《唱贊奧義書》6, 8, 7 之中的一個句子——「祂是你！」(你是祂，Tat tvam asi) [37]，成了常被後代婆羅門教 (印度教)

---

[35] Ibid., p. 13.

[36] 參考徐梵澄，《五十奧義書》，頁 496，以及 P. Deussen, *Sixty Upaniṣads of the Veda*, p. 413，而譯自 R. E. Hume, *The Thirteen Principal Upanishads*, pp. 83～84.

[37] 《唱贊奧義書》6, 8，說到《奧義書》中有名的哲學者——優陀羅迦．阿盧尼 (Uddālaka Āruṇi)，曾教導他的兒子——白淨 (Śvetaketu)，有關「實有」(Sat) 的知識。其中，該書 6, 8, 4，說到「一切眾生都以『實有』為根，以『實有』為歸宿，以『實有』為安立處」。而同書 6, 8, 7，則說：「全宇宙以祂 (實有) 為自我 (Ātman)。祂即是真實 (satya)，祂即是自我 (Ātman)，祂 (即) 是你〔你 (即) 是祂，Tat tvam asi〕！」(分別譯自 R. E. Hume, *The Thirteen Principal Upanishads*, pp. 245, 246.) 而「祂是你」一句，即是《奧義

聖典以及哲學家所徵引的兩句「大格言」(Mahāvākyam)。

然而，「大梵」和「自我」這兩個顯然獨立的概念，為什麼被劃上等號而成「梵我合一」呢？這個問題有許多可能的答案；首先是：大宇宙 (Macrocosm) 之根本原理，等同於小宇宙 (Microcosm) 之根本原理的宇宙觀。以生命體為中心之小宇宙的根本原理，是「自我」；而以自然界為中心的大宇宙之根本原理，則是「大梵」。這二者的結合，成為「梵我合一」，乃是基於兩種宇宙具有等同之原理的思維模式。這一思維模式萌芽得很早，《阿闥婆吠陀》 11, 7–8 當中的 《殘饌讚歌》(*Ucchiṣṭa Sūkta*)，即是很好的例子。這首《讚歌》說到，祭祀時所剩下的可食供品——「殘饌」(Ucchiṣṭa)，即是宇宙的根本原理；由殘饌，生起了「名（與）色」(nāma-rūpa)[38]，也生起了諸神和萬物。（詳《阿闥婆吠陀》 11, 7。） 在此，諸神乃是大梵（亦即殘饌）之覺智 (saṃkalpa) 的顯現。諸神在合力創造了「人」(puruṣa) 的肉體之後，分別進住於人之肉體中的眼睛、呼吸、血液、膀胱等器官和組織之中。而大梵則在最後，也進住了人的肉體之中，成了人的「靈魂」（生命

書》中最有名的兩句名言之一。其中，「祂」(Tat) 是中性的語詞（正確的翻譯應該譯為「它」）；無疑地，那是指前面所說過的「實有」，也是「大梵」這一宇宙最高原理的代名詞。因此，所謂「祂是你」，其實即是「大梵是你（自我）」的省略語。

[38] 名 (nāman) 一詞的字面意思是名字，但卻引申為內心中的精神活動。內心中的精神活動，只有利用語言文字——「名」來表達時，別人才能知道；因此，內心中的精神活動即以「名」來代表。其次，色 (rūpa) 一詞的字面意思是顏色，引申為物質性存在物；因為這些物質性的存在物都有顏色的關係。另外，有些西洋的學者，把「名」了解為內在的性質 (quality) 或實質 (matter)，而把「色」了解為外表的形式 (form)。

我，jīvātman)。(詳《阿闥婆吠陀》11, 8。）沙摩 (B. R. Sharma) 說：《阿闥婆吠陀．殘饌讚歌》可以導出兩個重要的哲學結論：(1)大梵和自我的等同；(2)小宇宙與大宇宙的合一。他把這兩個結論，合稱「宇宙即個我」(Yatpiṇḍe Tadbrahmāṇḍe㊴) 的原理；並且說：這一原理在後來的濕婆信仰、性力信仰 (Śākti) 和佛教（密宗）信仰當中，仍然有它的影子㊵。

「宇宙即個我」的原理，到了《梵書》時期，得到進一步的發展。依照高楠順次郎和木村泰賢的說法，梵我在《梵書》中的發展，共分為三個階段：(1)以生主為宇宙根本原理的階段；(2)以大梵為宇宙根本原理的階段；(3)以自我為宇宙根本原理的階段。其中，第(1)階段乃是繼承了《梨俱吠陀．生主讚歌》以來的舊有傳統，而進一步發展出來的思想；而第(2)、(3)兩個階段，則是《梵書》獨特的新思想。就以(2)

㊴ Yatpiṇḍe Tadbrahmāṇḍe 的字面意義是：這個梵卵 (Brāhmaṇḍa) 即是那個人我 (piṇḍa)。其中，梵卵是指宇宙的意思。

㊵ Cf. B. R. Sharma, *The Concept of Ātman in the Principal Upaniṣads*, pp. 85～87. 其中，性力信仰是指一種崇拜濕婆神之性能力的信仰，並以濕婆之眾多妻子為崇拜對象。崇拜儀式進行時，信徒們圍繞成輪環狀（稱為「輪環儀式」），並進行喝酒，吃肉、魚和炒穀物，乃至性交（稱為「五實相」）。最後則狂舞而散。這一信仰和佛教的密宗有著密不可分的關係。而其基本教義之一則是：「以情慾消滅情慾」。也就是，以男女飲食之慾的滿足，來消滅男女飲食之慾。這一信仰還以為，與大梵等同的性力女神，遍滿整個宇宙，因此也存在於人體之中。也許，這即是沙摩 (B. R. Sharma) 所說的「宇宙即個我」吧？〔有關性力信仰和佛教的密宗，請參見查爾斯．埃利奧特 (Charles Eliot) 著，李榮熙譯，《印度教與佛教史綱》卷 2，高雄：佛光出版社，1990，頁 107～203, 446～475。〕

來說，其實即是大梵逐步取代生主之地位，而成為最高原理的整個過程；就中，又可細分為三個小階段：(a)大梵隸屬於生主的階段；(b)大梵和生主平等的階段；(c)大梵超越了生主，而成為最高之根本原理的階段㊶。前面我們曾提到《百段梵書》(*The Śatapatha-Brāhmaṇa*) XIII, 7, 1, 1 之中的「自存梵」(Brahman Svayaṃbhū)，這即是屬於(2)—(c)這一階段的《梵書》思想。也就是說，自存梵超越了生主，而取得了宇宙最高根本原理——「最高位」(Parameṣṭhin) 的地位。而《百段梵書》10, 6, 3，在一段有關「商提利耶之教說」(Śāṇḍilya-vidyā)㊷當中，更要求我們「皈依於真實的 (satya) 大梵」、「皈依於自我」。並把自我（或大梵）稱為內存於我人心中，而又具有黃金之光輝的「(原）人」(Puruṣa)，然後說祂：「微細如粟粒，如麥子，如黍種，如黍種之核」；而其廣大，「較天還要廣大，較地還要廣大，較萬物還要廣大」㊸。事實上，這些描寫，隱約已可見到《奧義書》中的「梵我合一」思想㊹。

㊶ 參見高楠順次郎、木村泰賢，《印度哲學宗教史》，頁 194～220。

㊷ 商提利耶 (Śāṇḍilya)，是屬於《迦諾社梵書》(*Kanauj-Brāhmaṇa*)，亦即《迦耶鳩波社梵書》(*Kānyakubja-Brāhmaṇa*) 的哲學家。同時，也是《信敬經》(*Bhākti-Sūtra*) 的作者。他主張「熱愛並奉獻給神」，亦即「熱愛（神）」(bhākti)；以為那是解脫的要素之一。他的這一主張，成了十二世紀以後某些印度哲學家所強調的思想。

㊸ Cf. J. Eggeling, *The Śatapatha-Brahmaṇa*, part IV, in F. Max Müller, *The Sacred Books of the East*, p. 400.

㊹ 事實上，《唱贊奧義書》3, 14，也有相似的描述，而且同樣是屬於「商提利耶之教說」。唯一不同的是，在這裡明白地說到「內存於心中的自我，即是大梵」罷了。(Cf. R. E. Hume, *The Thirteen Principal Upanishads*, pp. 209～210.)

大梵和自我之所以被劃上等號，而成為《奧義書》裡的「梵我合一」論，除了因為「宇宙即個我」（大宇宙之原理即是小宇宙之原理）這一思考模式之外，還有其他原因；例如，流出 (sṛṣṭi) 的創造說，即是其中重要的一個㊺。「流出」一詞是由動詞語根 sṛj 變化而來，它有（令其）出走、釋放、投擲、吐出、流出、分泌等意思。事實上，流出的創造說，我們並不陌生；《梨俱吠陀．無有讚歌》中的宇宙創造論，即是典型的流出創造說。在這首《讚歌》當中，曾把「獨一」所創造出來的宇宙萬物，稱為「造化」(visṛṣṭi)，它由動詞語根 vi-sṛj 變化而來，亦即在「流出」這一動詞的前面，加上 vi（一分為二、分辨、分開、分化）這一詞。因此，visṛṣṭi 一詞的字面意思有：流出、放出、射出、投出、放鬆、自由、解消、分泌等意思。我們曾在前面解釋《無有讚歌》時，把其中的宇宙創造論稱為「生殖的創造說」；現在，我們卻可以稱它為「流出的創造說」。這種宇宙創造說的特色是：（由於萬物都由創造者所「流出」，因此）創造者和被創造者之間，具有相同的本質。而在同樣具有這一思維模式的《奧義書》當中，做為創造者的大梵，以及做為被創造者的自我，也同樣具有相同的本質；二者的等同，成了必然的思想結果。事實上，這種流出的宇宙創造說，在《奧義書》中比比皆是；例如，屬於《梨俱吠陀》的古《奧義書》——《愛多列雅奧義書》(*Aitareya Upaniṣad*) 1, 1，即說：

1.起初，宇宙只有自我，沒有其他讓人睜開眼睛的東西㊻。祂獨自

㊺ 以下有關流出的創造說，請參見中村元（葉阿月譯），《印度思想》，臺北：幼獅文化事業公司，1984，頁 51～52。

㊻ 「讓人睜開眼睛的東西」(miṣat) 一詞，徐梵澄，《五十奧義書》，頁 22，譯為

思維著：「我要創造世界！」

2.於是，祂創造了世界：

洪洋 (ambhas)，光明 (marīci)，死亡 (mara)，水 (ap)。

洪洋遠在天界之上，天界是它的根基。光明是空界，

死亡是地界；地界之下是水。

3.祂思維著：「如今，這些就是世界了。我將創造世界的守護者！」

於是，祂從水中創造出（原）人 (Puruṣa)，並為他塑型。

4.祂冥想著。

當祂冥想時，他的口，像卵一樣地破裂開來；(於是)

由口生語言 (vāc)，由語言生火（阿耆尼，Agni）。

鼻張開了；由鼻生呼吸（生氣，prāṇa），由呼吸生風（窪尤，Vāyu）。

眼張開了；由眼生視見 (cakṣus)，由視見生太陽（阿提緻，Āditya）。

耳張開了；由耳生聽聞 (śrotra)，由聽聞生方位。

皮張開了；由皮生毛髮，由毛髮生草木。

心張開了；由心生意（心識，manas），由意生月亮。

臍張開了；由臍生下氣 (apāna)，由下氣生死亡 (mṛtyu)。

腎張開了；由腎生精液，由精液生水 (ap)。[47]

「睒眼者」，並注釋說：「『睒眼者』，又為『生物』，或『生動者』。《梨俱吠陀》 10, 190, 2，有云『眾生之主』，作 viśvasya miṣato vaśī，則為『生者』。……」

[47] 參考徐梵澄，《五十奧義書》，頁 22，以及 P. Deussen, *Sixty Upaniṣads of the Veda*, part I, p. 15，而譯自 R. E. Hume, *The Thirteen Principal Upanishads*, pp.

在這四段譯文當中，說到了神格化的「自我」，創造宇宙萬物和人類（原人）的整個過程㊽。首先，祂創造了天、空、地等三界；它們代表了洪洋、光明和水。從地下之水，創造了人（原人）；他（祂）是宇宙的「守護者」。然後再由人（原人）的身體的各個部位，創造了火、風、太陽、方位、草木、月亮、死亡，乃至水等現象界的事物（或神祇）。無疑地，這是受到《梨俱吠陀．原人讚歌》之啟發，而開展出來的思想。而同書 1, 3 當中的某些段落，則有較新的思想內涵：

11.祂（自我）冥想著：「他（原人）怎麼可以沒有自我而存在呢？」
祂思索著：「自我從哪裡進入他的裡面呢？」……

12.於是，祂從頭頂毛髮分開處——頂門 (sīman) 進入。
它（頂門）稱為隙縫 (vidṛti)；
字面的意思是裂縫，即是喜樂處 (nāndana)。

13.當祂創造了（萬物）之後，祂觀察萬物 (bhūta)，並說：
「在此，有誰為我分清（原人與大梵的）不同？」
然而，祂體認到：此（原）人即是究極之大梵 (Brahmatataman)！
祂說：「我知道了 (idam adarśam)！」㊾

294～295. 其中，最後一句中的「腎」，R. E. Hume 譯作男性的生殖器 (viril member)。而倒數第二句的「下氣」，則指呼吸中的出氣。

㊽ 我們曾在前面的章節說過，puruṣa 一詞的字面意義是人（類）。因此，在這裡，puruṣa 可以像是《梨俱吠陀．原人讚歌》一樣，是指宇宙的創造神——原人；但也可以是指一般意義的人類。

㊾ 參考徐梵澄，《五十奧義書》，頁 26～27，以及 P. Deussen, *Sixty Upaniṣads of the Veda*, part I, pp. 17～18，而譯自 R. E. Hume, *The Thirteen Principal Upanishads*, pp. 296～297.

在這三大段譯文裡，我們讀到了「自我」在創造了人類之後，如何進入人類肉體之中的整個過程。而且，在最後的兩句裡，我們還讀到「(原) 人即是究極之大梵」的思想。無疑地，這是《奧義書》裡「梵我合一論」的代表思想。而且，它的理論基礎建立在流出的，亦即生殖的宇宙創造說之上。這一創造說，源自《梨俱吠陀》第十章五首《讚歌》的宇宙創造思想。

總之，《奧義書》裡的「梵我合一論」，其思想的起源，遠自《吠陀》之「宇宙即個我」的思維模式，以及生殖（流出）的宇宙創造說。

第三節 《奧義書》的主要思想內容

《奧義書》的思想內容，可以分為兩個大方向來探討：一是「梵我合一」的理論；另一則是「業」(karma) 與「輪迴」(saṃsāra) 的理論。前者是主要的哲學思想，後者則是附屬於「梵我合一」論之下的宗教哲理。首先是和「梵我合一」有關的思想內容；這些內容，主要的是對於「梵」與「我」的特性說明：

在《奧義書》中，我們常常可以讀到兩種（或三種）不同意義的「梵」；一是不可描述的，另一則是可以描述的[50]。例如，《彌萃奧義

---

[50] 屬於瑜伽派的新《奧義書》——《商枳略奧義書》(*Śāṇḍilya Upaniṣad*) 3，曾說到三種不同意義的梵；它們是：有分相、無分相，以及有分無分相。無分相是：真理、智、阿難陀（妙樂，ānandam）、無為、無垢、遍入、極為微妙、遍對一切面、不可演說、永無死亡。而有分無分相是：與無分相同生的無明、根本自性、摩耶（幻，māyā）、赤色、白色、黑色，以及與無分相一起生起的天神、黑色、黑暗、黃色、光明、大自在（天神，Maheśvara）。至於什麼是有分相，則沒有說到。（參見徐梵澄，《五十奧義書》，頁 895。）

書》(*Maitri Upaniṣad*) 6, 3，即說：「誠然，梵有兩種形式：有形的和無形的。有形的是不真實的；無形的是真實的，即是梵，即是光明。而其光明如日。」[51]而《大林間奧義書》2, 3，更詳細地說：「梵有兩種形式：有形的 (mūrta) 和無形的 (amūrta)。」其中，有形的梵是「有生滅的」、「靜態的」(sthita)、「真實的」(sat)[52]；而無形的梵，則是「不生滅的」、「動態的」(yat)、「彼岸的」(遠方的，tyam)。而且，所謂無形的梵，其實即是內存著生氣 (prāṇa) 的自我：因為，「有形的(梵)不同於呼吸(生氣)」；相反地，「無形的(梵)即是呼吸(生氣)，……而它(生氣)內存於自我之中」。而最後的結論，則是《奧義書》中有名的幾句話：

> 因此，這裡有一種教示：「(既)不是這樣！(也)不是那樣！」(neti neti) 因為再也沒有比這(教示)更高超的了。而它的名字是「真實中的真實」(satyasya satyam)。誠然，具有呼吸(生氣)的生類是真實的；而它則是他們的真實者。[53]

在這段引文當中，無形的大梵或自我，被稱為「真實中的真實」。其中，第一個「真實」是指現象界中的一般事物，而第二個「真實」

---

[51] 譯自 R. E. Hume, *The Thirteen Principal Upanishads*, p. 425.

[52] 這裡所謂「真實」，和前面《彌萃奧義書》所說的「有形的(梵)是不真實的；無形的(梵)是真實的」一句，似乎有矛盾。其實，《大林間奧義書》之所以說有形的梵是「真實」的，只是為了強調有形的梵可以用肯定的語詞，例如「真實的」，來加以描寫罷了。因此，二書之間並沒有衝突。

[53] 譯自 P. Deussen, *Sixty Upaniṣads of the Veda*, pp. 431～433.

則指創造他們的大梵或自我。而且，這一「真實中的真實」，是不可說、不可說的實體。「(既）不是這樣！(也）不是那樣！」一句，成了《奧義書》中的有名句子，常被引來做為（無形之）大梵或自我的描寫[54]。無疑地，這是以為宇宙的最高原理——「梵」，乃至我們內在的靈魂——「我」，是無法用語言文字來加以描述的。因此，如果非要描述不可，只好採用否定的句型來描述；「(既）不是……！(也）不是……！」即成了最好的描述。《大林間奧義書》3, 8, 8，即對「不變滅者」(akṣaram)，亦即梵我，做了這樣的描寫：

> 啊！迦吉 (Gārgi)！這即是婆羅門所說的不變滅者！它既不是粗，也不是細；既不是短，也不是長；既不是（像火一樣地）紅色，也不是（像水一樣地）濕潤；既不是影子，也不是黑暗；既不是風，也不是空（間）；不是（像油漆一樣地）黏著；沒有味覺，沒有氣味，沒有眼，沒有耳，無所言語，無所思慮，無熱力，無氣息，無口；不可數，無內，無外；既無所吃食，也不被吃食。[55]

然而，大梵或自我，畢竟還有有形的另外一面；這是可以採用語

[54] 例如，《大林間奧義書》4, 2, 4，有名的《吠陀》權威哲學家祀皮衣仙人，即說：「自我（既）不是這樣，(也）不是那樣。祂是不可捉取，因為祂是不可捉取的；不可毀壞，因為祂是不可毀壞的；不可執著，因為祂是不可攀緣的；不可束縛，因為它是無所動搖，無所傷害的。」(譯自前注所引書，頁481。)

[55] 譯自 P. Deussen, *Sixty Upaniṣads of the Veda*, p. 463. 引文一開頭的人名迦吉，是婆遮迦篘 (Vacaknu) 的女兒。而這段對於「不變滅者」的描寫，則是祀皮衣仙人對她的教說。

言文字加以描寫的一面。《大林間奧義書》4, 1，曾描寫祀皮衣仙人和闍那伽國王 (Janaka) 之間的一段對話 。 闍那伽國王說 ： 梵是語言 (vāc)、 生氣 （呼吸，prāṇa）、 眼識 (cakṣus)、 耳識 (śtrotram)、 意識 (manas)、心 (hṛdayam)；它們分別是耆提槃 · 濕利那 (Jitvan Śilīna)、烏怛迦 · 須爾波 (Udaṅka Śulba)、薄俱 · 毘梨瑟尼 (Barku Vṛṣṇa)、迦達毘鼻毘陀 · 薄羅多闍 (Gardabhivipīta Bharadvāja) 、 薩遮迦摩 · 迦巴拉 (Satyakāma Jabālā)、 鼻達葛達 · 釋迦羅 (Vidagdha Śakala) 等六個 《吠陀》學者的見解。但是，《奧義書》有名的哲學家——祀皮衣仙人，卻認為這六者都只是梵的某一面 (ekapād) 而已 ， 並不是梵的居住所 (āyatanam)，也不是梵的安居處 (pratiṣṭha)；亦即並不是真正的梵。針對這六者，祀皮衣仙人指出梵的六種居住所或安居處；它們是：智慧 （般若 ， prajñā）、 愛樂 (priyam) 、 真實 (satyam) 、 無極 （無限 ， ananta）、 妙樂 (ānandam) 、 安定 (sthiti) 。 這六者才是我們所應崇敬 (upāsīta) 的真實之梵 56 。

另外， 屬於黑 《夜柔吠陀》 的 《泰迪梨耶奧義書》 (*Taittirīya Upaniṣad*) 2, 12，也說到梵有三種特性：「唵 (Oṃ)！體悟大梵者，臻於至上。這是關於祂的詞句：『真實 (satyam)、智慧（般若，prajñā）、無極 (anantam)。……』……。」 57 其次，屬於黑《夜柔吠陀》的《彌勒

56 Cf. P. Deussen, *Sixty Upaniṣads of the Veda*, pp. 478～480.

57 譯自 P. Deussen, *Sixty Upaniṣads of the Veda*, p. 235. 其中，「唵」 字的字面意義不清楚，在《奧義書》中常見對於這一詞的讚嘆；例如，屬於《阿闥婆吠陀》 的 《唵聲奧義書》 (*Māṇḍūkya Upaniṣad*) 1, 1 ， 即說 ：「唵 ！ 這一聲音 (akṣaram) 即是全宇宙。」 又說：「凡過去者、現在者、未來者，這一切全都是唵聲；其他超越三時（即過去、現在、未來）者，也全都是唵聲。」（以

耶那奧義書》(*Maitrāyaṇa Upaniṣad*) 7, 7，也對「自我」詳細地做了下面這段肯定性的（有形的）描述：

> 而它（太陽），誠然是「內心最深處的自我，全然清淨」，熾熱如火，化為一切形 (viśva-rūpa)。萬物都是祂的糧食，萬物都交織於其中。「這即是自我，離於罪惡，無有老、死、苦痛、疑惑、繫縛。祂的決心是真理，祂的欲念也是真理」。「祂是一切的自在主、主宰、護持者。祂是橋樑，令分離或星散聚合為一」。誠然，這一自我，名為主宰 (Īśana)、仁慈者 (Śambhu)、存在者 (Bhava)、威猛者 (Rudra)、生主 (Prajāpati)、造一切者 (Viśva-sṛj)、金胎 (Hiraṇyagarbha)；祂是真理，是生氣 (Prāṇa)，是天鴻（靈魂，Haṃsa），是執法者 (Śāstṛ)，是不動搖者；祂是毘瑟笯 (Viṣṇu)、那羅延那 (Nārāyaṇa)。[58]

以上這些對於梵我的正面（有形）描寫，後來被歸納成三個特性：真實 (satyam)、智慧 (jñānam)、妙樂 (ānandam)；並且在《人獅子後修

上譯自 P. Deussen, *Sixty Upaniṣads of the Veda*, p. 611.）其中，第一句中的「聲音」(akṣaram) 一詞，除了聲音的意思之外，還有不壞滅者的意思。

[58] 參考徐梵澄，《五十奧義書》，頁 445，譯自 P. Deussen, *Sixty Upaniṣads of the Veda*, p. 381. 引文中，共有四段以引號標明的文句，乃原文引自其他《奧義書》者。第一段引自《唱贊奧義書》3, 14, 3；第二段引自《大林間奧義書》3, 8；第三段引自《唱贊奧義書》8, 1, 5；第四段則引自《大林間奧義書》4, 4, 22。另外，「仁慈」一名是濕婆神 (Śiva) 的別號；「威猛者」（魯達羅）是《梨俱吠陀》中的空界主神之一，後來也成為濕婆神；「金胎」一名顯然來自《梨俱吠陀．生主讚歌》中的金胎神，亦即生主；而「天鴻」，又有（世界之）靈魂、個我等意思。

行奧義書》(*Nṛsiṃha Uttara-tāpanīya Upaniṣad*) 之中，改成真實 (sat)、知 (cit)、妙樂 (ānandam) 三者，而成「妙樂之精神實體」(Saccidānandam) 一詞㊾。這一詞，被後來的《吠檀多要義》(*Vedānta-Sāra*) 一書，當做大梵的定義㊿。

然而，對於大梵，亦即自我的有形的描寫，最負盛名的莫過於自我的「四位」說和「五藏」說。前面《彌勒耶那奧義書》說過：「內心最深處的自我，全然清淨。」因此，真正的自我應該是「內心最深處」、「全然清淨」的實體；亦即《人獅子後修行奧義書》中所謂的「妙樂之精神實體」。這一實體，「熾熱如火，化為一切形」（詳前《彌勒耶那奧義書》引文）。如何在五彩繽紛的「一切形」當中，尋找出真實的自我，乃是《奧義書》哲學家所熱衷的事情。「四位」說和「五藏」說，即是他們所找到的兩個答案。

四位，即：⑴醒位 (Buddhānta)；⑵夢位 (Svapnānta)；⑶熟眠位 (Samprasāda)；⑷死位 (Mṛta)。這也許是《大林間奧義書》4, 3–4 所首次提出，而後被其他《奧義書》所廣泛引用的說法。該書 4, 3, 7，先是定義什麼叫做自我：

㊾ 例如，《人獅子後修行奧義書》7⑵，即說：「一切即是大梵，由真實、知、妙樂所組成。因為一切都由真實、知、妙樂所組成。」（譯自 P. Deussen, *Sixty Upaniṣads of the Veda*, vol. II, p. 851.）同書 8, a，也說：「（在宇宙中）縱橫交織而成的，即是自我，亦即人獅子 (Nṛsiṃha)。因為全宇宙都在其中；祂是一切，祂是一切的自我。然而，祂並不在縱橫交織之中；因為自我是不二，唯一而無分殊。萬物並非存有，但是，當祂進入縱橫交織中時，即是完全的真實，完全的知，完全的妙樂⋯⋯。」（譯自前書，頁 852～853。）

㊿ 參見高楠順次郎、木村泰賢，《印度哲學宗教史》，頁 259～260。

> （闍那伽王問：）「何謂自我？」（祀皮衣答：）「在生命的組織之中，祂是由知識所組成，祂是內心的靈明。祂保持不變地遊走於兩種世界之間，顯現為思慮，顯現為變動；當祂化為睡眠時，則超越這一世界和死亡的形式。」61

引文中明白地說到有關「自我」的三件事情：⑴自我是生命組織中，由「知識所組成」的「內心靈明」。⑵自我遊走於「兩種世界」之間，亦即遊走於現象世界和超越現象世界的大梵世界。前者是自我的醒位，後者則是自我的熟眠位和死位（詳下引文）。⑶當自我在睡眠位時，「超越了這一世界和死亡的形式」。在此，徐梵澄以為，所謂「死亡的形式」是指有生滅者而言62。因此，所謂「超越了這一世界和死亡的形式」，是指超越了現象世界中的一切事物而言。

緊接著，祀皮衣在《大林間奧義書》4, 3, 9，又對闍那伽王說：「自我有兩種狀態：這一世界和那一世界。而中間的第三狀態，則是睡眠位。在中間狀態時，可以同時看到這一世界和那一世界。」63在這裡，祀皮衣仙人把世界分成兩個：現象世界和大梵世界。而睡眠位的自我則是「中間狀態」，祂遊走於這兩種世界之間，因此，也可以「同時看到」這兩種世界。在這種睡眠位中的自我，並不是真正的自我，因為祂還受制於現象界的事物，無法達到真正的解脫。睡眠位的自我，「從含容萬物的（這一）世界，取其材料 (mātrā)，獨自分析，獨自建造，並夢其自己之光，夢其自己之明」64。因此，在睡眠位的

61 譯自 R. E. Hume, *The Thirteen Principal Upanishads*, p. 134.

62 參見徐梵澄，《五十奧義書》，頁 576。

63 譯自 P. Deussen, *Sixty Upaniṣads of the Veda*, vol. I, p. 486.

自我，並不是真正的自我。

比睡眠位更真實的自我，是在熟眠位之中。《大林間奧義書》4, 3, 21–22，這樣描寫他：「那是他的真實形式，超越了欲望，遠離了罪惡，無有恐怖。因為，就像被愛妻所擁抱，不再有內與外的分別；此（原）人，當他被智慧的自我所擁抱時，也不再有內與外的知覺。」又說：「在那裡（熟眠位），父親不是父親，母親不是母親，世界不是世界，諸神不是諸神，《吠陀》不是《吠陀》。在那裡，盜賊不是盜賊，毀胎者不是毀胎者，旃陀羅 (Cāṇḍāla) 不是旃陀羅，保勒迦薩 (Paulkasa) 不是保勒迦薩，沙門 (śramaṇa) 不是沙門，苦行者不是苦行者。在那裡，幸福不至，罪惡不來，因此，他已超越了內心的一切憂苦。」[65]也就是說，在熟眠位的自我，已經進入平等無差別的境界；其實，這即是前述「無形的梵」。

而第四的死位呢？當一個人死亡的時候，「自我由眼，或由頭，或由身體其他部位離開。因為他的離開，生命隨之離開。因為生命的離開，生氣 (prāṇa) 也跟著離開。他則化為智慧，智慧也隨著離開。知識、業 (karma) 和夙慧 (pūrvaprajñā) 則捉住了祂。」而且，就像「草葉上的蠶」，吃完了一片葉子之後，馬上移到另一片葉子之上，繼續生活一樣；也像「冶工」，以舊的金器，重新鑄造新的金器一樣；一個人死後，他的自我離開了身體，卻又「創造新而美麗的形式」；「或是成為

---

[64] 《大林間奧義書》4, 3, 9；譯自前注所引書，頁 486～487。

[65] 以上兩段譯文，乃參考徐梵澄，《五十奧義書》，頁 572～573，譯自 R. E. Hume, *The Thirteen Principal Upanishads*, p. 136. 其中，旃陀羅是指首陀羅父親和婆羅門母親所生下的兒子；保勒迦薩是指首陀羅父親和剎帝利母親所生下的兒子。這二者，在印度社會裡，都屬下賤的人民。

祖靈，或是成為乾闥婆 (Gandharva)㊱，或是成為天神，或是成為生主，或是成為大梵，或是成為其他眾生」。也就是說，當人死亡之後，要麼繼續在祖靈、乾闥婆、天神、生主、其他眾生之中輪迴，要麼進入沒有輪迴的大梵世界。而其關鍵則在生前所造之「業」（行為）的或善或惡。而其結論則是：「而人們以為：『人由慾愛 (kāma) 所形成。』〔而我（祀皮衣）這樣回答：〕『由於慾愛而有意志 (kratu)，由於意志而有業（行為，karma），由於業而有他自己之結果。』……」㊲。因此，自我到底是超升到大梵世界或繼續留在世間輪迴，關鍵固然是在「業」；但更根本的原因，應該是「意志」和「慾愛」。「慾愛」、「意志」、「業」、（超升大梵世界或輪迴之）「（結）果」，這四步驟即是自我之解脫與輪迴的全部過程。

「業」(karma) 的字面意思是行為，在這裡卻具有宗教哲學上的另兩層意義：⑴它以某種形式存在（於我人的身心之中），並不隨著我人的死亡而消失；⑵它能束縛或解放我人的身心。就第⑵點來說，那些合乎德性的業（行為）——「善業」，可以牽引我人到達解脫的大梵世界；而那些不合乎德性的業（行為）——「惡業」，則會牽引我人重新來到現實的苦難世界。這是為什麼上面會說到：當人死亡，自我離開身體之後，有時變為祖靈，有時變為乾闥婆，有時又變為生主等等不同生命型態的原因。所以，《大林間奧義書》4, 4, 5，說：「如果為善，則成善者；如果為惡，則成惡者。造作福德之業，則成福德之人；造作罪惡之業，則成罪惡之人。」同書 4, 4, 6，又說：「至於沒有欲望的

㊱ 乾闥婆，是《梨俱吠陀》中既有神祇。乃掌管音樂、舞蹈的神祇。

㊲ Cf. R. E. Hume, *The Thirteen Principal Upanishads*, p. 140. 又見高楠順次郎、木村泰賢，《印度哲學宗教史》，頁 288～289。

人，他無所欲望，離於欲望，欲望皆已圓滿；他以（探求）自我為欲望。（死亡時）他的生氣不離開（身體），他就是大梵，他已進入大梵。」[68]

從以上的說明可以看出來，所謂自我的死位，其實是指那些造作了善業，因而死後得以進入大梵世界的自我而言。那些造作了惡業，必須留在世間繼續輪迴的眾生，其自我由於不能進入大梵世界，因此自然不是真實的自我。

《大林間奧義書》的自我四位說，被後來的其他《奧義書》所廣泛引用。不過，一般都把死位，改為第四位（caturtha，或 turya, turīya）；其他各位也有大同小異的名字。由於《大林間奧義書》的四位說，是以外在世界的影響程度，做為自我之純淨程度的指標，因此，其後的各類《奧義書》，即在這方面加以發揮。例如，《唵聲奧義書》1，即說：「誠然，一切都是大梵。大梵即是自我；而自我共有四位（四足，Catuspat）。」[69]而在第一「醒位」(Jāgarita-sthāna) 時，自我的主

---

[68] 譯自 R. E. Hume, *The Thirteen Principal Upanishads*, pp. 140～141. 至於能令我人「無所欲望」而進入大梵世界的「善業」，到底是哪些？在《奧義書》中，對於這一問題的回答，一般可以分成原則性的回答和條列式的詳細回答。原則性的回答是：體悟了梵我（合一）的道理，即能進入大梵世界。而條列式的細說，各個《奧義書》會有不同的條目。例如《唱贊奧義書》2, 23，列舉了三種：⑴祭祀、研讀《吠陀》、布施；⑵苦行；⑶住在師門之中，貞潔生活。屬於瑜伽派的新《奧義書》——《商枳略奧義書》(*Śāṇḍilya Upaniṣad*) 1–2，則列舉了「八支瑜伽」：持戒、精修、煉體、制氣、斂退、守意、定念、三摩地（samādhi，禪定的一種）。（以上參見徐梵澄，《五十奧義書》，頁 114, 874～875。）

[69] 本段及下面有關《唵聲奧義書》的自我四位說，請參見 P. Deussen, *Sixty*

要作用是對外在事物的知覺。它共有七隻腳、十九張嘴，以便享用「粗重物」(sthūla-bhuj)⑩。此時，又名「眾人共有者」(Vaiśvānara)；無疑地，這是由於眾人都有清醒的經驗。其次，在第二「夢位」(Svapna-sthāna) 時，自我的主要作用是對於內在心靈的認識。祂也有七隻腳、十九張嘴，以享用「美妙物」(pravivikta-bhuj)。這一狀態的自我，稱

Upaniṣads of the Veda, p. 611. 又見 R. E. Hume, *The Thirteen Principal Upanishads*, pp. 391～393.

⑩ 七隻腳，意義不詳。吠檀多學派的大哲學家商羯羅 (Śaṅkara)，曾依據《唱贊奧義書》5, 18, 2 當中對於「宇宙 (vaiśvānara) 自我」的描寫，而指出七隻腳是：頭（天）、眼睛（太陽）、呼吸（風）、軀幹（空）、膀胱（水）、腳（地）、口（東壇火，Āhavanīya)。(參見徐梵澄，《五十奧義書》，頁 692。) 問題是，《唱贊奧義書》對於宇宙自我的描寫，除了這七個之外，還有另外的四個：胸（祭壇）、頭髮（祭祀用之茅草）、心臟（西壇火，Gārhapatya），以及意識（家主火，Anvāhāryapacana）。因此，七與十一的數字不合。(Cf. R. E. Hume, *The Thirteen Principal Upanishads*, p. 391.) 其次，十九張嘴，依照商羯羅的解釋是：五知根（五種認識器官，pañca-buddhindriya）、五作根（五種行為器官，pañca-karmendriya）、五風（五種呼吸或氣息，pañca-prāṇa）、意識 (manas)、覺（智力，buddhi）、我慢（自我中心，ahaṃkāra）、心（思慮，citta)。(同前書。) 其中，五知根是眼、耳、鼻、舌、身（觸覺器官）；五作根是手（操控）、足（移動）、舌（語言）、生殖器（生殖）、腔門（排泄）；五風是出息 (prāṇa)、入息 (apāna)、介風 (vyāna)、等風（消化風，samāna）、上風 (udāna)。對於這五風，《彌勒耶那奧義書》2, 6 的解釋是：出息是鼻孔呼吸時的吐氣；入息是鼻孔呼吸時的吸氣；介風是聯結出息和入息的一種氣息（或器官）；等風的功能是將食物之粗糙部分導進入息之中，而食物之精微的部分則導進四肢之中，因此，是一種與消化有關的氣息（或器官）；而上風，則是飲食時使食物吐出或嚥下的氣息。(Cf. P. Deussen, *Sixty Upaniṣads of the Veda*, pp. 333～336.)

為「光輝」(taijasa)。在第三「熟眠位」(Suṣupta-sthāna) 時，純一 (ekī-bhūta)，唯有智慧的聚集 (prajñāna-ghana)，由妙樂所形成 (ānanda-maya)，享受妙樂 (ānanda-bhuj)。此時，自我的口是思想 (cetas)；我們稱此位的自我為「智慧」(般若，Prajñāna)。而自我的「第四位」(Caturtha) 呢？《唵聲奧義書》說：「不是知覺內在 (antaḥ-prajñā)，不是知覺外在 (bahiḥ-prajñā)，不是知覺內與外 (ubhayataḥ-prajñā)，不是智慧的聚集 (prajñāna-ghana)，不是智慧（般若，prajñā），不是非智慧 (a-prajñā)，不可見 (a-dṛṣṭa)，不可處理 (a-vyavahārya)，不可把捉 (a-grāhya)……，這即是所謂的第四位，即是自我。」這完全是以否定的方式來描寫第四位的自我，無疑地，這即是前文所說「無形的自我（梵)」，亦即最真實的自我（梵)。而前三位的自我，相反地，則是以「有形的」方式來描寫[71]。

以上是以自我的四位說，來探討自我（梵）的「有形」面和「無形」面。它的一貫精神是：由最不真實的自我（醒位)，層層揚棄外在世界的影響力，而逐步進入完全不受外在世界影響之真實的自我（第四位）。和這一精神相通的另一種探尋自我的方法，則是「五藏」(Pañca-kośa) 說。五藏是[72]：⑴食物之精髓所形成的自我 (Annarasamaya-ātman)；⑵生氣所形成的自我 (Prāṇamaya-ātman)；⑶意識所形成的自我 (Manomaya-ātman)；⑷認識所形成的自我

---

[71] 有關自我之四位說的其他說法，請參見《一切奧義書要義》(*Sarva Upaniṣad Sāra*) 5–8；《舍利羅迦奧義書》(*Śarīraka Upaniṣad*) 4；《人獅子後修行奧義書》1–2。

[72] 下面有關自我之五藏說，詳見《泰迪梨耶奧義書》(*Taittirīya Upaniṣad*) 2, 1–5。(Cf. P. Deussen, *Sixty Upaniṣads of the Veda*, pp. 232～237.)

(Vijñānamaya-ātman)；⑸妙樂所形成的自我 (Ānandamaya-ātman)。在這五種自我當中，由食物之精髓 (annarasa) 所組成的自我，是最不真實的。由出息、入息、介風、等風、上風等五種生氣 (prāṇa)，所組成的自我，雖然較前者真實，但也不是最真實的自我。其次，帶有感情成分，並且以記憶、想像等心理活動為中心而組成的自我，也並不是最真實的自我。比它更真實的自我，是由能夠分辨是非、善惡、美醜、一多等認識作用 (vijñāna) 所組成的自我。而最真實的自我則是由妙樂 (ānandam) 所組成的自我；也就是說，真正的自我是妙樂的。（這是其他許多《奧義書》所共同的主張；詳前文。）

最後，值得提醒各位讀者的是：對於梵我之「有形的」描寫，最具體的當然是把梵我當做宇宙萬物的創造原理或神祇。有關這種意義的梵我，我們已在本節第二項中略有論及。現在再舉一個有名的例子：《奧義書》另一位有名的哲學家──優陀羅迦．阿盧尼 (Uddālaka Āruṇi)，在《唱贊奧義書》6, 2–5 當中，說到宇宙起初只有「有」(Sat)。他以懷疑的口吻責問：「有人說：『宇宙初起只有無 (A-sat)，獨一無二；由無生有。』……但是，『無』怎麼可能生『有』呢？」[73]於是，阿盧尼提出他自己由「有」生萬物的宇宙創造說：首先，由於宇

---

[73] 本段以及下面各段有關阿盧尼的主張，請參見 P. Deussen, *Sixty Upaniṣads of the Veda*, pp. 162～165. 其中，對於阿盧尼的這一疑問，中村元，《印度思想》，頁 65～66，認為是對《梨俱吠陀．無有讚歌》當中由「無」生「有」之宇宙創造說的質疑。另外，阿盧尼對於「火」生出「水」的過程，曾有這樣的譬喻：就像天熱（火）時，出汗（水）一樣。因此，「火」是「水的前導」(uda-nyā)。而對於「水」生出「食物」，則譬喻為：就像下雨（水）時，地上長出稻禾（食物）一樣；也像吃東西前先喝一口水一樣。（後者大約是印度人的飲食習慣或禮貌。）因此，「水」是「食物的前導」(aśa-nāya)。

宙最高原理——「有」的內在慾愛——「希望（由唯一無二）變多」，因此，「有」放出了「火」(tejas)；其次，（也因為「火」「希望變多」的內在慾愛，而使得）由「火」生出「水」(āpaḥ) 來；然後，（因為「水」「希望變多」的內在慾愛，使得）由「水」生出「食物」(annam) 來。火、水、食物三者，稱為「三神性」(tri-devatā) 或「三元素」(trivṛt)。此時，「神性（指『有』）以其生命我 (jīva-ātman)，進入三神性之中，而開展出名 (nāman) 與色 (rūpa)」。另一方面，這三種「神性」，也一一化作三分，進入人體的糞便、肌肉、心思（以上「火」）、屎液、血液、氣息（以上「水」），乃至骨骼、骨髓、語言（以上「食物」）等組織之中。

由以上的描述可以了解，和自我、大梵同名的「有」，首先創造了「三神性」（三元素），然後再由這三神性進一步組成名、色，乃至人體的各個器官、組織。而在創造的過程之中，由創造者——「有」所化成之生命體的靈魂——「生命我」，也在適當的時機進駐生命體之中，成為生命體的主宰。這樣的宇宙創造論，具有下面的模式：宇宙根本原理→（三種）元素→現象界。這一模式，成為後來數論學派特有的宇宙創造論——「自性轉變論」(Pariṇāma-vāda)，並進一步影響了佛教瑜伽行派的「阿賴耶識轉變論」(Ālayavijñāna-pariṇāma-vāda)。有關這些，我們將在本書適當的章節，再作詳細討論。

本章剩下的篇幅，將用來討論下面的問題：做為宇宙最高原理，而且具有唯一無二、妙樂、智慧、無極（無限）等特質的梵我，為什麼會（怎麼可能）創造出包括生命體在內的，有缺陷、有差別、受侷限、受苦難、無常變化的宇宙萬物呢？對於這個問題，不同的《奧義書》有不同的答案。其中，最常見的回答是：梵我因為無聊、寂寞或不快樂的緣故，於是利用「希望變多（繁殖）」的本具「熱力」(tapas)，創造出萬物來。例如，《彌勒耶那奧義書》2, 6，即說：「誠然，起初，只有生主獨自存在。當祂獨自存在時，沒有喜悅。於是，祂冥想自己，而後繁殖出許多事物。」[74]另外一種回答則是：梵我因為內在的「無明」(avidyā)，因而創造萬物。屬於黑《夜柔吠陀》的《白淨識奧義書》(*Śvetāśvatara Upaniṣad*) 5, 1，即說：「永恆、無限、至上的大梵，蘊涵著兩種（特質）：將會逐漸消失的無明，以及永恆不變的明（智慧）。」同書 5, 11，又說：「由於觀念或思維的幻覺、接觸（外在事物所產生）的幻覺，以及見解上的幻覺，祂（指大梵）依據祂所做的行為，而成為生命我。由於飲食、生殖，以及自我的創造，祂在這裡、在那裡地（到處）改變形體。」[75]在第一段譯文當中，我們看到大梵內在地本具「明」和「無明」兩種特質。而無明的具體展現，即是第二段譯文所說到的三種幻覺——觀念或思維上的幻覺、接觸的幻覺、見解上的幻覺。這三者都是內在心靈的錯誤活動。由它們，更進而促使大梵進入眾生的肉體之中，而成為「生命我」；並隨著不同的飲食、生殖或自我創造的習性（亦即所謂的「業」），而到處改變形體地輪迴。這樣看來，現象界的形成，和大梵中本具的無明，有著密不可分的關係。這也可以說是大梵的「性惡」說[76]。

---

[74] 譯自 P. Deussen, *Sixty Upaniṣads of the Veda*, pp. 335～336. 像這種梵我因為無聊而創造萬物的說法，跋多羅耶那 (Bādarāyaṇa) 的《梵經》(*Brahma-sutra*)，曾解釋為：梵我因「獨自遊戲」(Līlā-kaivalyam) 而創造萬物。（參見高楠順次郎、木村泰賢，《印度哲學宗教史》，頁 275。）

[75] 譯自 P. Deussen, *Sixty Upaniṣads of the Veda*, pp. 319～321.

[76] 高楠順次郎、木村泰賢，《印度哲學宗教史》，頁 275～276，曾把大梵本具無

大梵之所以創造宇宙的原因，另一種可能的回答是：大梵因為內在的「幻力」（魔術力，māyā），因而創造了宇宙。《梨俱吠陀》6, 47, 18，曾說：「因陀羅依其幻力 (māyā)，化為眾形，駕馭著千匹戰馬。」而《大林間奧義書》2, 5, 19，曾引據這幾句話，然後解釋說：「誠然，他（自我）就是戰車。他確實是十，是千，是多，是無量。大梵無前、無後、無內、無外。而自我就是知覺一切的大梵。」⑰另外，《白淨識奧義書》4, 9–10，更露骨地說：

> 9. 讚歌 (Chandas)、祭祀、儀禮，以及誓言，
> 過去、未來，以及《吠陀》中的道理，
> 宇宙乃幻力之主（Māyin，亦即大梵）所設計。
> 其他的事物（anya，指生命我），也由祂的幻力 (Māyā) 所控制。
> 10. 而今，人們應該知道：
> 自性（亦即自然界，Prakṛti）即是幻力；
> 大自在（天神）(Maheśvara) 即是幻力。
> 宇宙遍布萬物，
> 它們都是祂（身體）的一部分。⑱

明的這種說法，拿來和中國佛教重要論典之一的《大乘起信論》做比較。也拿來和宋朝天台宗大師——四明知禮之「佛不斷（本）性（之）惡」的「性惡」思想做比較。請參閱。

⑰ 譯自 R. E. Hume, *The Thirteen Principal Upanishads*, p. 105.

⑱ 譯自前書，頁 404。其中，Prakṛti 一詞，在古典的漢譯佛教文獻當中，譯為「自性」；而在本段譯文的原文當中，則做「自然（界）」。後來，數論學派把它當做宇宙的兩種根本原理之一。〔另一是「神我」(Puruṣa)。〕對於數論學派的這一術語，Ganganatha Jha, *Tattva-kaunudī*，譯為「根本物質」(root-

從上面的譯文，明顯地看出「幻力」被視為大梵的內在本能；由它幻化出讚歌、祭祀、儀禮、誓言，乃至過去、未來等時間，還有《吠陀》中的道理等等。甚至生命體中的自我——生命我，也受到幻力的控制。因此，大梵被稱為「幻力之主」；而其人格化的神祇——大自在天神，也被視為是幻力的化身。

由以上所引據的例子可以知道：大梵之所以創造現象界，不但可以是因為前文所說的「遊戲」、「無明」，也可以是因為其內在的「幻力」所致。這一幻力說，後來被吠檀多學派的商羯羅所採用，而開展出他特有的「幻影論」(Vivarta Vāda)，而和數論學派的「自性轉變論」相對峙。有關這些，我們將在本書最後一章，再做詳細的討論。

---

matter)、「原初物質」(primordial matter)，或簡譯為「物質」(matter)。(Cf. S. Radhakrishnan and C. A. Moore, *A Source Book in Indian Philosophy*, p. 427.)

第四章　唯物派的歷史與哲學

第一節　唯物派的歷史

・第一項　「唯物派」一詞的字義

印度哲學史上，有關唯物派 (Cārvāka) 的主張，出現得相當早。史詩《大戰歌》(《摩訶婆羅多》)，乃至耆那教和佛教的文獻當中，都有它的記載。它的梵文名字——Cārvāka，意義已經不甚清楚。有的學者認為，那是「唯物論」的意思；但是也有學者認為，那是這一學派之創始者的名字。有些猜測指出，Cārvāka 一詞是由字根 carv 變化而成，那是吃或咀嚼的意思。這一猜測，主要是根據唯物學派主張世間的吃、喝、玩、樂，即是最高人生價值的緣故。另一個猜測以為，該詞是 cāru 和 vāk 二詞的合成語；前者是美妙、快樂的意思，後者則是語言、言辭的意思。也就是說，Cārvāka 一詞，其實是令人感到美妙、快樂的言辭（主張）；這意味著這一學派的主張，乃是迎合世俗欲望的思想❶。

由於這一學派的主張，確實有上面所說的這些世俗思想，因此，在佛教乃至其他學派的文獻當中，往往以「順世外道」，或音譯的「路

❶ Cf. S. Chatterjee and D. Datta, *An Introduction to Indian Philosophy*, Calcutta: Univ. of Calcutta, 1960 (6th ed.), pp. 55～56.

伽耶陀」、「盧迦耶陀」、「路迦耶底迦」等名字來稱呼它。而這些名字，都是梵文字——Lokāyata 或 Lokāyatika 的翻譯。前者是由世間 (loka) 和對準、針對 (āyata) 二詞所合成，而後者不過是前者的字尾變化而已。因此，唐．慧琳，《一切經音義》，卷 15，在解釋「路迦耶經」一詞時，即說：「路迦耶底迦，此則順世外道。隨順世間凡情所說，執計之法是常、是有等。」而《入楞伽經（卷 6）．盧迦耶陀品》，也說：「盧迦耶陀，種種辯才，巧妙辭句，迷惑世間。不依如法說，不依如義說。但隨世間愚癡凡夫情所樂故，說世俗事。但有巧辭，言章美妙，失於正義。」❷另外，有時又在 Lokāyata 一詞之前，加上 vāma（邪惡、惡逆、左側、左道）一詞，而成 Vāma-lokāyata，並譯為「左順世（外道）」、「逆世間行」、「逆路伽耶陀」、「惡論」，或音譯為「縛摩路迦也底迦」等❸。一般的解釋是，左順世外道是順世外道的一個更加極端的支派❹。

---

❷ 以上兩段分別引自《大正藏》卷 54，頁 399，下；同書，卷 16，頁 547，上－中。

❸ 例如，《妙法蓮華經（卷 5）．安樂行品》，即曾勸告佛弟子：「不親近……路伽耶陀、逆路伽耶陀者……。」（引見《大正藏》卷 9，頁 37，上。）

❹ 例如，隋．智顗，《妙法蓮華經文句》卷 9－上，即說：「路伽耶，此云惡論，亦云破論。逆路者，逆君、父之論。又路名為善論，亦名師破弟子；逆路名惡論，亦名弟子破師。」（引見《大正藏》卷 34，頁 120，中。）而隋．吉藏，《法華義疏》卷 10，也說：「路伽耶陀者，舊云是惡解義。逆路伽耶陀者，是惡論義。……又言路伽耶，翻為世間行，……逆路伽耶，此云逆世間行。」（引見前書，頁 595，下。）另外，唐．窺基，《妙法蓮華經玄贊》卷 9－本，也說：「路伽耶陀者，先云惡答義人；正言路迦也底迦，云順世外道。逆路伽耶陀者，先云惡徵問人；正言縛摩路迦也底迦，云左順世外道。

• 第二項　唯物派的歷史

唯物派被認為和《梨俱吠陀》成立以來，即已存在的祈禱主 (Bṛhaspati) 信仰有關。理由有三：(1)某些《吠陀》的詩歌當中，對於祈禱主，有著極為開放而又叛逆的描寫；(2)在史詩《大戰歌》中，有關唯物論的主張，都由祈禱主所宣說出來；(3)在許多的《經書》(*Sūtra*) 和詩頌當中，許多作者所引據的唯物論主張，都說是祈禱主所宣說。例如，十四世紀，摩達婆．阿闍梨 (Mādhava Ācārya) 所著的《一切知見要集》(*Sarvadarśanasaṃgraha*)，在介紹唯物派的思想時，即曾引據祈禱主所宣說的幾句話：

> 火祭（阿耆尼祭，Agnihotra）、三《吠陀》、修道士的三種詩篇，乃至塗灰——
>
> 祈禱主說：
>
> 這些都只是沒有男子氣概，也沒有判斷能力者的謀生伎倆！❺

執與前乖者，名左順世也。」（引見前書，頁 820，下。）值得一提的是，唐．慧本、彥悰，《大唐大慈恩寺三藏法師傳》卷 5，曾說到玄奘留學印度時，「有順世外道來求論難」，並把他的主張寫成了四十（三十？）條，懸掛在玄奘所住的寺廟前面，而且揚言：「若有難破一條者，我則斬首相謝！」結果玄奘出面和他辯論，往復數番之後，這一外道才認輸。然而，依照辯論的內容看來，這些被稱為「順世外道」的人，應該是數論派的學者，而非唯物論者。（詳見前書，卷 50，頁 245，上－下。）另外，有些學者也指出，唯物派有「狡猾的唯物學派」(Dhūrta Cārvāka) 和「有教養的唯物學派」(Suśikṣita Cārvāka) 兩種。(Cf. S. Chatterjee and D. Datta, *An Introduction to Indian Philosophy*, p. 68.) 前者也許即是「左順世外道」吧？

相同內容的引文，也出現在商羯羅 (Śaṅkara) 的《一切悉檀要集》(*Sarvasiddhāntasaṃgraha*) 當中❻。另外，《一切知見要集》再次引據祈禱主的話說：

> 而這些，祈禱主也都曾經說過：
>
> 沒有天界，沒有究竟的解脫，也沒有存在於另一世界的靈魂，
>
> 沒有所應作的行為、次序等等，可以導致四種姓的真實結果。❼

由以上兩段引文可見，唯物派的叛逆主張，確實和祈禱主的信仰有著密切的關係。

另外，有些學者，例如弗洛瓦爾那 (Erich Frauwallner)，認為：唯物學派的思想，和政治上的統治理論有關。印度政治史上第一個有名

---

❺ 譯自 E. B. Cowell and A. E. Gough (English tr.), *Sarva-darśana-saṅgraha of Mādhavācārya*, Delhi: Parimal Pub., 1986, p. 6. 譯文中，「修道士的三種詩篇」，應該是指三《吠陀》中的詩歌。而「塗灰」(bhasman)，則是在身體上塗灰泥，乃婆羅門苦行求解脫的方法之一。《大般涅槃經（卷 16）‧梵行品》，曾這樣描寫塗灰苦行：「自餓法，投淵，赴火，自墜高巖，常翹一腳，五熱炙身，常臥灰土，……噉草藕根、油滓、牛糞根果，……不食鹽肉五種牛味，常所飲服糠汁沸湯，受持牛戒、狗雞雉戒，以灰塗身，長髮為相，以羊祠時，先呪後殺，……如是等法，能為無上解脫因……。」(引見《大正藏》卷 12，頁 462，上。)

❻ Cf. S. Radhakrishnan and C. A. Moore, *A Source Book in Indian Philosophy*, p. 235.

❼ E. B. Cowell and A. E. Gough, *Sarva-darśana-saṅgraha of Mādhavācārya*, p. 12.

的統治理論，是由紀元前第四世紀的孔雀王朝所建立起來的。該王朝的第一任國王是月護王❽，而其有名的婆羅門大臣——羶那迦(Cāṇakya)，又名俱提利耶 (Kauṭilya)，即是這一理論的建立者❾。他的主要觀點是：為了達到某種政治上的目的，可以採取任何的手段。而這種主張，其實即是唯物派的固有思想。後來的統治者，也從唯物派的哲學當中，吸取必要的思想要素，以便強化他們的統治藝術。其中一個顯著的例子，即是耆那教的文獻當中所提到的派思 (Paesi)，他是西耶毘耶城 (Seyaviyā) 的國王❿。而在漢譯的佛教原始文獻——《長阿含經（卷 7）‧弊宿經》當中，派思是一個住在斯波醯村 (Setanyā) 的婆羅門，名為弊宿 (Pāyāsi)。經中並說：拘薩羅國的波斯匿王，「別封 (dāya) 此（斯波醯）村，與婆羅門弊宿以為梵分」⓫。亦即，波斯匿王施給弊宿一塊免於徵收租稅的封地。可見弊宿和王族之間的親密關係。另外，漢譯的《中阿含經（卷 16）‧蜱肆經》當中，弊宿被譯為蜱肆，並且說他是一位受到波斯匿王所「封授」的國王，而被稱為「蜱肆王」⓬。而在巴利文的佛教文獻——《長部》(*Dīghanikāya*)

---

❽ 有關孔雀王朝的簡略說明，請參見本書第一章第三節。

❾ Cf. E. Frauwallner (English tr. by V. M. Bedekar), *History of Indian Philosophy*, Delhi: Motilal Banarsidass, 1973, vol. II, p. 216.

❿ Ibid., pp. 216～217.

⓫ 參見《大正藏》卷 1，頁 42，中—下。其中，巴利文 (Pali) dāya，譯為「別封」，乃施與的意思。而巴利文 brahmadeyya，譯為是「梵分」，是國王給予婆羅門的封地。(參見佛光大藏經編修委員會，《佛光大藏經‧阿含藏‧長阿含經㈠》，高雄：佛光出版社，1985，頁 265。)

⓬ 參見《大正藏》卷 1，頁 525，上—532，中。另外，劉宋‧法賢譯，《大正句王經》，描寫一位名叫「大正句」的國王，「不信因果，每作是言：『無有

23，《弊宿經》(*Pāyāsisuttantaṃ*) 之中，「弊宿」則作「王族弊宿」(Pāyāsi rājañño)⓭。由於巴利文的《阿含經》，一般被視為較漢譯《阿含經》的成書年代要來得早，因此，弊宿應該是一位王族的人士，而不是婆羅門族。而其唯物論的思想，也和信仰有神之婆羅門教的婆羅門族身分不合。

第二節　唯物派的主要思想

・第一項　無神論與反宗教的傾向

弊宿是一位典型的唯物論者，《長阿含經．弊宿經》詳細地記載他和一位佛教徒——童女迦葉 (Kumāra-Kassapa)⓮，辯論到底有沒有「他世」、「神識」（識神，亦即靈魂）等問題。下面是辯論中，他所回答的片段⓯：

來世，亦無有人（即識神），復無化生。』……」他和童子迦葉辯論，內容和《弊宿經》、《蜱肆經》大同小異。（詳見《大正藏》卷 1，頁 831，上。）可見這是同一傳說的不同版本。

⓭ 參見高楠博士功績紀念會纂譯，《南傳大藏經》卷 7，東京：大正新脩大藏經刊行會，昭和 45 年（再發行），頁 365～409。又見《佛光大藏經．阿含藏．長阿含經㈠》，頁 263。

⓮ 童女迦葉，漢譯《中阿含經（卷 16）．蜱肆經》，音譯為鳩摩羅迦葉。（參見《大正藏》卷 1，頁 525，上－532，中。）而《大正句王經》，則譯為童子迦葉。（參見前書，卷 1，頁 831，上－835，下。）另外，在耆那教的文獻當中，童女迦葉則作計思 (Kesi)；他是派思王（弊宿）之車夫——質多 (Citta) 的支持者。(Cf. E. Frauwallner, *History of Indian Philosophy*, p. 217.)

⓯ 下面幾段有關弊宿的主張，引自《大正藏》卷 1，頁 42，中－45，上。並參

⑴「無有他世 (paraloko)，亦無更生 (sattā opapātikā)，無罪福報。」

⑵「諸有殺生、盜竊、邪淫、兩舌、惡口、妄言、綺語、貪取、嫉妒、邪見者，身壞命終，皆入地獄，我初不信。所以然者，初未曾見，死已來還，說所墮處。」

⑶「不殺，不盜，不婬，不欺，不……邪見者，身壞命終，皆生天上，我初不信。所以然者，初未曾見，死已來還，說所墮處。」

⑷有一次，弊宿捉到一賊，於是，「收縛此人，著大釜中，圍蓋厚泥，使其牢密，勿令有泄。遣人圍遶，以火煮之。我時欲觀知其精神所出之處，將諸侍從，遶釜而觀，都不見其神去來處。又發釜看，亦不見神有往來之處。以此緣故，知無他世。」

⑸又有一次，弊宿捉到另一賊，於是，「收縛此人，生剝其皮，求其識神，而都不見。……臠割其肉，以求識神，又復不見。……截其筋脉，骨間求神，又復不見。……打骨出髓，髓中求神，又復不見。……我以此緣，知無他世。」

⑹另外一次，弊宿又捉到了一賊，「我（弊宿）勅左右，將此人以秤稱之。……又告侍者：『汝將此人安徐殺之，勿損皮肉。』即受我教，殺之無損。我復勅左右，更稱之，乃重於本。……生稱彼人，識神猶在……其身乃輕。死已重稱，識神已滅……其身更重。我以此緣，知無他世。」

在這六段引文當中，第⑴段是弊宿唯物論思想的大要。在此，弊宿主張沒有「他世」、「更生」，也沒有「罪、福（之）報」。他世，是指其他的世間，例如天界或地獄等。更生，則是化生的 (opapātika) 眾

考《佛光大藏經．阿含藏．長阿含經㈠》，頁 263～290。

生 (sattā)。化生是變化而生的意思；在佛教，那是指地獄眾生、天界眾生（天神）或西方極樂世界的眾生而言⓰。弊宿把這些都加以否定，無異主張沒有輪迴的思想。這從他緊接著否定罪報和福報等有關「業」的理論，即可證明。

在第⑵大段當中，弊宿認為沒有地獄的存在；而在第⑶大段當中，弊宿則認為沒有天界的存在。至於第⑷—⑹三大段，弊宿則試圖透過「神識」（識神，亦即靈魂）的不存在證明，進一步說明「他世」（另一世間）的虛幻不實。其中，第⑷大段以為：當一個人死亡之時，並沒有「（精）神」（靈魂）從肉體當中出來；因而推斷「（精）神」的不存在。第⑸大段，在分拆人的肉體之後，發現並沒有「識神」的存在；因而推斷「識神」的虛妄不實。而第⑹段，則是透過死後的屍體反較死前的肉體來得重，來證明並沒有「識神」寄存於身體之中。

在佛教的文獻當中，還提到釋迦時代的許多唯物派（順世外道）人物。例如漢譯《長阿含經（卷 17）．沙門果經》之中，提到了六位

⓰ 在佛教的一般信仰裡，眾生共有四種（四生）；即卵生（巴、梵：aṇḍaja）、胎生（巴：jalābuja；梵：jarāyuja）、濕生（巴：saṃsedaja；梵：saṃsvedaja）、化生（巴：opapātika；梵：upapāduka）。四生的說法起源於婆羅門教的《奧義書》，不過，化生通常以「芽生」(udbhijja) 取代。例如，屬於《梨俱吠陀》的《愛多列雅奧義書》(*Aitareya Upaniṣad*) 3, 5, 3，即說：「祂是大梵，祂是因陀羅，祂是生主，（祂是）諸神；（祂是）五大 (mahā-bhūtāni)，亦即地 (pṛthivī)、風 (vāyu)、空 (ākāśa)、水 (āpas)、火（光，jyotīṃṣi）；……（祂是）卵生、胎生 (jāruja)、濕生 (svedaja)、芽生 (udbhijja)……。」（譯自 R. E. Hume, *The Thirteen Principal Upanishad*, London: Oxford Univ. Press, 1934, p. 301.）（本注釋中的「梵」，指梵文；而「巴」指巴利文。）

外道（異教徒）——「六師（外道）」(Ṣaṭ Śāstārāḥ)，其中，有些即是唯物派的代表人物。這部佛經，是釋迦牟尼佛對摩竭陀國阿闍世王所宣說。阿闍世王起先拜訪了六師外道，然後再請教釋迦佛對他們的看法。而六師外道的名字是：⑴不蘭迦葉 (Pūraṇa Kassapa)；⑵末伽梨瞿舍利 (Makkhali Gosāla)；⑶阿耆多翅舍欽婆羅 (Ajita Kesakambala)；⑷婆浮陀伽旃那 (Pakudha Kaccāyana)；⑸散若夷毘羅梨子 (Sañjaya Belaṭṭhiputta)；⑹尼乾子 (Nigaṇṭha Nātaputta)⑰。在這六師當中，最後的尼乾子，是耆那教的一個教團；我們將在下面的章節詳細討論。剩下的五師，前四師無疑地是唯物學派的人物⑱。第五之散若夷毘羅梨子，傳說是舍利弗 (Śāriputra) 和目犍連 (Mahāmaudgalyāyana) 原來的老師⑲；而舍利弗和目犍連，後來皈依了釋迦牟尼佛，成為釋迦牟尼佛的十大弟子中的兩個。散若夷毘羅梨子大約是個不確定論的信仰者，以為因果之間沒有確定的關係；因此，也可以算是廣義的唯物學派人物⑳。

---

⑰ 以上參見《大正藏》卷 1，頁 107，上－109，下。

⑱ 《長阿含經（卷 17）．沙門果經》，對於浮陀伽旃延的思想，有這樣的描寫：「無力，無精進，人無力，無方便。無因無緣眾生染著，無因無緣眾生清淨。一切眾生有命之類，皆悉無力，不得自在。無有冤，定在數中，於此六生中，受諸苦樂。」（引見《大正藏》卷 1，頁 108，下。）

⑲ 詳見《佛本行集經（卷 48）．舍利目連因緣品（下）》；《大正藏》卷 3，頁 874，上－879，上。在這裡，散若夷毘羅梨子被譯為波離闍婆刪闍耶，這應該是他的梵文名字 Sañjaya Vairaṭṭiputra 的音譯。

⑳ 散若夷毘羅梨子是一個因果不確定論者，這可以從下面有關他的主張看出來：「現有沙門果報，問如是；答：『此事如是，此事實，此事異，此事非異非不異。』……現無沙門果報，問如是；答：『此事如是，此事實，此事異，

在這五師當中，最明顯的唯物論主張是不蘭迦葉、末伽梨瞿舍利，以及阿耆多翅舍欽婆羅等三人的思想。因此，下面就以這三人作為代表，來介紹五師的唯物論主張。首先是不蘭迦葉的思想：

> 我（阿闍世王）一時至不蘭迦葉所，問言：「如人乘象馬車，習於兵法，乃至種種營生，現有果報。今此眾，現在修道，現得果報不？」彼不蘭迦葉報我言：「王若自作，若教人作，研伐殘害，煮炙切割，惱亂眾生，愁憂啼哭，殺生、偷盜、婬逸、妄語，踰牆劫奪，放火焚燒，斷道為惡，大王！行如此事，非為惡也。大王！若以利劍，臠割一切眾生，以為肉聚，彌滿世間，此非為惡，亦無罪報。於恆河水南（岸），臠割眾生，亦無有惡報。於恆河水北岸，為大施會，施一切眾，利人等利，亦無福報。」㉑

在這段引文當中，阿闍世王問到出家的沙門是否有「現得果報」（亦即今生的果報）時，不蘭迦葉給了否定的答案。不蘭迦葉以為，

此事非異非不異。』……現有無沙門果報，問如是；答：『此事如是，此事實，此事異，此事非異非不異。』……現非有非無沙門果報，問如是；答：『此事如是，此事實，此事異，此事非異非不異。』……」（引見《大正藏》卷 1，頁 108，下。）這是散若夷毘羅梨子回答阿闍世王的問題：「出家人——沙門，修行之後有沒有好的結果——沙門果？」而其回答顯然是不確定論；亦即，所謂的沙門果，不能說它是「實」（有），也不能說它「異」（不實有），乃至不能說它「非實（有）、非異（不實有）」。所以，阿闍世王困惑地描述散若夷毘羅梨子的觀點說：「猶如人問李，瓜報；問瓜，李報。彼亦如是，我問現得報否？彼異論答我。」（同前書，頁 108，下。）

㉑ 《長阿含經（卷 17）．沙門果經》；引見《大正藏》卷 1，頁 108，上－中。

一個人即使做了「研伐殘害」，乃至「斷道為惡」的事情，也不能算是「為惡」。甚至殺人無數——「彌滿世間」，也不是「為惡」，因此也沒有「罪報」。而在恆河的南岸殺人，也沒有「惡報」；相反地，在恆河的北岸舉行布施大會，以施捨眾人，也不會有什麼「福報」。無疑地，這是典型的唯物論主張。

其次，對於末伽梨瞿舍利的唯物論主張，《長阿含經．沙門果經》有這樣的記載：

> 無施，無與；無祭祀法；亦無善、惡，無善、惡報；無有今世，亦無後世；無父，無母；無天，無化眾生；世無沙門、婆羅門平等行者，亦無今世、後世自身作證布現他人。諸有言者，皆是虛妄！㉒

在這裡，末伽梨瞿舍利否定了施與、祭祀法、善惡行為及其果報、父母、天神、化（生的）眾生；也否定了修習「平等行」，而達到解脫——「自身作證」，並向弟子們宣說道理——「布現他人」的出家沙門和婆羅門。

事實上，唯物派極力反對宗教的信仰和生活；與之相關的哲理，例如業力、輪迴等理論，也必然在否定之列。商羯羅的《一切悉檀要集》，即曾這樣介紹唯物派的主張：

㉒ 引見前書，頁 108，中。其中，最後的「世無沙門、婆羅門……布現他人」一句，在巴利文《長部》2，《沙門果經》(*Sāmañña-Phala Sutta*) 當中，作「無正住、正行，而自知、自證今世、他世，然後（向世人）宣說之沙門、婆羅門」。〔參見《佛光大藏經．阿含藏．長阿含經㈡》，頁 641。〕

8.沒有其他世界；沒有天界，也沒有地獄；濕婆神 (Śiva) 的世界，以及和它相似的世界，乃由其他學派的愚蠢騙子所發明！

10.地獄的苦難，立基於敵人、武器、疾病所帶來的煩惱；而解脫 (mokṣa)，則是生命氣息消失之後的死亡！㉓

另外，摩達婆．阿闍梨的《一切知見要集》，唯物派則更露骨地批判著：

如果在光讚祭 (Jyotiṣṭoma) 中被殺的畜生，將會自己升天，那麼，為什麼那些行祭者，不把他們的父親，立刻供奉出來？
如果祭祖 (Śrāddha) 可以讓死者喜悅，那麼，
相同地，我們也無需提供糧食，給那些即將遠行的旅人！……
當肉體化成灰燼之時，它（靈魂）怎麼可能再回來？
如果它離開了肉體，去到另一個世界，
為什麼它不回來，帶給親族無盡的關愛？
因此，那（祭祀法）不過是婆羅門的生活伎倆；這是已被
證明的道理！
祭祀亡者，不會有任何結果。
《吠陀》的三個作者，即是小丑、騙子和魔鬼！
所有已知的黠慧者的儀式，闍波梨 (Jarpharī)、覩波梨 (Turpharī) 等，
乃至所有淫猥的儀禮，在皇后為主導的馬祠當中，
這些全都是小丑的發明……。㉔

㉓ 譯自 S. Radhakrishnan and C. A. Moore, *A Source Book in Indian Philosophy*, p. 235.

• 第二項　四大與自然論

以上所介紹的唯物派，側重在其對於宗教及其相關制度、儀式和哲理的否定。事實上，唯物派還有極為純粹、精緻的哲學思想；這些思想，其實是他們之所以反對宗教的理論根據。佛教文獻——《大乘廣百論》，卷 2，即曾這樣介紹唯物學派的思想：

> 順世外道作如是言：「諸法及我，大種為性。四大種外，無別有物。即四大種，和合為我，及身心等內外諸法。現世是有，前、後世無。有情數法，如浮泡等，皆從現在眾緣而生，非前世來，不往後世。身根和合，安立差別。為緣發起，男女等心。受用所依，與我和合。令我體有男等相現。緣此我境復起我見，謂我是男、女及非二。」㉕

在這裡，說到了幾點唯物學派的重要主張：⑴一切的事物——「法」(dharma) 和「（自）我」（亦即靈魂），都是由地 (kṣiti)、水 (ap)、火 (agni)、風 (vāyu) 等四種「大（種）」（原素，bhūta）所組合（和合）而成。⑵在時間上，只有現在（今生），沒有過去世和未來世。⑶生命

㉔ E. B. Cowell and A. E. Gough, *Sarva-darśana-saṅgraha of Mādhavācārya*, pp. 12～13. 其中，光讚祭是蘇摩 (Soma) 祭的一種。闍波梨、覩波梨，是與馬祠有關的學者。（參見《梨俱吠陀》10, 106。）而馬祠，則是以馬做犧牲的一種國家祭典。行祭時，第一任的皇后，必須來到馬側，祭師則以布片蓋在馬和皇后的身上，並加以嘲笑。想來，這是唯物派之所以批判那是淫猥祭禮的原因。〔參見高楠順次郎、木村泰賢著，高觀廬譯，《印度哲學宗教史》，臺北：臺灣商務印書館，1991（臺一版六刷），頁 374～375。〕

㉕ 引見《大正藏》卷 30，頁 195，下。

體——「有情數」，都是從今生的各種條件——「緣」所形成的（例如四大種），而不是從前世的條件（例如「業力」）所形成；而在死亡之後，也不會前往未來世輪迴。⑷男、女，乃至非男非女的中性人，只不過是依照四大種的不同排列組合，而偶然形成的——所謂「為緣發起，男女等心」。

就第⑴點而言，有些唯物派的文獻，增列了「空」(ākāśa)，而成「五大（種）」(pañca-bhūta)㉖。而其精神並沒有改變，也就是說，唯物派以為，一切的萬事萬物，包括生命體，都由物質性的四（五）種元素所組成。在這組成的過程之中，並沒有前世的「業力」或任何神祇的介入；而是自然界偶然的結果。因此，唯物學派又稱為「自然論」（自性論，Svabhāva-vāda）或「偶然論」(Yadṛcchā-vāda)㉗。

對於唯物派的這一主張，《長阿含經．沙門果經》在介紹阿耆多翅舍欽婆羅的思想時，曾有這樣的介紹：

> 受四大人，取命終者，地大還歸地，水還歸水，火還歸火，風還歸風。皆悉壞敗，諸根歸空。若人死時，牀輿舉身，置於塚間，火燒其骨，如鴿色，或變為灰土。若愚、若智，取命終者，皆悉壞敗，為斷滅法。㉘

在這裡，阿耆多翅舍欽婆羅雖然沒有正面提出「四大（種）」的主張；但從人死之後歸於四大的說法，不難看出他那一切萬物皆由四大

㉖ Cf. S. Chatterjee and D. Datta, *An Introduction to Indian Philosophy*, p. 61.

㉗ Ibid., p. 64.

㉘ 引見《大正藏》卷 1，頁 108，中－下。

所組成的唯物論思想。事實上，唐．窺基在其《成唯識論述記》卷1—末即曾明白地指出：四大組成生命體，生命體死亡之後又歸於四大的思想，乃是唯物派的主張；他說：「……順世外道所計，此唯執有實、常四大，生一切有情；一切有情稟此而有，更無餘物。後死滅時，還歸四大。」㉙

在佛教的文獻當中，四大往往稱為「極微」(aṇu)，那是極小、不可分割之原子的意思。依照佛教文獻——《成唯識論演秘》卷1—末的記載，有些唯物派的學者主張，四大之極微共有三種：⑴極精虛；⑵清淨；⑶非虛淨。由這三種不同的四大極微所組成的東西，因而也分別有三種差異：⒜由極精虛的四大，組成心、心所；⒝由清淨的四大，組成眼、耳、鼻、舌、身、意等六根；⒞由非虛淨的四大，組成色、聲、香、味、觸、法等六塵㉚。唯物學派即以這種方式，來說明

㉙ 引見前書，卷43，頁263，中。

㉚ 詳見前書，頁832，下。其中，心和心所的差別是：心是主要的精神活動；例如，眼識、耳識、鼻識、舌識、身識、意識等六識。（亦即視覺、聽覺、嗅覺、味覺、觸覺和記憶、推理、想像等六種認識作用。）而心所是心所屬的意思，指的是附屬於上面這六種精神活動的那些次要的心理活動；例如貪、嗔、癡、嫉、慚、愧、昏沉、掉舉（心神不寧）等等。其次，眼等六根即視覺等六種認識器官。〔根 (indriya)，是器官的意思。〕六根所認識的對象，即是六塵；它們是：相對於眼根（視覺器官）的色塵（有顏色的物質性物體）、相對於耳根（聽覺器官）的聲塵、相對於鼻根（嗅覺器官）的香塵、相對於舌根（味覺器官）的味塵、相對於身根（觸覺器官）的觸塵（冷、熱、堅、柔等物質性物體）、相對於意根（記憶、推理、想像等心理器官）的法塵。〔法 (dharma)，代表一切的事物；一切事物都是記憶、推理、想像的對象，所以稱為法塵。〕

心靈活動的可能性。所以，唐．澄觀，《大方廣佛華嚴經隨疏演對鈔》，卷 13，即說：「路迦耶，此云順世外道；計一切色、心等法，皆用四大極微為因。然四大中極精靈者，能有緣慮，即為心法。如色雖皆是大，而燈發光，餘則不爾。故四大中有能緣慮，其必無失。」㉛

然而，這樣的解釋並不能解除下面的疑問：物質性的四大，怎麼可能組合成精神性的心靈活動？對於這個疑問，《一切知見要集》曾有這樣的說明：「就這個學派（唯物派）來說，地等四大是最初的原理；當組合成身體時，僅僅由它們，即可產生智慧；就像從某些混合物，可以產生令人酒醉的力量一樣。」㉜同書並構作了一個論證，來證明心靈活動來自四大的唯物論思想：

> 在這個學派當中，主張有地、水、火、風等四大。
> 而且，僅從四大，知覺即可因而產生，——
> 就像把緊和 (kiṇva) 等混合在一起，即可產生令人酒醉的功效一樣。
> 由於在「我肥胖」、「我彎曲」（等語句）之中，
> 這些性質（指肥胖、彎曲）存在於同一個主體（指「我」）裡面，
> 而且，由於肥胖等（性質）只存在於肉體裡面，因此，

㉛ 引見《大正藏》卷 36，頁 102，下。

㉜ 譯自 E. B. Cowell and A. E. Gough (English tr.), *Sarva-darśana-saṅgraha of Mādhavācārya*, p. 4. 另外，S. Chatterjee and D. Datta, *An Introduction to Indian Philosophy*, pp. 62～63，曾舉了一個相似的例子：就像檳榔葉、石灰和檳榔果三者，沒有一個是紅色，但在混合咀嚼之後，卻會產生紅色的汁液一樣，四大中的每一個都沒有心靈的特性，但在混合而成身體之後，卻會產生知覺作用。

除了它（肉體）之外，並沒有所謂的自我（靈魂）……㉝

在引文最後的幾行裡，唯物派構作了下面這個論證：

⑴肥胖、彎曲等性質，存在於同一個主體——「自我」之中；

⑵肥胖、彎曲等性質只存在於肉體之中；

⑶因此，「自我」只不過是（有知覺的）肉體而已㉞。

第三節　「現量」是正確知識的唯一來源

‧第一項　四種獲得正確知識的判準——「四量」

事實上，唯物學派之所以反對宗教、否定「自我」（靈魂），和他們的另一主張有著密不可分的關係；那即是：感官知覺乃是正確知識的唯一來源。原來，在印度，（正確）知識 (pramā) 的來源（判準），稱為「量」(pramāṇa)，那是測量的意思；亦即，透過這些來源或判準的測量，我們可以得到正確的知識。就專門研究「量」的正理學派而言，主張共有四量，亦即四種獲得正確知識的來源或判準。而這四量是：⑴現量 (pratyakṣa)，亦即感官知覺；⑵比量 (anumāna)，亦即邏輯推理；⑶聖言量 (āgama)，又稱聲量 (śabda)，亦即聽聞聖者（有經驗者）所說；⑷譬喻量 (upamāna)，亦即類比。對於這四量，唯物派只承

㉝ Ibid., pp. 6～7. 其中，「緊和」（kiṇwa 或 kiṇva）一詞，在梵文字典裡面，說它是酵母或麴黴。

㉞ 「自我只不過是有知覺的肉體而已」(Caitanya-viśiṣṭa deha eva atmā)，這是唯物派的名言。(Cf. S. Chatterjee and D. Datta, *An Introduction to Indian Philosophy*, p. 62.)

認現量的可靠性，而否定其他三量可以做為正確知識的來源或判準㉟。依照這樣的說法，凡是現量（亦即感官知覺）所無法認知的事物，都在唯物派的否定之列。因此，前文所討論的他世、神識（靈魂）、天神、輪迴、業力等，也必然在唯物派的否定之列；因為它們都不是現量或感官知覺的認知對象。

什麼理由讓唯物學派只承認現量，而否定其他三量呢？對於這個問題，《一切悉檀要集》曾有詳細的說明。這是一個相當複雜的說明，因此，在抄錄這一說明之前，我們必須先做一些預備：

首先，什麼是比量（邏輯推理）？一個比量，至少由三個語句所組成；它們是：⑴宗 (pratijñā)，亦即結論；⑵因 (hetu)，亦即結論之所以成立的原因；⑶喻 (udāharaṇa)，亦即以實際的例子來證明「因」的可靠性。這三個語句稱為「三支」，一個具有這三支的比量，則稱為「三支立量」。下面是一個典型的三支立量：

⑴遠山有火 …………………… 宗

⑵有煙故 ……………………… 因

⑶如灶 ………………………… 喻

依照西洋邏輯的術語，上面這個比量稱為「論證」(argument)，並且習慣寫成下面：

⒜凡是有煙的地方都有火，例如灶 …………………… 大前提

㉟ 在印度，有關正確知識的來源──量，因為教派的不同，也有不同的說法。我們將在本書適當的章節詳細討論。

(b)遠山有煙 ………………………………………………… 小前提

(c)因此，遠山有火 …………………………………………… 結　論

而且，在西洋的傳統邏輯當中，上面這個論證稱為「三段論」(Syllogism)；其中，(a)句稱為「大前提」(major premise)；(b)句則稱為「小前提」(minor premise)。這是因為(a)句出現「大詞」(major term)——「火」，而(b)句出現「小詞」(minor term)——「遠山」的關係。另外，同時出現在大、小二前提中的「煙」，則稱為「中詞」(middle term)。而在印度的邏輯——「因明」(Hetu-vidyā) 當中，大、中、小三詞，則分別稱為所立 (sādhya)、證相 (liṅga) 和宗法 (pakṣa)。

・第二項　現量無法證明比量的可靠性

｜第一目　全類的不可知覺

在這個三段論中，小前提(b)，可以透過現量（感官知覺）而知道它的真實性；也就是說，如果用眼睛可以看到遠山上的煙，則(b)是真的句子；相反地，如果用眼睛看不到遠山上有煙，則(b)是假的句子。因此，這是一個沒有什麼爭議的前提。但是大前提(a)，由於是一個以「凡是」（所有）一詞開頭的語句，亦即是一個「全稱命題」(universal proposition)[36]，因此，它的真實性是否可以被證明，即成爭

[36] 在西洋哲學上，命題 (proposition) 和語句 (sentence) 原本有不同的意思；但在這裡，我們把它們當做同義語。而命題（語句）也有許多不同的種類，例如，具有「所有 S 都是 P」或「所有 S 都不是 P」這兩種形式的命題，稱為「全稱命題」；而具有「有些 S 是 P」或「有些 S 不是 P」這兩種形式的命題，則稱為「偏稱命題」(particular proposition)。因此，「凡是（所有）有煙

論的焦點所在。這是因為全稱命題的真，建立在其中第一個詞和第二個詞㊲之間的不可變易關係上面。這種不變的關係，某些文獻稱之為「遍充性」(vyāpti)㊳。就以目前的例子來說，全稱命題(a)的真，乃是建立在中詞（證相）——「煙」和大詞（所立）——「火」這兩個詞之間的不可變易關係——「遍充性」之上。也就是說，要證明(a)為真，就必須證明：在所有可能的情況下，煙和火之間，都具有緊密跟隨的不變關係：只要是有煙的時候或地方，就必定會有火。而唯物學派以為，這種中詞與大詞之間的不可變易的緊密關係——遍充性，永遠無法獲得證明。因為，不管是用現量、比量、聖言量或譬喻量，都無法證明前提(a)這個全稱命題的真實性；亦即無法證明中詞「煙」與大詞「火」之間，具有不可變易的「遍充」關係。因此，上面那個有關「遠山有火」的比量（論證），並不成立。

為什麼全稱命題無法用現量（感官知覺）來證明呢？也就是說，為什麼大前提中的中詞（煙）和大詞（火）之間的不變關係——遍充性，無法被感官知覺所認知呢？對於這個問題，《一切悉檀要義》曾忠

的地方都（是）有火（的地方）」這個命題，乃是一個全稱命題。至於具有「m 是 P」（m 是一個實物）這種形式的命題，例如「遠山有火」、「遠山有煙」，則稱為「單稱命題」(singular proposition)。

㊲ 在這裡，所謂「第一個詞」、「第二個詞」，指的是「所有（凡是）……都（是）……」之外的第一個詞、第二個詞（由左至右數起）。在西洋傳統的三段論邏輯當中，一個全稱（或偏稱）命題的第一個詞，稱為「主詞」(subject)，而第二個詞則稱為「賓詞」（又譯為謂詞、述詞，predicate）。例如，在「凡是有煙的地方都有火」這個全稱命題當中，第一個詞——主詞，是「煙」；而第二個詞——賓詞，則是「火」。

㊳ Cf. S. Chatterjee and D. Datta, *An Introduction to Indian Philosophy*, p. 57.

實地記錄了唯物派的回答；我們把這一回答，分成幾個段落，來加以說明：

⑴現量分為兩種：外在的和內在的。（亦即由外在感官所認知的，以及由內在心靈所認知的。）

⑵前者（外在的現量）並不是（證明中詞和大詞間之不變關係）所需要的方法；這是由於：雖然它（外在的現量）可以透過感官及其對象的確實接觸，而產生知識；但它不可能接觸過去和未來（的對象），（因此）任何情況（包括過去和未來）都預設中詞和大詞之不變關係的全稱命題，變成不可能被（外在的現量所）認知。

⑶你也無法堅持，全稱命題的認知，可以把全類做為（外在感官所認知的）對象；因為，如果這樣，必定有一個問題產生：它（指全類）和殊相之間的不變關係，是否存在的問題。（例如，從某一特殊的煙，推論到某一特殊的火。）

⑷也不是內在的感官，可以當做（證明中詞和大詞之不變關係的）方法；因為你無法證明心靈具有一種能力，可以脫離外在的對象，作出獨立的行為。人們都了解，它（心靈）必須依靠外在的感官（才能活動）；就如同一位邏輯學家所說：「眼睛等（感官），有其（認知的）對象；但心靈（意識）卻依靠外在的他物（才能活動）。」㊴

㊴ 以上四段，譯自 S. Radhakrishnan and C. A. Moore, *A Source Book in Indian Philosophy*, p. 230. 其中，為了讓行文順暢一點，也為了讓讀者容易理解起見，筆者在譯文當中加入許多字句，並以括弧括起來。

在以上這四段冗長的譯文當中，(1)是總說；它把現量區分為外在的和內在的兩種。(2)和(3)旨在說明「外在的現量」（外在的感官）無法證明比量的可靠性；而第(4)，則是說明「內在的現量」（心靈）無法證明比量的可靠性。這二者構成了內、外現量（內、外感官知覺），全都無法證明比量的可靠性。

而在外在現量的說明當中，(2)是就時間的現在、過去和未來這三時，而加以證明。外在感官，指的是眼、耳、鼻、舌、身（觸覺器官）等五種外在的知覺感官——「五根」，它們有一個共同的特色，那就是：它們只能以現在的事物做為認知的對象，而無法以過去或未來的事物，做為認知的對象。例如，眼根只能以現在的「色」，做為認知的對象；乃至身根只能以現在的「觸」（堅、軟或冷、熱等），做為認知的對象。它們都無法以過去的色、聲、香、味、觸，或未來的色、聲、香、味、觸，做為認知的對象。另一方面，一個以「凡是」（所有）為開頭的全稱命題，必然牽涉到過去和未來。例如「凡是有煙的地方都是有火的地方」這個全稱命題，其中所說到的「煙」，不但是指現在的「煙」，也指過去和未來的「煙」。因此，「所有的煙」不可能做為外在現量所認知的對象；因為外在現量只能以現在的「煙」做為認知的對象，卻無法以過去和未來的「煙」，做為認知的對象。這樣一來，「凡是有煙的地方都是有火的地方」這個全稱命題，就無法用外在的現量，來證明它的正確性了。

第(3)中的「全類」，指的即是「所有的煙」或「所有的火」；它們都是「煙」（或「火」）這一類事物的全部，因此稱為全類。全類也無法做為外在現量的認知對象，這不但是因為全類之中包含了過去和未來的所有特殊事物（如前文所說），而且是因為「全類」和「殊相」之間的不變關係，也同樣無法證明它的存在。

什麼是殊相呢？它指的是一個特殊的事物，例如山上某處的煙或火。殊相和全類——「所有的煙」或「所有的火」之間，是否存在著什麼不變的關係呢?如果確實有一不變的關係存在於全類和殊相之間，我們可能透過外在的現量，而認知到這種不變關係的存在嗎？這一連串問題的答案，唯物學派都加以否定。他們以為，全類和殊相之間，並不存在著不變的關係。而且，即使存在著某種不變的關係，也無法用外在的感官知覺，來加以證實；因為，「不變關係」是「全類」的一種，它並不是外在現量所能認知的對象。外在感官只認知殊相——特殊的（某時某地某狀態之下的）色、聲、香、味、觸，外在感官無法認知全類與殊相之間的「不變關係」。

第二目　共相的不可知覺

有關這點，迦耶羅濕．婆達 (Jayarāśi Bhaṭṭa)[40]大約寫於第八世紀的《毀壞真理之獅》(*Tattvopaplavasiṃha*)[41]，曾按照唯物學派的主張，

---

[40] Cf. Jayarāśi Bhaṭṭa, *Tattvopaplavasiṃhạ*, English tr. by S. N. Shastri and S. K. Saksena, revised by S. C. Chatterjee, from *Tattvopaplavasiṃha*, edited by Pandit Sukhlalji Sanghavi and Rasiklal C. Parikh, Gaekwad's *Oriental Series*, LXXXVII, Baroda: Oriental Institute, 1940, p. 47.

[41] 《毀壞真理之獅》一書的梵文名字是：*Tattva-upaplava-siṃha*，其中，tattva 譯為真實，upaplava 有苦難、災難（天災、天譴）、動亂、不幸之意外等意思，而 siṃha 的意思則是獅子、英雄、傑出人士、有力人士、國王、王子等意思。因此，本書的書名似乎難以了解。但是，依照 A. T. Basham, *The Wonder That Was India*, p. 300，這部書的名字，意思是：「毀壞真理之獅」(The Lion Destroying Religious Truth)。本書即是採用這一譯名。(感謝蔡耀明先生和恆清法師，提供以上資料。)

構作了一個論證：

> ⑸它（指中詞和大詞間的不變關係）是兩個共相間之關係的認知？或是兩個殊相間之關係的認知？或是共相與殊相間之關係的認知？
>
> ⑹如果它是兩個共相間之關係的認知，那麼，那是不正確的；因為共相本身還未經證明 (anupapatti)……。
>
> ⑺也無法理解為共相和特殊對象（即殊相）之間的關係，因為共相具有未被證明性（原注：不可能性，asaṃbhavāt）。
>
> ⑻它也無法想像為（兩個）殊相之間的關係；因為（正如我們已經證明的）有無窮多的特殊之火和特殊之煙；也因為沒有共同的要素，存在於不同的殊相之中。[42]

在此，《毀壞真理之獅》的作者，把中詞和大詞之間不變的關係，分成三種可能的情形：⒜它是共相與共相之間的不變關係；⒝它是共相與殊相之間的關係；⒞它是殊相與殊相之間的關係。然後一一證明它們的不可能。而其不可能的關鍵，是在「共相」的「未經證明」(anupapatti) 或「未被證明性」（不可能性，asaṃbhavāt）。也就是說，殊相有無窮多，包括過去、現在和未來的殊相，因此無法證實它們之間確實存在著「共相」（共同的性質）；而且，唯物學派甚至以為，各個不同的殊相之間，根本沒有共同的要素。基於這兩個理由，他們否定了「共相」的存在。

無疑地，這裡所謂的「共相」，即是前文所說的「全類」。因此，

[42] 譯自 S. Radhakrishnan and C. A. Moore, *A Source Book in Indian Philosophy*, p. 237.

上面第(3)中所謂「它（指全類）和殊相之間的不變關係，是否存在的問題」，應該是指：我們無法用外在的現量，來證明全類（共相）和殊相之間，確實存在著不變的關係。而其理由，無疑地，是因為「全類」（共相）的「未經證明」、「未被證明性」（不可能性）。而這種「未經證明」、「未被證明性」，乃是理論上的不可能，而不僅僅是實際上的未曾辦到。

以上是有關「外在現量」無法證明中詞和大詞之間具有不變的關係；連帶著，比量也因而無法用「外在現量」來加以證明其可靠性。而第(4)段譯文，則是有關「內在現量」（心靈）無法證明比量之可靠性的理由說明。基本上，唯物派否定了心靈可以獨立於外在的感官（外在的現量）而運作。我們並不完全清楚唯物派這一主張的確切意思，但是，他們的意思大約是：當一個人的內心正在思維著某一事物之時，這一被思維的進行，其實是借助眼睛等外在現量，才能完成。(例如，當我們想像牛頭馬面的怪物時，其實是借助眼睛所曾見過的牛頭和馬面，然後加以整合的結果。）就這層意義而言，唯物學派顯然已把內在的現量，化歸為外在的現量，以為並沒有真正的內在現量存在。這和「心靈乃物質之表象」的唯物論主張，正好不謀而合。

總之，感官知覺——現量，共有內、外兩種；但是，不管是內現量或外現量，都無法證明比量的可靠性。因此，唯物派以為，比量的可靠性無法用現量來加以證明。而其理由是：出現在三支立量中之喻支的中詞（證相）和大詞（所立），無法證明它們之間存在著不變的「遍充」關係。這種不變的遍充關係，為什麼無法證明呢？那是因為，它牽涉到「全類」或「共相」的概念；而這兩種概念，都必須預設現量所無法認知的過去與未來；也必須預設殊相與殊相之間具有共同的要素（性質），這也是現量所無法認知的對象。

第三目　因果關係的不可知覺

事實上，唯物派還以否定因果律的方式，來證明比量不是一種可靠的「量」。例如，《毀壞真理之獅》即說：

> (1)另外，依據下面的理由，被導出之對象（亦即遠山之火）的相關知識，並不存在；因為煙無法證實為（火之）果。它無法證實為果，乃是由於它（之存在）的消滅，不被知覺[43]。
>
> (2)如果有人以為它（煙的消滅）可以被知覺，那麼，這種知覺到底是肯定式的或是否定式的？
>
> (3)如果是肯定式的，那麼，它是以煙做為知覺的對象？或是以其他的事物（做為知覺的對象）？或是以無物（做為知覺的對象）？
>
> (4)如果是煙的知覺，那麼，以煙做為對象的知覺，只能證明煙的存在，而不是（證明）煙的不存在。
>
> (5)如果是（煙之外的）其他事物的知覺，那麼，依照它的性質，並不能證明煙的不存在；因為，知覺只能證明其（知覺）對象的存在。

---

[43] 原編者 S. Radhakrishnan 和 C. A. Moore 的注解裡說：「在印度思想裡，凡是在時間當中生成的東西，都必定在時間中消滅。」（參見前注所引書，頁239，注釋 1。）也就是，在時間中，既然「煙」被視為以「火」為「因」，而生成的「果」，那麼，「煙」就必定有消滅的時候。然而，由於「煙」的消滅不可知覺，因此，「煙」的（由「火」）生成，也一樣不可知覺。「煙」的生成既然不可知覺，因此，由「火」生成「煙」的這一因果律即不成立。《毀壞真理之獅》一書的作者，即是以這種論證，來證明由「火」生起「煙」的因果律不成立。

⑹如果是無物（的知覺），則像啞巴、瞎子、聾子一樣，既不能肯定，也不能否定任何事物。

⑺如果所謂（煙之消滅）的知覺，是否定式的，那麼，它是以煙做為（知覺）對象？或是以其他事物（做為知覺對象）？或是以無物（做為知覺對象）？

⑻若以煙做為（知覺）對象，那麼，由於它（煙）已做為存在的（知覺）對象，因此，也就證明了它（煙）的存在，而無法證明它（煙）的不存在。

⑼如果以其他的事物做為（知覺的）對象，那麼，由於這已牽涉到與它（煙）不同的其他事物，因此，就無法證明煙的不存在。

⑽如果以無物做為（知覺的）對象，同樣地，這就像傻瓜一樣，無法肯定或否定任何事物。

⑾如果（煙的）消滅只是（煙之）存在的結束，而且可以做為知覺的對象，那麼，這一論證也不精確；因為消滅全然是某種不同的（知覺）對象而已。如此，任何相關的知覺，都只能證明消滅這一事實，而無法否定某一事物的「存在」。可以確定的是，（某一事物的）消滅如果被知覺到，就無法證明任何事物之「存在的結束」；因為，知覺被限定在它自己的對象之上，而且（只能）證明它們的存在。……[44]

在這幾段否定因果律以證明比量不可靠的說明當中，主要是建立在「果」之「消滅」（不存在）的不可知覺之上。在時間之流當中，

[44] 譯自 S. Radhakrishnan and C. A. Moore, *A Source Book in Indian Philosophy*, p. 239.

「果」是由「因」而生起的；而且，生起之後的「果」，必定也有消滅的時候。(這是印度哲學的共同信念㊺。) 就以火和煙的例子來說，火是生起煙的「因」，相對地，煙是火的「果」。由火所生起的煙，必定會在某一特定的時候消滅而不存在。然而，這種由火之「因」生起煙之「果」的因果關係，是否真實地存在？唯物派以為，這種因果關係並不真實地存在；而其理由則是：「果」(煙) 的「消滅」(不存在)，無法被感官 (現量) 所知覺。在時間的流變當中，由於「果」的「消滅」無法被感官所知覺，因此，依據有「生 (起)」必有「(消) 滅」的原理，「果」的「生起」也就同樣地無法被感官所知覺。「果」的「生起」既然無法被知覺，那麼，當一個人依據因果律而宣稱：「由『因』生起『果』」的時候，那是沒有根據的一種說法。因此，因果律無法證明它的真實性。」㊻

㊺ 參見㊸。

㊻ 也許我們可以把以上的論證，更加清楚地展開如下：

⑴如果煙是以火為「因」而生起的「果」，那麼做為「果」的煙必定會消滅；

⑵如果做為「果」的煙會消滅 (亦即「煙的消滅」真實存在)，那麼，(做為「果」之) 煙的消滅必定可以被知覺；

⑶但是，(事實上，做為「果」之) 煙的消滅無法被知覺；

⑷因此，煙不是以火為「因」而生起的「果」。

這個論證具有下面的「論證形式」(argument form)，那是一個「有效的」(valid)，亦即合理的論證形式：

⒜如果 A，則 B；

⒝如果 B，則 C；

⒞並不是 C；

⒟所以，並不是 A。

然而，做為火（因）之「果」（煙）的「消滅」，何以無法被感官（現量）所知覺呢？譯文中的第(2)—(10)，即是這一問題的答案。《毀壞真理之獅》一書的作者，為了要證明他的這一主張，把有關「煙的消滅」之知覺，分成可能的幾種情形，然後一一加以否定。這幾種情形是：[A]「煙的消滅」之知覺，是「肯定式的」知覺；[B]「煙的消滅」之知覺，是「否定式的」知覺㊼。而這兩個大情形，各自又細分為三種小情形：(a)「煙的消滅」之知覺，是以煙做為知覺的對象時；(b)「煙的消滅」之知覺，是以煙之外的其他事物，做為知覺的對象時；(c)「煙的消滅」之知覺，是以無物做為知覺對象時，亦即，不以任何事物做為知覺對象時。

在情形[A]—(a)當中，唯物派辯解著：既然是以煙做為知覺的對象，那麼，這種知覺只能證明煙的存在，而不能證明煙的不存在（煙的消滅)。〔以上參見譯文第(4)大段。〕而在情形[A]—(b)中，唯物學派辯解說：既然是以煙之外的其他事物做為知覺的對象，就只能證明「其他事物之知覺」的存在，怎麼可以做為「煙的消滅之知覺」的證明呢？〔以上參見譯文第(5)大段。〕而在情形[A]—(c)中，既然是以「無物」做為知覺的對象，也就無法證明或否證什麼。〔以上參見譯文第(6)大段。〕依此類推，情形[B]中的(a)—(c)三種情形，也是如此，不再贅言。〔參見譯文第(7)—(10)等四大段。〕

在這個論證當中，第(1)個前提是印度哲學的共同信念：在時間之流當中，任何事物，有「生」必有「滅」。(參見㊸。）而第(2)個前提之所以成立，則是依據唯物派的另一個主張：任何真實存在的事物，都必須是感官知覺（現量）所能認知的對象。而第(3)個前提的成立，則是目前唯物派所要證明的。

㊼ 什麼是「肯定式的」知覺和「否定式的」知覺？意義不太清楚。

有人也許會說，如果把「煙的消滅」定義為「煙之存在的結束」，那麼，「煙之消滅」的知覺，亦即「煙之存在的結束」之知覺，也許即成為可能。但是譯文的最後第⑾段，卻否定了這種可能性。這一大段的大意是：如果「煙的消滅」意味著「煙之存在的結束」，那麼，它也不可能被知覺。因為，如果它可以被知覺，那就表示它是知覺的「對象」，而任何知覺的對象，必須是某一種意義的「存在」。既然是某種意義的「存在」，就表示它不是「（煙之）存在的結束」。在這裡，唯物派無疑地預設了下面的情形：凡是被當做對象，可以被感官（現量）所知覺的事物，必定是存在的事物。這一預設，正好合乎「存在即是現量之知覺對象」的唯物派本色。

總之，火與煙之間似乎存在著不變的因果關係，以致可以做為喻支成立的理由。然而，唯物派卻以為，火與煙之間不變的因果關係並不存在。因為做為「果」的煙，其「（消）滅」無法被現量所知覺；連帶著，做為「果」的煙，其「生（起）」也就無法被現量所知覺。因此，由火（因）生起煙（果），這種不變的因果關係，也就不存在。

事實上，唯物派認為，以火為「因」，而生起煙之「果」的關係，之所以發生，並不是火與煙之間存在著不變的因果關係，而是有一「條件」(upādhi)——燃料潮濕。只有在燃料潮濕的「條件」之下，燃燒著的火才會生起煙來。因此，火與煙之間，並沒有不變的因果關係存在㊽。所以，《毀壞真理之獅》更全面性地，從根本來否定因果關係的可知覺性；它說：

㊽ 這個有關火與煙之間具有不變之因果關係的反例，取自 S. Chatterjee and D. Datta, *An Introduction to Indian Philosophy*, p. 59.

⑿……我們沒有可能理解因與果之間的關係。(因為：) 如果「果」是在「因」之後而被知覺，那麼，就必須考慮：到底「果」是在「不適因」或是在「適因」的知覺之後被知覺？

⒀如果是在「不適因」的知覺之後，那麼，該句 (指「果在因之後被知覺」一句) 是錯誤的，因為「不適因」不可能被知覺，因而也不可能被經驗到。

⒁如果是在「適因」的知覺之後，那麼，(該句) 也是錯誤的，因為，「適因」甚至不能做為「因」㊾，更何況生起「果」來。㊿

㊾ 原注說：「這是由於它 (適因) 並不具有『因』的特色，直到它生起『果』為止；但是，一旦它變成了『果』之後，它卻又明顯地不可稱為『因』。」(Cf. S. Radhakrishnan and C. A. Moore, *A Source Book in Indian Philosophy*, p. 242.) 原注的意思是：「因」與「果」之間似乎存在著不變的連續性，但實際上，二者之間的連續性並不存在，以致無法證明二者之間確實具有因果關係。當「因」本身消滅而生起「果」的那一剎那，「因」到底存不存在？如果那一剎那，「因」仍然存在，「果」如何可能生起？(因為「果」的生起，必須預設「因」已消失。) 相反地，如果在那一剎那，「因」仍然存在，「果」也不可能生起；因為「因」既然尚未消失，就表示「果」尚未生起。因此，「因」與「果」之間的生起關係，似乎存在，但實際上卻充滿著不可理解的矛盾。事實上，像這樣的推論方式，在印度是相當普遍的；大乘佛教的重要思想家之一——龍樹 (Nāgārjuna)，在其《中論 (卷 1) ‧觀因緣品》當中，就曾採取相似的方法，證明「自 (己) 生 (自己)」的不成立。他說：「此生若未生，云何能自生？若生已自生，生已何用生？」所以他下結論說：「生非生已生，亦非未生生。」(以上參見《大正藏》卷 30，頁 10。)

㊿ 譯自 S. Radhakrishnan and C. A. Moore, *A Source Book in Indian Philosophy*, p. 242. 在此，「適因」指的是確實可以生起「果」的「因」；而「不適因」，則指那些不能生起「果」的條件。例如，茅草是草蓆的「適因」，而蠶絲、鋼

・第三項　其他三量無法證明比量的可靠性

｜第一目　比量無法證明比量的可靠性

其次，比量為什麼不能用（其他的）比量，來加以證明它的可靠性呢？《毀壞真理之獅》的回答，也是集中在喻支的無法成立之上；也就是說，集中在證明喻支中之中詞和大詞之間，並不存在著不變的關係。《一切知見要集》僅僅簡要地回答說：「也不能由某一個比量，來證明（有關）全稱命題（即喻支）的真實性，因為這個比量（本身），也必須由其他的比量來加以證明；如此，即有無窮後退之過。」[51]唯物派以為（某一）比量無法證明（另一）比量之可靠性的理由，顯然是：如果比量甲的可靠性，可以用比量乙來加以證明；那麼，比量乙的可靠性又在哪裡呢？顯然，勢必有第三個比量丙，才能證明乙的可靠性。而丙的可靠性呢？又建立在比量丁的可靠性之上。比量丁的可靠性呢？……如此，永遠把某一比量的可靠性，推託給另一待證之比量的可靠性。比量的是否具有「全面性的」可靠，即成問題。因此唯物派下結論說：用比量來證明比量的可靠性，是不可能的。

｜第二目　聖言量不能證明比量的可靠性

其次，為什麼唯物派認為，不能用聖言量（聲量），來證明比量的可靠性呢？那是因為聖言量要不是可以化歸為比量，就是它本身必須以其他的聖言量，來加以證明。前者顯然並沒有解決問題，而後者則同樣犯有無限後退的毛病。對於唯物派的這一說法，《一切知見要集》

絲等則是草蓆的「不適因」。

[51] 譯自 E. B. Cowell and A. E. Gough (English tr.), *Sarva-darśana-saṅgraha of Mādhavācārya*, p. 48.

曾經作了這樣的記錄：

> ⑴聖言量也不是（證明中詞和大詞之間具有不變關係的）方法，因為，當我們回答時，我們要麼可以宣稱：依照食米齋 (Kaṇāda) 之勝論學派的理論，它（指聖言量）屬於比量所要討論的範圍之內；要麼我們可以主張：這一有關聖言量的新證明，仍然無法超越阻止比量前進（被證明）的既有障礙，因為，它（聖言量）本身必須依靠有關語言形式之某種記號的認知，而這種語言形式的記號，則是長者面對小孩時所使用的。
>
> ⑵更有甚者，除了《摩笈法典》(*Manu*) 等等這類獨斷的權威之外（原注：而該權威，自然是我們唯物派所不承認的），並沒有其他的理由，足以讓我們相信：煙與火之間，具有不變的關係。[52]

從以上的兩段譯文，我們大概可以了解唯物派之所以認為聖言量無法證明比量之可靠性的三個原因。其一是：依照勝論學派的創始者——食米齋的說法，所謂的聖言量，其實可以化歸為比量；因此，並沒有真正獨立於比量之外的聖言量[53]。既然這樣，以聖言量來證明比量的可靠性，等於以（另外的）比量來證明比量的可靠性；如此即

---

[52] 譯自前注所引，頁 8～9。

[53] 勝論派的創始者——食米齋，只承認兩種可靠的「量」：現量和比量。其他的「量」，則可化歸到這兩種可靠的「量」。例如，聖言量可以化歸為比量的一種。[Cf. Nandalal Sinha (English tr.), *The Vaiśeṣika Sūtras of Kanāda: With Commentary of Saṅkara Miśra and Extracts from the Gloss of Jayanārāyaṇa*, Delhi: S. N. Pub., 1986, pp. 310～315.]

犯了前面已經說到的無窮後退之過。

其次，即使聖言量可以獨立於比量之外，但是它仍然不是一種可靠的「量」（正確知識的判準），因為它仍然無法超越前述比量所面對的困難。例如，當一位長者在教導他的孩子時，對他的孩子說：「凡是《吠陀》中的句子，全都是真實的。」這時，這位長者用到了「語言形式中的某種記號」，例如「凡是」（所有），而這種牽涉到「全稱命題」的語詞——「語言形式中的記號」，則是比量所無法克服的難題，已於前面論及。

總之，主張比量乃可靠之「量」的人，最多只能引據諸如《摩笯法典》之類的權威句子，來證明比量的可靠性；然而，這些權威卻不是唯物學派所承認的。

｜第三目　譬喻量不能證明比量的可靠性

最後，唯物學派為什麼認為：比量的可靠性，不能用譬喻量（類比），來加以證明呢？在沒有進入分析之前，讓我們先來說明：什麼叫做譬喻量？下面是一個典型的譬喻量：

(1)野牛 (bos gaveus) 是一種像家牛的動物；

(2) m 像家牛；

(3)所以，m 是野牛。[54]

在這裡，結論「m 是野牛」之所以能從前面兩個前提推論出來，關鍵是在野牛和家牛的相似關係——「(相) 像」之上。其中，野牛是

---

[54] 這個例子出自 M. S. Ch. Vidyābhuṣana (English tr.), *The Nyāya Sūtras of Gotama*, Delhi: Oriental Books Reprint Co., 1975 (2nd ed.), p. 4.

未知的東西，而家牛則是已知的東西。因此，譬喻量的可靠性，乃是建立在未知物和已知物這兩個「殊相」之間的相似關係之上；而不像比量的可靠性，乃建立在「共相」之上那樣。這樣看來，譬喻量和比量是兩個完全不相干的獲得正確知識的方法，以致無法用前者的可靠性來證明後者的可靠性。唯物派即是以這樣的理由，來否定比量的可靠性；《一切知見要集》說：

> 其次，譬喻量等也必須不可視為全稱命題的認知方法，因為它們（指譬喻量）不可能形成沒有條件的知識（原注：即全稱命題）；這是由於它們的目的，乃在形成不同關係的知識，亦即已知物和未知物間之關係（的知識）。55

總之，比量既不能用現量來證明其可靠性，也不能用比量自己乃至聖言量、譬喻量等，來證明其可靠性，因此，比量並不是一種可以可靠地獲得正確知識的判準——「（正）量」。依此類推，聖言量、譬喻量也不是可靠的判準。只有現量——感官知覺，才是獲得正確知識的可靠方法。

・第四項　小　結

總之，由於三個理由，唯物派以為：比量並不是現量可以加以證明的，因此比量是一種不可靠的知識判準，由它並不能獲得正確的知識。這三個理由是：(1)現量無法知覺到「所有的（煙）」這一「全類」，

55 譯自 E. B. Cowell and A. E. Gough (English tr.), *Sarva-darśana-saṅgraha of Mādhavācārya*, p. 9.

因此，出現「所有的（煙）」這一詞的喻支為假。⑵現量無法知覺到喻支中的中詞（證相）和大詞（所立）之間，具有不變的關係——遍充性，因此喻支為假。⑶喻支中的中詞和大詞之間，並沒有不變的因果關係，因此喻支為假。

另外，由於比量也無法用比量，來加以證明它的可靠性，因為如此即有無窮後退之過。同樣地，比量不能用聖言量來加以證明，因為聖言量不過是某種形式的比量而已。而譬喻量之所以不能用來證明比量的可靠性，乃是因為它只證明殊相與殊相之間的相似關係；而比量（的喻支）卻牽涉到共相的問題。

聖言量不是可靠的知識判準，因為它可以化歸為比量（這已如前所說）。至於譬喻量之所以不是可靠的知識判準，雖然唯物派並沒有特別討論到，但是，譬喻量事實上所面對的難題，和比量類似。就以前面那個有關「野牛」的譬喻量來說，其中第⑴個前提——「野牛是一種像家牛的動物」，和比量的喻支一樣，也是一個含有「所有」一詞的「全稱命題」；因為，它是「所有野牛都是一種像家牛的動物，而且，所有家牛都是一種像野牛的動物」這個句子的省語[56]。因此，有關比量所面臨的難題，諸如「全類」、「共相」等問題，也都存在於這個全稱命題之中。如果比量確實像唯物派所說的那樣，乃是不可靠的一種「量」，那麼，遭遇相同難題的譬喻量，自然也不是一種可靠的「量」了。

在四量當中，比量、聖言量和譬喻量都不是可靠的量，因此，獲

[56] 事實上，這是一個以「而且」為連接詞 (connection)，而把兩個「全稱命題」連接起來的「結合句」(conjunction)。這兩個全稱命題是：⑴「所有野牛都是一種像家牛的動物」；⑵「所有家牛都是一種像野牛的動物」。

得正確知識的方法——「量」，只有一個，那就是感官知覺——現量。這是唯物學派所堅決主張的。而且，由於神祇、神識（識神、靈魂），以及與之相伴隨的《吠陀》權威、祭祀、業力、輪迴、解脫等宗教制度、生活、信仰和哲理，全都無法以現量來加以證實，因此也全在唯物派的否定之列。就以一般的印度學派來說，「人生目的」(puruṣa-artha) 共有四種：⑴財富 (artha)；⑵享樂（慾愛，kāma）；⑶德性 (dharma)；⑷解脫 (mokṣa)。其中，只有前二者是唯物學派所承認的；而且，追求財富的目的，也是為了享樂[57]。無疑地，這些都和「只有現量才是獲得正確知識之唯一方法」的主張有關。

[57] 這是就極端的唯物論者，所謂「狡猾的唯物派」(Dhūrta Cārvāka) 而言；若就「有教養的唯物派」(Suśiksita Cārvāka)，例如《享樂經》(*Kāma-sūtra*) 的作者——跋舍耶那 (Vātsyāyana)，即是一位既承認德性生活，也承認有創造神的存在，因此還勸告人應該研讀《吠陀》的唯物派學者。(Cf. S. Chatterjee and D. Datta, *An Introduction to Indian Philosophy*, pp. 68～69.)

第五章　耆那教的歷史與哲學

第一節　耆那教的歷史

耆那教 (Jaina) 和佛教之間，有許多相似之處❶。例如：二教的教主都屬王族——剎帝利；二教在教團組織和信徒之間，也有雷同、重疊之處；二教的教義代表著剎帝利族的宗教信仰，與代表婆羅門族的婆羅門教之間，形成了相互抗衡的對立態勢。由於二教之間存在著許

❶ 本世紀初，西歐學者開始研究佛教和耆那教時，往往把耆那教誤以為是佛教的一支。 [Cf. Hermann Jacobi (English tr.), *Jaina Sūtras*, in F. Max Müller, *The Sacred Book of the East*, Delhi: Motilal Banarsidass, 1973, vol. XXII, pp. ix～xiv.] 另外，唐．玄奘在其所著《大唐西域記》卷 3 當中，也曾這樣描寫他所見聞的耆那教；從這一描寫，更可肯定耆那教和佛教之間，確實有許多相似之處：「……窣堵波側不遠，有白衣外道本師悟所求理，初說法處……其徒苦行，晝夜精勤，不遑寧息。本師所說之法，多竊佛經之義。隨類設法，擬則軌儀。大者謂苾芻，小者稱沙彌。威儀律行，頗同僧法。唯留少髮，加之露形；或有所服，白色為異。據斯流別稍用區分。其天師像竊類如來，衣服為差，相好無異。」（引見《大正藏》卷 51，頁 885，下。）引文中的窣堵波 (stūpa)，又音譯為塔，乃宗教的建築之一。苾芻 (bhikṣu)，則是男性出家人。沙彌 (śrāmaṇera)，則是尚未受戒的男性出家人。引文中說到耆那教在教義、戒律、本師（天師）遺像，甚至出家人的稱謂等各方面，都和佛教相似。引文還說到兩類的耆那教徒：穿著白色衣服的白衣派，以及裸體（露形）的裸形派；我們將在下文討論這兩個派別。

多相似之處和利益重疊之處，因此彼此互相批評，也成了歷史的必然（詳下）。

「耆那」一詞的梵文 Jaina，是由 jina（征服者）轉化而成。無疑地，那是指征服世間一切煩惱、欲望而言。傳說能夠征服世欲、煩惱的聖者，前後共有二十四人，他們都被稱為「祖師」(tīrthaṅkara)。其中，第一代祖師勒娑婆提婆（牛王天，Ṛṣabhadeva），他是耆那教的創教者。而最後的第二十四代祖師，名叫伐馱摩那（增上，Vardhamāna），耆那教的教徒們則尊稱他為大雄 (Mahāvīra)，因為他是中興耆那教的大師。事實上，「大雄」一名，也是佛教徒對於釋迦牟尼佛的尊稱之一。

伐馱摩那是一位和釋迦牟尼同一時代（或稍早）的聖者，他們都是剎帝利族的後裔❷。伐馱摩那生於中印度毘舍離國 (Vaiśāli) 之軍荼村 (Kuṇḍa) 中的一個王家❸。父親姓迦葉（波）(Kāśyapa)，名悉達多 (Siddhārtha)——與釋迦牟尼同名，屬於剎帝利若提族 (Jñātṛ)。母親名叫忉利娑羅 (Triśalā)，乃毘舍離國國王質多迦 (Ceṭaka) 的妹妹；同時，也是摩竭陀國 (Magadha) 之頻婆娑羅王（瓶沙王，Bimbisāra）王妃的姨母❹。毘舍離和摩竭陀國，都是釋迦牟尼活動的國度；頻婆娑羅王

❷ 下面有關伐馱摩那的傳記，請參見 Hermann Jacobi, *Jaina Sūtras*, pp. 79～87, *Ākārāṅga Sūtra* (I, 8)；又見 Ibid., pp. 217～270, "Life of the Mahāvīra," in *Kalpa Sūtra*.

❸ 軍荼村的全名是 Kuṇḍapura 或 Kuṇḍagrama，前者的意思是軍荼城，後者則是軍荼村。耆那教的信徒咸認那是一個大城，但是，Hermann Jacobi 卻以為，軍荼不過是一個不重要的小村落而已。（詳見❶所引書，pp. x～xi.）

❹ Hermann Jacobi, *Jaina Sūtras*, p. xv，曾製作了下面這個圖表，用來說明伐馱摩那和這些王族之間的關係：

和釋迦牟尼之間，更有著深厚的關係（詳下章）。

二十八歲時，伐駄摩那出家，開始過著宗教的修行生活。十二年中，過著樸實、嚴苛的生活，訪問了名叫羅達 (Rādhā) 的野蠻村落，並且開始裸體生活。十二年後，伐駄摩那完成了他的修行生活，並且贏得了「耆那」（征服者，Jina）、「大（英）雄」(Mahāvīra) 等尊稱；後者也是釋迦牟尼的尊稱之一。而在伐駄摩那最後的三十年中，他開始教導他的弟子有關耆那教的哲理，並且教導他們如何過著嚴格的禁慾生活。在這三十年中，他的主要支持者都是和他母親有關的王族們，例如前文所提到過的毘舍離國質多迦王、摩竭陀國頻婆娑羅王，以及頻婆娑羅王的兒子——鴦伽國 (Aṅga) 的阿闍世王 (Ajātaśatru)❺。在伐駄摩那的領導下，耆那教共有九個教團 (Gaṇa)、十一位教團的護持者 (Gaṇadhara)❻。

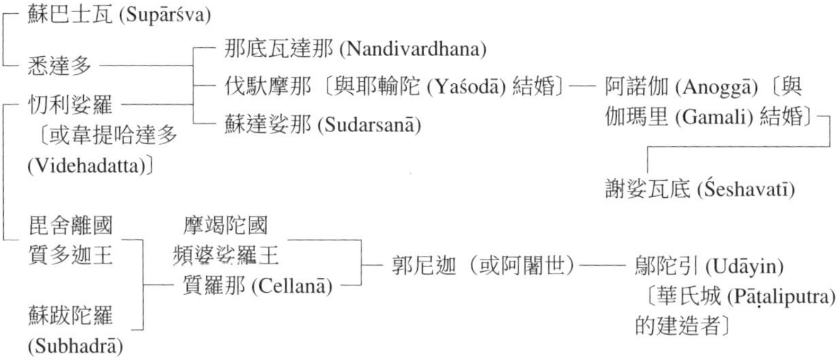

❺ 頻婆娑羅王，又名洗尼王（Śreṇika 或 Śeniya）。而阿闍世則是佛教文獻中的稱呼，耆那教文獻作郭尼迦 (Kūnika)。（詳見❶所引書，pp. xiii～xiv.）依照佛教的文獻，阿闍世後來害死了父王頻婆娑羅，並且篡奪了王位。

❻ 這九教團、十一護持者的名字，請參見❶所引書，頁 286～287，"List of the Sthaviras," in *Kalpa Sūtra*.

伐馱摩那逝世後，耆那教分裂為兩大教派：⑴戒律嚴格，仍然堅持裸體生活的裸形派（天衣派，Digambara❼）；⑵戒律較鬆弛，可以穿著白色 (śveta) 衣服 (ambara) 的白衣派 (Śvetāmbara)。漢譯佛教的早期文獻——《長阿含經（卷 8）．眾集經》、《長阿含經（卷 12）．清淨經》、《中阿含經 （卷 52） ．周那經》 等， 都說到這一分裂的事實❽。

在佛教的文獻當中， 耆那教事實上是以 「尼乾 （陀）」〔尼犍（陀），Nirgrantha〕❾、「裸形外道」、「無慚（外道）」、「宿作因論師」等而聞名。其中，「尼乾」又譯為離繫、無繫、無結等，是指信仰這個教派的人，可以達到沒有「繫」、「結」❿的意思。「裸形外道」，無疑地，是指耆那教的裸形派；從佛教的觀點而言，裸體生活是不道德的，因此也把他們稱為「無慚外道」。（外道是佛教徒對所有異教徒的共同稱呼。）唐．窺基，《成唯識論述記》卷 1─末，即說：「……即是尼犍子，今正翻云離繫，亦云無慚，即無羞也。離三界繫縛也；以其露形，佛法毀之，曰無慚，即無慚羞也。」⓫而所謂的「宿作因論師」，則說到了耆那教的哲學主張——「宿作因」；我們將在下面詳細說明。

---

❼ 梵文 dig (dik) 的原意是天空、天然，因此，Digambara 又譯為天衣派。（梵文 ambara，則是衣服的意思。）

❽ 分別參見《大正藏》卷 1，頁 49，下；同書，頁 72，下；同書，頁 752，下。

❾ 尼乾陀的梵文 (Sanskṛt) 是 Nirgrantha；而巴利文（Pali，一種古印度方言）則作 Nigaṇṭha 或 Nigganṭha。

❿ 繫與結都是煩惱的別稱。煩惱像繩結一般，可以繫縛我們，使我們不自在；因此稱煩惱為繫、結。

⓫ 引見《大正藏》卷 43，頁 265，下─266，上。

（論師是哲學宗派之領導人、信仰者或研究者的意思。）在這幾個名稱當中，尤以尼乾和裸形外道二者，最常出現在佛教的文獻當中。而其領導人——伐馱摩那，在佛教的文獻當中，則被稱為「尼乾陀若提」（尼犍陀若提）、「尼乾陀若提子」（尼犍陀若提子），或簡稱為「尼乾子」（尼犍子）、「尼乾親子」（尼犍親子），並意譯為「離繫親子」等。其中，尼乾陀若提（尼犍陀若提），是古印度文——梵文 (Sanskṛt) Nirgranthajñāta 的音譯；而加一個「子」(putra) 字的各個譯名，則是梵文 Nirgantha-jñātiputra 的音譯或意譯⓬。隋．吉藏，《百論疏》卷上之中，曾說：「若提子，從母作名。尼犍陀，是出家總號。」⓭這樣看來，尼犍陀（尼乾陀）指的是耆那教這個教派。而其中興祖師伐馱摩那的母親，名叫若提（Jñāta 或 Jñāti），因此，他也被稱為「若提（之）子」(Jñātiputra)。

尼乾，亦即耆那教，和唯物派、佛教，都屬相對於婆羅門教之「正統」(āstika) 的「非正統」(nāstika) 派，具有反婆羅門教，以及代表剎帝利階級之宗教思想的傾向。有關這點，我們已在前面各章討論過。而從前面對於耆那教中興大師——伐馱摩那之出身背景、教團組織的描述，我們也再一次證明了這一觀點的正確性。唯物派對抗「正統」婆羅門教，所採取的方法是享樂主義 (Hedonism) 的縱情生活；而耆那教則採取了另外一種極端：嚴格的禁欲主義。在早期佛教文獻的記載當中，耆那教（尼乾）以「苦行」見稱。佛教則是主張「中道」(madhyama-pratipad)，遠離苦行和縱欲的「兩邊」。因此，施行嚴格禁

⓬ 在另外一種古代印度方言——巴利文中，尼乾若提作 Niganṭha-nāta；而尼乾若提子則作 Niganṭha-nātaputta。

⓭ 引見前書，卷 42，頁 244，下。

欲主義的耆那教，和主張縱欲的唯物派（順世外道）一樣，往往成為佛教所嚴厲批判的對象。依照耆那教的說法，由於宿世的罪業（過去世的惡業），人們必定受到憂悲苦惱等「熾然法」⓮的煎熬。但是只要透過苦行，即可把宿世罪業完全消除，而達到「滅熾然法，清淨超出」（澈底解脫）的境界。例如，代表早期佛教文獻之一的《雜阿含經》，卷 21，第 559 經，即曾記載一個耆那教徒——無畏離車 (Abhaya Licchavī)，敘述其老師尼犍子（伐馱摩那）的這種主張：

> 爾時，無畏離車……語尊者阿難：「我師尼犍子，滅熾然法，清淨超出。為諸弟子，說如是道：『宿命之業，行苦行故，悉能吐之。身業不作，斷截橋梁，於未來世，無復諸漏，諸業永盡。業永盡故，眾苦永盡。苦永盡故，究竟苦邊。……』……」⓯

所謂苦行，主要是耆那教徒加諸自己身體（肉體）的各種懲罰⓰。另一部代表早期佛教文獻的經典——《長阿含經（卷 16）‧倮形梵志經》，即曾這樣描寫耆那教的苦行：

⓮ 熾然法，即熾燃法。煩惱就像烈火一樣地煎熬人們的身心，因此稱煩惱為熾燃法。（法，梵文 dharma，是一切事物的通稱。）

⓯ 引見《大正藏》卷 2，頁 147，下。

⓰ 耆那教認為加諸自己的懲罰共有三種：⑴身罰，加諸肉體的懲罰；⑵口罰，加諸口嘴（言語）的懲罰；⑶意罰，加諸內心（意）的懲罰。其中，身罰最重，其次是口罰，最不重要的是意罰。佛教則正好相反：意罰最重，口罰其次，身罰最輕。〔詳見《中阿含經（卷 32）‧大品優婆離經》；《大正藏》卷 1，頁 628，上－下。〕

> 不受夜食，不受朽食……不受懷姙家食，狗在門前不食其食……不食魚，不食肉，不飲酒……或一日一食，或二日、三日、四日、五日、六日、七日一食……或食牛糞，或食鹿糞，或食樹根、枝葉、花實，或食自落果，或披衣，或披莎皮，或衣樹皮，或草襜身，或衣鹿皮……或有常舉手者，或不坐床席，或有常蹲者……或有臥荊棘上者，或有臥果蓏上者，或有倮形臥牛糞上者……以無數苦，苦役此身。⓱

傳說釋迦晚年，弟子提婆達多（調達，Devadatta）結合伐馱摩那親族中的鴦伽國阿闍世王（未生冤），叛離釋迦，自立門戶，即是受到耆那教的影響。因此提婆達多所制訂的戒律，不同於釋迦，而有嚴格禁欲主義的傾向。早期佛者文獻之一的《彌沙塞部和醯五分律》，卷25，即曾記載這件佛教史上的重大事件：

> 爾時，調達……念言：「我今破沙門瞿曇僧，得大名稱。……我當於僧，申明五法：……一、不食鹽；二、不食酥乳；三、不食魚（和）肉……；四、乞食……；五、春、夏八月日露坐，冬四月日住於草菴……。此摩竭、鴦伽二國人，皆信樂苦行，我等行此五法，從者必多，足以破之。」⓲

引文中明白說到調達（提婆達多）為了破壞沙門瞿曇（Gotama，釋迦俗名）的僧團，而制訂了五條戒律——五法。這五條戒律當中，

⓱ 引見《大正藏》卷1，頁102，中—下。

⓲ 引見前書，卷22，頁164，上—中。

和前文提到的耆那教苦行，有許多相同之處；例如不食魚（和）肉、露坐（坐在屋外睡眠）等⓳。而最值得注意的是：引文最後提到伐馱摩那家族所統治的摩竭陀國和鴦伽國，都信仰苦行；提婆達多試圖結合他們的力量，叛離釋迦，另立門戶⓴。

前文說到，耆那教徒又被稱為「宿作因論師」；這也和苦行有關。

⓳ 提婆達多所制訂的「五法」，在諸本戒律當中說法不一。事實上，這是因為不同的佛教部派，而傳出的不同說法。釋迦逝世之後，佛教分裂成許多部派（詳下章）。上引《(彌沙塞部和醯）五分律》的「五法」，代表彌沙塞部（化地部，Mahīśāsaka）的說法。薩婆多部（說一切有部，Sarvāstivādin）的《十誦律》卷 4，所提到的「五法」則是：⑴穿著破舊的衲衣；⑵乞食維生；⑶一日一食（日中一食）；⑷在野外露地而坐；⑸禁斷食肉。(詳見《大正藏》卷 23，頁 24，中一下。）屬於根本說一切有部 (Mūlasarvāstivadin) 的《根本說一切有部毘奈耶破僧事》卷 10，所提到的「五法」則是：⑴不食乳酪；⑵不食魚、肉；⑶不食鹽；⑷受用衣時，留長縷績；⑸不住阿蘭若，而住村舍內。(詳見前書，卷 24，頁 149，中。）雖然不同部派的戒律存有不盡相同的說法，但是，嚴格的苦行卻是共同的精神。因此，傳說中，提婆達多受到耆那教的影響而叛離釋迦，應該是一有所根據的說法。〔另外，屬於摩訶僧祇部（大眾部，Mahāsaṃgika）的《摩訶僧祇律》卷 7，則有完全不同於以上的說法：「是長老提婆達多，欲破和合僧故……乃至九部經，異句、異字、異味、異義、異文辭說，自誦，亦教他。」（引見前書，卷 22，頁 282，上。）這樣看來，提婆達多的「破僧」，不只是起因於擅自制訂新戒，而且也起因於思想上的歧見。〕

⓴ 有關提婆達多勾結鴦伽國（摩竭陀國？）阿闍世王，叛離釋迦的傳說，請參見《佛說未生冤經》(《大正藏》卷 14，頁 774，中—775，中)；《阿闍世王五逆經》(同前書，頁 775，下—777，上)。事實上，有些學者懷疑這一傳說的真實性，他們認為那是佛教徒為了對抗耆那教，而虛構出來的故事。(Cf. Hermann Jacobi, *Jaina Sūtras*, p. xiv.)

宿作因，又作「本作（因）」；代表早期佛教文獻之一的《中阿含經（卷4）．尼乾經》，曾說：

> 諸尼乾等如是見，如是說：「謂人所受，皆因本作。若其故業，因苦行滅，不造新者，則諸業盡。諸業盡已，則得苦盡。得苦盡已，則得苦邊。」㉑

引文中的「因本作」，其巴利文 (Pāli) 是 pubbekatahetu，顯然是指過去世所造的惡業而言；不過必須和引文中所強調的苦行相結合，才有特色。否則即和婆羅門教、佛教等其他教派所說的「業」(karma)，沒有什麼不同。有關這點，還可以從下面這段同經的經文，得到進一步的證明：

> 彼諸尼乾，便報我（釋迦）言：「瞿曇！我有尊師，名親子尼乾，作如是說：『諸尼乾！汝等若本作惡業，彼業皆可因此苦行，而得滅盡。若今護身、口、意，因此不復更作惡業也。』」㉒

㉑ 引見《大正藏》卷 1，頁 442，下。

㉒ 引見前書，頁 443，下。另外，《瑜伽師地論》卷 7，也明白地說到宿作因論者的主張：「宿作因論者……凡諸世間所有士夫補特伽羅所受者，謂現所受苦，皆由宿作為因者。謂由宿惡為因，由勤精進，吐舊業故者。謂由現法極自苦行，現在新業，由不作因之所害故者。……」（引見《大正藏》卷 30，頁 308，下。）引文中的「補特伽羅」(pudgala)，在佛教的文獻當中，譯為人、眾生、有情、我等等。但在耆那教中，補特伽羅泛指一切物質性的存在體；而且大分為地、水、火、風等四種極微 (aṇu)，以及由它們所組成之更大的合成物——「集」(sanghāta)。(Cf. S. Chatterjee and D. Datta, *An*

第二節　耆那教的諦理論

有關耆那教的教理，除了前面已經提到的苦行之外，佛教文獻當中談到的並不多。代表早期佛教的文獻之一——《增壹阿含經》，卷30，第10經，曾說到一個名叫薩遮（巴利文：Saccaka）的耆那教徒，和釋迦討論物質性的「色」(rūpa)，到底是永恆不變的——「常」，或是變化不定的——「無常」？而在「色」（肉體）當中的「(自）我」（靈魂，ātman)，到底是存在的或不存在的？結果，釋迦主張：「色者無常，亦復無我」，而薩遮則主張：「色者是常」；所以，在「色」（肉體）當中，也存在著永恆不變的「(自）我」（靈魂）㉓。因此，物質性的「色」和精神性的「我」，全都是永恆不變的實體；這是早期佛教所理解的耆那教教理之一。有關這些，我們將在下面再作更加詳細的討論。

另外，隋．吉藏，《百論疏》卷上之中，曾引《方便心論》，簡略

Introduction to Indian Philosophy, Calcutta: Univ. of Calcutta, 1948, p. 96.) 事實上，「補特伽羅」一詞，在字典上的意義是易於分離的事物。所以，在漢譯的佛教文獻當中，有時又將它意譯為「數取趣」，意思是一次又一次地（數數地）離開前世的肉體，而去取得天、人、畜生、餓鬼、地獄等五種生命界（五趣）的形體。也就是說，在佛教的文獻當中，補特伽羅（數取趣）被視為在「五趣」之中投胎轉世的輪迴主體。易於分離的事物，固然可以像佛教那樣，把它理解為輪迴的主體；但也可以像耆那教那樣，把它理解為物質性的存在物。因為物質的特性之一，即是可分割（離）性。因此，上引《瑜伽師地論》的論文，所提到的「士夫補特伽羅」，應該是指人們（士夫）之物質性的肉體（補特伽羅）而言。

㉓ 詳見《大正藏》卷2，頁715，上—717，中。

地介紹了耆那教的教理：

> 勒沙婆者，此云苦行仙。其人計身有苦、樂二分。若現世併受苦盡，而樂法自出。所說之經，名尼健子，有十萬偈。如《方便心論》云：有五智、六障、四濁，以為經宗。五智者，謂聞智、思智、自覺智、慧智、義智。六障者，一、不見障；二、苦受障；三、愚癡障；四、命障；五、姓障；六、名障。四濁者，一、嗔；二、慢；三、貪；四、諂也。而明：因中亦有果亦無果，亦一亦異，以為經宗。故名世尊。㉔

引文一開頭的勒沙婆 (Ṛṣabha)，即是本章開始所提到過的勒娑婆提婆，乃傳說中的耆那教創教祖師——二十四祖當中的第一位。勒娑婆以為，每一個人的身體都有苦和樂兩個部分（成分），當人們透過苦行的修行工夫，即可將苦的那一部分消除；此時樂的部分自然顯現出來㉕。引文最後說到耆那教是一個主張「因中亦有果亦無果，亦一亦異」的教派，亦即它在因果論上的主張是：「果」可以說早已存在於「因」之中，也可以說並不事先存在於「因」之中；因此，「因」和「果」之間的關係是：既可以說是相同的「一」（「因」中有「果」），也可以說是不相同的「異」（「因」中無「果」）。有關這些，我們也會在下文詳細討論。引文的中間，提到了五智、六障、四濁等耆那教的

㉔ 引見前書，卷 42，頁 244，中。

㉕ 如果把苦的部分視為煩惱，樂的部分視為「佛性」或「如來藏」，那麼，勒娑婆的苦樂二分說，其實很像如來藏系佛教的主張。這再次證明佛教和耆那教之間，確實有許多相似之處。

教理，它們都出自《方便心論．明造論品》；原論文說：

> 有命，無命，罪，福，漏，無漏，戒具足，縛，解，五智——聞智、思智、自覺智、慧智、義智，六障——不見障、苦受障、愚癡障、命盡障、性障、名障，四濁——瞋、慢、貪、諂，是皆名為尼乾陀法。㉖

這樣看來，《方便心論》所介紹的耆那教教理——「尼乾陀法」，不只是《百論疏》所提到的五智、六障和四濁，而且還包括有命、無命，乃至縛、解等九種——「九諦」。這些都是耆那教用來解說其宇宙觀的一些原理——諦 (tattva)㉗；但是，不同的耆那教文獻，也會有不同的分類法㉘。下面我們將依照濕梨．烏摩斯跋底．阿闍梨（勝烏摩

㉖ 引見《大正藏》卷 32，頁 24，上。

㉗ 「諦」的梵文原字是 tattva，乃是「這個」(tad) 加上抽象名詞尾語 tva 之後的一個抽象名詞。它的字面意思是「如此性」（這個樣子），引申為真實性、真理、事物的真實本質等。在漢譯佛教文獻當中，除了譯為「諦（理）」之外，還譯為真、實、真性、真實、真理、真實義、真實理、定實等。

㉘ 依照中村元編（葉阿月譯），《印度思想》，臺北：幼獅文化事業公司，1984，頁 83～84 的說法，耆那教有關「諦」的主張，共有五諦、六諦、七諦等不同的說法。五諦是：命 (jīva)、法 (dharma)、非法 (adharma)、虛空 (ākāśa)、補特伽羅 。傳說這是伐馱摩那之前的第二十三代祖師——波濕跋那達 （脇護，Pārśva-nāthā），所提出的主張。其次，六諦是在五諦之外，加上 「時（間）」 (kāla)； 這特別是裸行派所堅持主張的 。 而七諦則是 ： 命 、 非命 (ajīva)、漏 (āsrava)、縛 (bandha)、護 (saṃvara)、滅 (nirjarā)、解 (mokṣa)；這是第三世紀之後才成立的《諦義學得經》(*Tattvārthādhigama Sūtra*)，所提到

善元上師，Śrī Umāsvāti Ācārya）所著，成立於第三世紀之後的《諦義學得經》(*Tattvārthādhigama Sūtra*) I, 4 的「七諦」說為準，來介紹耆那教的「諦」理。不過，在還沒有介紹這七諦之前，讓我們先簡略地說明《方便心論》的九諦：(1)（有）命 (jīva)，即寄存在生命體中的靈魂；(2)無命（非命，ajīva），即沒有生命（靈魂）的事物，例如虛空 (ākāśa)、物質（補特伽羅，pudgala㉙）等；(3)罪（罪業，pāpa），罪惡的行為；(4)福 (puṇya)，福德善行；(5)漏 (āsrava)，滲入「命」（靈魂）中，使得「命」不自在之業力性的物質；(6)無漏 (virjarā)，煩惱、痛苦的滅除；(7)戒具足 (saṃvara)，即防護身心，不再犯罪的禁戒；(8)縛 (bandha)，犯罪的「命」，受到身心的各種束縛，不得自在；(9)解 (mokṣa)，解脫煩惱痛苦的束縛。

其次，上引《方便心論》還說到了「五智」。耆那教以為，正信、正知和正行三者，乃解脫的三要素。其中，正知即是五智；它們是：(1)思智 (mati)，即一般性的認知；(2)聞智 (śruti)，是指聽聞聖者所說而獲得的知識；(3)自覺智（他界智，avadhi），指超越一般感官所能理解的知識㉚；(4)慧智（他心智，manaḥ-paryāya），是指進入他人內心，

的。

㉙ 有關補特伽羅一詞，請參見㉒。

㉚ 依照 Śrī Umāsvāti Ācārya, *Tattvārthādhigama Sūtra*, in S. Radhakrishnan and C. A. Moore, *A Source Book in Indian Philosophy*, Princeton Univ. Press, 1957, p. 252，「自覺智」被譯為「異常的知識」(extraordinary knowledge)。但是，若依 S. Chatterjee and D. Datta, *An Introduction to Indian Philosophy*, Calcutta: Univ. of Calcutta, 1948, p. 77，「自覺智」則被了解為「有限的知識」(limited knowledge)。另外，中村元編（葉阿月譯），《印度思想》，臺北：幼獅文化事業公司，1984，頁 101，則將「自覺智」譯為「直觀智」。

而知道他人所思所想的知識;(5)義智 (kevala),指解脫者所獲得之無限而又絕對的知識[31]。

《方便心論》還提到了「六障」,吉藏的《百論疏》卷上之中,對這六障有這樣的解說:「若提子說有六障、六自在:一、不見障;二、苦受障;三、愚癡障;四、命盡障;五、不得好姓障;六、惡名障。若翻此六障,即六自在。」[32]這樣看來,六障是障礙我人(六種)自在的身心、環境等各方面的缺陷。

以上是《方便心論》所提到有關耆那教的教理。下面我們將以烏摩斯的《諦義學得經》為中心,更加詳細地介紹其中所說的「諦」理。不同於《方便心論》中的「九諦」,《諦義學得經》只說到了「七諦」,而且次序和內容都不盡相同。七諦是:(1)命;(2)非命(無命);(3)漏;(4)縛;(5)護 (saṃvara),保護身心,以防止業力性物質的流入靈魂之中;(6)無漏;(7)解[33]。

首先是「命」:耆那教雖然和佛教一樣,是個無神論的宗教(亦即不相信有創造宇宙的最高神祇),但是,耆那教卻相信有靈魂的存在;這和本書下章所要討論的佛教有所不同。在耆那教的文獻當中,靈魂稱為「命」。由於「命」寄存在肉體之中,充滿整個肉體,而肉體又占

---

[31] Cf. S. Radhakrishnan and Charles A. Moore, *A Source Book in Indian Philosophy*, p. 252.

[32] 引見《大正藏》卷 42,頁 247,下。

[33] 本段及下面幾段有關「七諦」的解釋,請參見 Śrī Umāsvāti Ācārya, *Tattvārthādhigama Sūtra*, in S. Radhakrishnan and C. A. Moore, *A Source Book in Indian Philosophy*, pp. 252~260. 又見 S. Chatterjee and D. Datta, *An Introduction to Indian Philosophy*, Calcutta: Univ. of Calcutta, 1948, pp. 90~100.

有空間、有形，亦即有外延 (extension)，因此，「命」也就具有外延。用耆那教徒自己的用語來說：「命」是「有身的」(實身的，astikāya)。「命」所寄生的肉體，乃由感覺器官（根，indriya）和心識 (manas) 所組成；而這三者——肉體、感官和心識，乃生命體——「命」的過去業力所引生；因此，這三者具有束縛「命」的作用。受到束縛的「命」，喪失了它原本全知、自由的特質，不再具有全知的智慧和自由的特質。只有澈底的解脫者，才能恢復「命」的全知和自由的特質。這種意義的靈魂（命）理論，乃耆那教之「相對主義」(Syādvāda) 的理論基礎；我們將在本章第三節中，再作詳細討論。

其次，「命」又分為「解脫的」(mukta) 和「繫縛的」(bandha) 兩種。前者是指那些透過苦行等修行工夫，而澈底滅除煩惱、痛苦的聖者；例如勒娑婆提婆，乃至伐馱摩那等耆那教的二十四代祖師。後者則是指那些尚未滅除煩惱、痛苦的一般凡夫。而在「繫縛的命（靈魂)」之中，又可依照心靈活動的活躍程度，細分為「動（態)」(trasa) 和「非動（態)」(靜態，sthāvara）兩種。非動態的命，指的是植物，以及寄生在地、水、火、風等「四大」之中的生命體；它們都只有一種知覺器官，即觸覺器官。動態的命，又分為四類：具有味覺和觸覺等兩種認識器官的生命體，例如毛蟲；具有嗅覺、味覺和觸覺等三種認識器官的生命體，例如螞蟻；具有聽覺乃至觸覺等四種認識器官的生命體，例如大黃蜂；以及具有視覺乃至觸覺等五種認識器官的生命體，例如人類。

其次是「非命」：亦即那些不是（沒有）靈魂（命）的事物。依照《諦義學得經》，非命共有四種：(1)法 (dharma)；(2)非法 (adharma)；(3)虛空（空間)；(4)補特伽羅。法，是事物運動、變化的媒介。沒有它，事物就不可能從靜止或不變的狀態，轉成運動或變化的狀態。相反地，非法是事物靜止不動或無變化的媒介；沒有它，運動中或變化中的事物，即不可能轉成靜止或不變化。法、非法和事物的運動、靜止的關係，就像水和魚的關係一樣：沒有水，魚即無法生存、悠游；同樣地，沒有法和非法，也就沒有運動、變化，乃至沒有靜止和不變。

虛空（空間）的作用，乃在提供一個場所，容納所有的實體，以及實體的運動和變化。沒有它，實體即無所存在，也無所活動或變化。這樣的虛空稱為「世俗虛空」(lokākāśa)。而超越世俗虛空，完全空無而沒有任何實體在內的虛空，稱為「非世俗虛空」(alokākāśa)。

補特伽羅，亦即物質，乃是肉體（色身）、語言、心識和呼吸等的形成基礎。同時，也是世間一切享樂、痛苦，乃至生與死（滅）等情緒和現象的產生原因。補特伽羅共有兩類：⑴極微 (aṇu)，亦即地、水、火、風等四種物質的最小單位——「四大」，它們都不可再加以分割；⑵集 (sanghāta)，由多個極微（四大）所聚集而組成的較大物質[34]。

法、非法、虛空、補特伽羅四者，和前面討論過的「命」，乃至下面將要討論到的「時」（時間，kāla），都是永恆不變（常住）的實體 (dravya)。也就是說，它們都是真實而又獨立存在的基本要素，由它們組成了整個宇宙。其中，命、法、非法、虛空和補特伽羅五者，都具有外延，亦即都是「有身的」(astikāya)[35]。

---

[34] 參見[22]。

[35] 因此，《諦義學得經》V, 1，把這四者稱為「非命身」(ajīva-kāya)，意思是它們都是屬於非命（非靈魂）的範疇，但卻是「有身的」——具有外延（占有空間、具有延展性）。(Cf. *Tattvārthādhigama Sūtra*, in S. Radhakrishnan and C.

而「有身」，是相對於時間 (kāla) 的「無身」(anastikāya) 而言。時間雖然和這五者（命、法、非法、虛空、補特伽羅）一樣，也是永恆不變（常住）的實體，但是真正的時間——「勝義時」(pāramārthika kāla)，卻是不可分割的；只有世間的時間——「世俗時」(vyāvahārika kāla，或 samaya)，才可分割成秒、分、時、日、月、年等區段。這是因為真正的時間——勝義時，不占空間，也沒有外延，亦即「無身」的關係。時間的作用，乃在提供連續性或延長性這類概念的可能基礎；沒有時間，就無法建立起過去、現在和未來的連續概念。其次，時間甚至也是變化、運動，乃至新（與）舊等等概念的必要基礎；不預設時間的真實存在性，這些現象即無法獲得合理的說明。

其次，命、法、非法、虛空、時五者，都是無（顏）色、無香（味）、無味（道）、無（冷、熱、軟、硬等）觸（覺）；但補特伽羅，不管是「極微」或是較粗大的「集」，都是具有色、香、味、觸的實體。

以上所說，可以歸納為下面的圖表㊱：

A. Moore, *A Source Book in Indian Philosophy*, p. 255.)

㊱ 這個圖表是參考 S. Chatterjee and D. Datta, *An Introduction to Indian Philosophy*, p. 92，當中的圖表而製作的。

- 實體
  - 無身：例如時
  - 有身
    - 命
      - 解脫的：例如二十四祖
      - 繫縛的
        - 動
          - 具二根：例如毛蟲
          - 具三根：例如螞蟻
          - 具四根：例如大黃蜂
          - 具五根：例如人
        - 非動：具一根（觸覺）——四大中之生命體
    - 非命
      - 法
      - 非法
      - 虛空
      - 補特伽羅
        - 極微：地、水、火、風（四大）
        - 集

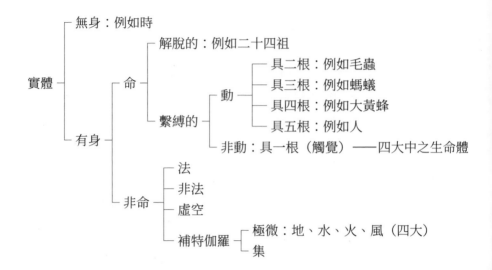

以上是《諦義學得經》之七諦當中的前兩諦——命與非命；它們構成了耆那教的宇宙論。而其倫理學，則是七諦中的第三諦——「漏」，和後面的另外四諦——縛、護、無漏、解。「漏」(āsrava) 一詞，是由動詞 ā-$\sqrt{}$sru（流入、流出、漏出、墮落、變壞）所變化而成。引申為痛苦、煩惱等意思[37]。而在耆那教，指的是一種由感官行為（業，karma）所形成的物質（補特伽羅）之流。感官行為（業），迫使內在的「命」（靈魂），向外追逐物質性的欲望滿足。如此，原本具有無限智慧和自由的「命」，漸漸物化，失去了它原有的智慧和自由，墮落在輪迴之中；這即是「命」的「（繫）縛」。《諦義學得經》VIII, 2，在解釋什麼叫做「（繫）縛」（第四諦）時，即說：「命，由於

[37] 中村元，《印度思想》，頁 87，說到「漏」的「入口」共有十七種或四十二種之多。其中，十七個入口是根本的；它們是：貪、嗔、癡、慢等四濁；不遵守五戒（不殺生、不偷盜、不妄語、不邪淫、不貪心）等五種；眼、耳、鼻、舌、身等五種感官（五根）；以及身、口、（心）意等三種行為。

帶有情慾，因此和適於形成業力的物質同化。這即是（繫）縛。」㊳事實上，依照耆那教的教理看來，所謂「命」的「（繫）縛」，即是「命」和物質（補特伽羅）的互相結合。這一結合，必須借助業力；業力，使得靜態的、和「命」相互分離的物質（補特伽羅），變成流向「命」的、不可抗拒的物質之流㊴。

以上是就迫使「命」（靈魂）墮落的「漏」（物質之流）而言。依照《諦義學得經》VI, 4–26㊵，這類的「漏」都是由於「命」受到了情慾的蠱惑而引生的。但是，當「命」並沒有受到情慾蠱惑的時候，同樣也會有「漏」的形成；這種狀況的「漏」，只是短暫、虛幻的，不會迫使「命」墮入輪迴之苦當中。事實上，當一個人具足愛護生命、愛護持戒之人、布施、持戒、禪定、寬容、知足等德性之時，他的這些善行，即會形成享樂之業的物質之流；此時，「命」儘管還沒有掙脫物質的束縛，但卻能夠享受到快樂的果報㊶。

㊳ *Tattvārthādhigama Sūtra*, in S. Radhakrishnan and C. A. Moore, *A Source Book in Indian Philosophy*, p. 259.

㊴ S. Chatterjee and D. Datta, *An Introduction to Indian Philosophy*, p. 103，說到「命」的「（繫）縛」共有兩種：「（存）有縛」(bhava-bandha) 和「實（體之）縛」(dravya-bandha)。前者乃由「命」本身之貪 (lobha)、嗔 (krodha)、癡 (māyā)、慢 (māna) 等四種內在的情慾——「濁」(kaṣāya)，所引生。這是第一層的「縛」。而實縛是第二層的「縛」，乃由四濁所衍生之「漏」（業力的物質之流）而形成。

㊵ Cf. S. Radhakrishnan and C. A. Moore, *A Source Book in Indian Philosophy*, pp. 256～257.

㊶ 《威儀王經》(*Ācārаṅga Sūtra*) 4, 2, 1，曾說到四種「漏」：其一即是目前我們所說到的「漏」。其二是「濾」(parisrava)，乃「漏」的相反；亦即阻止物質

耆那教以為，要達到《諦義學得經》所提到的第七諦——「解（脫）」的境界，必須阻止「漏」的繼續流入「命」之中，以致成為「無漏」（第六諦）的狀態。它必須具備「正知」(samyag-jñāna)、「正信」(samyag-darśana)、「正行」(samyak-cāritra) 等三個條件㊷。正知是對耆那教理的正確認識；正信是對耆那教理的合理信仰；而正行則是正當的行為，包括阻止「漏」繼續流入「命」之中的方法。這種阻止的方法，即是第五諦所說的「護」——防護身心不受「漏」的束縛。防護的方法很多，其中最主要的即是「禁戒」(saṃvara) 與「苦行」。前者能阻止新業，因此也能阻止新「漏」的流入「命」中；而後者則能消除舊業、舊漏。苦行已在前文討論過，這裡不再贅言。而禁戒即是五戒 (pañca-mahāvrata)：不殺（不殺生，ahiṃsā）、不盜（不偷盜，asteya）、不妄（不妄語，satya）、不（邪）淫（梵行，brahmacārya）、不貪 (aparigraha)。

第三節　耆那教的相對主義

在前面的第二節中，我們討論了耆那教的宇宙論和倫理學。而它的知識論，則是相對主義 (Syādvāda)。前面第二節一開始，我們討論

之流——「漏」，流向「命」的行為。第三是「非漏」(anāsrava)，亦即「漏」的完全消除。第四是「非濾」(aparisrava)，即業力的物質之流已經形成。(Cf. Hermann Jacobi, *Jaina Sūtras*, in F. Max Müller, *The Sacred Book of the East*, vol. XXII, p. 37.)

㊷ 解脫的三要件——正知、正信和正行，是《諦義學得經》一開頭 (I, 1) 就提到的。(Cf. S. Radhakrishnan and C. A. Moore, *A Source Book in Indian Philosophy*, p. 252.)

到：因為「命」受到肉體、感官和心識三者（亦即後來所說之「漏」）的束縛，「命」由全知的狀態，墮落而成非全知的狀態。而且，因為「命」的非全知狀態，形成了耆那教特有的知識論——相對主義。

耆那教以為，宇宙中的每一事物，都具備無限的性質 (anantadharmaka)；其中，有正性質和負性質之分。正性質即附屬於事物的那些性質，例如種姓、膚色等；而負性質則是正性質之外的其他性質，例如非婆羅門、非男性、非胖、非白皮膚等等。由於負性質有無限多，因此，正、負性質加起來，附屬在某一事物之上的性質，即有無限多。也就是說，任何事物都有無限多的「面向」(anta)㊸。只有全知的靈魂——全知者 (kevalī)，亦即解脫者，才能脫離肉體、感官和心識的束縛，而知道這一事物的所有（正、負）性質。尚未解脫的一般人，由於仍受肉體等三者的束縛，無法知道該一事物的全部性質，相反地，只能知道該一事物的某些性質㊹。因此，尚未解脫的一般人，所提出來的任何主張，都只能說到該一事物的某一個或某些個「面向」。既然如此，尚未解脫者的任何主張，都必須在它的前面加上 syāt 一詞，它的意思是：也許，從某一觀點而言。無疑地，「相對主義」一詞的梵文 Syādvāda，乃是從這一詞變化而來的。

依照《諦義學得經》I, 6 的說法㊺，知識 (adhigama) 乃由正量（知

㊸ 這種主張稱為「多面論」(Anekāntavāda)。梵文 Anekāntavāda，是由「非」(an)、「一個」(eka)、「面向」(anta)，以及「(理）論」(vāda) 等四詞結合而成的。因此，它的字面意思是：非單一面向的理論。

㊹ 以上有關正性質、負性質等「無限性質」的主張，請參見 S. Chatterjee and D. Datta, *An Introduction to Indian Philosophy*, pp. 87～88.

㊺ 以下有關獲得知識的兩種方法，請參見 S. Radhakrishnan and C. A. Moore, *A*

識的判準，pramāṇa）和道理（判斷，naya）這兩種方法所獲得。前者是有關事物本身的認知方法，後者則是有關事物之各種關係的認知方法㊻。另外，悉達僧那．提婆劫羅 (Siddhasena Divākara) 的《思想探究》(*Sanmati Tarka*) I, 3–I, 21，則說到㊼：耆那教以為，「道理」又可區分為兩大類：(1)實性義（dravyārthika 或 dravyāstika），亦即那些和「實性」（實體，dravya）本身有關的道理；例如永恆（常住）、不生不滅等。(2)異門義（眾名義，paryāyārthika 或 paryāyāstika），亦即那些和實體之外表現象、狀態、條件等相關的道理；例如生、滅等變化。對於任何事物，都必須從實性義和異門義這兩種「道理」來了解，否則即是對該事物的不完整認知。像這樣，一物有實性義和異門義，這即是耆那教所謂的「多面（向）論」(Anekāntavāda)㊽。所以，《思想

Source Book in Indian Philosophy, p. 252.

㊻ 《諦義學得經》並沒有解釋這兩種獲得知識的方法；目前的說明，參見 S. Radhakrishnan, *Indian Philosophy*, London: George Allen & Unwin Ltd., 1966, vol. I, p. 298. 就一般的印度教派而言，正量是指獲得正確知識的方法。例如正理派 (Nyāya) 以為，獲得正確知識的正量共有四種：(1)現量 (pratyakṣa)，亦即眼、耳、鼻、舌、身等感官知覺；(2)比量 (anumāṇa)，亦即邏輯推理；(3)（譬）喻量 (upamāna)，亦即類比推論；(4)聲量（聖言量，śabda），亦即聽聞權威所說。（這四量，將在討論正理派的章節，再做詳細說明。）正量和道理的差別乃在：道理是站在某一教派的某一觀點而提出來的相對主張，因此並不是有關事物本身的真理。而正量則是透過感官、邏輯推理，乃至聽聞權威所說，而直接認識到事物本身；因此，它是有關事物本身的真理。

㊼ 以下有關《思想探究》一書的說法，請參見 Pandita Sukhlalji Sanghavi and Pandita Bechardasji Doshi, *Siddhasena Divākara's Sanmati Tarka*, Bombay: Shri Jain Shivetamber Education Board, 1939, cha. I.

㊽ 參見㊸。事實上，多面論一名的來源，不只是因為事物可以從實性義和異門

探究》I, 14–I, 15 這樣說：

> I, 14　……如果把這兩種各自具有特殊面向的觀點（指實性義和異門義之道理）結合起來，我們即可透過多面向 (anekānta) 的方法獲得真理。
>
> I, 15　如果把這兩種道理各個獨立起來，那麼它們都是虛假的道理。

這樣看來，像吠檀多派 (Vedānta) 那樣，把事物視為不生不滅、永恆不變，由於只是說到了事物的實性義，忽略了事物的異門義，因此是錯誤的假理。相似地，像佛教那樣，把事物看成是生滅無常的，那也只是看到了事物的異門義，而沒有體悟事物的實性義，因此也同樣是錯誤的假理。所以，《思想探究》I, 17 說：「世間的生活，不能只從實性義的觀點來考慮；也不能只從異門義的觀點來考慮。因為，前者以為世間只有唯一常住不變的事物；而後者則以為生與滅，乃事物的真實性質。」

成書於十三世紀的《相對主義蕾苞》(*Syādvādamañjarī*)，乃摩梨僧那 (Malliṣeṇa) 注解耆那教學者——金月 (Hemacandra, 1088～1172)

義等兩「面向」來考察；而且是因為這兩面向實際上又可區分為許多「面向」。例如，依照《思想探究》I, 4–I, 5，實性義這一面向又可細分為兩種：⑴攝理 (saṃgraha-naya)；⑵別理（世俗諦，vyavahāra-naya）。而異門義也可以細分為兩種：⑴淳理 (ṛjusūtra-naya)；⑵聞理 (śabda)。另外，依照《諦義學得經》I, 33 的說法，實理又可分為七種：⑴喻理 (naigama-naya)；⑵攝理；⑶別理；⑷淳理；⑸聞理；⑹殊理 (samābhirūḍha-naya)；⑺此理 (evambhūta-naya)。（有關這七種實理的說明，請參見 S. Radhakrishnan, *Indian Philosophy*, vol. I, pp. 299～300.）

之「三十二頌」的一部巨著；該書第 XXVIII 頌，曾把語句分成三類：⑴它「確實」存在；⑵它存在；⑶也許（從某一觀點而言，syāt）它存在。其中，第⑴句是「錯誤的立場」；第⑵句是「立場」；而第⑶句則是「正量」(pramāṇa)，亦即獲得正確知識的方法㊾。第⑴句之所以是錯誤的立場，乃因它以獨斷的口吻，強調某一事物（例如瓦壺）的「確實」存在。事實上，瓦壺只存在於某一特定的時空條件之下，並不存在於所有的時空條件之下。因此，未加限制地強調它「確實」存在（於任何時空條件之下），乃是錯誤的作法。其次，第⑵句之所以稱為「立場」，無疑地，是因為它一者並沒有錯，二者是因為可以在它前面加上「也許」一詞，而成正確的第⑶句──正量。至於第⑶句之所以稱為「正量」，乃是由於透過這一語句，我們確實可以獲得事物（例如瓦壺）某一面向之知識 (adhigama) 的緣故。

上述的第⑶句，是就肯定的「存在」一詞而言。它還可以就否定的「不存在」乃至其他語詞來說。甚至也可以把「存在」、「不存在」等語詞，改為「紅色」、「不是紅色」等語詞，而成為「也許它是紅色的」、「也許它不是紅色的」等等。事實上，《相對主義蓓苞》XXIII，即曾把第⑶句擴充為七句，稱為「（道理或語句的）七（種）形式」(Saptabhaṅgī)㊿：

⑴也許存在 (syād asti)；

⑵也許不存在 (syād nāsti)；

㊾ Cf. S. Radhakrishnan and C. A. Moore, *A Source Book in Indian Philosophy*, pp. 267～268.

㊿ Ibid., pp. 263～265.

⑶也許既存在而且又不存在 (syād asti nāsti)；

⑷也許不可說（不可描述）(syād avaktavya)；

⑸也許既存在而且又不可說 (syād asti avaktavya)；

⑹也許既不存在而且又不可說 (syād nāsti avaktavya)；

⑺也許既存在而且又不存在而且又不可說 (syād asti nāsti avaktavya)。

出現在這七個「道理」（語句）之中的「不可說」(avaktavya) 一詞，依照摩梨僧那的注解，是指「同時地肯定和否定」，亦即「同時地」既是存在又不存在。這和第⑶句之「依次地肯定和否定」有所不同。後者是從「不同的」兩個面向，來考察事物的存在與不存在。前者則是從「同一個」面向來考察像靈魂之類的事物。靈魂這類事物，乃是絕對的事物，超越了世間所有的語言描述。因此，當我們（從同一個面向）考察它時，結果發現：該一事物既是非肯定（否定）又是非否定（肯定）。但是，同一個面向既是肯定又是否定（既存在又不存在），顯然是矛盾的，因此，只好用「不可說」一詞來表達[51]。

有人或許會以為⑶、⑺兩句是矛盾句，因為這兩個句子當中都含有「存在」(asti) 和「不存在」(nāsti) 這兩個相互矛盾的語詞。但是，《相對主義蓓苞》第 XXIV 頌，卻說：「不存在，當它指涉不同的面向時，並沒有（和存在）矛盾。」[52]也就是說，從某一個面向來說，瓦壺是存在的，但是從另一個不同的面向來說，瓦壺卻是不存在的。摩梨僧那的注解裡，即曾舉了一個實例：「一只瓦壺，就其實體而言，以

[51] Ibid., p. 265.

[52] Ibid., p. 265.

地大的形式而存在；但卻不以水大（火大、風大）等形式而存在。就空間而言，它存在於華氏城 (Pāṭaliputra)，卻不存在於曲女城 (Kānyakubja) 等等。就時間而言，它存在於寒冷的季節，卻不存在於春天等（季節）。就性質而言，它以黑色而存在，卻不以紅色等其他顏色而存在。」[53]「存在」與「不存在」之間的關係如此；這二詞和其他語詞（例如「不可說」）之間的關係，也是一樣，其中並沒有任何矛盾。有了以上的說明，那麼，下面這段《相對主義蕾苞》第 XXV 頌的主張，也就不稀奇了：

> 也許同一事物既是無常又是常住的；也許它既是相似又是不相似的；也許它既是可說（可描述）又是不可說的；也許它既是存在又是不存在的。[54]

從這些說明可以看出，耆那教之所以不同於吠檀多的「常住論」，也不同於佛教的「無常論」，也就變得很容易理解了。

---

[53] Ibid., p. 264.

[54] Ibid., p. 267.

第六章　佛教的歷史與哲學

第一節　釋迦及其教團

佛教的教主——釋迦牟尼 (Śākyamuni, 467～387 B.C.❶)，是一位與耆那教第二十四代祖師伐馱摩那同時代，但卻稍晚的聖者。他和伐馱摩那一樣，出生在剎帝利族（王族）。他的父親是中印度迦毘羅國 (Kapila-vastu) 的國王——淨飯王 (Śuddhodana) ❷。母親摩耶夫人 (Māyā-devī)，則是鄰國拘利國 (Koli) 的公主。釋迦的本名是悉達多

❶ 有關釋迦的年代，有許多不同的說法；而且相差很大。斯里蘭卡 (Sri Lanka) 等「南傳佛教」(亦即斯里蘭卡、泰國、緬甸等由印度向南傳播的佛教)，相傳釋迦的年代是：566～486 B.C.，而中國、日本、韓國等「北傳佛教」，傳說釋迦的生卒年是：467～387 B.C.。在中國，由於佛、道二教的相互排斥、競爭，往往把自己教主的年代往前推移；因此，在中國，釋迦的年代也有傳說是：周昭王 24 年～周穆王 53 年，亦即 1029～949 B.C.，這自然是不可靠的傳說。目前，我們所採取的是中國等北傳佛教比較可靠的說法，亦即：467～387 B.C.。

❷ 以下有關釋迦牟尼的生平，除了引文注明出處之外，其他沒有注明出處的敘述，請參見《佛本行集經》(收錄於《大正藏》卷 3)、《佛所行讚》(同前書)、《根本說一切有部毘奈耶破僧事》卷 4（同前書，卷 24)、《長阿含經（卷 4）．遊行經》(同前書，卷 1)、《佛說十二遊行經》(同前書，卷 4）等佛典。

(Siddhārtha)，那是「一切義成」（一切道理皆成就）的意思。而「釋迦牟尼」一名，漢譯佛典當中一般譯為「寂默能仁」；而它的字面意思則是：「釋迦族 (Śākya) 的聖人 (munih)」；無疑地，這是由於釋迦牟尼生於釋迦族的緣故❸。事實上，佛教文獻當中，釋迦牟尼又被稱為「瞿曇」（又譯「喬達摩」，Gotama 或 Gautama），意譯為泥土、甘蔗、日光（月光）等；這也是釋迦牟尼所屬種族的名字❹。

傳說釋迦是因為遊覽了皇宮外的四座城門，見到了百姓的老病死苦和出家沙門 (śramaṇa)❺的清淨生活，而後放棄王位，決心出家修行

❸ 釋迦牟尼被譯為寂默能仁，顯然不是直譯，而是取其內涵的意譯。其中，「寂默」一詞的來源是：傳說釋迦為人甚為沉默寡言。《佛本行集經》卷 20 即說：「菩薩（未成佛前的釋迦牟尼）行路，諦觀徐行。有人借問，默然不答。彼等人民，各相語言：『此仙人者，必釋種子。』因此得名釋迦牟尼。」（引見《大正藏》卷 3，頁 745，上。）其次，「牟尼」一詞被譯為「能仁」，也是意譯；因為「牟尼」一詞的原意是聖人、隱士。

❹ 隋．吉藏，《中觀論疏》卷 10－末，曾依照《佛說十二遊行經》（參見《大正藏》卷 4，頁 146，上－中），解釋說：「瞿曇，此云泥土，即是姓也。有二因緣：一者，釋迦先祖為王，厭世出家，事瞿曇仙人，時人呼為大瞿曇。以資為小瞿曇，即從師姓也。次，小瞿曇被害以後，大瞿曇以土和其血，分為兩分，還遂各生男女。因是已來，有瞿曇姓也。問：『何故不云釋迦，而稱瞿曇？』答：『瞿曇是本姓故也。』」（引見《大正藏》卷 42，頁 169，中。）這樣看來，瞿曇族是釋迦牟尼所屬種族的原名；而釋迦族則是後來才有的名稱。

❺ 沙門，又音譯為桑門，意譯為勤策、息心、勤勞等。乃注重肉體之苦行的苦行僧、遊行僧的意思。在印度，「正統的」婆羅門教傳教師，一般稱為婆羅門；相反地，「非正統的」耆那教、佛教等教派的修行人，稱為沙門。但是不能一概而論，《奧義書》中偶而也會出現「沙門」一詞。目前，沙門明顯

的。當時的年齡是二十九歲。出家後的釋迦牟尼，跟隨過婆羅門教的跋伽婆 (Bhārgava)，討論了有關苦行的修道生活；跟隨過婆羅門教數論派的阿羅藍 (Ārāḍa)，學習了「自性轉變」(prakṛti-pariṇāma) 的道理（詳見數論派章）；也跟隨過婆羅門教瑜伽派的鬱陀羅羅摩子 (Uddraka-rāmaputra)，學習一種名叫「非想非非想定」的禪定工夫（詳見瑜伽派章）。後來，釋迦又到尼連禪河 (Nairañjanā) 河邊的伽耶城（伽闍城，Gayā），並在城郊的伽耶尸利沙山（象頭山）長住下來。在「日食一麻米」（《佛所行讚》卷 3 語）的六年苦行之後，頓覺苦行的無意義，因而放棄了苦行的生活，改採不放縱、也不苦行的「中（庸之）道」(madhyamapratipad) 生活；並且禪坐在一株菩提樹下靜思，不久即開悟成為佛陀（覺悟者，buddha）。

成佛（陀）之後，釋迦以東北印之恆河 (Gaṅgā) 中、下游的摩竭陀國 (Magadha) 的王舍城 (Rājagṛha)❻、居薩羅國 (Kośala) 的舍衛城 (Śrāvastī) 為中心，行蹤不定地遊走各地，教化有緣眾生。在他八十歲入滅（逝世）之前，傳說出家弟子共有一千餘人之多；其中有名的有：摩訶迦葉（大迦葉，Mahākāśyapa）、舍利弗 (Śāriputra)、大目犍連（目蓮，Mahāmaudgalyāyana）、阿難（阿難陀，Ānandam）、須菩提 (Subhūti)、優波離 (Upāli)、羅睺羅 (Rāhula)、提婆達多 (Devadatta) 等人。而在家弟子則包括摩竭陀國的頻婆娑羅王 (Bimbisāra) 和繼承人——阿闍世王 (Ajātaśatru)、居薩羅國的波斯匿王 (Prasenajit) 和繼承人——毘琉離王 (Virūḍhaka)，另外還有一些商人，例如為釋迦捐建祇園精舍（祇樹給孤獨園，Jeta-vanānāthapiṇ-ḍadasyārāma）的須達多

地不是指佛教的修行人。至於是何教的修行人，則不可考。

❻ 摩竭陀國首都一說是毘舍離 (Vaiśālī)，這也是釋迦常常遊走的城市。

(Sudatta)。這些出家和在家的弟子，組成了佛教式的教團，稱為「僧（伽）」（團體的意思，saṃgha）；而釋迦佛在僧伽中所宣說的道理，則稱為「（佛）法」(dharma)，那是不變之軌則、法則的意思。而且，佛（陀）、（佛）法和僧（伽）這三者，則稱為「三寶」(tri-ratna)，那是三種值得珍惜之寶物的意思。

在這些弟子之中，頻婆娑羅王、阿闍世王和出家的提婆達多，都和耆那教有著密切的關係；這點已於前章討論過。另外，摩訶迦葉、阿難、優波離等人，在釋迦入滅之後不久，即於摩竭陀國的王舍城，召開了一次五百人的會議，收集、整理釋迦在世時所宣說的道理和所制訂的戒律，編輯成為《（契）經》（修多羅，*Sūtra*）、《律》（毘奈耶，*vinaya*）、《論》（阿毘達磨，*abhidharma*）等「三藏」(trīṇi-piṭakāni)❼。其中，《經（藏）》收集了釋迦所宣說的道理——「佛法」；《律（藏）》收集了釋迦所制訂的戒律；而《論（藏）》，則收集了對於《經》中之道理——佛法的解釋和發揮。由於這次的會議是在王舍城舉行的，因此稱為「王舍城結集」；另外，由於參加的釋迦弟子共有五百人，因此又稱為「五百結集」❽。而結集出來的《經》藏，即是四種《阿含經》(*Āgama-sūtra*)❾。不過，隨著大乘佛教的出現（詳下），在四《阿含

❼ 「三藏」一詞中的「藏」(piṭaka)，是篋子的意思。篋子，意味著可以貯藏寶物。《經》、《律》、《論》等三種佛教文獻，就像三種篋子一樣，可以貯藏佛教的真理和戒律，因此稱這三種文獻為「三藏」。

❽ 一般學者相信，王舍城結集所收集的佛教文獻，只有《經》和《律》兩種。《論》藏是較後（釋迦逝世一百年後）才陸續結集出來的佛典。

❾ 「阿含」是起源、由來、傳統的意思，引申為教誡、知識、學問等意思。另外，稱為「阿含經」，這是傳到中國、日本等印度北方之「北傳佛教」的用語；在傳到印度南方之斯里蘭卡（錫蘭）、泰國、緬甸等地的「南傳佛教」，

經》之外，還有另外一些代表這一佛教派別的經典陸續被集成，它們一般被稱為「大乘經」。

釋迦逝世一百年到三百年間 (280 B.C.～A.D. 50)， 佛教開始分裂為許多不同派別；因此，這一時期的佛教稱為「部派佛教」，並把未分裂前的佛教稱為「原始佛教」。分裂的原因，一者由於佛教從一個恆河中、下游的地方性宗教，迅速發展為全國（印度）性的宗教；二者由於距離釋迦在世的時間日久。傳教地區的擴大，使得原本適用於恆河中、下游的戒律，變得窒礙難行，必須作某種程度的修改；而時間的久遠，也使得佛教徒的思想，起了某種本質性的轉變。因此，佛教僧團在戒律和思想上開始有了爭執：保守的僧人，堅持戒律有著不可更改的無上權威；同時，也把釋迦佛視為凡夫修練成佛的典範。相反地，開明的僧人則主張適度修改不合時宜的戒條；並且為了獲得更多信眾的信仰 (所謂「普渡眾生」)，主張把釋迦佛的凡人地位，提升到全知、全能之神祇的地位。兩方在這兩大理念之上爭執不下，終於走上分裂之途❿。

保守的僧人，在僧團中大都擁有較高的權位，因此稱為「上座部」(Sthāvira)；相反地，開明的僧人由於人多勢眾，因此自稱「大眾部」(Mahāsaṃgika)。這兩大部派，後來同樣又為了戒律和思想上的歧見，陸續分裂成為更多的部派。開明的大眾部之所以再度分裂，大約是因為外人（異教徒等）的涉入所致；例如多聞部 (Bahuśrutīya) 的成立，

則稱為「部」(Nikāyā)，那是種類、部別的意思，而且共有五種之多，稱為「五部」(Pañca-nikāyā)。

❿ 有關原始佛教分裂而成部派佛教的原因和過程，請參見楊惠南，《佛教思想發展史論》，臺北：東大圖書公司，1993，第二章第二節，第三章第一節。

是因為住在雪山（喜馬拉雅山，Himālaya）的祀皮衣仙人 (Yājñavalkya)，來到大眾部中宣說「三藏」的道理，結果由於他所宣說的道理「深於大眾（部），過舊所聞者」，因而令大眾部分裂成為贊成（多聞部）和反對的兩派。另外，說假部 (Prajñaptivādin) 的成立，則是因為同樣住於雪山阿耨達池（無熱池，Anavatapta）的大迦旃延 (Mahākātyayāna) 的進入傳教而引起。而制多山部 (Caitya)、西山住部 (Aparaśaila)，以及北山住部 (Uttaraśaila) 等三個由大眾部分裂出來的部派，也是因為摩竭陀國 (Magadha) 的好雲王，由於信仰佛教，優待僧人，以致貪圖名利的「外道」（異教徒）混入佛門（大眾部）當中，使得僧團分裂而成這三個部派⓫。

儘管大眾部的再分裂，是因為外人的加入所致；這些分裂出來的部派卻都有著大體一致的見解：「空」。有些部派主張一切宇宙中的事物都是「空」的，例如一說部 (Ekavyāvahārika)；有些部派雖然主張解脫等超越世間的事物不是「空」的，亦即「出世間」是不「空」的，但凡人的「世間」卻是「空」的，例如說出世部 (Lokottaravādin) 和雞胤部（灰山住部，Kaukkuṭika）。

其次，上座部分裂出犢子部 (Vātsīputrīya)、說一切有部 (Sarvāstivādin)、經量部 (Sautrāntika) 等部派；它們大都主張某種程度的「（實）有」。例如，犢子部不但主張一切事物都是實有，甚至連「我」（靈魂）也是實有；這和釋迦佛的「無我論」（詳本節下面幾項），顯然不同。而說一切有部，也是因為它主張「一切（事物皆實）有」(sarvāsti) 而得名。另外，經量部雖然主張外在的世界必須經由內

⓫ 以上皆見唐．窺基，《異部宗輪論述記》；《卍續藏經》冊 83，頁 218, b～219, a。

心的組織、解釋之後才能認識，但它還是肯定外在世界的真實性。

紀元元年以後，偏向於主張「空」的大眾部，進一步發展為大乘佛教 (Mahāyāna)，那是大輪子佛教的意思，意味著他們像擁有巨輪的大車子一樣，不但可以把自己乘載到解脫之境，而且也可以乘載無數的大眾，到達解脫之境；這即是所謂的「普渡眾生」。他們還把上座部貶稱為「小乘佛教」(Hīnayāna)，無疑地，那是批評上座部就像小輪子的車子一樣，只能乘載自己而無法（無心）幫助眾人到達解脫之境。

前面已經說過，大乘佛教是由偏向主張「空」的大眾部所進一步發展出來的佛教宗派，因此，大乘佛教的各個派別，也大都主張「空」。但是，對於「空」的程度和內容，卻有不同的主張，因此分裂成為兩個不同的大乘宗派：中觀派 (Madhyamika) 和瑜伽行派 (Yogācāra-vāda)。前者由龍樹 (Nāgārjuna, 250～150 B.C.) 及其弟子提婆 (Āryadeva, 270～170 B.C.) 所領導，主張「一切皆空」；後者則由無著 (Asaṅga, 390～310 B.C.) 及其同父異母的弟弟——世親 (Vasubandhu, 400～320 B.C.) 所首倡，主張內心世界（所謂「識」）實有、外在世界空幻，亦即「心有、境空」；因此，瑜伽行派又名「唯識宗」(Vijñāna-vāda)。另外，在佛教文獻當中，中觀派有時又名「空宗」(Śūnya-vāda)；無疑地，這是因為它主張「一切皆空」的關係。另一方面，瑜伽行派雖然主張外境是空，但卻以為內心實有——所謂「唯（有心）識（存在）」，因此，相對於「空宗」的「一切皆空」，被稱為「有宗」。

西元四、五世紀以後，印度佛教大量吸收了婆羅門教的神祇、思想，集成許多稱為「（本）續」（怛特羅，Tantra）的經典，並且組織成龐大而且神祕的信仰體系，稱為「密教」。不過，卻因為它吸收太多婆羅門教的「外道」內涵，失去了佛教原有的特質，使得佛教走上衰亡之路，以致到了釋迦逝世一千五百年後，印度已無佛教可言。

第二節　釋迦的教義

・第一項　四聖諦

四聖諦 (Catvāri-āryasatyāni) 和十二因緣 (Dvādaśāṅga-pratītyasa-mutpāda)，是釋迦牟尼佛最中心的思想。所謂「四聖諦」是指：苦（聖）諦 (Duḥkha-satya)、集（聖）諦 (Samudaya-satya)、滅（聖）諦 (Nirodha-satya)，以及道（聖）諦 (Mārga-satya)。苦諦是宣說世間有許多煩惱、痛苦的道理；集諦是宣說世間煩惱、痛苦之所以集成、聚集 (sam-udaya) 之原因的道理；滅諦是宣說這些煩惱、痛苦及其聚集之因，終究可以滅除的道理；而道諦則是宣說滅除痛苦及其聚集之因的方法。

在苦諦中，我們了解到世間乃是「無常、苦、空、非我」的思想。原來，釋迦把組成生命體的元素分為五類，稱為「五蘊」（五陰、五眾，Pañca-skandha）⓬；它們是：色 (rūpa)、受 (vedanā)、想 (saṃjñā)、行 (saṃskāra)、識 (vijñāna)。色，指具有顏色之物質性的原素；受，指內心苦、樂、捨（不苦不樂）之感受；想，指記憶、推理、想像等心理活動；行，指動機、意志等決定外在行為之內在心理活動；識，則指內心知覺其對象的認識作用。由這五蘊，組成了我人的身心。而且，由於五蘊都是「無常」（不永恆）的，因此，由它們所組成的身心也是「無常」（不永恆）的；這即是生命體之「苦」的來源，因為生命體總

⓬ 蘊 (skandha)，又譯為陰、眾等，是種類、類別的意思。

是盲目追求「常（住）」（永恆）的事物，例如壽命、事業、名聲、家族的「常（住）」（永恆）等等。然而，組成生命體的原素——五蘊，既然是「無常」的，被組成的生命體怎麼可能是「常（住）」（永恆）的？

其次，由「無常」之五蘊所組成之「苦」的生命體，其中必然沒有「（自）我」（靈魂，ātman）的存在；這是因為依據婆羅門教的說法，「（自）我」必須不是「苦」的，相反地，必須是「妙樂」(ānandam) 的緣故⓭。其次，依據婆羅門教的說法，「（自）我」不但是「妙樂」的，而且是「無（束）縛」(asīta)，亦即自由自在的⓮。因此，如果真如佛教所說的，五蘊是「無常」的，那麼，由之所組成的身心（生命體）必定是「苦」；而且，在「苦」的身心當中，必定沒有「妙樂」、「無縛」之「（自）我」的存在。所以，四《阿含經》之一的《雜阿含經》，卷 2，第 33 經，即說：

> 色非是我。若色是我者，不應於色病苦生，亦不應於色欲令如是、不令如是。以色無我故，於色有病有苦生，亦得於色欲令如是、不令如是。受、想、行、識亦復如是。⓯

⓭ 例如，《吠檀多要義》(*Vedānta-sāra*)，即把「梵」或「（自）我」三個最重要的屬性——實有 (sat)、知 (cit) 和妙樂 (ānandam)，合寫為「妙樂之精神實體」(Saccidānandam)。因此，「妙樂」是「（自）我」不可或缺的內涵。（詳見本書，頁 76。）

⓮ Cf. *Bṛhdāraṇyaka Upaniṣad*, 4, 2, 4, in Paul Deussen (tr. by V. M. Bedekar and G. B. Palsule), *Sixty Upaniṣads of the Veda*, Delhi: Motilal Banarsidass, 1980, part I, p. 481.

⓯ 引見《大正藏》卷 2，頁 7，中。

引文證明五蘊中無我的理由是：⑴五蘊有病苦；⑵五蘊不自由、不自在，亦即不是「無縛」，以致當我們「欲令如是」之時，卻得到「不令如是」的相反效果。顯然，在這裡，佛教和婆羅門教所說的「(自）我」，意義完全相同；而佛教所提出來的「無我」論，也是在否定婆羅門教的「(自）我」主張。

由五蘊的「無常」，可以推知生命體的「苦」（和有所束縛）；其次，由生命體的「苦」，可以推知生命體的「無我」（非我）。而「無我」即是對於婆羅門教之「(自）我」（靈魂）的否定，這是某種意義的「空」(śūnyatā)。無常、苦、空、非我（無我），成了前後連鎖的推論結果。所以，同樣是四《阿含經》之一的《增壹阿含經》，卷 28，第 10 經，即曾這樣說：

> 色者，無常。此無常義，即是苦。苦者，即無我。無我者，即是空也。痛（受)、想、行、識皆悉無常。此無常義，即是苦。苦，即無我。無我者，即是空也。此五盛陰是無常義，無常義即是苦義。我非彼有，彼非我有。⑯

引文中的「五盛陰」即是五蘊。盛，是熾盛的意思。無常的五蘊（五陰)，像火燃燒般地熾盛，讓生命體感到痛苦；因此把五陰稱為「五盛陰」。彼，是指生命體的身心，也可以指組成身心的五蘊；五蘊和身心中都沒有「我」，「我」也不屬於五蘊或身心所有，因此稱為「我非彼有，彼非我有」。

一般在介紹苦聖諦時，都會提到生苦、老苦、病苦、死苦等「四

⑯ 引見前書，頁 702，中。

苦」，或外加愛別離苦、怨憎會苦、求不得苦、五陰熾盛苦等「八苦」。然而，這只是浮面地、常識性地解釋苦聖諦，無法看出釋迦宣說苦聖諦的真正用意。但是，無常、苦、空、非我（無我）四者，卻能從中看出釋迦宣說苦聖諦的苦心和殊勝之處。無疑地，這四者乃原始佛教（《阿含經》）中最重要的哲理之一。

事實上，這四者是苦聖諦的實質內容。屬於部派佛教的重要作品之一的《阿毘達磨俱舍論》，卷23，說到一個以四聖諦作為觀察對象的修行人，必須觀察四聖諦的十六個特質，稱為「十六行相」（每一諦各有四個特質）；其中，在觀察苦聖諦時，必須觀察十六行相中的四種，它們是：非常、苦、空、非我⓱。可見非常（無常）、苦、空、非我（無我）四者，乃是苦諦的真實內涵。

・第二項　十二因緣

四聖諦的第二諦是「集（聖）諦」，那是生命體之所以聚集痛苦的原因說明。釋迦曾以十二因緣，亦即十二個前後具有因果關係（因緣）的連鎖狀態，來解釋生命體之苦難的來源。十二因緣是：⑴無明(avidyā)；⑵行(saṃskāra)；⑶識(vijñāna)；⑷名色(nāma-rūpa)；⑸六入(ṣaḍ-āyatana)；⑹觸(sparśa)；⑺受(vedanā)；⑻愛(tṛṣṇā)；⑼取(upādāna)；⑽有(bhāva)；⑾生(jāti)；⑿老死(jarāmaraṇa)。

無明，是一種無知的狀態；舉凡對於生命體之本質的無知，對於生命體之時空狀態的無知，對於因果關係的無知，對於善與惡的無知，對於佛、法、僧的無知，乃至對於四聖諦的無知等等，都是無明。尤其是對於生命體之本質——無常、苦、空、無我等的誤解，因而足以

⓱ 參見前書，卷29，頁119，上—下。

引生錯誤行為者，乃諸多無明狀態當中，最為首要者。而由於「無明」所引生之生命體的錯誤行為，即是第二支的「行」；它又分為身行、口行和意行。身體的錯誤行為，例如殺生、偷盜、邪婬等，是身行。語言上的錯誤行為，例如妄語（謊言）、惡口（粗暴之語）、兩舌（挑撥離間）、綺語（花言巧語）等，稱為口行。而內在心意的錯誤行為——錯誤的動機、意志，例如貪（愛）、瞋（恨）、癡（迷）等，則稱為意行。在這三種「行」當中，意行是前二行的根本；先有意行，才會進一步引生身、口二行。因此，意行在三行當中是最為重要的。

有時，「無明」又被稱為「（迷）惑」，而「行」則被稱為「業」(karma)。無明被稱為「惑」，是容易理解的；行被視為「業」，則稍作下面的解釋：「業」的字面意思是行為，那是婆羅門教《奧義書》中既有的宗教術語，佛教把它採用過來。事實上，它已含有神祕的意義，不再單純地表示一般的行為；而是代表那些可以引生「來世」之新生命體的行為。因此，「無明」、「行」這兩支，在一般的解釋當中，都被列入「過去世」；由過去世的無明和行，才有「現在世」的其他各支。而且，這兩支之間存在著因果關係：由於生命體有錯誤的無明，才有錯誤的行。這即是《阿含經》所謂「緣（由於）無明，行」（詳下）的意思。

相對於「過去世」的無明、行這兩支，識、名色、六入、觸、受、愛、取和有等八支，則被視為屬於「現在世」。其中，識支乃至受支，被歸納為「苦」；愛、取兩支，也和無明支一樣，被視為「惑」；而有支則和行支一樣，也被當作是「業」。識，是內心的認識作用，共有眼識（視覺）、耳識（聽覺）、鼻識（嗅覺）、舌識（味覺）、身識（觸覺）、意識（推理、記憶）等「六識」。這六識所依存的生命體，即是名色。名 (nāma)，是生命體的精神活動；苦、樂等精神活動，由於是內在的，不易察覺，必須利用「名」（語言文字）的表白，才能讓人知道內心的苦或樂，因此，精神活動稱為「名」。色 (rūpa) 是組成生命體的物質（肉體）部分，它們都是有顏色的，因此稱為「色」。名是心靈、精神，而色是肉體、物質；二者組成了完整的生命體。而六識則活動於名、色所組成的生命體之中。所以，《阿含經》說：「緣（由於）識，名色。」（詳下）

六識活動於名色之中，這是粗略的說法；因為，六識的活動，顯然必須經由下面的六種認識器官——「六入」（又譯為「六處」），才能進行。所以，《阿含經》說：「緣（由於）名色，六入。」（詳下）這六種認識器官（六入）是：眼入（視覺器官）、耳入（聽覺器官）、鼻入（嗅覺器官）、舌入（味覺器官）、身入（觸覺器官），以及意入（記憶、推理器官）。

當六入接觸到它們所認識的六種對象時，六識才會生起。這六種對象是：相對於眼入的「色」，相對於耳入的「聲」，相對於鼻入的「香」，相對於舌入的「味」，相對於身入的「觸」（能夠引生冷、熱、軟、硬等觸覺的事物），以及相對於意入的「法」（一切的事物）。這六種對象稱為「六境」(ṣaḍ-viṣaya)；而六人和六境合稱「十二入」（又譯「十二處」，dvādaśāyatana）。如果把六識也計算進去，亦即六入（內六入）、六境（外六入），外加六識，即成「十八界」(aṣṭādaśa-dhātu)；那是十八種組成生命體之成分、要素的意思。因此，十八界之間的關係是：當六種認識器官（內六入）和六種認識對象（外六入、六境）相接觸時，即引生六種認識作用（六識）。而（內）六入和六境剛剛接觸，並且引生六識的那一時刻，即是十二因緣的「觸」支。因此，據實而言，應該說「緣（由於）六入、六境和六識等十八界，（才有）觸（的形成）」；而《阿含經》卻說「緣（由於）六入，觸」，這不過是偏重或省略的說法而已。其次，有了「觸」，即有六種知覺活動（六識）的生成，因而連帶著引生苦、樂、捨（不苦不樂）等三種內心的情緒變化（感受）；這即是「受」支。

前面已經提到過，識、名色、六入、觸、受等五支，被歸納為「現在世」的「苦」之中；它們都由「過去世」的無明（惑）、行（業）所引生。事實上，五支中的「受」支，也有樂受和不苦不樂的捨受；說它們都是「苦」，乃是基於佛教對於「苦」(duḥkha) 的定義。一般的「苦」，例如生老病死苦、愛別離苦、怨憎會苦、求不得苦等一般常識性的「苦」，佛教稱之為「苦苦」（常識性之「苦」的「苦」）；一般的「樂」，由於終究會變壞、消失而引生新的痛苦，所以稱為「（會變）壞（之）苦」。至於不苦不樂的「捨受」，那就更不必說了。所以，「受」支當中雖然也包括一般所說的「樂受」（和「捨受」），但仍然把它歸納到廣義的「苦」之中。

對於樂受的貪著，這即是十二因緣的「（慾）愛」支。所以，《阿含經》說：「緣（由於）受，愛。」其實，「受」既然有三種，不應只說到「由樂受而有愛」。現在卻說「緣樂受，有」，也是偏重或省略的說法。「（慾）愛」又可分為三種：對於男女慾愛的貪著，稱為「欲愛」；對於物質（色）享受的貪著，稱為「色愛」；對於非物質（無色）享受，亦即精神、心靈享受的貪著，則稱為「無色愛」。有了這三種「愛」，就想付諸行動，取來占為己有；這即是「取」支。而且，有了「取」之實際的行為，即有「業」（行為）；而業，轉變成為引生「未來世」之生命體的原動力——「業力」（行為之潛力），這即是「有」

支。「有」共有三種，相對於前述的三種「愛」：欲有、色有、無色有。欲有，引生生命體在未來世生於「欲界」，那是男女之慾特別強的一類生命體。色有，引生生命體在未來世生於「色界」，那是物質享受特別強的一類生命體。無色有，引生生命體在未來世生於「無色界」，那是精神享受特別強的一類生命體。而欲界、色界和無色界稱為「三界」，乃三個範圍的意思；那是佛教對於整個宇宙的劃分。其中，色界、無色界和一部分的欲界，都屬天神所居住的範圍；而一部分的天神（欲界天神）、人、畜生、餓鬼、地獄，以及一種被稱為「阿修羅」(asura) 的惡魔，則屬欲界的範圍。

愛支被歸納為現在世的「惑」；而取、有兩支，則被歸納為現在世的「業」。由內心的「惑」，引生內心和身體的實際行動——「業」；然後，依照佛教所堅信的因果律，必有未來世之「苦」的形成。而未來世之「苦」，即是十二因緣的最後兩支：生和老死。「生」是新生命體的出生；那是依照現在世之「三有」，而形成未來世三種（三界）新生的生命體。儘管是新生的生命體，終究有老死的一天；而另外一個新生命體，又依照無明、行，乃至愛、取、有的因果鎖鍊，繼續不斷下去。這即是「輪迴」(saṃsāra)。

現在，我們用下面的圖表，來總結十二因緣所要詮釋之「三世（兩重）因果」的道理：

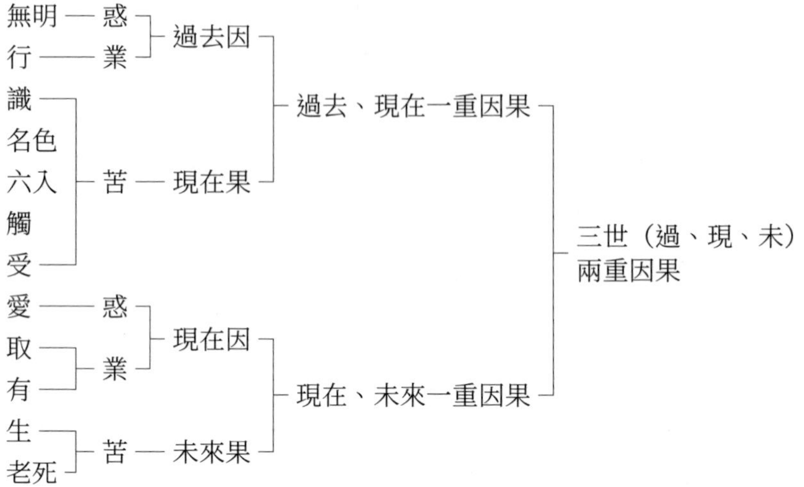

在這個表上，我們發現前世的「惑」、「業」之「因」，可以引生後世的「苦」果；因此，一般的佛教文獻，把十二因緣所要表達的因果論，稱為「惑業緣起」或「業感緣起」。緣起 (pratītyasamutpāda)，是由各種條件（緣，pratītya）而形成、生起的意思。原始佛教相信，有什麼樣的「因」必定有什麼樣的「果」；任何事物都有它生起、存在的原因。釋迦佛甚至認為這是他足以自豪的思想；所以，《雜阿含經》卷 2 第 53 經說：

> （某一婆羅門）白世尊曰：「沙門瞿曇！何論何說？」佛告婆羅門：「我論因、說因。」又白佛言：「云何論因？云何說因？」佛告婆羅門：「有因有緣集世間；有因有緣世間集。有因有緣滅世間，有因有緣世間滅。」[18]

---

[18] 引見前書，卷 2，頁 12，下。

引文中的「世尊」(世間所尊敬者)，乃佛弟子對於釋迦的尊稱；沙門，是佛門出家僧人的通稱；而瞿曇，則是釋迦的俗名。引文明白地說到，「論因，說因」是釋迦的主要思想。而所謂「論因，說因」，意思是：世間的形成(「集」)和世間的毀滅，都是有原因的。

因此，生命體的生與老死之苦，也是有原因的；它的原因是：由無明、愛之「惑」，以及行、取、有之「業」，為「緣」(條件)而產生。這即是釋迦所謂「(由)惑(與)業(之)緣(而生)起」的理論。這種理論又名「業感緣起」。「業感」一詞中的「感」，是感應、影響的意思；由於「業」的感應、影響，因而生起生、老死之苦，所以稱為「業感緣起」。也許，下面的一段引文，可以讓我們更加了解釋迦的這種「緣起」理論：

> 云何緣起法法說？謂此有故彼有，此起故彼起。謂緣無明，行，乃至純大苦聚集。是名緣起法法說。⑲

引文說到「緣起法」(緣起之道理)的法則(法說)是：「此」(因)存有，「彼」(果)即存有；「此」(因)生起，「彼」(果)即生起。也就是說，「因」的生起和存有，必能引生「果」的生起和存有。而這一因果法則的具體例子，則是「緣無明，行」乃至「緣有，生、老死(純大苦聚集)」之十二因緣。

・第三項　涅槃與八正道

四聖諦的第三聖諦是滅聖諦，「滅」是一切煩惱痛苦的滅除、止

⑲ 《雜阿含經》卷 12，第 298 經；引見《大正藏》卷 2，頁 85，上。

息，不再生起。因此，不但要滅除「苦」之「果」（苦諦所說），而且也要滅除「苦」之「因」（集諦所說）。生命體滅除一切煩惱痛苦之「因」與「果」的狀態，稱為「涅槃」(nirvāṇa)；而其字義也是滅除、止息（一切煩惱痛苦）的意思。達到這一狀態的聖者，即稱為「阿羅漢」(arhat)；那是有價值之人或應該供養（尊敬）之人的意思。而佛陀，其實也是阿羅漢之一；但是，由於部派佛教中的大眾部，強調佛陀和一般阿羅漢不同，二者才被區分開來。

涅槃又分「有餘」和「無餘」兩種：釋迦在壯年時期斷除一切煩惱痛苦，證得涅槃；然而由於仍有肉體的存在——「有餘」，難免會有肉體上的病痛。《雜阿含經》，卷48，第1289經，曾這樣描寫釋迦受到足傷的情形：「爾時世尊（即釋迦）金鎗刺足，未經幾時，起身苦痛。」⑳當（毘）流離王殺害釋迦佛的家族時，釋迦感到頭痛：「今患頭痛，如似石押……。」㉑這些片段都說明釋迦在壯年時期所證得的涅槃，雖然已無心靈上的煩惱痛苦，卻仍有肉體上的病痛。像這樣，仍然留下肉體病痛的涅槃，稱為「有餘涅槃」。而當釋迦八十歲逝世之時，不但心靈上的煩惱早已滅除，而且肉體上的病痛也不再發生；此時即稱為「無餘涅槃」。

早期的佛典，大都把涅槃狀態視為無法用語言文字加以描寫的境界；例如《本事經》卷3，即這樣描寫「無餘涅槃界」：

> ……不可謂有，不可謂無，不可謂彼亦有亦無，不可謂彼非有非無。惟可說為不可施設，……是名無餘涅槃界。㉒

---

⑳ 引見《大正藏》卷2，頁355，上。

㉑ 《增壹阿含經》卷26，第2經；引見《大正藏》卷2，頁693，下。

但是後期的經典，對於涅槃卻有直接而肯定的描寫；例如，《大般涅槃經》卷 3，即說到涅槃具有「八味」：常、恆、安、清涼、不老、不死、無垢、快樂。同經，卷 25，也說到涅槃具有「八相」：盡、善性、實、真、常、樂、我、淨㉓。

確實知道苦（苦諦）及其原因（集諦），以致滅除一切煩惱痛苦，達到涅槃境界的方法，即是「道（聖）諦」；那是四聖諦的第四。「道」(mārga) 這一詞的字面意義，即是道路、方法。概括而說，道諦所要我人遵循的是：欲愛的滅除；因為欲愛是一切煩惱痛苦的根源。《雜阿含經》，卷 32，第 913 經，即這樣說：「若眾生所有苦生，彼一切皆以欲為本。欲生、欲集、欲起、欲因、欲緣，而生苦。」㉔可見滅除欲愛，即能滅除煩惱，證得涅槃。然而，滅除欲愛畢竟只是籠統而說；具體的方法則是「八正道」(Āryāṣṭāṅgika-mārga)：正見、正志（正思惟）、正語、正業、正命、正方便（正勤）、正念、正定。

正見，即是對於生命體之本質，及其相關之因果律、四聖諦、解脫、成阿羅漢等道理的正確了解和信受。《雜阿含經》，卷 28，第 784 經，解釋說：「何等為正見？謂說有施（布施、施捨），有說（戒？），有齋，有善行，有惡行，有善、惡行果報，有此世，有他世，……有阿羅漢……。」㉕

其次，正志（正思惟）是有了正確的見解（正見）之後，由衷發出正確的志向。而所謂的正確志向，無非是立志達到澈底解脫——「出

㉒ 引見《大正藏》卷 17，頁 678，上。

㉓ 詳見前書，卷 12，頁 385，上；頁 512，下。

㉔ 引見《大正藏》卷 2，頁 229，下。

㉕ 以下有關「八正道」的解釋，皆見前書，頁 203，上。

要」，乃至沒有瞋恚、不加害生靈等志向。所以，《雜阿含經》，卷 28，第 784 經，接著說：「何等為正志？謂出要志、無恚志、不害志。」

有了知識性的正見和意志性的正志之外，還要付諸行動，才能達到解脫的目的。而這些實際的行動，則是下面的六種正道。它們涵蓋了外在的「身」、「口」（語言）行為，以及內在的「（心）意」行為。

首先是正語，那是正當的「口業」（語言行為）；「離妄語，離兩舌，離惡口，離綺語」（《雜阿含經》，卷 28，第 784 經），是它的實質內容。其次是正業；在這裡，「業」指的是「身業」，那是正當的身體行為。「離殺、盜、婬」（同前引），是它的實質內容。而正念和正定，都屬「意業」（心意行為）。保持心念的「隨順」正道，使心念「不妄、不虛」（同前引）；這即是正念。什麼是正定呢？《雜阿含經》卷 28 第 784 經說：「謂生心不亂，堅固攝持，寂止三昧一心。」（同前引）定 (samādhi)，又譯三昧、三摩地，是一種集中心意的方法；修習者必須集中心意，思惟某一有形（如呼吸、月亮）或無形（如四諦道理）的事物，並且達到「心（意）」和「境」（思惟對象）合一的狀態。在這種狀態之下，即是「三昧一心」。無疑地，這是一種斷除煩惱雜念，使心意清澈明亮的方法；也是一種鍛鍊心神，使心意堅定的方法。正見、正志的堅持到底，乃至正語、正業的持之以恆，都必須正定的訓練。

除了屬於身業的正業，屬於口業的正語，以及屬於意業的正念、正定之外，還有正命和正方便（正勤）二者。這二者都含括身、口、意三業，並不專屬三業中的某一個。也可以說，正語乃至正定當中的每一個，都必須含有正命和正方便二者的支持。沒有正命和正方便二者，即無法圓滿地實現正語乃至正定。其中，正命是：以正當的方法，養活自己的生命；就在家的佛教徒而言，相當於正當的職業。所以，

《雜阿含經》卷 28 第 784 經說：「何等為正命？謂如法求食服飲食、臥具、湯藥，非不如法。」（同前引）而正方便（正勤），即是勤奮不懈（「欲精進」）地修行，以達到解脫（「出離」）的最終目的：「謂欲精進，方便出離，勤競堪能，常行不退。」（同前引）

第三節　從「一切有」、「一切空」到「唯識」

・第一項　說一切有部的「一切有」

我們已在本節第一項中說過，原始佛教之後即是部派佛教，而其主要的部派——（說一切）有部，主張「一切有」；「一切有」因而也成為部派佛教的代表思想。然而，到了大乘佛教興起，中觀派的「一切（皆）空」卻成了明顯的標幟。不久，瑜伽行派出現，雖然主張內在的心識實有，卻也和中觀派一樣，主張外在的世界空幻不實；無疑地，相對於有部「一切有」的主張，這也是某種意義的「一切空」。

有部的「一切有」，建立在「三世實有，法體恆存」的基本主張之上。三世是指過去、現在和未來。依照有部的哲學，三世依存於事物——「法」(dharma) 之上：當某一事物由原來的「有」，消滅而成為「無」時，我們就說該一事物已成「過去」；亦即，該一事物已從「現在世」變成了「過去世」。其次，當某一事物即將由原來的「無」，生起而成為「有」，我們就說該一事物將會存在於「未來世」；亦即，該一事物即將從「未來世」變成「現在世」。因此，基本上，有部所說的時間，並不是獨立於事物（「法」）之外的實存之物；而是依存於事物之上的虛設之物。事物具有由「無」變「有」、由「有」變「無」的現象，因而才方便設置過去、現在和未來這三階段的時間概念。

問題是：既然三世之時間並不真實存在，而是方便設置的，那麼，做為虛設時間之基礎的事物——有生（有）有滅（無）的「法」，到底是真實的或是空幻不實的呢？為了回答這個問題，有部把事物——「法」，分成「法體」和「法用」兩方面來考察。法體是事物的內在本質，法用則是事物的外在功能、作用。而法體是「恆存」的，沒有生（有）與滅（無）的變化；也就是說，法體不會從原來的「有」消滅掉，成為「過去世」的「無」；不會從「現在世」的「無」，生起而成為「未來世」的「有」。因此，我們不可能在「法體」這一概念之上，建立起過去、現在和未來這三世的時間概念。

三世的時間概念，建立在事物的功能、作用之上，亦即建立在「法用」之上。事物的功能、作用，如果已從原來的「有」消滅而成「無」，那麼，我們就稱事物已成「過去世」；如果即將從原來的「無」生起而成為「有」，那麼，就稱事物將會存在於「未來世」。另外，如果事物的功能、作用正在發揮著，我們就說該一事物存在於「現在世」。過去、現在和未來三世，只和法用的變化有關，而和法體沒有絲毫關係；法體永遠不會有任何變化。所以，有部最重要的代表作——《大毘婆沙論》，卷 76，曾說：「三世諸法……體實恆有，無增無減。但依作用，說有、說無。」㉖同書，卷 77，在介紹有部重要哲學家——世友 (Vasumitra) 的說法時，也說：「此師（世友）所立世，無雜亂；以依作用，立三世別。謂有為法未有作用，名未來世；正有作用，名現在世；作用已滅，名過去世。」㉗

㉖ 引見《大正藏》卷 27，頁 395，下－396，上。

㉗ 引見前書，頁 396，中。引文中的「有為法」(saṃskṛta-dharma)，是相對於「無為法」(asaṃskṛta-dharma) 而說的。無為法，是指那些沒有生、滅變化的

・第二項　經量部的「有緣無智」

並不是部派佛教中的每一個部派，都主張「一切有」；經（量）部學者即持保留的態度，他們以為：雖然外在世界中的事物都是真實存在的，但我人卻無法直接知覺它們的存在；我人必須透過內心的重新組織，才能知覺外物的存在。在西方哲學史上，把這種主張稱為「觀念論」(Idealism)；它和說一切有部的主張相互對立。有部的主張，在西方哲學史上，一般被稱為「實在論」(Realism)。

經部的觀念論主張，可以從《大毘婆沙論》卷 44 的兩句話看出來：「謂或有執『有緣，無智』，如譬喻者。」㉘引文中的「譬喻者」，又名譬喻師，是經部學者的異名。有緣，有緣慮，亦即有認識活動的意思。而無智，則是：沒有認識活動之後所引生的相關知識。因此，「有緣，無智」一句的完整意思是：當我們面對外在世界的事物時，雖然我們有認識活動（正在看、聽、嗅、嚐等），但卻無法直接從認識活動當中，獲得對於外在世界的知識。對於外在世界的知識，除了感官的直接的知覺之外，還必須透過內心的重新組織，才能正確地認識到。

經部之所以會有不同於有部的觀念論主張，乃是基於兩個觀點：⑴「過、未無體」；⑵「因、果異時」。「過、未無體」，是經部對時間的看法；有部以為「三世實有」，而經部卻主張「過（去）、未（來）無（實）體」，只有現在才是真實的。所以，唐．惠沼，《成唯識論了義燈》卷 4—本，即說：「然立三世，諸宗不同，……經部等，過、未

事物，例如虛空、涅槃等；而有為法，是指那些有生、滅變化的事物。

㉘ 引見《大正藏》卷 27，頁 228，中。

是假，現在是實。」㉙而「因、果異時」，是經部對於因果關係的主張。經部以為：因和果之間的關係，不可以是同時的關係，必須是異時的關係；也就是說，就時間的位階來說，「因」必須在「果」之前。《順正理論》卷15，曾說：

> 又上座說：「諸行決定無俱生因，諸行將生應無因故，又應餘類生餘類故。」謂俱生法於將起位，非此與彼能作生因，猶未生故；又應求彼二種異因，由彼二因，二俱得起。㉚

這是有部學者——《順正理論》作者，對於經部學者——上座(Sthavira)，所主張之「因果異時」論的介紹。引文中的「諸行」，即世間所有「有為法」的意思。「俱生因」，指的是和「果」同時生起的「因」。就有部而言，主張能生「果」的「因」，共有「俱有因」、「相應因」等「六因」之多㉛。其中，俱有因和相應因都是「俱生因」。相應是指心靈主體——「心王」，以及附屬於心王之次要的心理活動——「心所」，例如作意（注意）、貪、瞋、癡、妒、昏沉、掉舉（心神不寧）、慚、愧等，相互為因（心王為心所之因，心所為心王之因），相互為果（心王為心所之果，心所為心王之果），在時間上共同生起。因此，心王是心所的相應因，而心所也是心王的相應因；缺一即無法生起任何的心靈活動。而俱有因，也是心王、心所的相互為因；但卻多

㉙ 引見前書，卷43，頁728，中。

㉚ 引見前書，卷29，頁421，中。

㉛ 其他四因是：同類因、遍行因、異熟因、能作因。（參見《大毘婆沙論》卷16–17；《大正藏》卷27，頁79，上—103，下。）

一層意思：心王、心所相互為因而生起，並且進一步去完成某一目的（果）。例如，第六意識這一心王，和「作意」（注意）心所相應（同時生起），並且進而攜手合作，共同思考無常、苦、空、無我之哲理；此時，第六意識之心王和「作意」心所，不但互為相應因，而且互為俱有因㉜。

然而，從上引《順正理論》的論文看來，經部卻以為：「無俱生因」，亦即否定了有部所認為存在的相應因和俱有因。而其理由有二：⑴「諸行將生應無因」；⑵「餘類生餘類」。第⑴個理由的意思是：因和果既然同時生起，那麼，在將生未生之際，因（和果）必然尚未存在；既然尚未存在，怎麼可能生起果來？（一個不存在的「因」，如何可能生起「果」來？）所以，上引《順正理論》解釋說：「謂俱生法於將起位，非此與彼，能作生因，猶未生故。」

其次，經部否定俱生因的第⑵個理由是：「餘類生餘類」。它的意思是：如果因和果之間的關係是同時的，那麼，在因尚未生起果之時，因、果都不存在。既然因、果都不存在，那麼「果」固然需要「因」才能生起；「因」也需要另外的第三者做為「因」，才能生起。所以，上引《順正理論》說：「又應求彼二種異因，由彼二因，二俱得起。」

由於經部的因果論是異時因果論，因此，在討論「根」（知覺器官）、「境」（知覺對象），以及由這二者所生起的「識」（知覺作用）等三者之間的關係時，也認為：就時間的先後次序而言，作為「因」的

㉜ 《大毘婆沙論》卷 16，在說明相應因和俱有因的不同時，說：「為伴侶義是相應因，同一果義是俱有因，……如執杖義是相應因；如執杖已，有所作義，是俱有因。復次，如連手義是相應因；如連手已，渡暴河義，是俱有因。」（引見《大正藏》卷 27，頁 81，中。）

「根」、「境」在前，作為「果」的「識」則在後。所以，《順正理論》卷 10，在批判經部學者上座的思想時，首先說：「由彼義宗，根、境無間，識方得起。」㉝意思是：知覺作用（識）的產生，必須以知覺器官（根）和知覺對象（境）為條件（因）；而且，當根、境接觸時，沒有間斷地（「無間」）生起識來。而所謂沒有間斷（無間），是指時間上的下一剎那而言；這可以從下面這段引文得到進一步的證明：

> 上座復言：「依『此有彼有』者，依果有，因有滅。『此生故彼生』者，恐疑果無因生，是故復言，由因生，故果方得起，非謂無因。」㉞

這是經部學者上座，對於《阿含經》「此有故彼有，此生故彼生」之經文，所作的解釋。解釋中，我們看到了上座對於因、果異時的主張：「果有，因有滅」；亦即，當「果（之存）有」生起之時，「因（之存）有」即消滅，而不和「果（之）有」同時存在——因和果是異時，而不同時的。

由於一方面「因、果異時」，另一方面「過（去）、未（來）無體」，因此：⑴作為「果」之「識」生起之時，作為「因」之「根」與「境」必須隨即滅去；⑵當「根」、「境」滅去時，即成「過去世」，而「過、未無體」，因此滅入過去世的根、境也必成無體。這樣一來，在整個知覺活動之中，只有屬於「現在世」的「識」是真實的，（「根」與）「境」則是虛妄不實的「無體」。而「境」，是指知覺的對象；這意

㉝ 引見《大正藏》卷 29，頁 386，中。

㉞ 引見前書，頁 482，下。

味著有知覺（識），卻沒有與之對應的知覺對象（境）。例如，當眼睛（根）看到一朵花（境）時，雖然立刻產生了對於這朵花的知覺（識）；但是，當這一知覺產生之時，被知覺的這朵花（境）已經滅入過去世之中，而不存在。因此，此時所知覺到的只是這朵花（在前一剎那）留在我人心中的影像，而不是外在世界真實的那朵花本身。無疑地，這即典型的觀念論主張。

另外，還值得一提的是，經部「十二處非實」的主張，也和他們的觀念論有關。十二處是：作為知覺器官或知覺主體的眼根、耳根、鼻根、舌根、身根和意根等「六根」，以及作為知覺對象的色境、聲境、香境、味境、觸境和法境等「六境」（六塵）。無疑地，這十二處乃是依照心識的能認識（六根）和所認識（六境）而作的分類。有部站在實在論「一切有」的立場，以為這十二處都是真實的。但是經部卻以為，十二處都是虛妄不實的；也就是說，六根的知覺作用並不真實地存在，而六境被（六根所）知覺的作用也不是真實存在。《順正理論》在介紹經部學者——上座的思想時，即說：「此中，上座作如是言：『……故（十二）處是假……。』……」又說：「依、緣俱非實有。」㉟而其推論的整個過程，則是這樣的：

(1)所有物質（肉體）性的存在，都由不可分割的、最小物質單位——「極微」(aṇu) 所組成。

(2)如果 a, b 這兩個極微沒有某某性質，那麼，由 a, b 組成的 c，也沒

㉟ 引見前書，卷 29，頁 350，下。引文中的「(所) 依」，是指六根；六根是心識活動的所依（場所、依據），所以稱為所依。而「(所) 緣」則指六境；六境是六根所知覺（所緣慮）的對象，因此稱為所緣。

有該一性質。[36]

(3)（由於體積太小，以致）極微沒有知覺作用，也沒有被知覺的作用。[37]

(4)〔由於六根和六境乃物質性（肉體性）的存在物，因此〕六根和六境乃是由眾多極微所組成。[38]

(5)因此，六根並沒有真實的知覺作用，而六境也沒有被知覺的真實作用。[39]

六根沒有真實的知覺作用，六境也沒有被知覺的真實作用；那麼，能知覺和所知覺，只不過是虛妄不實的現象而已。這即是經部所主張的「十二處非實」，它是經部觀念論的另一理由，也是由之衍生出來的另一結論。

・第三項　中觀派的「一切皆空」

不管是說一切有部或是經量部，都以為外在世界是實有的；但是

---

[36] 《順正理論》卷 4，曾舉了一個例子，來說明這點：「如盲一一各住，無見色用；眾盲和集，見色亦無。」（引見《大正藏》卷 29，頁 350，下。）

[37] 亦即所謂「極微一一不成所依、所緣事」。（《順正理論》卷 4；引見《大正藏》卷 29，頁 350，下。）

[38] 六根是生命體上肉體性的知覺器官，因此是物質性存在物。六境中的前五境，無疑地，全都是物質性的存在物。而第六法境，則有物質性的存在物，例如回憶中的一棵故鄉的老樹；但也有非物質性的存在物，例如一則數學問題或四聖諦的道理等。

[39] 亦即所謂「極微一一各住，無依、緣用。眾多和集，此用亦無」。（《順正理論》卷 4；引見《大正藏》卷 29，頁 350，下。）

大乘佛教的中觀派，卻繼承了有部、經部的敵對部派——大眾部的思想，澈底否定了這種說法，並且提出「一切皆空」的相反主張。

「中觀」一詞來自這個學派的創始者龍樹所寫的一本書——《中（觀）論（頌）》(*Madhyamakakārikā*) 的書名。「中」，是指「中道」(madhyamapratipad)；那是遠離「兩邊」的意思，乃《阿含經》中既有的名詞。而「邊」，則是「邊見」（極端見解）；舉凡「生」與「滅」的對立、「常（住）」（永恆）與「斷（滅）」（不永恆）的對立、「一」（統一）與「異」（差別）的對立、「來」與「去」的對立等等，都是兩極端的見解，因此也都是「邊見」。釋迦佛在《阿含經》中要求他的弟子們，遠離「兩邊」的這些極端想法。因此，也必須遠離生滅、常斷乃至來去的兩邊❹⓪。

而中觀派，對於《阿含經》「遠離兩邊」、「遠離邊見」的告誡，則有特別的解釋：龍樹以為，所謂的遠離邊見、兩邊，乃是遠離「（實）空」和「（實）有」的意思；換句話說，那是一方面說「（假）空」，另外一方面卻又可以說「（假）有」的意思。原來，龍樹的《中論》卷4，曾有兩首有名的詩歌（四句一首）：

> 眾因緣生法，我說即是無，亦為是假名，亦是中道義。
>
> 未曾有一法，不從因緣生，是故一切法，無不是空者。❹①

---

❹⓪ 龍樹，《中論》卷 1，一開頭即說：「不生亦不滅，不常亦不斷，不一亦不異，不來亦不出（去）。」（引見《大正藏》卷 30，頁 1，中。）一般把這首四句偈（詩歌），稱為「八不中道」。其中，否定了生、滅、常、斷，乃至來、出（去），是主張遠離邊見的典型詩偈。

❹① 引見《大正藏》卷 30，頁 33，中。

引文中說到了幾個關鍵性的名詞：⑴因緣生 (pratītyasamutpāda)，即是《阿含經》中所謂「緣起」的異譯；⑵空（無，śūnyatā）；⑶假名 (prajñapti)；⑷中道。

其中，「空」或「無」，字面的意思雖是沒有、不存在、虛幻不實，但否定的卻是一切事物（「法」）的內在本質──「自性」(svabhāva)。也就是說，中觀派所否定的是「法」的「自性」；中觀派並不否定「法」的外表相狀或「法」的功能、作用。因此，「空」（無）有時又說成「無自性」(niḥsvabhāva)。事實上，中觀派所說的「空」、「無自性」，都源自早期的一種大乘佛教經典──《般若（波羅蜜）經》(*Prajñāpāramitā-sūtra*) 裡面的思想；傳說也是龍樹所寫的另一部中觀派名著──《大智度論》(*Mahāprajñāpāramitā-śāstra*)，即是對於《摩訶般若波羅蜜經》（《大品般若經》，*Mahāprajñāpāramitā-sūtra*）的注解。

在法性、法相和法用三者之中，中觀派只否定法性，卻不否定法相和法用；無疑地，這是中觀派之所以能夠一方面說「空」，另一方面卻又說「假名」（有），而不陷入自相矛盾的原因，也是中觀派之所以能夠遠離「（實）空」和「（實）有」的兩種邊見，始終保持「中道」立場的原因。

然而，為什麼一切事物都是「空」（無自性）的呢？前引詩歌已經告訴我們答案：一切事物都是「因緣生」的關係。因緣生，是由各種條件而生起的意思；這和《阿含經》裡的意思，並沒有什麼差別（詳本章第二節第二項）。有所差別的，是在「因緣生」一詞所適用的對象。在《阿含經》裡，「因緣生」（緣起）用來說明生命體之生、老死之苦的來源，乃至「無我」等理論的理由。而在中觀派，「因緣生」卻適用於一切事物；所謂「未曾有一法，不從因緣生」。不但如此，中觀派還從事物（一切法）的「因緣生」，推論到事物之內在本質──「自性」的「空」、「無」、不實。而他們的證論則是：一切事物既然都由各種條件（因緣，pratītya）所組合而成的，而不是自己獨立生成、存在的，那麼，這表示一切事物都依存於組成它的這些條件（因緣），並沒有屬於自己之獨立而真實的本質──「自性」。沒有「自性」，中觀派即稱之為「（自性）空」。所以，前引詩歌的最後四句說：「未曾有一法，不從因緣生，是故一切法，無不是空者。」

一切事物既然是「空」，就不能也不該用語言文字（「名」）來描寫它們。例如，已知「石女兒」（不孕婦女所生的兒子）是不存在的、「空」的，那麼，我們不但不可以說「石女兒是聰明的」，也不可以說「石女兒是不聰明的」；因為根本沒有「石女兒」的存在，怎麼知道他是聰明或是不聰明呢！龍樹的後代學者──青目 (Piṅgala)，在注釋前引那兩首《中論》裡的詩歌時說：「是法無（自）性，故不得言有；亦無空，故不得言無。」[42]可見，一個「空」的事物，既不可說它「（實）有」，也不可說它「（實）空」（實無）；它是「不可說」（無法用語言文字描述）。

然而，如果因為「一切（事物）皆空」，以致無法用語言文字表達，那麼，如何解釋釋迦佛在體悟了「一切皆空」的道理之後[43]，卻又終其一生到處講經說法的事實呢？要解決這個疑問，必須先了解前引詩歌中另一個重要的概念──「假名」。「假名」一詞的字面意思是：

[42] 《中論》卷 4；引見《大正藏》卷 30，頁 33，中。

[43] 依照中觀派的觀點，釋迦佛所體悟到的最高道理，自然是「一切皆空」。但在原始佛教或部派佛教，無疑地，一定會有不同的說法。

約定俗成、教說、消息。因此，在漢譯的意義中，「假」字應該是假藉的意思；而「名」，無疑地，是指語言文字而言。而合起來的「假名」一詞，則是假藉一般人所「約定俗成」的語言文字，來傳播他的「教說」或有關解脫成佛的「消息」；也就是說，假藉語言文字而宣說「有」的道理。而「有」，指的是「有」四聖諦、「有」聖者、「有」（佛、法、僧）三寶、「有」因果、「有」罪福，乃至「有」一切「世俗法」等等這些和解脫成佛有關的「教說」或「消息」[44]。

為什麼利用語言文字宣說「有」四聖諦乃至「有」世俗法，被視為一種「假藉」呢？原因是：依中觀派「一切皆空」的哲學，不但世俗法是「空」的，甚至連四聖諦、涅槃等，也是「空」的；既然都是「空」的，也就「不可說」，而無法用語言文字來說明。但是，一個解脫者，例如釋迦佛，為了要把他所體悟的這些道理（消息），傳達給他的弟子們，他必須不得已地採用「約定俗成」的語言文字，來說明他內心裡的「消息」或「教化」。這是為什麼「不可說」而「說」，之所以稱為「假名」的原因。

「假」字有時也被了解為虛假不實；此時，「假名」又被稱為「假名有」或「假有」。說四聖諦乃至一切世俗法都是「假」，原因是：它們都由各種條件所形成（因緣生），只有「相」和「用」，並沒有獨自的真實本質——「（自）性」。

四聖諦乃至一切世俗法，原本因為「空」而「不可說」；但為了教化眾生，卻「假名」而說。「不可說」而「說」、「空」而說「（假名）

[44] 《中論》卷 4，曾說到「一切皆空」的道理，是為了建立起四聖諦、三寶、因果、罪福等「一切世俗法」。並說：「以有空義故，一切法得成；若無空義者，一切則不成。」（參見《大正藏》卷 30，頁 32，中－34，下。）

有」，這即是遠離「(實) 空」、「(實) 有」之兩種邊見，以「中道」的態度而說。

為了要把「中道」的思想，表白得更加清楚，龍樹在《中論》卷4當中，還採用了《阿含經》中既有的概念——「二諦」(兩種真理)，來詮釋他的意思：

> 諸佛依二諦，為眾生說法，一以世俗諦，二第一義諦。
>
> 若人不能知，分別於二諦，則於深佛法，不知真實義。
>
> 若不依俗諦，不得第一義，不得第一義，則不得涅槃。㊺

二諦中的「世俗諦」(世諦、俗諦，saṃvṛti-satya)，是指常識性的道理，包括：一般人所理解的世界觀——「世界悉檀」；佛陀因材施教而宣說的各種道理——「各各為人悉檀」；佛陀「因病施藥」，為了治療眾生的煩惱病痛而宣說的特殊性道理——「對治悉檀」㊻。無疑地，當佛陀宣說這幾種道理 (悉檀) 之時，等於從「某種觀點」，肯定了這些道理的實在性——「有」。(否則佛陀為什麼要宣說它們？) 而所謂「某種觀點」，即是「世俗諦」(常識) 的觀點。也就是說，從常識的

㊺ 引見《大正藏》卷30，頁32，下—33，上。

㊻ 龍樹的另外一部作品——《大智度論》卷1，曾說到四種可以成就眾生的道理——「四悉檀」：世界悉檀、各各為人悉檀、對治悉檀和第一義悉檀。其中，「悉檀」(siddhānta)，是那些能夠使眾生有所成就的道理。而「第一義」(paramārtha)，則是最深遠、最究竟、最高深、最真實的意思；就中觀派的哲學而言，則指「一切皆空」的道理。(參見《大正藏》卷25，頁59，中—61，中。)

觀點（世俗諦），一般的世界觀等等道理，都是「有」。

但是，另一方面，從更高深、更究竟、更真實的觀點來看，這些「有」的道理卻都是不真實；只有「(一切皆）空」才是真實的。這種「(一切皆）空」之最深遠、最究竟、最真實的道理，即是「第一義諦」(paramārtha-satya)㊼。

因此，佛陀說「有」，是就「世俗諦」，亦即世界、各各為人、對治等三悉檀的觀點而說；相反地，當佛陀說「(一切皆）空」時，則是就「第一義諦」，亦即「第一義悉檀」的觀點而說。由於說法的原則有二，因此，說「有」、說「空」都沒有矛盾、衝突；而這即是「中道」。

• 第四項　瑜伽行派的「唯識」

瑜伽行派是稍後成立，但和中觀派同樣有名、重要的大乘教派。「瑜伽行」（瑜伽師，Yogācāra）一詞，是修習瑜伽 (yoga) 者的意思，乃由這個教派的最重要作品——《瑜伽師地論》(*Yogācārabhūmi-śāstra*) 而得名。在這裡，「瑜伽」指的自然是這個佛教教派所提倡的禪定工夫，有別於婆羅門教瑜伽派 (Yoga) 所說的瑜伽。瑜伽的字面意思是：二物結合而為一；因此，漢譯佛典中，大都義譯為「相應」。什麼樣的二物「相應」，而結合為一呢？就瑜伽行派的哲學來說，是指修習禪定者——瑜伽行（者）（瑜伽師）的禪定之心，和「唯識」的真理「相應」，並結合為一。因此，瑜伽行派又稱「唯識宗」(Vijñāna-vāda)。

唯識，是「唯」有「(心）識」(vijñāna) 的意思；而「(心）識」指的是一種微細而無法被一般人自覺到的精神體——「阿賴耶識」

㊼ 亦即第一義悉檀，請參見前注。

(ālaya-vijñāna)。原來，瑜伽行派以為，我人的精神體共有八種，稱為「八識」；其中最為精緻微細的是阿賴耶識，稱為「第八識」。而另外的七識（前七識），乃至外在世界中的一切事物，包括山、河、大地、花、草、樹木，全都由阿賴耶識所變現出來。因此，前七識和外在世界都是虛幻不實的，只有阿賴耶識才是真實的；這是「唯（有阿賴耶）識」一詞的來源。事實上，無著，《攝大乘論》卷中，說到了「十一識」；在這十一種都被稱為「識」的事物當中，不但說到了眾生身心之內的存在物，例如六根、六識，甚至也說到了六塵（彼所受識）、時間（世識）、空間（處識）、數目（數識）、語言文字（言說識）等外在物質性或抽象性的存在。它們全都是「阿賴耶識為種子，虛妄分別所攝諸識」，亦即全都由阿賴耶識所轉變而生起的精神性存在物。可見內在心靈與外在世界的一切事物，都由心識所轉變而生[48]。

八識是：具有一般外在感官知覺作用的「前五識」——眼識、耳識、鼻識、舌識、身識；具有內在思想、記憶、推理等作用的「第六識」——意識；錯誤地以為有「(自）我」存在的「第七識」——末那識 (manas)；以及第八阿賴耶識。其中，前五識是常識性的精神活動，不再贅言。末那識一詞中的「末那」(manas)，乃《奧義書》中固有的術語；在這裡則是「思量」的意思。它把阿賴耶識錯誤地「思量」為（錯誤地以為）即是「(自）我」，並且生起「(對於自）我（的）執（著)」，因此稱為「末那識」（思量識）。而阿賴耶 (ālaya) 一詞，則有貯藏室、收容所、避難所、容器等意思，所以「阿賴耶識」被譯為「識藏」或「藏識」。依照原始佛教的哲學，我人過去所作的善、惡行為，會轉換成為一種潛在的力量，稱為「業（力)」。然而，這些潛在的力

[48] 參見《大正藏》卷 31，頁 137，下—138，上。

量——「業」，到底貯存在哪裡？《阿含經》並沒有明白說到。瑜伽行派的佛典，則明言「業」貯藏在阿賴耶識之中，稱為「（業）種子」；無疑地，這是第八識之所以稱為「阿賴耶識」（藏識）的原因。

阿賴耶識所貯藏的業力，之所以稱為「種子」，乃是一種比喻。植物的種子可以保存母株的所有特性而不喪失；瓜果的種子只會長出瓜果樹來，豆類的種子只會長出豆類的樹來。貯藏在阿賴耶識中的善業和惡業的種子，當它們成熟時，同樣地，只會長出與之對應的樂果和苦果出來。這是阿賴耶識中的業力之所以稱為（比喻為）「（業）種子」的原因。

瑜伽行派不但以為阿賴耶識可以貯藏過去的業力——種子，而且還以為內在的前七識和外在的世界，都由這些種子所生起。因此，第八阿賴耶識又稱為「（根）本識」；它是一切內在和外在事物的根本。前七識的是否煩惱？外在世界的是否苦難？全都決定於阿賴耶識當中這些種子的或善、或惡。善的種子生起少（無）煩惱、少（無）苦難的世界，惡的種子生起多煩惱、多苦難的世界；這是瑜伽行派解釋世間一切現象的依據。

由阿賴耶識（中的種子）生起前七識和外在世界的過程，世親的《唯識三十頌》稱之為「識轉變」（又譯識轉、識變，vijñāna-pariṇāma）。他說：

> 是諸識轉變，分別、所分別，由此彼皆無，故一切唯識。由一切種識，如是如是變，以展轉力故，彼彼分別生。[49]

---

[49] 引見《大正藏》卷 31，頁 61，上。

引文中所說到的「一切種識」，即是阿賴耶識；阿賴耶識貯藏著各種善、惡種子（業力），因此稱為「(一切）種（子）識」。引文還說，由於「諸識」（八識）轉變出「(能）分別」和「所分別」，因此一切的事物都是由心識所轉變出來的——「唯識」。

然而，什麼是由「諸識」（八識）所「轉變」出來的「(能）分別」和「所分別」呢？(能）分別，即能知覺的心體；而所分別則是被心體所知覺的對象。例如，眼識轉變出能知覺的眼根㊿和被眼根所知覺的色塵，耳識轉變出能知覺的耳根和所知覺的聲塵，意識轉變出能知覺（思考）的意根和所知覺（思考）的法塵，而末那識也轉變出能知覺的末那心體和所知覺的對象——阿賴耶識反映在末那識中的內在影像51。而能知覺的心體稱為「見分」，被知覺的對象稱為「相分」；而

㊿ 依照佛教的一般理論，眼根的「根」(indriya)，是物質性的知覺器官；因此，由眼識所轉變出來的能知覺心體，應該不是眼根才對。其他五識乃至末那識也是一樣。但是目前並沒有適當的名詞，來作為和色塵相對應的概念，只好暫時用「根」字來替代。

51 在佛教的術語裡，能知覺的末那識心體並沒有名字，被末那識心體所知覺的對象也沒有名字。能知覺的末那識心體，誤把阿賴耶識當作「自我」，因此，照理阿賴耶識是它的知覺對象。但是，由於末那識所知覺的，實際上並不是阿賴耶識本身，而是阿賴耶識反映在末那識中的心靈影像。瑜伽行派的重要經典之一——《解深密經》卷 1，即說：「阿陀那識甚深細，我（釋迦）於凡愚不開演，一切種子如瀑流，恐彼分別執為我。」（引見《大正藏》卷 16，頁 692，下。）其中，阿陀那識 (ādāna-vijñāna)，《解深密經》卷 1 說：「此識，亦名阿陀那識，……亦名阿賴耶識。」（引見前書，頁 692，中。）可見阿陀那識乃阿賴耶識的別名。引文說：「甚深細」的阿陀那識，釋迦佛不為一般的「凡愚」說明；原因是，害怕說了之後，凡愚把它誤以為是「(自）我」，而引起「(對於自）我（的）執（著)」。由此可見，阿賴耶識（阿陀那

不管見分或是相分，都由八識所轉變生起，這也是「識轉變」一詞的意思。所以《成唯識論》卷 7，在注釋上面所引的前四句詩歌時，曾說：「是諸識者……皆能變似見、相二分，立轉變名。所變見分，名分別，……所變相分，名所分別……。」[52]

世親的「識轉變」說，和婆羅門教數論派 (Sāṅkhya) 所主張的「自性轉變」(prakṛti-pariṇāma)，有著異曲同工之妙。事實上，世親早年曾經是個數論派的學者，吸收數論派的哲學思想，而加以改造，乃不足為奇之事。（參見第七章第一節。）數論派「自性轉變論」的主要精神是：由超越經驗的宇宙最高原理——神我 (Puruṣa) 和自性 (Prakṛti)，轉變成微細的原素——覺 (buddhi)、我慢 (ahaṃkāra) 等；再由覺、我慢等原素，進而轉變成現象世界——五知根 (pañca-jñānendriya)、五作根 (pañca-karmendriya)、五大 (pañca-bhūta) 等。讀者們可以在本書第七章第二節，讀到數論派的這種宇宙論。受到數論派影響的瑜伽行派，在「識轉變」的哲理當中，也有相似於數論派「自性轉變」的宇宙論：首先，阿賴耶識（中的種子），生起前七識，並且稱為「七（種由阿賴耶識）轉（變出來的心）識」；這相當於數論派的「自性」生起「覺」、「我慢」等。其次，前七識中的每一識，分別轉變而生起它們各自的知覺心體（見分）和知覺對象（相分）；這相當於數論派由「覺」、「我慢」生起「五知根」、「五作根」、「五大」等。由此可見，世親的「識

識）（反映在末那識中的影像），往往被（末那識當做知覺對象而）誤以為即是「（自）我」。事實上，不但末那識的知覺對象是它自己的心中影像，而且眼等前六識的知覺對象也是它們自己的心影，而不是外在的色、聲、香、味、觸、法本身。無疑地，這裡面含有經量部之觀念論的思想在內。

[52] 引見《大正藏》卷 31，頁 38，下。

轉變」，不但名稱和數論派的「自性轉變」雷同，而且整個內涵和精神也大致相似。

瑜伽行派也是一個綜合經量部和中觀派哲學的學派。在宇宙論方面，中觀派主張內在的心識和外在的世界都「空」，而瑜伽行派則修改為：外在的世界皆空（唯識），但心識（阿賴耶識）卻不空。而在知識論 (Epistemology) 方面，經量部以為外在世界雖然實有，卻無法直接被我人的心識知覺；我人的心識只能知覺外在世界映入心識而殘留在心識中的影像。相似的，瑜伽行派也以為：我人所知覺到的外在世界，其實只是心識所轉變出來的「相分」，而不是外在世界本身。可見瑜伽行派的哲學，其實是數論派、中觀派和經量部哲學的綜合改造。

第七章　數論派的歷史與哲學

第一節　數論派的歷史

數論（僧佉，Sāṅkhya），是一個成立於佛教之前的婆羅門教的教派。傳說，釋迦牟尼佛，在出家不久，曾來到摩竭陀國 (Magadha) 的首都——王舍城 (Rājagṛha) 郊外的頻陀山 (Vindhya-koṣṭha)，拜訪一位名叫阿羅藍（阿羅邏，Ārāḍa）的修行人。而這位修行人，即是數論派的學者❶。事實上，成立於西元前 1000～500 年之間的古《奧義書》中，數論派的某些思想即已出現。《白淨識奧義書》(*Śvetāśvatara Upaniṣad*)，恐怕是最早提到數論學派的一部《奧義書》。該書除了提到數論派的諸多哲學概念之外，在該書 5, 2，甚至還提到了「黃赤色大仙」(Kapila Ṛṣi)❷；這是數論派創始人迦毘羅 (Kapila) 的名號（詳下）。同書 6, 13，則提到了「數論」(sāṅkhya) 這一詞；不過在這裡，它只是一個普通名詞，而不是教派的名詞❸。其次，《彌勒耶那奧義

---

❶ 參見楊惠南，《佛教思想發展史論》，臺北：東大圖書公司，1993，頁 21～23。

❷ Cf. Paul Deussen (Eng. tr. by V. M. Bedekar and G. B. Palsule), *Sixty Upaniṣads of the Veda*, Delhi: Motilal Banarsidass, 1980, vol. 1, p. 319.

❸ Ibid., p. 324. 另外，依照上引文獻的翻譯，sāṅkhya 一詞被譯為「(邏輯的) 證明」。而徐梵澄，《五十奧義書》，臺北：中國瑜伽出版社，1986，頁 395，

書》(*Maitrāyaṇa Upaniṣad*) 3, 2–3，也曾說到數論學派的重要哲學概念——具有「三德」(triguṇa) 的「自性」(prakṛti)；同書 5，則對三德曾有詳細的說明❹。至於稍後 (500～250 B.C.) 集成的新《奧義書》當中，數論學派的思想更加明顯。例如，屬於純吠檀多派的《生氣火祀奧義書》(*Prāṇāgnihotra Upaniṣad*) 4，曾說到數論學派的重要思想：「覺」(buddhi)、「我慢」(ahaṃkāra) 等等❺。另外，屬於瑜伽學派的新《奧義書》——《瑜伽真性奧義書》(*Yogatattva Upaniṣad*)，也提到了「神我」(Puruṣa)、「三德」等數論學派的哲學術語❻。由此可見，數論是一個成立相當早遠的婆羅門教派。

「數論」，又譯為數術、制數論等。它的梵文名字是：Sāṅkhya，因此又音譯為僧佉、僧企耶等。Sāṅkhya 一詞，有些學者認為是由 sāṅkhyā 一詞而來，那是數目的意思。因此，唐．窺基，《成唯識論述記》卷 1－末，曾解釋說：「梵云『僧佉』，此翻為『數』，即智慧數。數度諸法根本，立名從數起論，名為數論。論能生數，亦名數論。其造《數論》，及學《數論》，名數論者。」❼窺基的意思是：像數目字一樣眾多的智慧——「智慧數」❽，是萬事萬物（諸法）的根本；而

注釋㉔，則說：「『僧佉』、『瑜伽』，可說為玄理與宗教修持，而非後世諸學派之義。商羯羅 (Śaṅkara) 解為『讀《韋陀》』，『求智識』，『修靜慮』，是矣。」這樣看來，僧佉 (sāṅkhya) 一詞也有玄理、讀《韋陀》、求智識的意思。

❹ Cf. Paul Deussen, *Sixty Upaniṣads of the Veda*, vol. 1, pp. 338～339, 344～346.

❺ Ibid., vol. 2, pp. 650～651.

❻ Ibid., vol. 2, p. 714.

❼ 引見《大正藏》卷 43，頁 252，中。

❽ 唐．澄觀，《大方廣佛華嚴經隨疏演義鈔》卷 13，曾說：「梵云僧佉，此翻為

這個教派特別注重它，因此稱為「數論」。另外，這個教派寫了一部名叫《數論》的書，因此這個教派也叫「數論」；而學習《數論》的人，也因而稱為「數論者」。

「數論」一詞之所以和數目字有關，大約是因為這個學派把世間的一切存在，用二十五個原理——「二十五諦」（詳下面各節），來加以說明的關係。隋．吉藏，《百論疏》卷上之中，即曾這樣地解釋「僧佉」一詞：「僧佉，此云制數論；明一切法不出二十五諦。故一切法攝入二十五諦中，名為制數論。」❾

梵文「僧佉」(sāṅkhya) 一詞，除了可以解釋為數目之外，恐怕還有（邏輯的）證明、識別力、哲學、求知識、讀《吠陀》等意思。前文說過，《白淨識奧義書》6, 13，曾出現「僧佉」一詞；而它的意思則有（邏輯）證明、識別力、哲理、求知識、讀《吠陀》等等❿。做為一個婆羅門教派的名字，僧佉，無疑地，也是重視證明乃至重視研讀《吠陀》。

傳說，迦毘羅（劫比羅，Kapila, 350～250 B.C.）是這個教派的創

數，數即慧。」（引見《大正藏》卷 36，頁 99，下。）可見僧佉一詞當做數目解釋時，可以指智慧而言。這和下面把僧佉一詞了解為證明、識別力、哲學、求知識、讀《吠陀》等意思，正好相合。

❾ 引見《大正藏》卷 42，頁 245，上。

❿ Paul Deussen 把 sāṅkhya 譯為（邏輯的）證明；徐梵澄則解釋為求知識、讀《吠陀》（讀《韋陀》）。（以上參見❸。）其次，R. E. Hume, *The Thirteen Principal Upanishads*, London: Oxford Univ. Press, 1934, p. 410，則譯為識別力 (discrimination); F. Max Müller, *The Upaniṣads*, part II, in F. Max Müller, *The Sacred Books of the East*, New York: Dover Publication, Inc., 1962, vol. XV, p. 264，則譯為哲學 (philosophy)。

始人；窺基，《成唯識論述記》卷 1—末，曾說：「謂有外道，名劫比羅，……此云黃赤；鬚髮面色並黃赤故。……時號黃赤色仙人。」⓫迦毘羅寫有《數論經》(*Sāṅkhya-sūtra*) 和《數論聖教經》(*Sāṅkhya-pravacana-sūtra*)，因此，這個教派有時又稱為「數論聖教」(Sāṅkhya-pravacana)。(前面窺基所說的《數論》，可能是指迦毘羅所寫的這兩部經典。)

迦毘羅的弟子是阿修利 (Āsuri)；阿修利的弟子則是般尸訶 (Pañcaśikha, 150～50 B.C.)。然後數傳而到自在黑 (Īśvara-kṛṣṇa, A.D. 400～500)。陳．真諦譯的數論派著作——《金七十論》，卷下，即說：「是智者從迦毘羅至阿修利，阿修利傳與般尸訶，般尸訶傳與褐伽，褐伽傳與優樓佉 (Ulūka)，優樓佉（傳）與跋婆利，跋婆利（傳與）自在黑。」⓬其中，最後的自在黑著有《數論偈》(*Sāṅkhya-kārikā*)；《金七十論》即是《數論偈》的注釋之一⓭。另外，佛教文獻當中還提到了一個數論派的重要人物——雨眾（伐里沙，Vārṣagaṇya, A.D. 250～350)，他所領導的徒眾，即是佛教文獻中所謂的「雨眾外道」。窺基，《成唯識論述記》卷 1—末，即說：「其後（迦毘羅）弟子之中上

⓫ 引見《大正藏》卷 43，頁 252，上。

⓬ 引見前書，卷 54，頁 1262，中。

⓭ 依照高麗本《大藏經》的原注，現存中譯本《金七十論》，乃「依摩吒羅註 (Māṭhara-vṛtti)」。(參見《大正藏》卷 54，頁 1245，注釋 1。）亦即，它的梵文原本是摩吒羅 (Māṭhara) 的注釋本。但是，窺基，《成唯識論述記》卷 1—末，卻說：「彼《(金七十）論》長行，天親菩薩之所造也。」(引見《大正藏》卷 43，頁 252，中。）引文中的天親菩薩，即佛教瑜伽行派的重要學者——世親（天親、婆藪槃豆，Vasubandhu, A.D. 320～400)。這兩種不同的說法，可能只是傳說的差異；也可能是梵文原本的不同而已。

首……名伐里沙，此翻為『雨』，雨時生故，即以為名。其雨徒黨，名雨眾外道。」⓮

值得一提的是，數論學派和佛教的瑜伽行派之間，曾有密切的交往。窺基，《成唯識論述記》卷1一末，曾說：

> 謂有外道入金耳國，以鐵鍱腹，頂戴火盆，擊王論鼓，求僧論議。因諍世界初有後無，謗僧不如外道。遂造七十行頌，申數論宗。王朋彼，以金賜之。外道欲彰己令譽，遂以所造，名《金七十論》。彼論長行，天親菩薩之所造也。⓯

引文中說到有一位數論派的「外道」（異教徒），來到金耳國，要求和佛教的僧人辯論；結果僧人輸了這場辯論。這位「外道」於是寫了七十行的詩歌，金耳國的國王偏袒「外道」，賞給他金子；因此，這七十行詩歌稱為《金七十論》。引文最後還說到，這七十行詩歌的「長行」（散文體注釋），乃佛教瑜伽行派的大學者——天親菩薩 (Vasubandhu, A.D. 320～400) 所寫⓰。

而在陳．真諦所譯的《婆藪槃豆法師傳》當中，我們獲得了更多的消息：

> 至佛滅後九百年中，有外道，名頻闍訶婆娑。頻闍訶是山名，婆娑

⓮ 引見《大正藏》卷43，頁252，上一中。在這裡，窺基把阿蘇里的弟子——伐里沙，誤以為是迦毘羅的弟子。

⓯ 引見《大正藏》卷43，頁252，中。

⓰ 有關《金七十論》「長行」的作者，有不同的說法。（參見⓭。）

譯為住。此外道住此山，因以為名。有龍王，名毘梨沙迦那，住在頻闍訶山下池中。此龍王善解《僧佉論》，此外道知龍王有解，欲就受學，……外道得此《（僧佉）論》後……即入阿緰闍國，以頭擊論義鼓云：「我欲論義。若我墮負，當斬我頭；若彼墮負，彼宜輸頭。」國王馝柯羅摩阿袟多，譯為正勒日⓱。于時，摩㝹羅他法師、婆藪槃豆法師等諸大法師，悉往餘國，不在。摩㝹羅他，譯為心願。唯有婆藪槃豆師佛陀蜜多羅法師在。佛陀蜜多羅，譯為覺親。此法師本雖大解，年已老邁，神情昧弱，辯說羸微。……法師即負墮。外道云：「……汝今須鞭汝背，以顯我得勝。」於是遂行其事。王以三洛沙金賞外道。……所著《僧佉論》，亦不壞滅。故此論于今猶在。婆藪槃豆後還，聞如此事，歎恨憤結，不得值之。……即造《七十真實論》，破外道所造《僧佉論》。⓲

在此，窺基所說的金耳國，被寫成「阿緰闍國」(Ayodhyā)，亦即現在的歐德 (Oudh)。國王的名字，明白地說是馝柯羅摩阿袟多（正勒日王，正勤日王，超日王，Vikramāditya）；他是崛多王朝 (Gupta) 的第三代國王，對婆羅門教採取保護的政策。繼承他王位的兒子──新日王（婆羅袟底耶王，Bālāditya），也是支持婆羅門教的一位國王⓳。數論派學者的名字，明說是頻闍訶婆娑 (Vindhyavāsī)。其中，頻闍訶 (Vindhya) 是山名，婆娑 (vāsī) 則是居住的意思；這是因為這位數論派

⓱ 原書注釋㉝說，在其他版本中，「正勒日」作「正勤日」。（參見《大正藏》卷 50，頁 186。）

⓲ 引見《大正藏》卷 50，頁 189，中－190，上。

⓳ 參見第一章第三節。

學者居住在頻闍訶山的關係。頻闍訶婆娑辯論的對象是佛陀蜜多羅（覺親，Buddhamitra），他是世親（婆藪槃豆）的師父。而頻闍訶婆娑所著作品的名字，則稱為《僧佉論》⓴。佛陀蜜多羅被擊敗之後，世親為了替師父雪恥，也寫了七十行詩歌，名為《七十真實論》(*Paramārthasaptatiḥ*)，以反駁頻闍訶婆娑的數論派觀點㉑。

事實上，和數論派學者之間多所來往（辯論）的佛教瑜伽行派學者——世親，其唯識哲學和數論派哲學，有著極為相似之處。世親，《唯識三十頌》，一開頭即說：「由假說我法，有種種相轉；彼依識所變，此能變唯三。」㉒它的意思是：由於有一般語言中常說的「（自）我」（內在靈魂）和「法」（外在事物），因此才有環繞在「我」和「法」之上的各種相狀㉓。然而，不管是我、法，或是環繞在上面的各種相狀，其實都是由「識」(vijñāna) 所「（轉）變」(pariṇāma) 出來的。在這裡，世親用到了「識變」(vijñāna-pariṇāma) 一詞；從梵文的分析即可知道，它和數論派的重要理論——「自性轉變」（prakṛti-pariṇāma，詳下文），不管是在字面上或是在實質的內容上，都有異曲

⓴ Takakusu 以為，頻闍訶婆娑即是自在黑，而其所寫的《僧佉論》即是《金七十論》，但是，Gunaratna 卻認為，頻闍訶婆娑和自在黑，並不是同一個人。(Cf. Radhakrishnan, *Indian Philosophy*, New York: The Macmiller Co., 1962, p. 254.)

㉑ Cf. E. Frauwallner (Eng. tr. by V. M. Bedekar), *History of Indian Philosophy*, Delhi: Motilal Banarsidass, 1973, vol. 1, p. 224.

㉒ 參見《大正藏》卷 31，頁 60，上。

㉓ 所謂環繞在「（自）我」（靈魂）之上的相狀，指的是永恆性、獨一性等。而所謂環繞在「法」（外在事物）之上的相狀，則指大小、長短、高低、美醜等。

同工之妙。

佛教和數論學派之間的交涉，還有第六世紀的數論派學者摩沓婆(Mādhava)，和佛教瑜伽行派「十大論師」之一——德慧 (Guṇamati) 之間的論辯。唐．玄奘，《大唐西域記》，卷 8，即曾描寫了這次的辯論：

> 初此山中有外道摩沓婆者，祖僧佉之法，而習道焉。……時德慧菩薩……杖錫而來，至摩沓婆邑，……德慧先立宗義，洎乎景落。摩沓婆辭以年衰，智惛捷對，請歸靜思，方酬來難。每事言歸，及旦昇座，竟無異論。至第六日，嘔血而死。㉔

在後代，數論派和瑜伽派 (Yoga) 的思想、修行方法，往往混同而結合為一。因此，這兩派成為姊妹派，而被稱為「瑜伽數論派」(Yoga-sāṅkhya) 或「數論瑜伽派」(Sāṅkhya-yoga)。但是，這兩個姊妹派之間，還是有所區別：數論派是無神論者，而瑜伽派則是有神論者。為了區別起見，數論派有時被稱為「無神的數論」(Nirīśvara-sāṅkhya)；而瑜伽派則被稱為「有神的數論」(Seśvara-sāṅkhya)。

第二節　數論學派的宇宙論——「二十五諦」

前面說到，「數論」一詞的來源，和數論學派採用二十五種原理——「二十五諦」，來解釋宇宙的形成有關。所謂二十五諦，依據《金七十論》卷上的說法是：

> 變、性、我知故。變者，一、大；二、我慢；三、五塵；四、五根；

㉔ 引見《大正藏》卷 51，頁 913，下－914，上。

五、五知根；六、心；七、五大。是七名變，自性所作故。自性者，無異本因。我者，知者。諸人知此二十五真實之境，不增不減，決定脫三苦。㉕

引文中首先說到了三個概念：變、性、我。所謂「變」(vyakta, vikṛti)，指的是由其他東西「變異」（變化）而產生的前面七類：大 (Mahat)、我慢 (Ahaṃkāra)、五唯（五塵，Pañca-tanmātra）、五（作）根 (Pañca-karmendriya)、五知根 (Pañca-jñānendriya)、心（意根，Manas）、五大 (Pañca-bhūta)。其中，五唯（五塵）一詞中的「唯」（或「塵」），是梵文 tanmātra 的翻譯；那是微細、基本之物質單位的意思。五唯是：（顏）色、聲（音）、香（味）、味（道）、觸（覺）。「五（作）根」一詞的「根」(indriya)，是器官的意思。而「作」(karma)，則是行為的意思。因此，五作根，是指五種行為器官；它們是指：舌、手、足、男根或女根（生殖器）、大遺（肛門）。而五知根，是指五種知覺（認識，jñāna）的器官；它們是：眼（視覺器官）、耳（聽覺器官）、鼻（嗅覺器官）、舌（味覺器官）、皮（皮膚，觸覺器官）。心根（意根），又稱為「俱根」(ubhayendriya)，這是因為它一方面是行為器官（思維的器官），另一方面又是知覺器官（綜合、判斷的心理中心）的緣故。而「五大」一詞中的「大」(bhūta)，乃「大種」(mahābhūta) 的省略語。大種，是指組成物質性之萬物的基本元素；它們是：以堅硬為性質的地 (pṛthivī)、以潮濕為性質的水 (ap)、以溫煖為性質的火 (tejas)、以活動為性質的風 (vāyu)、以無所障礙為性質的空 (ākāśa)。

宇宙中物質性的萬事萬物，例如山河大地、花草樹木、泥石磚瓦

㉕ 引見前書，卷 54，頁 1245，下。

等等，都是由這五種基本元素所組合而成。而這五大種則由五唯（五塵）所組成：聲唯 (śabdatanmātra) 組成了以聲音為性質的空大；觸唯 (sparśatanmātra) 為主，配合聲唯，組成以觸覺和聲音為性質的風大；色唯 (rūpatanmātra) 為主，配合聲唯和觸唯，組成了以顏色、聲音和觸覺為性質的火大；味唯 (rasatanmātra) 為主，配合聲唯、觸唯和色唯，組成了以聲音、觸覺、顏色和味覺為性質的水大；香唯 (gandhatanmātra) 為主，配合色、聲、味、觸等四唯，組成了以聲音、觸覺、顏色、味道和氣味為性質的地大[26]。

五唯可以生起五大，而五唯自己則由我慢所生。我慢還生起五作根、五知根和心根（意根）。我慢，是自我的意識、自我的肯定、自我的執著、自我的愛染。所以《數論偈》第 24 頌說：「我慢我所執。」而《金七十論》卷中的注釋則說：「我慢我所執者，我慢有何相？謂我聲、我觸、我色、我味、我香、我福德可愛。如是我所執，名為我慢。」五唯即是由我慢所生起的，而五大、五作根、五知根，乃至心根（意根），也是由我慢所生起的。所以，《數論偈》第 24 頌接著說：「從此（我慢）生二種，一十一根生，二五唯五大。」而《金七十論》卷中也繼續注釋說：「從此生二種者，從此我慢有二種變異生。何者二

[26] 《金七十論》卷上，曾說：「五唯生五大：聲唯生空大，觸唯生風大，色唯生火大，味唯生水大，香唯生地大。」（引見《大正藏》卷 54，頁 1250，下。）這樣看來，五大是由五唯所一一「變異」而成的；這一說法，和難陀羅．信訶 (Nandalal Sinha) 的說法相同。[Cf. Nandalal Sinha (Eng. tr.), *The Saṃkhya Philosophy*, New Delhi: Oriental Books Reprint Co., 1979, p. ix.] 但和本書的說法不同。本書的說法，是依據 S. Chatterjee and D. Datta, *An Introduction to Indian Philosophy*, Calcutta: Univ. of Calcutta, 1948, p. 272 所說。

種？一、十一根生；二、五唯、五大。」[27]其中，十一根即五作根、五知根和心根。

我慢從何而生呢？答案是：從「大」(Mahat)。大，又稱為覺 (buddhi)、想 (saṃvitti)、遍滿、智 (mati)、慧 (prajñā)。《金七十論》卷上說：「大者，或名覺，或名為想，或名遍滿，或名為智，或名為慧。是大即於智故，大得智名。」[28]之所以名為「大」，是因為它是現象界之萬物的根源；由它生起現象界中的一切事物。在它之前，還有「(自) 性」，那是本體界的存在（詳下）；在它之後，現象界的自我執著、愛染——我慢，乃至五唯、五知根、五作根、五大，以及由五大所組成的山河大地、花草樹木，全都由「大」所（直接或間接）生起。它介於本體界與現象界之間，是兩界的橋樑。這是它之所以稱為「大」的原因。之所以稱為遍滿，無疑地，也是由於相同的原因；另外，它普遍地存在於宇宙的任一個角落，也是它之所以稱為遍滿的原因。之所以稱它為覺、想，乃至慧，則是因為它帶有知覺能力的關係。所以《金七十論》卷上，在解釋「決智」(adhyavasāya) 即是「大」時，曾說：「決智名為大者，何名為決智？謂是物名閿，是物名人；如此知覺，是名決智。決智即名大。」[29]在此，決智是指理解力；但也有貪著、耽染的意思。

其次，「大」是由「(自) 性」(prakṛti) 所生。(自) 性，有時又稱為「(根) 本 (自) 性」(Mūlaprakṛti)，這是因為它是宇宙中一切萬事萬物（包括大、我慢等）之根源的緣故。所以，《金七十論》卷上說：

---

[27] 以上皆見《大正藏》卷 54，頁 1251，中。

[28] 引見前書，頁 1250，下。

[29] 同前注。

「從自性生大，從大生我慢，從我（慢）生五唯，從五唯生十六見。」❸⓪由於大、我慢、五唯，以及五塵（五唯）、五（作）根、五知根、心（根）等「十六見」❸①，全部都是由自性所「變異」而生起的緣故，因此，本節一開頭的引文說：「是七名變，自性所作故。」而自性也就成為「本因」了。因此，本節一開頭的引文又說：「自性者，無異本因。」事實上，《金七十論》卷上❸②，又把自性稱為勝因(Pradhāna)、梵(Brahman)、眾持(Bahudhātmaka)。說它是勝因，無疑地，是因為自性乃一切萬物之「本因」。說它是梵，乃是因為婆羅門教往往以「梵」作為宇宙的最高原理。而眾持，乃眾多(bahu)之存在體(dhā-ātmaka)的意思。自性，做為一切萬物之因，在它裡面，內存著宇宙中的一切萬物（一切存在體）；因此自性稱為眾持。事實上自性是一種原始的物質❸③，因此，由它所變異生起的一切事物，包括往往被其他學派視為心靈活動的覺（大）、我慢和心根（意根），全都是物質性的存在。這是特別值得注意的主張。

以上的自性、大、我慢、五塵（五唯）、五大、五作根、五知根、

---

❸⓪ 引見前書，頁 1246，下。

❸① 十六見（十六諦），是指五大、五作根、五知根和心根（意根）等十六。

❸② 參見《大正藏》卷 54，頁 1250，中一下。

❸③ Ganganatha Jha 曾英譯九世紀中葉，跋遮濕鉢底．彌續羅 (Vācaspati Miśra) 對《數論偈》的注釋——《真理月光註》(*Tattva-kaunudī*)。在 Jha 的英譯本中，曾把 prakṛti（自性）譯為「根本物質」(root-matter)、「原初物質」(primordial matter)，或簡單譯為「物質」(matter)。另外，S. S. Suryanarayana Sastri, *The Sāṅkhya Kārikā of Īsvara Kṛṣṇa*, Madras: Univ. of Madras, 1935，則譯為「初性」(Primal Nature)。(Cf. S. Radhakrishnan and C. A. Moore, *A Source Book in Indian Philosophy*, Princeton Univ. Press, 1957, p. 427.)

心根（意根），再加上（神）我，即成二十五諦，亦即本節一開頭引文所說的「二十五真實之境」。在那段引文當中還說：「諸人知此二十五真實之境，不增不減，決定脫三苦。」也就是說，澈底了解二十五諦的人，就能夠脫除「三苦」而解脫。在此，三苦是指：依內苦 (ādhyātmika-duḥkha)、依外苦 (ādhibhautika-duḥkha)，以及依天苦 (ādhidaivika-duḥkha)。依內苦，是指生命體內在的身心病苦；依外苦，是指自然界之其他生命體，例如毒蛇猛獸，所加之於生命體的痛苦；而依天苦則是自然界之現象或天災，例如寒、熱、風、雷，所加之於生命體的痛苦㉞。一個體悟了二十五諦的人，就能脫離這三苦，而達到解脫的境界。

本節一開頭的引文還說：大、我慢、五塵、五（作）根、五知根、心、五大等七大類，為「變（異）」(vyakta)。所謂變，即是由自性所變化而生起的意思。所以，那段引文還說：「是七名變，自性所作故。」相反的，自性本身並不是「變（異）」；因為在它之上，再也沒有其他更高的原理，可以變化而生起它來。所以《金七十論》卷上說：「本性 (Mūlaprakṛti) 無變異 (avikṛti)。」又說：「本性者，能生一切，不從他生；故稱本性。本性能生於大，是故得『本』名；不從他生故，是故非變異。」㉟而在同屬於「變（異）」的七類當中，大、我慢、五塵等三類，和另外的十六類（五作根、五知根、心、五大），仍然有細微的不同：大、我慢和五塵這三者，雖然屬於被生起的「變（異）」當中，但是它們本身也會生起其他事物；例如，大生起我慢，我慢生起五塵，而五塵生起另外的十六類。因此，這三者除了是「變」以外，

㉞ 詳見《金七十論》卷上；《大正藏》卷 54，頁 1245，上。

㉟ 以上皆見《大正藏》卷 54，頁 1245，下。

還和自性一樣，是屬於能生起其他事物的「本」。所以，《金七十論》卷上說：「大、我慢、五塵，此七亦本亦變異。」㊱但是，五作根、五知根、心和五大這十六類，卻和自性之「本」，乃至大、我慢、五塵之既「本」又「變」不同：這十六類只是「變」，而不是「本」；因為它們都由其他的事物所生，卻不生起任何事物㊲。所以，《金七十論》卷上說：「十六但變異者，空等五大、耳等五根、舌等五作根及心，是十六法但從他生，不生他，故但變異。」㊳

二十五諦中有「（神）我」(Puruṣa) 一諦；什麼是「（神）我」呢？那是一種純粹的意識主體；所以，本節一開頭的《金七十論》引文，曾說：「我者，知者。」事實上，梵文 Puruṣa 的字面意義是「人」，它是《梨俱吠陀（第 10 章）‧原人讚歌》中的最高宇宙原理。在那裡，我們曾把 Puruṣa 譯為「原人」；祂是具有千手千眼的巨大神祇。而在數論的哲學當中，神我和自性都是宇宙的最高原理，但神我不再是一有形的神祇；它是每一生命體的內在靈魂——「自我」(ātman)㊴。基

㊱ 引見前書。

㊲ 五大雖然生起山河大地、花草樹木，因此，似乎應該列在既「本」又「變」之中；但是山河大地、花草樹木都不在二十五諦當中，因此略而不計。

㊳ 引見《大正藏》卷 54，頁 1245，下。

㊴ 在數論的文獻中，也許並沒有明言「神我」即是《奧義書》中的「自我」，但在許多帶有數論色彩的《奧義書》中，卻往往以「自我」來取代「神我」。例如，《生氣火祀奧義書》第 4 章即說：「在這奉獻身體的祭禮之中，以祭柱和祭繩為莊嚴；自我 (Ātman) 為祭主，覺 (buddhi) 為妻子，《吠陀》為大祭司 (Ṛtvij)，⋯⋯我慢 (Ahaṃkāra) 為祭官 (Adhvaryu)，⋯⋯唯（塵，Tanmātra）為祭典的伴侶，大種 (Mahābhūta) 為初獻，諸大 (Bhūta) 為後獻⋯⋯。」（譯自 Paul Deussen, *Sixty Upaniṣads of the Veda*, vol. II, p. 650.）

本上，數論派是一個多我論者，所以，《金七十論》卷上說：「我多，隨身各有我。」而它的理由則是：「若我是一，一人生時，則一切皆生，……一人死時，一切皆死。」㊵事實上，本章第一節已經說過，數論是個無神論的婆羅門教教派；在它的宗教哲學裡，並沒有預設創造萬物的最高神祇存在。所有的萬物，都由物質性的自性，所變異而生。

然而，物質性的自性，既然是宇宙萬物的「本因」，那麼，精神性的神我，到底扮演什麼角色呢？答案是：它扮演助成自性生起萬物的角色。《數論偈》第 21 頌說：「我求見三德，自性為獨存；如跛盲人合，由義生世間。」有關這四句中的第一句——「我求見三德」，《金七十論》卷上解釋說：「『我求見三德』者，我有如此意：『我今當見三德自性。』故我與自性合。」㊶也就是說，做為精神性最高原理的「(神) 我」，因為有了見到「三德自性」的欲望，於是就和自性合作，創造了萬物。這即是第一句頌文——「我求見三德」所說。(有關「三德」一詞，詳下。) 事實上，精神性的神我，就像是一個明眼的跛子，雖能知見，卻無法行動；而物質性的自性，卻像盲人，雖能行動，卻無法看見道路。此時，如果盲人和跛子互相合作、扶持，即能逃離險境。所以，上引《數論偈》的第三、四句說：「如跛盲人合，由義生世間。」

《金七十論》卷上，在神我真實存在的證明當中，曾說：

我見世間一切聚集，並是為他。譬如床席等聚集，非為自用，必皆

㊵ 以上皆見《大正藏》卷 54，頁 1249，下。

㊶ 引見前書，頁 1250，中。

為人設。有他能受用，為此故聚集。屋等亦如是，大等亦如是。五大聚，名身。是身非自為，決定知為他。他者，即是我。故知我實有。㊷

在這裡，明白地說到：自性所造出來的萬事萬物，例如由五大所聚集而生起的身體，並不是為了自性的「自（己享）用」，而是有其「受用」者。而這一受用者，即是神我。因此，精神性的神我（靈魂），如果寄存於物質性的身體之中，身體即有「作用」；相反地，神我若離開了身體，身體則「不能作（用）」。神我和身體之間的關係是這樣；神我和自性之間的關係，也是如此。沒有神我，自性就無法變化而生起讓神我「受用」的萬物。所以，《金七十論》卷上說：「若人依此身，身則有作用；若無人依者，身則不能作。如《六十科論》中說。自性者，人所依故，能生變異。是故知有我。」㊸總之，自性像盲人一樣，是能盲目創造萬物的「作者」；而神我則像跛子，是指導自性去創造的原理，也是受用（這些創造物）者、覺知（這些創造物）者。

前文曾引《金七十論》的論文說：神我想見到的「三德自性」，因而自性即創造了萬物給神我受用。然而，什麼是「三德自性」呢？原來，這是「具有三德的自性」之省略語。也就是說，三德是自性所具有的三股成分。依據《金七十論》卷上的說法，這三股成分是：

㊷ 引見前書，頁 1249，中。

㊸ 同㊷。另外，引文中所引據的《六十科論》(*Ṣaṣṭitantra*) 論文，不知是前句或後句，因此筆者沒有採用引號來標示。

> 三德者，一、薩埵；二、羅闍；三、多磨。喜為薩埵體，羅闍憂為體，闇癡多磨體。……是三德何所作？初能作光照，次則作生起，後能作繫縛。[44]

三德 (triguṇa)，是指組成自性的三股要素[45]；由引文，我們知道它們是：⑴薩埵（喜，樂，貪，sattva）；⑵羅闍（憂，苦，嗔，rajas）；⑶多磨（闇，捨，癡，tamas）。其中，薩埵代表快樂、浮昇、光亮、照明等特質；所以引文說：「初（薩埵）能作光照」。以它為主，形成了生命體的有情世間。當它表現為生命型態時，即為知覺 (jñāna)。相反地，多磨代表事物中靜態或否定的一面；以它為主，形成了非生命的無情世間——器世間。它代表滯重，可以阻止羅闍所帶來的活動（詳下）。它也代表愚癡和黑暗（混沌），所以引文說：「後（多磨）能作繫縛」。而羅闍則代表事物之中動態的原理；它永遠活動著，也促使其他事物活動著。由於它，非動態的薩埵和滯重不動的多磨，才能活動起來；所以引文說：「次（羅闍）則作生起」。而在生命體中，它是痛苦之源。

三德是自性中三股不可分割的成分，它們相生相剋，共同創造宇宙中的萬事萬物。三德中的任何一德，都無法獨立創造事物；必須有另外兩德的幫助，才能完成創造萬物的過程。所以，《金七十論》卷

---

[44] 引見《大正藏》卷 54，頁 1247，下。

[45] 「三德」一詞中的「德」(guṇa)，有性質、要素（成分）、股（織成一條繩子之粗線——「股」）等意思。(Cf. S. Chatterjee and D. Datta, *An Introduction to Indian Philosophy*, p. 260.) 而在數論，「股」是最為貼切的翻譯。因為三德不只是自性的抽象性質，而且是自性當中可以創造萬物的三股成分。

上，曾說三德之間，具有更互相伏、更互相依、更互相生、更互相雙、更互（相）起等五事。而在說明更互相依和更互相生時，曾說：

> 二、更互相依者，是三德相似，能作一切事。如三杖互能相依，能持澡灌等。三、更互相生者，有時喜生憂癡，有時憂惱能生喜癡，有時癡能生憂喜。譬如三人，更互相怙，同造一事。如是三德，在大等中，更互相怙，共造死生。㊻

引文所謂三德在「大」等當中「更互相怙，共造死生」，我們可以舉三德在我慢中創造萬物為例，來加以說明：首先，《金七十論》卷中說：「從此我慢，有二種變異生。何者二種？一、十一根生；二、五唯、五大。」引文告訴我們，我慢可以生起五作根、五知根和心根等「十一根」，以及五唯和五大。接著《論》又說：「若覺中喜增長，則生我慢，……此我慢是喜種，……能生十一根。云何得知？此以喜樂多故，輕光清淨故，……說此十一名為薩埵種。」㊼這是說，如果內存於自性之中的薩埵（喜德），力量蓋過其他多磨、羅闍二德，那麼，就會由「覺」（大）生起我慢，然後由我慢再生起十一根。因此，十一根是由於覺或我慢中的薩埵力量較強時，而生起的。十一根，代表的是生命體的有情世間；因此，有情世間是因為自性中的薩埵較強時，才生起的。

相反地，由五唯和五大所變化而生起的無情世間——器世間，則是由於自性中的多磨（闇德）較強時，才生起的。所以，《金七十論》

㊻ 引見《大正藏》卷 54，頁 1247，下－1248，上。

㊼ 引見前書，頁 1251，中。

卷中說：「若大中闇（多磨）增長，則生我慢，……此我慢是癡（多磨）種，……生五唯故，五唯及五大，悉闇癡（多磨）種類。」[48]

值得注意的是，三德中的羅闍，雖然是以「生起」為其特性（詳前引《金七十論》文），卻只能促使另外兩德去創造有情世間和器世間；它自己並不創造任何事物。

現在，讓我們用下面的圖表，把神我和自性合作生起萬物的整個過程，表示出來：

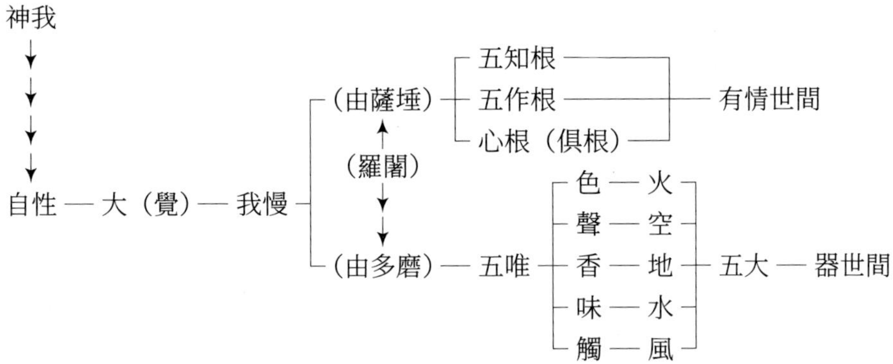

在上面這個圖表當中，神我和自性之間，以箭頭連接；這意味著透過神我對自性的欲望（希望見到「三德自性」），而後助成自性生起萬物。因此，真正創造萬物的原因是自性，而非神我。也就是說，自性既是「物質因」(material cause)，又是「動力因」(efficient cause)；而神我則是「目的因」(final cause)。其次，三德當中的羅闍，和另外兩德之間，也是以箭頭連接；這意味著羅闍並沒有直接創造萬物，而是分別助成薩埵創造有情世間、多磨創造器世間。

[48] 同[47]。

最後，還值得一提的是：覺（大）、我慢和心這三者，稱為「內在的行為器官」——「內作具」㊾。一般的學派都把這三者視為精神體；但是，由於它們都由物質性的自性所生，因此，在數論的哲學當中，這三者都屬物質性的存在。既然是物質性的存在，照理不應該有精神性的作用或活動才對；但實際上這三者卻都具有精神性的作用和活動。無疑地，這是因為神我加入三者之中而起作用的緣故。所以，《金七十論》卷中解釋為什麼它們叫做「內作具」時，曾說：「不取外塵故，是故立名內。能成就我意方便故，是故說名具。」㊿其中，「成就（神）我（之心）意」是這三者被稱為「具」（器具，即器官）的原因。

另外，在這三者之中，「覺」是特別值得注意的。前面說過，「覺」又稱為想、智、慧，或決智。因此，思想、知覺和智慧顯然是「覺」的重要屬性。事實上，《金七十論》卷上也說到：「覺」具有「內智」和「外智」；內智是「三德及我」，而外智則是有關皮陀分、式叉論(Śikṣa)、毘伽羅論(Vyākaraṇa)、劫波論(Kalpa)、樹底張履及論(Jytiṣa)、闡陀論(Chandas)、尼祿多論(Nirukta)等聖典的知識[51]。而且，當薩埵之德偏多時，「覺」就像一面鏡子，可以反射神我照耀在它上面的智慧之光；然後產生變化(vṛtti)，成為獲得正確知識的方法——「（能）量」(pramāṇa)[52]。因此，所謂「量」，其實是純粹精神性的神

㊾ 《金七十論》卷中說：「覺、（我）慢、心三種，是名內作具。」（引見《大正藏》卷54，頁1253，中。）

㊿ 引見《大正藏》卷54，頁1253，中。

[51] 參見前書，頁1251，上。其中，皮陀分等六種典籍的說明，請參見隋．吉藏，《百論疏》卷上之下；《大正藏》卷42，頁251，上一中。

[52] 梵文pramāṇa的字面意思是尺度、標準，引申為正確認識的手段、方法等。因此，它是獲得正確知識的準則。另外，《金七十論》卷上則說到：形成

我，所放射出來的智慧之光的變形。在此，神我是「(測)量者」(認識者、推論者、聽聞者，pramātā)；而「量者」利用「(能)量」而獲得的正確知識，則是「所量」(prameya)。這三者——(測)量者、(能)量、所量，構成了正(確)知(識)(pramā)的三要素[53]。

至於「量」(正確知識之獲得方法)的種類，《金七十論》卷上說到了三種：證量(現量，pratyakṣa)、比量(anumāna)和聖言量(śabda或āgama)[54]。其中，證量即是感官知覺，指的是五知根知覺外在世界的能力。比量是推理，聖言量則是聽聞有權威之聖者(包括聖典)所說的道理。這三量都是獲得正確知識的方法。而比量又分為三種：有前(pūrvavat)、有餘(śeṣavat)和平等(sāmānyatodṛṣṭa)。有前比量是從現在的理由，推論到未來的結論；例如：從天上有烏雲，推論到不久之後必定下雨。有餘比量是從現在的理由，推論到過去的結論；例如：從現在「江中滿新濁水」，推論到不久前「上源必有雨」。而平等比量則是從現在的理由，推論到同樣是現在的結論；事實上，它是類比推論(analogy)的一種；例如：從現在見到「巴吒羅國菴羅樹發華」，推論到同樣是現在「憍薩羅國亦復如是」[55]。

「量」的重要關鍵——「覺」，共有八分；其中四分是由薩埵(喜)所組成，另外的四分則由多磨(闇癡)所組成。由薩埵組成的四分，即是：法(德性)、智慧、離欲和自在。法即禁止性的五戒(不殺、不盜、實語、梵行、無諂曲)，稱為「尼夜摩」(niyama)；以及鼓勵性的無瞋恚、恭敬師尊、內外清淨、減損飲食、不放逸，稱為「夜摩」(yama)。智慧，即本書所說的內、外智。而離欲、自在，則是解脫之狀態。這些都含藏在「覺」之中。

[53] Cf. S. Chatterjee and D. Datta, *An Introduction to Indian Philosophy*, p. 275.

[54] 詳見《大正藏》卷 54，頁 1245，下－1246，上。

[55] 詳見前書，頁 1246，上。

在這三種比量之中，神我和自性的存在，必須利用平等比量才能證知。原因是：它們都不是感官知覺的對象（所謂「過根」），無法以「證量」來證知其存在。所以，《金七十論》卷上說：「自性及與（神）我，此境過根故，平等能別。」[56]有關這點，我們將在下節再做討論。

為了讓讀者更清楚神我和覺、量之間的關係，我們以下面的圖表，來歸納前面所說的內容：

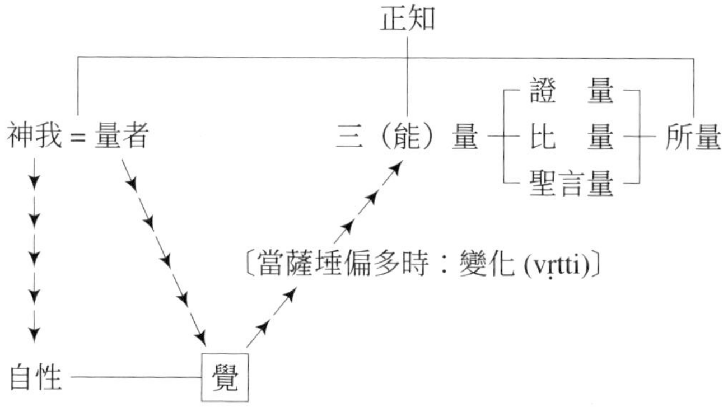

第三節　數論派的「因中有果論」

在佛教的文獻當中，數論學派往往被視為「因中有果論」(Satkārya-vāda) 的代表。和數論派常有往返批判的瑜伽行派，其最重要的代表作——《瑜伽師地論》，卷 6，即曾這樣介紹雨眾外道（數論派之一支）的「因中有果論」：

---

[56] 引見前書。引文中的「此境過根」，意思是：神我及自性這兩個認知對象——「境」，超過了「（五知）根」的認知範圍。因此，這二「境」，無法用五根之「證量」來證知，必須用（平等）比量才能證知。

> 因中有果論者，謂如有一若沙門，若婆羅門，起如是見，立如是論：常常時，恆恆時，於諸因中具有果性。謂雨眾外道作如是計。[57]

屬於中國瑜伽行派（唯識法相宗）的作品之一——唐．窺基，《大乘法苑義林章》，卷1，則更加詳細地介紹雨眾外道的「因中有果宗」：

> 因中有果宗，謂雨眾外道，執諸法因中常有果性。如禾以穀為因；欲求禾時，唯種於穀。禾定從穀生，不從麥生。故知穀因中，先已有禾性。不爾，應一切從一切法生。[58]

另外，傳說是世親所寫的《佛性論》，卷1，也曾說到數論派的因中有果論：

> ……自性生五唯等，自性為因，五唯為果。因中已有果，果時亦有因。至五唯時，自性終不失。[59]

由引文可以看出，數論派的因中有果論，是為了保證自然界中因果律的必然性。因為，如果因中沒有果性存在的話，就不能保證某因必然生起某果；此時，因果律的必然性即被破壞。因此，必須主張因中有果。而且，從世親的《佛性論》看來，所謂的因中有果，除了具有「因中已有果」的內涵之外，還包含「果時亦有因」的意義在內。

---

[57] 引見《大正藏》卷30，頁303，下。

[58] 引見前書，卷45，頁249，下。

[59] 引見前書，卷31，頁791，下。

例如，由於自性中含有薩埵、羅闍、多磨等三德，因此，由自性所生起的五唯乃至五大、五作根、五知根、心根等萬物，也都含有這三德。所以，《金七十論》卷上說：

> 變異有三德。變異者，所謂大、我慢乃至五大等。此二十三皆有三德：一、樂；二、苦；三、癡闇。末有三德，故知本有三德；末不離本故。譬如黑衣從黑縷出，末與本相似，故知變異有三德；變異由本故。自性有三德，謂本末相似。❻⓪

引文中明白地說到，做為宇宙萬物之「本因」的自性之中，具有三德；同樣地，由自性所直接或間接生起的「末果」——大、我慢乃至五大等二十三諦，也都和自性一樣，具有三德。像這樣，末果中所具有的三德，也同時存在於本因中，即是因中有果論。更有進者，數論在自性存在的證明當中，也用到了因中有果論的主張：

> 自性實有，云何得知？……同性故者，譬如破檀木，其片雖復多，檀性終是一。變異亦如是，大等雖不同，三德性是一。以此一性故，知其皆有本。故知有自性。❻❶

數論派之所以會有這種意義的因中有果論，乃是基於它特有的宇宙論。《金七十論》卷上，曾討論了兩種意義的宇宙論；而數論的宇宙論，是屬於其中的「轉變生」：

---

❻⓪ 引見前書，卷 54，頁 1247，中。

❻❶ 《金七十論》卷上；引見《大正藏》卷 54，頁 1248，下。

外曰：「世間生有兩：一者轉變生，如乳等生酪等；二、非轉變生，如父母生子。自性生變異，為屬何因生？」答曰：「轉故，如乳酪。自性轉變，作變異。故是變異，即是自性。是故別類生，此中不信受。」62

引文首先討論了兩種不同意義的「生」：(1)轉變生，就像乳生酪，酪生酥，酥生醍醐這樣的「生」。(2)非轉變生，就像父母生兒子一樣的「生」。而自性生大等「變異」，是屬於第一種的「轉變生」。非轉變生，因和果完全不相同——父母和兒子是不同的三人。相反地，像牛乳生起酪、酥、醍醐等乳製品這樣的轉變生，當乳轉變而生起酪時，乳已消失而完全成為酪；當酪轉變而生起酥時，酪已消失而完全成為酥；當酥轉變而生起醍醐時，酥已消失而完全成為醍醐。同樣地，當自性轉變而生起大時，自性消失而完全成為大；當大轉變而生起我慢時，大消失而完全成為我慢；乃至五大轉變而生起山河大地時，五大消失而完全成為山河大地。這是為什麼自性中的三德，同時也存在於大等變異之中的緣故；也是為什麼從山河大地中具有三德的前提，可以推論到自性存在而且也具有三德之結論的原因。因此，《金七十論》卷上說：「大等諸末，有三種德：一、樂；二、苦；三、癡闇。此末德離本德，末德則不成。故由末德比本，是故自性由平等比成。」63

62 引見前書，頁 1249，上。

63 引見前書，頁 1246，上－中。引文最後的「自性由平等比成」，是「自性的存在，可以由平等比量，加以證明成立」一句的簡語。可以由平等比量證明其存在，意思是：由於自性和大等變異，都具有三德；因此，它們是相類似的存在。而現在已知具有三德的大等變異存在，所以，可以推知與之相似的事實上，數論派「自性轉變」(Prakṛti-pariṇāma) 的宇宙論，乃是對於《奧義書》中某種宇宙論的反省。《唱贊奧義書》6, 2–5，曾記載一位大哲學家——優陀羅迦．阿盧尼 (Uddālaka Āruṇi)，對於《梨俱吠陀（第 10 章）．無有讚歌》的懷疑。《無有讚歌》說：由「無」(Asat)，可以生起宇宙萬物。而阿盧尼卻以懷疑的口吻責問：「有人說：『宇宙初起只有無 (Asat)，獨一無二；由無生有。』……但是，『無』怎麼可能生『有』呢？」於是，阿盧尼提出他自己由「有」(Sat) 生萬物的宇宙創造說：首先由「有」生起火、水和食物這「三神性」(tri-devatā) 或「三重」（三要素，trivṛt）。然後再由這三重生起宇宙萬物[64]。

然而，數論卻更進一步懷疑優陀羅迦．阿盧尼所提出的這個宇宙生起論。在阿盧尼的理論當中，做為宇宙最高原理的「有」，乃是「自我」(Ātman) 的異名；因此，「有」乃純粹精神的存在體。數論則質疑：一個純粹精神的最高原理，怎麼可能生起物質性的萬事萬物呢？在這個質疑當中，無疑地，數論派又用了因中有果論。也就是說，本因和末果必須具有相同的成分（性質）——「德」(guṇa)。而阿盧尼的本因是一純粹精神的「有」，末果（山河大地）卻是物質性的存在；二者顯然不具相同的成分（性質）。因此，數論不滿意阿盧尼的這一宇宙

自性也存在。這點，可以從《金七十論》卷上的一段話得到進一步的證明：「自性實有，微細故不見。……外曰：『若不可見，云何得知有？』答曰：『……依平等比量，知自性實有。……從自性生大，從大生我慢，從我（慢）生五唯，從五唯生十六見。大等事有三德，故知自性有三德也。』」（引見《大正藏》卷 54，頁 1246，中－下。）

[64] 參見第三章第三節。

論。

數論雖然不滿意阿盧尼的宇宙論，卻顯然受到這一理論的影響。為了補救阿盧尼的理論缺陷，數論在精神性的最高原理——神我之外，加入了物質性的自性，做為宇宙萬物的第二個最高原理。如此即能補救精神生起物質的缺失。但是，阿盧尼理論的整個架構——「最高原理」生起「(三)元素」(火、水、食物)，「(三)元素」生起「現象界的萬物」，卻被數論派的「自性轉變論」所完整地保留。數論派的最高原理，儘管有神我和自性二者；但是這二者（本體界）和現象界（五作根、五知根、心根乃至山河大地）之間，卻和阿盧尼的理論一樣，存在著兩種中介的「元素」——大和我慢。因此，數論派的「自性轉變論」，其實是優陀羅迦．阿盧尼之理論的改良。

數論派站在「因中有果論」的主場，曾對佛教和衛世師（勝論派）的因果論大力批判。在數論學派的眼裡，佛教的因果論屬於「非有非無論」；而衛世師的因果論，則是「因中無果論」(Asatkārya-vāda)，亦即「創生論」(Ārambha-vāda)[65]。

佛教所謂的「非有非無論」，是這樣的：「釋迦所說，土聚中瓶，不有不無。」[66]在此，土聚（泥土）是製作成瓶子的「因」，而瓶子則是「果」；而佛教的因果論以為：做為「因」的土聚之中，既不是存有瓶子之「果」，也不是不存有瓶子之「果」。也就是說，瓶子既不是存

[65] 創生 (ā-rambha)，字面的意思是開始、發起、著手。也就是無中生有的意思。因中無果論，主張「果」不存在於「因」中；因此，就某種意義而言，「果」是一種不同於「因」，而且全新的東西。這是為什麼因中無果論又叫做創生論的原因。

[66] 《金七十論》卷上；引見《大正藏》卷 54，頁 1246，下。

在於土聚之中，也不是不存在於土聚之中。數論學派對於佛教的這種「非有非無論」，做了「有」（非無）、「無」（非有）互相矛盾，以致不可能同時成立的批判：

> 釋迦所說非有非無，是義不然，自相違故。若非有者，即成無；若非無者，即是有。是有、無者一處相違，故不得立。譬如有說：活此人者亦死亦活。此言相違，則不成就。❻❼

其次，衛世師（勝論派）的「因中無果論」或「創生論」，是這樣的：做為「果」的瓶子，乃「先無後有」於做為「因」的土聚之中。也就是說，土聚之中原本沒有瓶子，瓶子是後來（土聚製作成瓶子之後）才有的❻❽。

對於衛世師的「因中無果論」，數論學派以五個理由加以反駁❻❾：

(1)「無不可作」：

亦即「無」中不可能生起（創作）「有」來；就像沒有油的礫沙之中，永遠無法擠壓出油來一樣。

---

❻❼ 同❻❻。另外，《金七十論》卷上，曾站在佛教的立場，對數論派的這一批判，做了反駁：「此計不然，何以故？釋迦無此執故。若釋迦說『非有』，不執『無』；說『非無』，不執『有』。離有、無執，故不成破也。」（引見《大正藏》卷 54，頁 1246，下。）不過，如果《金七十論》的注解（長行）是由數論派的學者所撰（參見⓭），那麼，這段佛教的反駁，顯然是後來才加進去的。

❻❽ 參見《金七十論》卷上；《大正藏》卷 54，頁 1246，下。

❻❾ 以上五點理由，皆見前書，頁 1246，下－1247，上。引號中文，皆原文；不另注明出處。

(2)「必須取因」：

亦即某一特定的「果」，必定有某一特定的「因」；就像如果要取得「蘇（酥）酪」，必須事先取得「乳」，而不可事先取得「水」一樣。可見做為「因」的牛乳之中，已經存在著做為「果」的酥和酪。

(3)「一切不生」：

「若因中無有果者，則一切能生一切物；草、沙、石等，能生銀等物。此事無故，故知因中有果。」也就是說，如果真的像「因中無果論者」（勝論派）所說的那樣，「因」中雖然沒有「果」的存在，卻又能夠生起「果」來，那麼，某一特殊的「因」，就能夠以任何事物做為它的「果」。這樣一來，草、沙、石都可以生起金、銀、財寶來了！但實際上並不是這樣，所以「因」中不可能沒有「果」。

(4)「能作所作」：

「能（製）作（陶器）」的陶器師傅，只會從「土聚」製作出「(被陶師）所（製）作（出來)」的「瓶瓮」，而不會從「草木」等其他東西製作「瓶瓮」。可見只有土聚才能生起瓶瓮；土聚和瓶瓮之間，顯然具有「因中有果」的依存關係。

(5)「隨因有果」：

「謂隨因種類，果種亦如是。譬如麥芽者，必隨於麥種。若因中無果者，果必不似因。是則從麥種，豆等芽應成。以無如此故，故知因有果。」也就是說，「因」與「果」必須相似，否則麥種就會長出豆芽來。既然因、果相似，就必須預設因中有果論。

以上五點數論派反駁衛世師（勝論派）之「因中無果論」的理由，其實可以歸納成為下面的三點：

㈠「無」不能生「有」：

即第⑴個理由。「果」如果不存在於「因」中，「果」即無法由「無」（因）中生出來。其實，這是繼承優陀羅迦．阿盧尼懷疑《梨俱吠陀．無有讚歌》之「無」中生「有」的精神（詳前文）。

㈡「因」與「果」乃一對一的不變關係：

即第⑵—⑷等三點理由。亦即，某一特定的「因」，必有某一特定的「果」；反之，某一特定的「果」，必有某一特定的「因」。一「因」只能生起一「果」，一「果」也只能由一「因」生起。

㈢「因」與「果」必須相似：

即第⑸點理由。亦即「因」與「果」必須具有相同的性質。其實，這只是所謂「自性（因）含三德，變異（果）也含三德；反之亦然」之說法的普遍化而已（參見本章第二節）。

數論學派的因中有果論，可能碰到的一個理論困局是：如果「果」已存在於「因」之中，那麼，「果」與「因」豈不是沒有什麼差別可言？世親，《佛性論》，卷 1，即曾站在佛教的立場，提出這樣的質疑：

> 若汝謂自性生五唯等，自性為因，五唯為果。因中已有果，果時亦有因。至五唯時，自性終不失。五唯、自性即並本有故，自性、五唯其體則一。若爾，因果無差，云何說五唯能比知自性？此即自體以比自體，義何謂乎？[70]

[70] 引見《大正藏》卷 31，頁 791，下。

引文明白地說到：做為「果」的五唯，如果已經存在於做為「因」的自性之中，那麼，「因」和「果」就沒有差別。既然因、果沒有差別，怎麼可能像數論學派所做的那樣，從五唯（果）的存在和具有三德，（類比）推論到自性（因）的存在和同具三德呢？（詳本章第二節）像這樣的類比推論（平等比量），是錯誤的推論；因為它是從自體（五唯）推論到自體（自性）。

數論學派當然意識到它的因中有果論，可能陷入因果不分的錯誤之中；因此，數論學派又提出一種被許多佛教文獻稱為「從緣顯了論」的因果理論。《大乘法苑義林章》，卷 1，曾簡略地介紹了這一理論：

> 從緣顯了宗，謂即僧佉……。僧佉師計：「一切法體，自性本有。從眾緣顯，非緣所生。若非緣顯，果先是有，復從因生，不應道理。」71

而《瑜伽師地論》，卷 6，則做了比較詳細的介紹：

> 從緣顯了論者，謂如有一若沙門若婆羅門，起如是見，立如是論：「一切諸法，性本是有。從眾緣顯，不從緣生。」謂即因中有果論者……作如是計。問：「何因緣故，因中有果者，見諸因中先有果性，從緣顯耶？」答：「……彼如是思：『果先是有，復從因生，不

---

71 引見前書，卷 45，頁 249，下。其中，「一切法體，自性本有」一句的意思是：一切事物（法），在本質（自性）上，都是原本就已存在的。而所謂「從眾緣顯，非緣所生」的意思則是：一切事物都是從各種條件（緣）所顯現出來，而不是從這些條件（緣）所生起。在此，「緣」即是「因」。

應道理。然非不用功；為成於果，彼復何緣而作功用？豈非唯為顯了果耶？』彼作如是妄分別已，立顯了論。」[72]

從這兩段引文當中，我們可以了解數論派之所以主張「（從緣）顯了論」的理由：既然是「因」中已經有「果」，「果」原本已經存在，那麼，「因」並不是真正生起「果」的條件（緣）；「因」的「功用」只在「顯了果」。也就是說，「果」雖然早已存在，卻被隱覆而不顯現明了。而「因」的功用，只在讓「果」從隱覆的狀態，變成顯現明了的狀態而已。

就數論來說，宇宙萬物的根本原因（本因）是「自性」；而大、我慢、五唯、五大、五作根、五知根、心根，乃至山河大地、花草樹木等宇宙中的萬事萬物，全都是「自性」的「果」。自性之「因」永遠存在（常住），而早已內存於自性之「因」當中的這些「果」，也因而必然永遠地存在（常住）。所以前面的兩段引文說：「一切法體，自性本有」；「一切諸法，性本是有」[73]。像這樣的說法，佛教文獻當中稱之為「諸法皆常宗」、「計常論」[74]。無疑地，這也是因中有果論所衍生

[72] 引見《大正藏》卷 30，頁 304，上。

[73] 第一句中的「自性」，並不是做為宇宙萬物之「本因」的自性，而是「法」（事物）的內在本質。（參見[71]。）

[74] 《大乘法苑義林章》卷 1，曾這樣描寫「諸法皆常宗」：「諸法皆常宗，謂伊師迦計：我及世間，皆是常住。」（引見《大正藏》卷 45，頁 249，下。）引文中的伊師迦，即是僧佉（數論）的異譯。另外，《瑜伽師地論》卷 1，也對「計常論」做了說明：「計常論者，謂如有一若沙門，若婆羅門，起如是見，立如是論：『我及世間皆實常住，……不可損害，積聚而住。』如伊師迦。」（引見前書，卷 30，頁 307，下。）

出來的理論。

數論派「諸法皆常」（計常）的主張，至少含有兩個內容：⑴諸法（一切事物）都是真實存在的；⑵諸法都是永恆的（常住的）。其中，第⑵點和佛教各宗各派共同的主張——「無常論」（剎那論，Kṣaṇika-vāda）相矛盾；而第⑴點也和大乘佛教「空宗」(Śūnyavādin) 的主張——「一切皆空」相衝突。站在「諸法皆常」的立場，數論學派曾對佛教的這兩個理論，展開攻擊。另外，⑴和⑵兩點，和佛教各宗各派所共同主張的「無我論」（無靈魂論，Anātma-vāda）也互相衝突。因此，數論派也給以無情的批判。

例如，《數論聖教經》 I, 19–20，即曾這樣地批判佛教的「無我論」：「沒有自性的（與之相）結合，即無神我的繫縛；（因為）它（神我）以常住、永恆清淨、解脫、無縛為本性。」(I, 19)；「（繫縛的形成）也不是由於無明；因為不存在的事物（指無我），不可能有繫縛。」(I, 20)；也就是說，如果像佛教所主張的那樣，神我並不存在，那麼，輪迴生死的繫縛即不可能成立。這自然是主張有輪迴的佛教，所不能接受的。而同書 I, 27，也說：「其次，繫縛也不是由（反映自）外物……的習氣 (vāsanā) 所引生。」對於後面這句話，十五世紀的阿㝹婁馱 (Aniruddha)，在其注釋 (Vṛtti) 當中，則解釋說：「（《數論聖教經》的）作者反駁佛陀的觀點。……在佛陀的系統之中，由於永恆的神我不存在，而且習氣的保存並不永久，那麼，誰被繫縛呢？」[75]換句話說，數論派以為，在「無神論」的理論之下，繫縛的原因既不可能解釋為來自無明，也不可能解釋為來自「（煩惱）習氣」[76]。因為無

---

[75] Cf. Nandalal Sinha, *The Saṃkhya Philosophy*, pp. 37～38, 43, 51.

[76] 依照佛教瑜伽行派的說法，當心體面對外在世界的事物時，這些事物的影像

明也好，習氣也好，根本沒有附著的主體——「(神) 我」。既然沒有附著的主體，又哪來繫縛呢？

其次對於佛教的「剎那論」，《數論聖教經》I, 39 做了這樣的批判：「(因與果的關係，無法建立在無常的事物之上，即使這些事物是持續變化的。) 因為，當前者 (因) 已經消失之時，不可能與後者之間，存在著 (因果上的) 關係。」而阿毿婁馱則解釋說：「……在剎那論之下，那 (生成) 是不可能的……。」❼也就是說，數論派批評佛教的剎那論，無法解釋「因」生「果」的現象。原因是：諸法 (事物) 既然只是剎那的存在，那麼，當「因」滅去時，「果」還來不及生起；「因」與「果」之間並沒有什麼關聯。因、果既然沒有關聯，就不能說「果」是由「因」而生起。這樣一來，因果之間的必然性，即無法建立起來。

對於「一切皆空」的佛教主張，《數論聖教經》I, 42–43，則做了這樣的批判❽：

> (世界) 並非只是 (內心的) 觀念，因為它 (觀念) 是 (有關) 客體世界的知覺。(I, 42)
> 如果外在的客體世界不存在，那麼，(外在客體世界是) 空的知識，也就不存在。(I, 43)

會印入心中；而這些事物的影像，即是「習氣」。

❼ Cf. Nandalal Sinha, *The Saṃkhya Philosophy*, p. 60.

❽ 以下有關《數論聖教經》I, 42–43 的經文，以及阿毿婁馱的注釋，請參見❼所引書，頁 62～64。

阿毶婁馱的注釋曾經明白地指出，(I, 42) 這句經文，旨在批判瑜伽行派「只有心識，沒有外境」（唯識無義）的主張。數論派以為，外在的客體世界——外境，並不只是我人內在心識的「觀念」（相分）而已。數論派的學者以為，如果外在世界不存在，那麼，怎麼可能在認識者的內心當中，形成有關外在世界的「觀念」？也就是說，站在數論派的立場，內在「觀念」的形成，必定來自外在的客觀世界；沒有外在的客觀世界，就沒有內在的「觀念」可言。

其次，阿毶婁馱還指出，(I, 43) 是針對佛教空宗——中觀派，而提出的批判。對於這句經文，阿毶婁馱作了這樣的注釋：

> 沒有對象的知識，是不存在的。因此，（如果外在世界不存在，那麼，）由於被認知之對象的不存在，（有關它們的）知識也就不存在。

在這段注釋當中，我們看到數論派學者在知識論上的基本主張：知識必須有它認知的對象。如果一切皆空，那麼，我人就沒有認知的對象；既然沒有認知的對象，我們就不可能得到「一切皆空」的這種知識。

總之，數論派以「自性轉變」(Prakṛti-pariṇāma) 的宇宙論出發，發展出因中有果論來；再由因中有果論出發，進一步發展出從緣顯了論和諸法皆常論。並據而批判勝論派的因中無果論，以及佛教的非有非無論、剎那論、唯識無義論和一切皆空論。這樣，構成了數論學派完整的因果理論。

第四節　數論派的解脫觀與無神論

傳說是由大乘佛教空宗學者——提婆 (Āryadeva) 所寫的《提婆菩薩釋楞伽經中外道小乘涅槃論》，曾說：

> ……外道僧佉論師說：二十五諦自性因，生諸眾生，是涅槃因。自性是常，故從自性生大，從大……生五大。是故論中說：隨何等性，修行二十五諦。如實知：從自性生，還入自性。能離一切生死，得涅槃。如是從自性生一切眾生。是故外道僧佉說：自性是常，能生諸法，是涅槃因。[79]

在這裡，提婆說到數論派主張二十五諦之中的自性，不但永恆（常）、能生諸法（一切事物），而且是「涅槃因」。也就是說，眾生之所以能夠解脫一切身心的煩惱，證入涅槃（Nirvāṇa，即煩惱的止息），完全是因為自性的關係。為什麼這樣呢？因為：自性不但生起一切物質性的萬物，而且還生起由五作根、五知根和心根所組合而成的「眾生」（生命體）。任一個眾生，當他體悟自己乃由自性所生，因此必須回歸自性這個道理之後，他就能夠擺脫因為自性變化而生起的貪、嗔、癡等煩惱[80]，而證入沒有煩惱的涅槃。所以引文說：「如實知：從自性

---

[79] 引見《大正藏》卷 32，頁 157，下。

[80] 貪、嗔、癡這三種煩惱（及其衍生出來的其他煩惱），乃相對於自性中的薩埵、羅闍和多磨等三德。三德是自性中所本有的，由自性變化而生起的一切事物，包括眾生，也必然具有這三德。因此，任一個眾生都具有貪（薩埵）、嗔（羅闍）、癡（多磨）等煩惱。（詳見本章第二節。）

生，還入自性。能離一切生死，得涅槃。」

然而，自性如何生起眾生（生命體）呢？首先是由自性生起「（微）細身」(Sūkṣmaśarīra)；然後再由細身生起「麁身」（粗身），即具有五作根、五知根和心根的身體。《金七十論》卷中說：

> 細身最初生：從自性生覺，從覺生我慢，從我慢生五唯。此七名細身。細身相如何？如梵天形容，能受諸塵。後時，是身得解脫。[81]

引文說到從自性生起覺（大）、我慢和五唯等七諦，這七諦即是細身。而細身的樣子（相），就像梵天神 (Brahmā) 一樣。細身能夠「受諸塵」[82]，亦即有所知覺；而且，將來解脫時，也是細身得到解脫。所以，《金七十論》卷中說：「此細身，手、足、頭、面、腹、背，形量人相具足。四《皮陀》（吠陀）中有諸仙人說如是言。」[83]

細身雖然已經「形量人相具足」，但卻無法用肉眼看見的。肉眼看得見的是「麁身」，它受用著前面所說的「三苦」（依內苦、依外苦、依天苦）。而細身和麁身之間的關係，則是這樣的：

> 此微細身，生入胎中，赤、白和合，增益細身。是母六種飲食味，

---

[81] 引見《大正藏》卷 54，頁 1255，上。

[82] 所謂「塵」，在這裡應該是指外在的境界，相當於佛典中的色、聲、香、味、觸、法等「六塵」。這六塵，分別是眼、耳、鼻、舌、身、意等「六根」（六種認識器官）所知覺的對象。在此，「塵」(viṣaya) 又譯為「境」，是（感官之認識）範圍、對象的意思。

[83] 引見《大正藏》卷 54，頁 1254，下。

浸潤資養，增益麁身。……細身名為內，麁身名為外。……如是細身則為定常，乃至智厭未生，輪轉八處。智厭若起，便離此身，……臨死細身棄捨麁身。此麁身父母所生，或鳥噉食，或復爛壞，或火所燒。癡者細身輪轉生死。[84]

因此，細身是支持麄身存活的背後依靠，也是輪迴（輪轉）「八處」和獲得「智厭」而達到解脫境界的主體。另外，細身是「定常」（永恆不變）的；當一個凡人（癡者）死亡的時候，細身會離開麄身，而去投胎轉世。而麄身則「或鳥噉食，或復爛壞，或火所燒（火葬）」。

我們可以用下面的圖表，說明自性生起細身、麄身的整個過程：

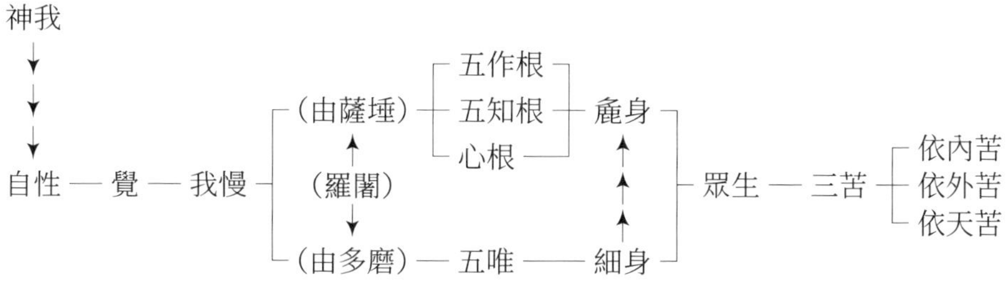

現在的問題是：一個修行者，如何獲得「智厭」而解脫「三苦」呢？前面所引《外道小乘涅槃論》說：「如實知：從自性生，還入自性。」也就是說，修行人必須透過「思量」道理、「（聽）聞」道理、

---

[84] 引見《大正藏》卷 54，頁 1254，下。引文中的「八處」，是指輪迴的八個地方；它們是：梵、世主、天、乾闥婆、夜叉、羅剎、閻摩羅、鬼神。（參見《金七十論》卷中；《大正藏》卷 54，頁 1256，上。）而「智厭」(jñānenaca apavargaḥ)，則是由於智慧而厭離（解脫）的意思。另外，赤、白分別是指母親紅色（赤色）的月經和父親白色的精液。

「讀誦」數論的經典等等方法，了解自性和它所變化出來的萬事萬物，是可以分離（異）的；同時也要了解自性和神我是不同的兩種存在。如此，即能獲得智慧，起「六種觀」：⑴觀察五大的過失；⑵觀察十一根（五作根、五知根、心根）的過失；⑶觀察五唯的過失；⑷觀察我慢的過失；⑸觀察覺的過失；⑹觀察自性的過失。當修行者以智慧生起第⑴種觀時，就能離開五大；亦即，五唯不再生起五大。其次，當修行者以智慧生起第⑵觀時，就能離開十一根；亦即，我慢不再生起十一根。以此類推，當修行者以智慧生起第⑸觀時，覺即離開；亦即，自性不再生起覺來。而當修行者以智慧生起第⑹觀時，即能離開自性；亦即自性不再生起覺乃至山河大地。此時就是神我達到「獨存」(Kaivalya, Kevala-bhāva, Anya-bhāva) 的解脫境界。而所謂獨存，即是純粹精神性的神我，獨立於物質性的自性而存在，不再被物慾所繫縛的意思。

前文所說思量、（聽）聞、讀誦這三者，思量顯然是最重要的。《金七十論》卷下，曾以「思量」為中心，詳細地描寫了以上所說的修行過程：

> 如一婆羅門，出家學道，作是思惟：何事為勝？何物真實？何物最後究竟？何所作為智慧得成顯？故作是思量已，即得智慧。自性異，覺異，（我）慢異，五唯異，十一根異，五大異，真我異。二十五真實義中，起智慧。由此智慧，起六種觀：一、觀五大過失；見失生厭，即離五大……。二、觀十一根過失……。三、……觀五唯過失……。四、觀（我）慢過失……。五、觀覺過失……。六、觀自性過失；見失生厭，即離自性，是位名獨存。此婆羅門，因是思量，

> 故得解脫。[85]

神我獨立於自性的「獨存」狀態，是數論派所嚮往的解脫狀態。在獨存狀態當中，神我不再受自性所創造出來之物質性世界的誘惑與影響。也就是說，自性中的三德，呈現互不侵犯的狀態：以活動為本質的羅闍，不再刺激薩埵去創造有情世間；也不再刺激多磨去創造無情的器世間。因此，在「獨存」狀態之下，自性不再轉變 (pariṇāma) 而創造萬物。但是，這並不意味著自性沒有變化；事實上，自性中的三德，依然不停地轉變著：薩埵轉變為薩埵，羅闍轉變為羅闍，多磨轉變為多磨。像這樣的轉變，稱為「同質轉變」(svarūpa-pariṇāma)；有別於非「獨存」狀態時，能夠創造二十四諦等萬物的「異質轉變」(virūpa-pariṇāma)[86]。

值得注意的是，不管是在非「獨存」的狀態之下，自性創造了萬物，或是在「獨存」的狀態之下，自性不再創造萬物；其中都沒有創造神的主宰，而是決定於人（神我）的「業力」(karma)。因此，數論雖然是婆羅門教的一個教派，但卻是一個無（創造）神論的教派。而其理由則是基於數論派「因中有果論」的考量：

> 汝言自在天為（宇宙的創造原）因，是義不然。云何如此？以無德故。自在天無有三德，世間有三德，因、果不相似；是故自在不為因。唯有自性有三德，世間有三德；故知自性能為因。[87]

---

[85] 引見《大正藏》卷 54，頁 1258，上。

[86] Cf. S. Chatterjee and D. Datta, *An Introduction to Indian Philosophy*, p. 263.

[87] 《金七十論》卷下；引見《大正藏》卷 54，頁 1260，下。

引文說：自在天神 (Īśvara) 不具有薩埵、羅闍、多磨等三德，但是世間一切事物都具有這三德；因此，自在天神不可能是世間事物的因，而世間事物也不可能是自在天神的果。只有同樣具有三德的自性，才是世間事物的因。

而在《數論聖教經》I, 93，則說：「要證明祂（指自在天神）的存在，是不可能的；因為祂不是解脫者，不是繫縛者，也不是任何其他事物。」同書 I, 95，甚至說：「(聖典所說的自在天神) 要麼是對解脫之神我的謳歌，要麼是對完人 (Vijñāna Bhikṣu) 表達敬意⋯⋯。」[88]而同書 V, 2，也說：「果 (phala) 的形成，並不在神（指自在天）的指揮之下；因為它（果）受業力 (karma) 的影響。」[89]可見，依照數論學派無神論的宗教哲理，人們的善、惡行為（善、惡業），才是決定自性到底是處在「同質轉變」，或是處在「異質轉變」的狀態之中；也才是決定一個人是否能夠解脫三苦，達到神我（靈魂）脫離物慾而「獨存」的關鍵。

---

[88] Cf. Nandalal Sinha, *The Saṃkhya Philosophy*, p. 144.

[89] Ibid., p. 389.

第八章　瑜伽派的歷史與哲學

第一節　瑜伽派的歷史

瑜伽派 (Yoga) 是婆羅門教「六派哲學」之一，它的思想源流，恐怕可以推溯到雅利安人尚未進住印度之前（西元前 1500 年）。當代考古學家，曾在印度河流域的牟桓鳩達羅 (Moheñjo-dāro) 地方，挖掘出一枚印章，上面雕有一尊禪定（冥想）狀態的神像，咸認這和印度原住民的信仰有關❶。雅利安人進住印度之後，集成了四《吠陀經》；其中，和瑜伽學派有關的先驅思想，則是「苦行」(tapas)。梵文 tapas 是由動詞 tap 變化而來。而 tap 的字面意義有：發熱、變熱、消失或燬壞於熱力之中；並引申為：忍受痛苦、折磨、自我禁慾、苦行等等。在《梨俱吠陀》當中，tapas（熱力）往往是最高創造原理或神祇的內在創造能量。《梨俱吠陀．無有讚歌》，即說到宇宙最高原理——「獨一」(Tad Ekam)，依照自己內在本有的「熱力」(tapas)，創造了「慾愛」(kāma)，並由慾愛進而創造宇宙萬物❷。

「瑜伽」一詞，最早出現在屬於黑《夜柔吠陀》之「古《奧義書》」的《泰迪梨耶奧義書》(*Taittirīya Upaniṣad*) 2, 4, 1 之中。該書在

❶ Cf. Susan L. Huntington, *The Art of Ancient India*, New York: Weather Hill, 1985, pp. 20～23.（感謝臺北故宮博物院李玉珉博士提供文獻資料。）

❷ 參見第二章第二節第二項。

描寫「認識所形成的」(vijñānamaya)「自我」(Ātman) 時，曾說：「它（認識所形成的自我）以信仰為頭，以正義為右翼，以真理為左翼，以瑜伽為身軀，以摩訶 (mahas) 為下體和底基。」❸其次，同屬於黑《夜柔吠陀》，但稍後（中期《奧義書》）成立的《羯陀奧義書》(*Kāṭhaka Upaniṣad*) 6, 11，也說：「這樣即稱為『瑜伽』：感官完全地停止。人們變得不再放逸。誠然，瑜伽是事物的開始與結束。」❹同書 2, 11，則說：「通過有關自我的瑜伽修習」，即能認識藏在內心深處的「祂」❺。同書 6, 18，更說：「瑜伽之全部儀軌」(yogavidhiṃ ca kṛtsnam)，可以獲得「梵」(Brahma)，並從慾愛和死亡中解脫出來❻。另外，同樣屬於黑《夜柔吠陀》的《彌勒耶那奧義書》(*Maitrāyaṇa Upaniṣad*) 6, 18，則提到了制氣（控制呼吸）、斂識（收斂感官）、靜慮

---

❸ Cf. Paul Deussen (Eng. tr. by V. M. Bedekar and G. B. Palsule), *Sixty Upaniṣads of the Veda*, Delhi: Motilal Banarsidass, 1980, vol. 1, p. 237. 另外，所謂「黑《夜柔吠陀》」，是指本集和散文體的注釋——《梵書》，混雜一體，無法區分之《夜柔吠陀》。如果本集和《梵書》清楚分開的，則稱「白《夜柔吠陀》」。

❹ Cf. R. E. Hume, *The Thirteen Principal Upanishads*, London: Humphrey Milford Oxford Univ. Press, 1934, p. 360. 其中，所謂「瑜伽是事物的開始與結束」，R. E. Hume 的注釋說：「這也許是指生命和經驗的『宇宙』——在《唵聲奧義書》(*Māṇḍūkya Upaniṣad*) 第 6 章當中，該詞（指「宇宙」）曾經出現。意即：當人們從瑜伽狀態之中出來時，『宇宙』被創造出來了；而當人們進入其中（瑜伽）時，『宇宙』消失了。另外：依據商羯羅 (Śaṅkara) 的說法，它也許應該譯成『生與滅』，亦即譯成『無常』。」

❺ Cf. R. E. Hume, *The Thirteen Principal Upanishads*, p. 348.

❻ Ibid., p. 361. 其中，「瑜伽之全部儀軌」一詞的意義不明，大約是指全套的瑜伽修行法。另外，「儀軌」(vidhi) 是訓示、方法、規則、儀式的意思。

（沉思）、凝神、觀照（控制心意），乃至入定等「瑜伽六支」❼。但是，出現在這些古《奧義書》中的「瑜伽」一詞，雖然有些西方譯者，把它譯成「專心一意」、「冥想」，而近於後來瑜伽派用語的意義；但也有譯成和瑜伽派無關的意思，例如「獻身」（皈依）等❽。不過，有一點可以肯定的是，出現在這些《奧義書》中的「瑜伽」一詞，只是一般的普通名詞，而不是瑜伽派的名字。值得注意的是，在這些《奧義書》中，「僧佉」（一詞或其相關思想）和「瑜伽」一詞，往往相提並論。例如，《白淨識奧義書》1, 2–3，即提到了僧佉的自性、神我等內容，但也提到了瑜伽一詞❾；《彌勒耶那奧義書》3, 2–3 提到了神我、自性、三德、我慢、五唯等僧佉的概念❿，而在同書 6, 18，則又提到了「瑜伽六支」（詳前）。儘管在這些文獻中的僧佉和瑜伽，都不是學派的名稱；但是，這兩個學派後來的結合，從這些《奧義書》，似乎已經可以看出端倪。

出現在「新《奧義書》」（釋迦牟尼之後）的「瑜伽」一詞，那就更多了。多伊森 (Paul Deussen)，《六十奧義書》(*Sixty Upaniṣads of the Veda*) 中，列入和瑜伽學派有關的新《奧義書》，即有十一部之多；它們是⓫：⑴《梵明奧義書》(*Brahmavidyā Upaniṣad*)；⑵《慧劍奧義

❼ Cf. Paul Deussen, *Sixty Upaniṣads of the Veda*, vol. 1, pp. 359～360.

❽ F. Max Müller, *The Upaniṣads*, New York: Dover Publications Inc., 1962, vol. II, p. 57，把 yoga 譯為專心一意；R. E. Hume, *The Thirteen Principal Upanishads*, p. 285，譯為冥思。但是，Paul Deussen, *Sixty Upaniṣads of the Veda*, p. 237，卻把 yoga 譯為獻身（皈依）。

❾ Cf. Paul Deussen, *Sixty Upaniṣads of the Veda*, vol. 1, p. 305.

❿ Ibid., pp. 339～340.

⓫ Ibid., pp. XXVII～XXVIII.

書》(*Kṣurikā Upaniṣad*)；(3)《頂上奧義書》(*Cūlikā Upaniṣad*)；(4)《聲點奧義書》(*Nādabindu Upaniṣad*)；(5)《梵點奧義書》(*Brahmabindu Upaniṣad*)；(6)《甘露點奧義書》(*Amṛtabindu Upaniṣad*)；(7)《禪定點奧義書》(*Dhyānabindu Upaniṣad*)；(8)《光明點奧義書》(*Tejobindu Upaniṣad*)；(9)《瑜伽頂奧義書》(*Yogaśikhā Upaniṣad*)；(10)《瑜伽真性奧義書》(*Yogatattva Upaniṣad*)；(11)《訶薩奧義書》(*Haṃsa Upaniṣad*)。

以上所說都不足以構成一個具有教派意義的瑜伽。瑜伽派的真正創始者是鉢顛闍梨（Patañjali，約西元前二世紀），傳說他是《瑜伽經》(*Yoga-Sūtra*) 的作者⓬。六世紀時，廣博 (Vyāṣa) 為《瑜伽經》注釋，稱為《瑜伽釋論》(*Yoga-bhāṣya*)。第九世紀中葉，跋遮濕鉢底．彌續羅 (Vācaspati Miśra)，著有《真實探奧》(*Tattva-vaiśāradī*)，對廣博的《瑜伽釋論》再作注解。這些都是瑜伽派的重要哲學家和著作。

值得注意的是，唐．義淨，《南海寄歸內法傳》，卷 4，也曾說到一位印度文法學——聲明 (Śabda-vidyā) 的學者，名叫鉢顛社攞，亦即鉢顛闍梨，他和瑜伽派的創始人同名：

> 夫聲明者，梵云攝拖苾駄 (Śabda-vidyā)。攝拖 (śabda) 是聲，苾駄 (vidyā) 是明。……五天俗書，總名《毘何羯喇拏》(*Vyākaraṇa*⓭)，

⓬ 現存版本的《瑜伽經》，顯然是二至六世紀之間的作品；這是因為該書第四部分——〈獨存品〉，曾批判佛教瑜伽行派的緣故。(參見中村元著，葉阿月譯，《印度思想》，臺北：幼獅文化公司，1984，頁 136～138。又見 S. Radhakrishnan, *Indian Philosophy*, New York: The Macmillan Co., 1962, vol. II, p. 341.)

⓭ 梵文 vyākaraṇa 的字面意思有：分離、分析、區別、展開等；引申為文法學

大數有五……（原注：舊云《毘伽羅論》，音訛也。）一者，《創學悉談章》，亦名《悉地羅窣覩》(*Siddhirastu*)。斯乃子學標章之稱……共……十八章……六歲童子學之，六月方了。……二謂《蘇呾囉》(*Sūtra*)，即一切聲明之根本經也。譯為「略詮意明」、「略詮要義」……是古博學鴻儒——波尼儞所造也……八歲童子八月誦了。三謂《馱都章》(*Dhātu*)……專明字元……。四謂三《棄攞章》(*Khila*)，是荒梗之義，意比思夫創開疇畎；應云「三《荒章》」。一名《頞瑟吒馱都》(*Aṣṭa-dhātu*)；二名《文荼》(*Maṇḍa* 或 *Muṇḍa*)；三名《鄔拏地》(*Uṇādi*)。……此三《荒章》，十歲童子三年勤學，方解其義。五謂《苾栗底蘇呾囉》(*Vṛtti-sūtra*)，即是前《蘇呾囉》釋也。……十五歲童子五歲方解。……此是學士闍耶昳底所造。……復有《苾栗底蘇呾囉》議釋，名《朱儞》(*Cūrṇi*)，有二十四千頌，是學士鉢顛社攞所造。⓮

引文中說到，討論印度文法學——聲明的書籍，總名為《毘何羯喇拏》（古稱《毘伽羅論》），主要的共有五種：(1)《創學悉談章》，又名《悉地羅窣覩》，那是給六歲的學童學習的梵文文法書。(2)《蘇呾囉》，經典的意思，由聲明學者——波尼儞（波膩尼，波爾尼，Pāṇini，約西元前 400 年）所著，這是「一切聲明之根本經」，因此也是最重要的梵文文法書，提供給八歲學童學習。(3)《馱都章》，這是討論「字

（語言文字的分析），並譯為「記論」或「聲明記論」等。

⓮ 引見《大正藏》卷 54，頁 228，中－229，上。引文中的「五天」，乃「五天竺」的略語，泛指印度全境。而《創學悉談章》中的「悉談」(siddham)，又譯為「悉曇」，是成就（學習文法者）的意思。

元」（單字？）的文法書。(4)三《棄攞章》，又譯「三《荒章》」，共有三部分，是給十歲學童學習的。(5)《苾栗底蘇咀囉》，「苾栗底」(vṛtti)，是注解的意思；因此，它是第(2)之《蘇咀囉》的注解。這是由闍耶昳底，寫給十五歲的兒童研讀的梵文文法書。

另外，最值得注意的是，引文還提到了一部梵文文法書——《朱儞》(*Cūrṇi*)，它是《苾栗底蘇咀囉》的注解⓯。而《朱儞》的作者是鉢顛社攞，和瑜伽學派的創始人鉢顛闍梨同名。他們到底是不是同一個人？到目前為止還無法判定。

最後，讓我們來談談「瑜伽」一詞的意思：「瑜伽」一詞有許多不同的意思。有些學者以為，「瑜伽」一詞表示兩物的「結合」，就像把牛或馬綁在軛上或犁上一樣。《奧義書》裡常常提到的大哲學家——祀皮衣仙人 (Yājñavalkya)，即認為：個己（靈魂）和大我（梵）之間的「結合」，就是「瑜伽」⓰。在佛教的文獻當中，「瑜伽」一詞一般譯為「相應」；那是和真理互相冥應的意思。無疑地，這也是採取「結合」做為「瑜伽」一詞的意思。唐．遁倫，《瑜伽論記》卷1－上，即說：「印度本音稱曰『瑜伽』，唐無正名。……且就一義，名曰『相應』。」⓱

但有些學者卻以為：「瑜伽」一詞並不表示「結合」，而是表示「沉

⓯ 「朱儞」的字面意思是（磨成）粉末；另外把一個多音節的字分拆開來，而得到幾種不同的意思，也叫「朱儞」；有時則指簡單易懂的散文。目前，它是注釋的意思；它還有另外一個名字——《大注釋》(*Mahā-bhāṣya*)。

⓰ Cf. E. B. Cowell and A. E. Gough, *Sarva-darśana-saṅgraha*, Delhi: Parimal Pub., 1986, p. 337.

⓱ 引見《大正藏》卷42，頁311，下。

思」的意思。跋遮濕鉢底．彌續羅，《真實探奧》，即曾這樣注解「瑜伽」一詞：「『瑜伽』一詞是由字根 yuj 變化而來，那是沉思的意思；而不是由 yujir 變化而來，那是結合的意思。」⓲而鉢顛闍梨，《瑜伽經》I, 2，也說：「瑜伽是對於心理變化的抑制。」⓳無疑地，這也是把「瑜伽」一詞，偏向解釋為「沉思」。

除此之外，《薄伽梵歌》(*Bhagavad-gītā*) iii, 3，把「方法」視為「瑜伽」一詞的意思⓴。而在鉢顛闍梨的《瑜伽經》當中，「努力（抑制心理變化）」往往成為「瑜伽」一詞的意思（詳前文）。不但這樣，十一世紀的薄闍王 (Bhoja)，曾寫了《王日論》(*Rājamārtāṇḍa*)，其中不但不把「瑜伽」解釋為「結合」，相反地，還把它解釋為：「努力」使神我和自性「分離」(viyoga)，以達到解脫；無疑地，這其中含有濃郁的數論派哲理㉑。

值得注意的是，在佛教瑜伽行派的代表作——《瑜伽師地論》卷 28 當中，曾說到四種瑜伽：信、欲、精進、方便㉒。其中，「信」和前文《奧義書》中「瑜伽」一詞的意思之一——「獻身」（皈依），意義極為接近。而「欲」（希望求得真理）以及「精進」（勤奮），也和「努力」的意思相通。

⓲ Cf. Rāma Prasāda (Eng. tr.), *Pātanjali's Yoga Sūtras: with the Commentary of Vyāsa and the Gloss of Vāchaspati Miśra*, New Delhi: Munshiram Manoharlal Pub., 1988 (4th ed.), p. 3.

⓳ Ibid., p. 5.

⓴ Cf. Radhakrishnan, *Indian Philosophy*, vol. II, p. 337.

㉑ Ibid.

㉒ 參見《大正藏》卷 30，頁 438，上一中。

第二節　瑜伽派的無神論與心理論

本書第七章第一節已經說過，後期的數論派和瑜伽派之間，不管在宗教思想上或在宗教實踐上，都有互相吸取菁華而混合為一的傾向。但是，事實上，兩派之間還是有細微的差別。例如，就思想層面而言，數論是一個無神論的學派；但是，瑜伽學派則主張自在天神 (Īśvara) 的存在。因此，前者稱為「無神的數論」(Nirīśvara-sāṅkhya)；而瑜伽派則稱為「有神的數論」(Seśvara-sāṅkhya)。其次，數論學派的二十五諦說，被瑜伽學派做了若干的改變：首先，數論派二十五諦中的「覺」（大），被改成了「心」(citta)，有時也保留「大」的名稱。而且，由「心」（大） 開始 ， 分化成兩條轉變 (pariṇāma) 的路線 ： 一條是由「心」轉變而生起我慢〔又稱「我執」(asmitā)〕、五知根、五作根和意根（心根）等有情世間；另外一條則是由「心」轉變而生起五唯，然後再由五唯生起五大等無情的器世間。因此，五唯並不像數論派所說的那樣，是由我慢（我執）所生；而是由「心」所生。依據《瑜伽釋論》的作者——廣博的說法，由於我慢（我執）和五唯都是由「心」所轉變而生起，因此二者是「無二」（沒有差別，aviśeṣa）[23]。

首先，就以有神論來說，鉢顛闍梨的《瑜伽經》I, 23，曾說：「或是由於自在天神遍在的感覺。」 (Īśvarapraṇidhānāt vā) 同書 I, 27， 也說：「聖咒〔指「唵」（Oṃ 或 Auṃ)〕 意味著祂 （指自在天神）。」 (Tasya vāchakaḥ Praṇavaḥ) 另外，同書 I, 24，不但把自在天神稱為「不平凡的神我 (Puruṣa-viśeṣa)」，並且還說：「惑（煩惱）、業（行為）和（苦）果，都無法影響祂（自在天神）。」[24]原來，在瑜伽派看來，一

[23] Cf. Radhakrishnan, *Indian Philosophy*, vol. II, pp. 342～343.

個普通的凡人，可以透過瑜伽的修習，使神我脫離自性而解脫。用數論派的用詞，即是達到神我的「獨存」（詳第七章第四節）。此時，自性也由「向外」的轉變，而改成向內的「自性吸入」(prakṛtilaya)；亦即，不再向外轉變而生起覺（瑜伽稱為「心」）、我慢（我執）乃至山河大地等宇宙萬物。用數論學派的術語來說，即是令自性中的「異質轉變」，變成「同質轉變」（詳第七章第四節）。有關這些，我們馬上會在下面詳細討論；目前讓我們回到有神論的問題之上：當一個普通的凡人解脫時——已完成「自性吸入」時，並不能完全斷除煩惱、行為和苦果的束縛。（佛教稱這三種束縛為惑、業、苦——三障。）只有「遍在」（無所不在）的自在天神，才能完全脫離這三種束縛。所以，廣博的《瑜伽釋論》注解說：

> 上述的束縛（指煩惱、行為和苦果），已知存在於（普通凡夫的）解脫的狀態；但卻不存在於自在天神身上。也可以說，未來的束縛，仍然可能發生在自性吸入的狀況之下，但卻不會發生在自在天神身上。祂永遠自在，永遠是主人。㉕

瑜伽派曾構作了下面這個有神論證，來證明自在天神的存在：

> 凡是有等級的事物，都是有最大（最好、最高）者；
> 知識是有等級的（事物）；
> 因此，知識有最大（最高）者。

㉔ Cf. Rāma Prasāda, *Pātañjali's Yoga Sūtras*, pp. 40, 49, 41.

㉕ Ibid., p. 41.

「知識有最大者」（有最高的知識），是這個論證的結論；而具有「最高知識」者，即是自在天神。所以，自在天神是存在的。事實上，所謂「知識之最大者」或「最高的知識」，即是完全的知識；而具有完全知識者，即是全知的自在天神。《瑜伽經》I, 25 說：「祂（自在天神）的全知的種子，不會被超越。」而廣博的《瑜伽釋論》則解釋說：「無論何處，知識達到最高極限，即是全知者，即是不平凡的神我。」㉖在這裡，所謂「不平凡的神我」，已如前文所說，是指自在天神；祂所具有的知識，已經「達到最高極限」，因此祂是「全知者」。而《瑜伽經》I, 26 接著說：「祂是古人的教師，不為時間所限制。」㉗換句話說，自在天神是一位超越時間的全知的教師。

瑜伽學派雖然承認全知的自在天神的存在，但卻仍然以為生命體的行為力（業力，karma），才是一切萬事萬物的真正原因。也就是說，促使自性（異質）轉變而生起宇宙萬物，乃至生命體（神我）因而感受到苦與樂之「果」的真正原因，是「業力」，而不是自在天神。換句話說，遍在而又全知的自在天神，並不是宇宙萬物的質料因 (material cause)，也不是動力因 (efficient cause)；自在天神只是一種輔助性的條件——助緣 (nimittam)，使神我和自性之間的結合，變得沒有障礙而已。《瑜伽經》 IV, 3， 曾把助緣 （自在天神） 比喻為耕田的農夫 (kṣetrika)； 廣博的 《瑜伽釋論》 和跋遮濕鉢底．彌續羅的 《真實探奧》，則這樣注釋：就像農夫並不是稻禾成長的真正原因；稻禾成長的真正原因是河水。農夫所扮演的角色，只是一種幫助稻禾成長的助緣：除去水壩中的擋水閘，好讓河水直接灌溉稻田。自在天神也是一樣，

㉖ Ibid., p. 46.

㉗ Ibid., p. 49.

祂沒有能力使自性生起萬物，卻能使神我和自性，依據其「業力」，而生起宇宙萬物。因為神我和自性二者，不能自己結合，一定要靠自在天神的幫助，才能相互結合㉘。

數論派的二十五諦，也是瑜伽派所接受的宗教理論；不過，瑜伽派卻加以修改。把數論派所說的「覺」，改稱為「心」(citta)。另外，由「心」分成兩條分化的路線，則是瑜伽派的創見。其中一條由「心」生起我慢，又稱為「我執」(asmitā)，然後生起五作根、五知根和意根等有情世間；另一條則由「心」生起五唯、五大，乃至山河大地等無情的器世間㉙。

然而，瑜伽派在哲理上的最大創見，是對於「心」的作用、狀態，及其形成原因的詳細描述和分析。前章曾說過，數論派的「覺」，就像一面鏡子，可以反映由神我所照射過來的意識之光，而後產生「變化」(vṛtti)，顯現出有精神活動的樣子，因而成為現量、比量和聖言量等三種獲得正確知識的方法。無疑地，數論派的說法，乃著重在知識理論的建立之上。而在瑜伽派也有類似的說法，不過，卻著重在神我與「心」間之關係的說明，也著重在宗教實踐的意義之上。當神我的意識之光，照射在物質性的「心」上之時，物質性的「心」為什麼會產生各種不同的變化，而成為似乎有知覺、有精神活動的樣子呢？《瑜伽經》IV, 17 說：「心需要被染著（染色）；因此，外境必須被知覺或不被知覺。」㉚而廣博的《瑜伽釋論》，則注釋說：

㉘ Ibid., pp. 270～271.

㉙ Cf. Radhakrishnan, *Indian Philosophy*, pp. 342～343.

㉚ Cf. Rāma Prasāda, *Pātañjali's Yoga Sūtras*, p. 293.

……外境本質上就像磁石，心的本性則如鐵塊。外境（因為被心吸引而）接觸心，並且染著它（心）。只要外境染著了心，外境就被知覺。被知覺者，即是外境。……心有變化，因為它假想被知覺與不被知覺之外境的特性。㉛

引文中，廣博說：內在的心和外在的事物——外境，具有互相吸引的特性。當外境受到內心的吸引，而成為內心所知覺的對象之時，內心就被外境所染著，而外境也就因而被內心所知覺。這是為什麼本身也是屬於物質的心，會成為有所知覺的原因。

但是，在這段引文當中，廣博還是沒有說明：心為什麼會吸引外物？也就是說，心為什麼會像《瑜伽經》所說的那樣，「需要被染著」？對於這個問題，《瑜伽經》IV, 22，曾回答說：「雖然不是自己從一地移到另外一地，但是，意識（即神我）經由轉變外形，卻能知覺屬於它自己的『覺』。」㉜而跋遮濕鉢底．彌續羅的《真實探奧》，則解釋說：

……神我之「覺」的被知覺，乃由「覺」捕捉神我之外形。也就是說，當神我（的意識之光）照射「覺」，而被「覺」吸入自身之中的時候，它（覺）就顯現出（神我的）外形。正如月亮映入水中一樣，雖然月亮不動，但由於流水在動，（月亮）因而表現為動；它自身並無任何運動。㉝

㉛ Ibid.

㉜ Ibid., p. 299.

㉝ Ibid., p. 300.

由此看來，物質性的「覺」，亦即「心」，之所以具有精神性的意識作用，完全是因為照射進入它裡面的神我，所顯現出來的精神活動。「覺」（心）具有薩埵、羅闍和多磨等三德，因此也就會有變化；這就像是地下盪漾著的流水一樣。而神我，雖有照耀性的意識之光，卻是不動的絕對精神；這就像是天上不動的明月一樣。當不動的天上明月，照進地下動盪的流水時，水中的明月也顯現出動盪的表象出來。神我和「覺」（心）之間的關係，也是如此。

值得注意的是：神我雖然本質上具有照耀性的意識之光，但是，它本身卻是沒有任何變化的絕對精神體。它之所以顯現出有變化（有認知作用）的樣子，完全是因為它照射在動盪的「覺」（心）之中的緣故。而且，由於神我的無變化性，因此，它照理並沒有繫縛或解脫的問題；但是，由於一切的事物，都是自性轉變出來讓神我享受的，因此，神我必須負起繫縛與解脫的苦、樂結果。廣博的《瑜伽釋論》，在注解《瑜伽經》II, 18 時，即曾這樣說：

> 就如士兵有勝有敗，但卻歸功（疚）於他們的主人；因為他（主人）才是享受成果者。同理，繫縛與解脫都只存在於「覺」之中，但卻歸功（疚）於神我；因為它（神我）是這些成果的享受者。繫縛只存在於「覺」之中，直到神我的目的已經完成；而目的的完成，即是解脫 (mokṣa)。[34]

另外，值得注意的是，「心」雖然由於神我之意識之光的反射，因而顯現出具有觀照（照明）事物的意識之光的樣子；但卻不能觀照它

[34] Ibid., p. 126.

自己。因此，它不是知覺的對象。《瑜伽經》IV, 19，即說：「它（心）不自我觀照，而成為可被知覺者。」㉟廣博的《瑜伽釋論》，認為這是針對佛教——「一切滅絕論者」(Vaināsika)㊱，而提出來的反駁；他說：

> 有一種懷疑也許會被提出來：心能自我觀照，就像物體的照明者一樣；事實上，這就像一切滅絕論者所相信的：像火一樣，它照明自己，也照明他物。因此（《瑜伽經》的作者）說：「它不自我觀照，而成為可被知覺者。」㊲

「心」既然因為神我的意識之光的照射，而有所變化（染著），那麼，「心」必定有許多不同的狀態產生。《瑜伽經》I, 6，提到了五種「心行」（心理變化，citta-vṛtti）；它們是㊳：⑴正智（量，pramāṇa）；⑵似智 (viparyaya)；⑶分別 (vikalpa)；⑷睡眠 (nidrā)；⑸記憶 (smṛti)。其中，睡眠和記憶較易了解，不再贅言。正智，又譯為「量」共有三種：現量、比量、聖言量。這和數論派所說相同。似智，則指不真實的認知，亦即不是經由前面的三量，而獲得的錯誤知識。分別，即是純粹字面上的認知，而沒有實際的事物與之對應㊴。

㉟ Ibid., p. 295.

㊱ 一切滅絕論，大約泛指大乘佛教而言。因為大乘佛教大都主張外在的世界為「空」。

㊲ Cf. Rāma Prasāda, *Pātañjali's Yoga Sūtras*, p. 295.

㊳ Ibid., p. 15.

㊴ Cf. Rāma Prasāda, *Pātañjali's Yoga Sūtras*, pp. 15～24.

以上的分類，顯然偏向於知識論的分類。《瑜伽經》 II, 3，則從「內心的煩惱」(citta-kleśa)，來加以分類❹⓪：⑴無明 (avidyā)；⑵我執 (asmitā)；⑶貪欲 (rāga)；⑷瞋恚 (dveṣa)；⑸有愛 (abhiniveśa)。依照《真實探奧》的注解，無明即是前述五種「心行」中的「似智」❹①，那是一種不真實的認知作用。我執，則是對於自我的愛染、執著。而有愛呢？乃是對於來世之生命的執愛。依照《瑜伽經》II, 11 的說法，這五種內心的煩惱，都可以經由禪定（冥想）而將它們消滅掉❹②。

問題是，什麼樣的條件，一個人才能進入禪定的心理狀態之中？為了回答這個問題，必須先從「心」受到外在世界干擾的程度，來區分「心」的五種變化。值得一提的是，這五種「心」的變化，同樣也是精神性的神我，照射在物質性的「心」上，而產生的變化。這五種變化，稱為五種「心地」(citta-bhūmi)❹③。依據廣博的《瑜伽釋論》，它們是❹④：⑴擾心 (kṣipta)；⑵盲心 (mūḍha)；⑶遷心 (vikṣipta)；⑷一心 (ekāgra)；⑸滅心 (niruddha)。其中，擾心是內心迷惑、狂亂的意思；盲心是癡迷、昏愚的意思；遷心又譯為散亂、散動，是內心胡思亂想，無法安定下來的意思。以上這三種心理狀態，都無法達到冥想的心理狀態——三昧 (samādhi)；因此也無法斷除五種內心的煩惱，完成解脫的目的。但是下面兩種心理狀態，卻可以達到三昧的情況。首先是一

---

❹⓪ Ibid., p. 91.

❹① Ibid.

❹② Ibid., p. 103.

❹③ 「地」(bhūmi) 的意思是：地方、地區、場所、範圍、階位、程度等。其中尤以階位和程度二義，最合乎目前的意思。

❹④ Cf. Rāma Prasāda, *Pātañjali's Yoga Sūtras*, p. 1.

心，那是集中心意於一處的意思。其次是滅心，依據《瑜伽經》III, 9所說，那是當內心「向外流出」（向外追求，vyutthāna）的可能性已經消失，而「克制」(nirodha) 已經生起時的心理狀態㊺。

三昧，又音譯為三摩地；或義譯為「定」、「等持」㊻等等。它由「一心」所引生，因此是一種內心完全平靜的狀態；而且只有一個單一的事物，成為它所冥思的對象，而它自身（三昧之心）則完全忘失。所以，《瑜伽經》III, 11 說：「心的三昧狀態，乃是一切處和一處之消滅與生起。」㊼也就是說，內心不再漫無目的地往「一切處」胡思亂想，相反地，內心只以「一處」做為冥想的對象。不但如此，當內心進入三昧的狀態之時，它自身完全地忘失掉，只有冥想對象──「一處」的存在。也就是說，三昧之心與「一處」合一，而且融入「一處」之中而自己消失掉。所以，《瑜伽經》III, 3 說：「……只有對象物的光芒在閃耀，而無它（三昧之心）自身，這即是三昧。」㊽

事實上，內心的冥想狀態──「三昧」，共有兩種：⑴有想定(saṃprajñātasamādhi)，又稱為三摩鉢底 (samāpatti)；⑵無想定(asaṃprajñātasamādhi)。前者由一心而達成，後者卻必須由滅心才能達成。其次，前者是指進入三昧狀態之中的心，仍然能夠自覺到冥想對象的存在；那是冥想者、冥想對象和冥想行為本身，這三者的完全合一㊾。所以，《瑜伽經》I, 41，曾把三摩鉢底比喻為明亮而又能照鑑萬

㊺ Ibid., p. 185.

㊻ 等持，乃內心專注於某一冥想的對象，而平等維持，不受干擾而移動的意思。

㊼ Cf. Rāma Prasāda, *Pātañjali's Yoga Sūtras*, p. 187.

㊽ Ibid., p. 181.

物的水晶體；當它起作用時，它自己既是能知（知者），也是所知（被知覺的對象），而且還是知覺的行為本身[50]。而無想定，卻是更進一步的冥想狀態，它連冥想的對象也都完全忘失。

有想定依照冥想的對象，又可分為下面四種：⑴有尋 (savitarka)，「尋」 (vitarka) 是較粗的一種冥想，例如冥想自在天神等外在較大的事物；⑵有伺 (savicāra)，「伺」(vicāra) 是比較微細的冥想，例如冥想五唯等外在較小的事物；⑶有喜 (sānanda)，冥想感官或心，可以引生冥想之樂，所以稱為「有喜」；⑷有我 (sāsmitā)，以「我（執)」(asmitā) 為冥想對象。

現在，我們可以把瑜伽學派的心理論，歸納成為下面的圖表。

然而，一個修習瑜伽的瑜伽士（行者，yogi)，如何可能由擾心進入一心乃至滅心的狀態，而達到三昧的心地呢？無疑地，那必須有一些事先的準備工作。這些準備工作，我們將在下面詳細說明。

---

[49] 事實上，三昧的梵文字：sam-ādhi，原來就含有結合、聯結等意思。

[50] Cf. Rāma Prasāda, *Pātañjali's Yoga Sūtras*, p. 66.

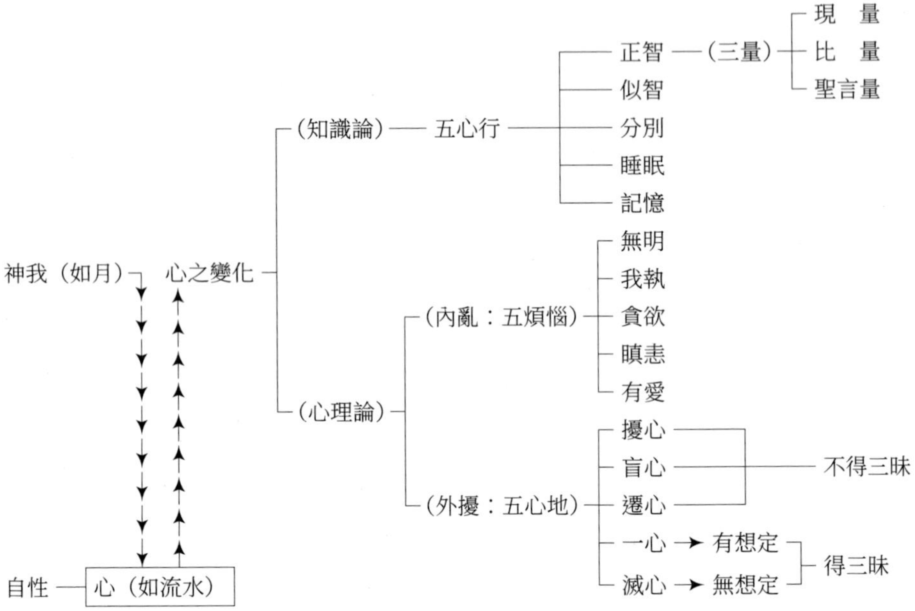

第三節　瑜伽學派的「八支瑜伽」

「八支瑜伽」，是修習瑜伽的八個部分——「瑜伽支分」(yogāṅga)；依照《瑜伽經》II, 29 所說，這八個部分是❺❶：(1)禁制 (yama)；(2)勸制 (niyama)；(3)坐法 (āsana)；(4)調息 (prāṇāyāma)；(5)制感 (pratyāhāra)；(6)執持 (dhāraṇā)；(7)靜慮 (dhyāna)；(8)等持 (samādhi)。其中，(1)至(5)，由於偏於對外在之身體、感官、呼吸等的控制和修練，因此稱為「外部成就」(bahirāṅga-sādhana)；相反地，(6)至(8)，由於著重在內在心理的修練，因而稱為「內部成就」(antaraṅga-sādhana)。《瑜伽經》III, 4，則把後面的三支瑜伽——執持、

❺❶　Ibid., p. 155.

靜慮和等持，稱為「攝令住」(saṃyama)。也就是說，內部瑜伽即是攝令住[52]。

在這八支瑜伽當中，第一支「禁制」，指的是一些不可違犯的戒律——「五戒」：(1)不殺生（不害，ahiṃsā）；(2)不妄語（實語，satya）；(3)不偷盜 (asteya)；(4)梵行（不邪淫，brahmacārya）；(5)不貪心（不執取，aparigraha）。無疑地，五戒是偏向於消極的禁止。而第二支「勸制」，則偏向於積極地鼓勵；它們是：(1)清淨 (śauca)；(2)知足 (santoṣa)；(3)苦行 (tapas)；(4)學誦（經典、咒語）(svādhyāya)；(5)敬虔（恭敬自在天神，Īśvarapranidhāna）。

以上兩個瑜伽支分，乃著重在宗教情操的培養和修練；下面第三支「坐法」，則是注重身體的姿勢訓練。就坐姿來說，有蓮華坐 (padmāsana)、無畏坐 (vīrāsana)、吉祥坐 (bhadrāsana) 等等不同的坐法。坐時，手中也有各種不同的姿勢。本章第一節一開頭即已說過，這些可能都和雅利安人尚未進住印度之前的原住民信仰有關：印度河流域的牟桓鳩達羅地方，曾挖掘出一枚印章，上面雕有一尊結跏趺坐的神像；這和瑜伽學派的坐法極為相似。瑜伽派以為，身體在某種特定的姿勢當中，較易進入引生三摩地之一心或滅心的心理狀態。

---

[52] Cf. Ibid., p. 181. 對於「攝令住」這三支屬於「內部成就」的瑜伽，《瑜伽經》III, 7 曾這樣說：「這三個支分，比起前面（指前五支瑜伽），更加密切。」(Ibid., p. 184.) 而所謂「更加密切」，跋遮濕鉢底．彌績羅的《真實探奧》，把它解釋為「達成目的」的「方法」。(Ibid.) 他所謂「目的」，無疑地，是指解脫而言。另外，S. Radhakrishnan 和 C. A. Moore，則說：「『攝令住』的字面意思是『內在的修練』。」(Cf. S. Radhakrishnan and C. A. Moore, *A Source Book in Indian Philosophy*, pp. 470～471.)

第四支「調息」，則是對於呼吸的調節、控制。主要是盡量延長一呼一吸之間的時間；而且，呼吸的延長，也連帶著會使呼吸變得微弱輕細。因此，《瑜伽經》II, 49 說：「當它（指坐法）已經安穩時，調息旨在中止呼吸的吸氣與呼氣的動作。」而同書 II, 50 則說：「……於是，它（呼吸）變成長而且細。」❺❸

控制呼吸（調息）即可解脫，似乎是印度極為古老的傳說。《奧義書》中處處可見有關呼吸或「生（命之）氣（息）」(prāṇa) 的思想。本書第三章第二節，我們曾提到《愛多列雅奧義書》1, 1 的宇宙創造說：來自於《梨俱吠陀．原人讚歌》之中的「原人」，在冥想中，由鼻生起了呼吸（生氣，prāṇa）；再由呼吸生起了風（神）（窪尤，Vāyu）。同樣也是在冥想中，由肚臍生起了下氣 (apāna)；再由下氣生起死亡 (mṛtyu)。在這則原人創造萬物的神話之中，我們看到了和瑜伽學派有關的思想和修行方法：冥想、生氣和下氣（詳下）。其次，本書第二章第二節，我們也提到了《泰迪梨耶奧義書》2, 1–5 之中有關「自我」(ātman) 的「五藏」說。其中，第二藏是「生氣所形成的自我」(Prāṇamaya-ātman)。無疑地，這也是和呼吸或「生氣」有關的思想。另外，《彌勒耶那奧義書》2, 6，曾說到一則有關生主 (Prajāpati) 創造宇宙萬物的神話：宇宙未生之前，只有生主孤獨地自己存在著。於是，祂冥想著繁榮、生殖，萬物因而生起。祂看見祂所創造的萬物之中，都像石頭一樣地沒有意識，因此，祂化成了一陣風，試圖進入萬物之中；但由於那是完整的一陣風，以致無法進入萬物之中。於是，祂把自己分化成五個部分：出息 (prāṇa)、入息 (apāna)、介風 (vyāna)、等風 (samāna)、上風 (udāna)；然後進入萬物之中❺❹。這意味著，生命體

❺❸ Cf. Rāma Prasāda, *Pātañjali's Yoga Sūtras*, pp. 171～172.

中的各種氣息，包括呼吸（出息和入息），全都是生主這一創造神的化身。因此，瑜伽派把調息當做達到解脫境界的八支瑜伽之一，乃是極為自然的情形。

《奧義書》中各種「生氣」的說法，顯然影響到《瑜伽經》的作者和注釋者。「調息」的字面意思是：「出息」(prāṇa) 的「延長」(āyāma)；無疑地，這和《奧義書》中的呼吸或生氣有關。其次，《瑜伽經》III, 38，曾說：「經由上風的駕御，即可上升，而且不會接觸流水、泥濘、荊棘等等。」同書 III, 39 也說：「經由等風的駕御，即可達到光輝。」㊺在這裡，提到了《奧義書》裡的上風、等風。而在廣博的《瑜伽釋論》之中，則注解說：

> 顯現為生氣 (prāṇa) 等之運作的生命，乃感官及運動之所有力量的展示。其運動共有五種：出息 (prāṇa) 由口至鼻而運動，並且顯現在胸中。等風向上顯現至肚臍。它之所以這樣稱呼，原因是：它（把體液和食物）平等地 (sama) 帶動（到身體的每一個部分）。向下而達到腳底的顯現，即是入息。這樣稱呼，是因為它帶（動而遠）離 (apa)。向上顯現而達到頭部，稱為上風。這樣稱呼，是由於它帶動向上 (ut)。稱為介風，是因為它介入身體，並且展開於身體的每一個地方。在這些當中，尤以出息最為首要。㊻

㊹ Cf. P. Deussen (Eng. tr. by V. M. Bedekar and G. B. Palsule), *Sixty Upaniṣads of the Veda*, Delhi: Motilal Banarsidass, 1980, part I, pp. 335～336.

㊺ Cf. Rāma Prasāda, *Pātañjali's Yoga Sūtras*, pp. 238～239.

㊻ Ibid., p. 239. 在這段引文中，第一次出現的 prāṇa，我們譯為生氣；但在第二次出現時，我們則改譯為出息。這是因為第一次出現時，它包括了五種氣

由以上的說明，我們可以了解瑜伽派之所以重視調息的原因。它的思想淵源，最早可以追溯到《梨俱吠陀．原人讚歌》的「原人」信仰。在這些早期雅利安人的信仰當中，呼吸被視為創造神（原人、生主）的化身；因此，控制呼吸，令其延長的瑜伽修行方法，也就這樣發展出來了。

八支瑜伽的第五支是「制感」，那是控制感官知覺，不受外在事物干擾的一種訓練（佛典中稱為「攝受六根」）。也就是說，當感覺器官——五知根和意根，分別接觸到它們各自的對象——色、聲、香、味、觸、法等六塵之時，感覺器官（以意根為主）不會受到這些對象的影響，而追逐它們，迷失自己，以致誤以為它們是內心的本質。所以，《瑜伽經》II, 54 說：「制感是：讓感官不再接觸它們的對象，以致追逐它們，並把它們視為內心的本性。」[57]

正如前面已經說過的，完成以上的五支瑜伽支分，只是達到了「外部成就」而已。從第六支分「執持」開始，才屬於「內部成就」。執持，在一般漢譯的佛典當中，又譯為總持；有時也音譯為陀羅尼。它是集中精神於一處的一種控制心意的方法。《瑜伽經》III, 1 只簡單地說：「執持是內心的堅定不動。」而廣博的《瑜伽釋論》，則詳細解釋說：「……執持，意味著心神固定在諸如肚臍、心臟、頭腦之光、鼻端、舌尖等身體的某一處所，……或……任何其他外在的事物之上。」[58]

第七瑜伽支分是「靜慮」，在漢譯佛典之中，又譯為禪那、禪定，

息；但是第二次出現時，它只是特指呼吸的出息而已。

[57] Cf. Rāma Prasāda, *Pātañjali's Yoga Sūtras*, p. 176.

[58] Ibid., p. 179. 其中，「頭腦之光」的意義不清楚。

或簡譯為禪、定等等。它的主要特色是：心神及其冥想的對象完全合一（這和執持相同），而且，這種合一的狀態，能夠延續較長的時間。這和執持只是維持短暫的合一狀態，顯然不同。所以《瑜伽經》III, 2 說：「(冥想中之）心神的持續，即是靜慮。」[59]

而最後一支瑜伽支分——「等持」呢？它即是前節已經詳細討論過的「三摩地」或「三昧」；這三者只是譯名的不同而已。它和靜慮相同之處是：二者都是心神和對象合一，而且也都能夠持續一段較長的時間；但是，二者之間最大的不同是：靜慮雖然心、境合一，但仍有分別。就像蓋在茶杯上的茶杯蓋子，雖然和茶杯合而為一整體；但實際上卻仍然是不同的兩個物體。而等持不但心、境合一，而且已經無法分辨其間的差異。事實上，能夠冥想的心神完全消失，而融入所冥想的對象之中；這即是等持。因此，《瑜伽經》III, 3 說：「當對象之光獨耀，而事實上，沒有它自身（指心神）的時候，即是等持。」[60]

傳說，當一個瑜伽士完成了「攝令住」三支瑜伽的修習工夫之後，即會產生許多不可思議的身心變化。因為智慧的開發而解脫，自然是其中最大的變化和成就。《瑜伽經》II, 28 說：「經由瑜伽支分的持續修習，斷滅了（內心的）不淨，因而證悟了識別知識的智慧之光。」[61]同書 III, 16–34，則列舉了近二十種因為修習「攝令住」之三支瑜伽，而證悟的知識；無疑地，這即是所謂的「識別知識」。在這近二十種知識當中，包括過去與未來的知識 (III, 16)、前世的知識 (III, 18)、他心的知識——亦即佛典所謂的「他心通」(III, 19)、神我的知識 (III, 34)、

[59] Ibid., p. 180.

[60] Ibid., p. 181.

[61] Ibid., p. 150.

死亡的知識 (III, 21)，乃至所有生命所發出之聲音的知識 (III, 17)、星宿的知識 (III, 26)、身體組織的知識 (III, 28) 等等，可謂無所不包！其中當然以神我（與自性有所不同）的知識最為重要，因為那是獲得全知的必要條件；而全知的獲得，才能解脫——「獨存」(kaivalya)。所以，《瑜伽經》III, 48 說：「一個體悟意識（指神我）與純粹客體存在（指自性及其所生）之間有所不同的人，即成為超越所有存在狀態而且全知。」而 III, 49 則說：達到全知狀態的人，即是「無欲」而且已經毀滅「繫縛之種子」的人；他已達到了「獨存」的狀態❻❷。

依據《瑜伽經》IV, 1，天生的能力、藥草、咒語、苦行和八支瑜伽中的等持，這五種都可以獲得超自然的能力❻❸。其中，最後的等持，當然是瑜伽派所最強調的。因此，《瑜伽經》III, 20–42，曾說：經由「攝令住」的瑜伽修習，除了可以證得前述所說的智慧和解脫（獨存）之外，還可以獲得各種超自然的能力，包括：身體隱沒而消失掉 (III, 20)；如大象一樣的力量 (III, 23)；心神進住他人的身體之中 (III, 37)；浮在半空中，而不觸及流水、泥濘、荊棘 (III, 38)；增強聽力 (III, 40)；身體變得像棉花一樣地輕盈，以致可以徜徉於半空中、在水面上行走、在蜘蛛網上活動 (III, 41) 等等❻❹。

佛典中描述瑜伽派的地方不多；《佛本行集經》，卷 22，說到釋迦牟尼佛在修行期間，曾跟隨鬱陀羅羅摩子 (Uddraka-rāmaputra) 學習一種名叫「非想非非想」的禪定工夫❻❺。咸信這是一位瑜伽派的修行者。

---

❻❷ Ibid., pp. 207～234.

❻❸ Ibid., p. 268.

❻❹ Ibid., pp. 220～243.

❻❺ 參見《大正藏》卷 3，頁 757，中。

另外，後魏・吉迦夜所譯的《方便心論》，提到了「瑜伽外道」所主張的「八微」和「八自在」。八微是：四大、空、意、明、無明。而八自在則是：能小、為大、輕舉、遠到、隨所欲、分身、尊勝、隱沒[66]。地、水、火、風等四大，以及空、意 (manas)、明（智慧）、無明等八種，都是微細難以知覺或難以了解的事物，因此稱為八微。而能小乃至隱沒這八種令身心自在的工夫，無疑地，即是前面所提到的超自然能力。其中，「尊勝」大約是指身心具有俊俏、優雅、強健、剛毅等特質；這是《瑜伽經》III, 45 所提到的[67]。

[66] 參見前書，卷 32，頁 24，上。

[67] Cf. Rāma Prasāda, *Pātañjali's Yoga Sūtras*, p. 250.

第九章　正理派的歷史與哲學

第一節　正理派的歷史

正理派（Nyāya 或 Naiyāyika），也是「正統」婆羅門教的「六派哲學」當中的一個。在漢譯佛教的文獻當中，「正理」(nyāya) 一詞又譯為尼夜、尼夜耶、因論、因明 (hetu-vidyā)、因明處 (hetu-vidyā-sthāna) 等。而這個學派的信徒，則被譯為若耶須摩或那耶修摩，它們都是梵文 nāya-sunia 或 nyāya-saumya 的音譯。梵文 nyāya 的動詞字根是 nī，有引導、領導的意思。也就是說，在這個學派所說各種方法的引導之下，我們可以獲得正確的知識，並且因而和最高的神祇冥合❶。《正理經》I, I, 1，開宗明義即說：本章下面各章節所要介紹的十六種哲學範疇——「十六句義」（十六諦義），「可以引導我們體悟最高的神祇」❷。但是，依照大約活躍於西元前 350 年左右的印度文法（聲明）

❶ S. Radhakrishnan 和 C. A. Moore 曾說：「『正理』一詞的字面意義是：由於它（正理）的引導，我們的內心可以獲得某種結論。」(Cf. S. Radhakrishnan and C. A. Moore, *A Source Book in Indian Philosophy*, Princeton Univ. Press, 1957, p. 356.) 另外，中村元（葉阿月譯），《印度思想》，臺北：幼獅文化事業公司，1984，頁 156，也說：「『尼亞——亞』（即尼夜）是什麼？……從其原意（nī，引導）來看，可以說它是一種凡是應被證明的結論都是由它所引導之方法。」可見，「正理」一詞的原義是引導、領導。

❷ Cf. Gaṅgānātha Jhā, *The Nyāya-sūtras of Gautama*, Delhi: Motilal Banarsidass,

學家——波尼爾 (Pāṇini) 的說法，nyāya 的動詞字根應該是 i，它和 gam 一樣，都是離開、走去或走來的意思。因此，nyāya 一詞，當它作為邏輯推理的意思時，在語源上即和 nigama 的意思相同；而 nigama 的意思則是邏輯推理的結論❸。

在前面兩章當中，我們已經說過：數論、瑜伽兩派哲學之間，具有姊妹派的關係。而正理派和下章所要討論的勝論派之間，也同樣具有姊妹派的關係。事實上，正理和勝論二派，都和本書第十一章所要介紹的彌曼差派，具有古老而且深厚的交涉❹。事實上，在早期，「正理」和「彌曼差」(mīmāṃsā)，都是有關《吠陀經》或《梵書》所記載之祭祀規定的推理。後來，和祭祀有關的推理，仍然稱為「彌曼差」（審察、探討、研究的意思）；而那些和宗教無關的純粹推理，則稱為

1984, vol. I, p. 37.

❸ Cf. Mahāhopādhyāya Satiśa Chandra Vidyābhuṣana, *The Nyāya Sūtras of Gotama*, New Delhi: Oriental Books Reprint Corp., 1975 (2nd ed.), p. i.

❹ 達斯鳩布陀 (S. Dasgupta) 以為：勝論派和彌曼差之間，在五方面曾有不同的看法：⑴勝論派以為《吠陀經》並不具有永恆性，而彌曼差則視為永恆；⑵勝論派不承認《吠陀經》自身的正確性，而彌曼差則承認其正確性；⑶勝論派承認創造神——自在天神 (Īśvara) 的存在，彌曼差則不相信任何創造神；⑷勝論派主張聲音 (śabda) 並非永恆，而彌曼差則是「聲常論」（聲音永恆論）者；⑸勝論以為自我無法被自己所知覺，而彌曼差則以為自我可以被自己所知覺。儘管在這五個論題上面，勝論派採取和彌曼差完全不同的看法；但是，S. Dasgupta 透過文獻比對等方法，最後還是下了一個結論：勝論派是《彌曼差經》(*Mīmāṃsā-sūtra*) 未成立前之早期彌曼差思想的一支，它為《吠陀經》補強了形上學的基礎。(Cf. S. Dasgupta, *A History of Indian Philosophy*, Delhi: Motilal Banarsidass, 1975, vol. I, pp. 280～285.)

「正理」❺。

儘管正理派和印度「六派哲學」中的其他教派一樣，都肯定《吠陀經》的權威，但是，正理派仍有它不同於《吠陀經》的思想傳統。事實上，它是由《摩訶婆羅多》、《羅摩耶那》等史詩所發展出來的「自然哲學」教派❻。在《摩訶婆羅多》等古老的文獻當中，我們已經可以看到和邏輯推理——「正理」有關的一些名詞；例如：探究學 (ānvīkṣikī)、言分別（人身攻擊，jalpa）、言說（主張，vāda）、論破 (tarka) 等等。《摩訶婆羅多》當中，曾記載闍那伽王 (Janaka) 的國師——槃提 (Vānti)，和一位青年學者——阿濕陀波迦羅 (Aṣṭāvakra) 之間的一場辯論。這一史實顯示：廣泛利用推理規則的辯論術，已在這部史詩當中出現❼。

把這些古老但卻點點滴滴的推理概念和知識，加以整理，而集大成的人，是和釋迦牟尼佛同名的喬達摩（瞿曇，Gautama 或 Gotama），他有另外一個更為佛教徒所慣用的名字——足目 (Akṣapāda)。喬達摩大約是 150 B.C.～A.D. 50 之間的人，傳說，他是《正理經》(*Nyāya-sūtra*) 的作者；在這部重要的聖典當中，喬達摩首次提出「十六句義」。由於該書第二篇批評到佛教中觀派大將——龍樹 (Nāgārjuna) 及

❺ 詳見中村元，《印度思想》，頁 158。

❻ 佛羅瓦那 (E. Frauwallner) 曾說：印度哲學史上有兩大主流，一是以《吠陀經》、《奧義書》為源頭的流派，例如數論、瑜伽；另一則是以史詩為源頭的流派，例如正理、勝論。(Cf. E. Frauwallner, *History of Indian Philosophy*, Delhi: Motilal Banarsidass, 1973, vol. II, p. 3.)

❼ Cf. S. S. Barlingay, *A Modern Introduction to Indian Logic*, Delhi: National Publishing House, 1965, pp. 3～4.

其弟子——提婆 (Āryadeva) 的思想，而龍樹和提婆的活躍年代是 A.D. 150～270，因此，該書目前的內容，顯然經過後人的增補。

正理派的哲學和邏輯，吸收了各教派所點點滴滴發展出來的內容，其中尤其是以勝論派、佛教瑜伽行派、耆那教的教義，對於正理派的影響最大。耆那教「相對主義」(Syādvāda) 中的語句「七形式」（Saptabhaṅgī，詳第五章第三節），固然影響了正理派對於語言的看法；另外，勝論派主張「聲無常論」，而彌曼差派則主張「聲常論」，二者之間的往返論辯，也提供了正理派最佳的邏輯研究素材。這些我們將在本章稍後各節，再作詳細討論。

其次，佛教的因明學，對於正理派的因明學，也有直接的影響。五世紀以前，佛教的因明學仍然處於起步的階段。屬於部派佛教的經典之作——《論事》(*Kathāvatthu*)，其中已有鄔波那耶（小前提，upanaya）、尼伽摩那（斷案，niggamana）、波梨若（命題，paṭiññā）、墮負 (niggaha) 等因明學中的術語❽。其後，大乘佛教的中觀派和瑜伽行派相繼興起，並且相互攻擊；他們大都沿用正理派的因明學，來批判對方，並且對於他們所採取的因明學，有了進一步的反省和研究。這些反省和研究，具體而微地反映在兩本佛教的著作當中。其中之一是《方便心論》(*Upāya-kauśalya-hṛdaya-śāstra*)，相傳是由中觀派的開宗祖師——龍樹所作，並由後魏．吉迦夜譯成中文；書中詳細討論了譬喻 (udāharaṇa)、隨所執 (siddhānta)、似因 (hetvābhāsa) 等重要的因明

❽ Cf. Mahāhopādhyāya Satiśa Chandra Vidyābhuṣana, *The Nyāya Sūtras of Gotama*, p. ix. 又見許地山，〈陳那以前中觀派與瑜伽派之因明〉，收錄於藍吉富編，《現代佛學大系(44)．因明聲明與佛學研究法》，臺北：彌勒出版社，1984。

論題❾。另一則是《如實論》(*Tarka-śāstra*)，相傳是瑜伽行派的大將——世親的作品；其中的最後一部分——〈反質難品〉(內含無道理難品、道理難品、墮負處品等三品)，已由陳．真諦譯成中文。本書第二品——〈道理難品〉，討論了各種的錯誤推理——「難」，這和《正理經》中所說的二十四種「過類」(jāti) 相當。然而，本書又提到「難」有三種過失：顛倒難 (viparītak-haṇḍana)、不實義難 (asadkhaṇḍana 或 abhūtakhaṇḍana)、相違難 (viruddhakhaṇḍana)，並說：「若難有此三種過失，則墮負處。」而在第三品——〈墮負處品〉當中，則討論了「壞自立義」(pratijñāhāni)、「取異義」(pratijñāntara)，乃至「似因」等二十二種「墮負處」(nigrahasthānapatti)❿。無疑地，這些都是相當具有正面意義的因明理論；對於正理派的因明學，必然也有或多或少的影響。

除此之外，以瑜伽行派為主的一些論典，也或多或少地闢出篇章，來討論因明；例如，《瑜伽師地論》卷 13（後半）–15，也曾討論了「五明處」(pañca-vidyā-sthāna)，其中的「因明處」(hetu-vidyā-sthāna) 即是指因明而言⓫。

五世紀後，佛教瑜伽行派的因明學，有了進一步的發展；因為這時出現了陳那 (Dignāga, A.D. 400～480)、法稱 (Dharmakīrti, A.D. 634～673) 等因明學者。這些佛教學者，把舊有的因明學加以翻新、改造（詳本章下面各節），因此，依照佛教的說法，在此之前的（佛教）因明學，稱為「古因明」；陳那之後的因明學，則被稱為「新因

❾ 參見《大正藏》卷 32，頁 23，中－28，下。

❿ 參見前書，頁 28，下－36，上。

⓫ 參見前書，卷 30，頁 345，上－361，中。

明」⓬。

這兩位瑜伽行派的大將，在他們有關「因明」的作品當中，曾經詳細討論「因」(hetu)、「宗義」(sādhya) 和「宗法」(pakṣa) 這三者之間的關係。這些討論都被正理派的大將——烏德陀迦羅 (Uddyotakara, A.D. 550～610) 的作品所吸收，成了有關「第三執取」（第三知覺，tṛtīya parāmarśa）乃至「遍充」(vyāpti) 等因明學的重要概念。其次，陳那的《集量論》(*Pramāṇa-saṃuccaya*) 第二品，以及法稱的注釋——《釋量論》(*Pramāṇa-vārttika-kārikā*) 第一、第四品，曾把邏輯上的論證——「比量」(anumāna)，分成「自比量」（說服自宗的論證，svārthānumāṇa）和「他比量」（說服他宗的論證，parārthānumāṇa）兩類；這樣的分類，也被烏德陀迦羅的作品所吸收⓭。另外，佛教瑜伽行派的學者，曾發展出一套有關「否定」(apoha) 的理論；例如，法稱的巨作——《正理一滴》(*Nyāya-bindu*)，曾把「無」（非有、無說，abhāva）分成兩類：⑴更互無 (anyonyābhāva)；⑵和合無 (saṃsargābhāva)；並且依照佛教邏輯學家的傳統說法，再次宣稱：更互無是「否定」理論的基礎。法稱對於「無」的分類和討論，也被正理派的學者吸收，並且加以批判，而有進一步的開展⓮。

⓬ 有關新、古因明的差別，我們將在本章下面各節，再作討論。

⓭ Cf. Jwala Prasad, *History of Indian Epistemology*, Delhi: Munshi Ram Manohar Lal, 1958 (2nd ed.), pp. 210～220. 又見法尊法師譯編，《釋量論略解．序．引言》，臺北：佛教出版社，1984。

⓮ Cf. S. S. Barlingay, *A Modern Introduction to Indian Logic*, pp. 68～69. 另外，因、宗義、宗法、第三執取、遍充、比量、自比量、他比量乃至各種「無」的分類等等因明學中的術語，我們將陸續在本章下面各節討論。

喬達摩的《正理經》問世之後，出現了許多後人的注解和進一步的發展；其中最重要的有：(1)跋舍耶那 (Vātsyāyana, A.D. 450～500) 的《正理釋論》(*Nyāya-bhāṣya*)；(2)烏德陀迦羅的《正理大疏》(*Nyāya-vārttika*)；(3)闍閻陀．婆多 (Jayanta Bhaṭṭa, A.D. 840～900) 的《正理蕾苞》 (*Nyāya-mañjarī*)；(4)跋遮濕鉢底．彌續羅 (Vācaspati Miśra, A.D. 900～980) 的 《正理大疏玄義釋論》 (*Nyāya-vārttika-tātparya-ṭīkā*) 等等。這些學者及其作品，都是站在正理派的觀點。另外還有一些學者，則是站在勝論派的立場，來闡釋哲學和邏輯；例如般沙窣多波陀（妙足，Praśastapāda, A.D. 500～600）的《句義法集》(*Padārtha-dharma-saṃgraha*)、毘瑜摩濕婆（空吉祥，Vyomaśiva, A.D. 900～960）的《空問》(*Vyomavatī*)，乃至尸利陀羅（勝持，Śrīdhara, A.D. 950～1000）的《正理芭蕉》(*Nyāya-kandalī*) 等等⓯。

然而，特別值得注意的是：優陀闍那 (Udayana, A.D. 1050～1100) 的《正理大疏玄義釋義》(*Nyāya-vārttika-tātparya-pariśuddhi*)、《我性辨明》 (*Ātma-tattva-viveka*)，乃至有名的 《滿掬之花》 (*Kusumāñjali*) 等等。這些作品當中，吸收了前人的成果，不但包括陳那、法稱等佛教學者的思想，而且也結合了正理派學者和勝論派學者的不同看法，正理和勝論，也成了「正理－勝論派」(Nyāya-vaiśeṣika)⓰。因此，有些

⓯ 詳見 S. S. Barlingay, *A Modern Introduction to Indian Logic*, p. 10. 又見 Karl H. Potter, *Indian Metaphysics and Epistemology: The Tradition of Nyāya-Vaiśeṣika up to Gaṅgeśa*, Princeton: Princeton Univ. Press, 1977, pp. 9～10.

⓰ Karl H. Potter, *Indian Metaphysics and Epistemology: The Tradition of Nyāya-Vaiśeṣika up to Gaṅgeśa*, p. 12 ，以為第一部將正理派和勝論派結合在一起的作品 ，是濕婆帝提 (Śivāditya, A.D. 1100～1150) 所寫的 《七句義》 (*Sapta-*

學者還以為，優陀閻那是「舊正理派」的終結者、「新正理派」(Navya-nyāya) 的開創者。稍後，被視為「新正理派」的真正開創者——犍祇沙．優波禪耶（Gaṅgeśa Upādhyāya，約 A.D. 1350），則是對其理論有了進一步的闡釋和開展；他撰有《真實如意珠》(*Tattva-cintāmaṇi*) 等書，以嶄新的方法和內容，來詮釋正理派的哲學和因明學⓱。

犍祇沙是一位介於正理派和勝論派之間的學者（因此，是一位「正理—勝論派」的代表學者），在他有名的《真實如意珠》當中，一方面接受了正理派有關「量」（獲得正知之方法）的理論；但是，另一方面卻又以為：喬達摩所說的「六句義」，其實可以放在勝論派所說的「七句義」當中，加以討論⓲。

犍祇沙．優波禪耶之後，雖然出現了許多因明學者，例如：闍伽提薩 (Jagadīśa)、伽馱達羅 (Gadādhara)、摩塔羅捺陀 (Mathurānātha) 等人；但是，最值得注意的，則是羅瞿捺陀．濕盧摩尼（Raghunātha Śiromani，約十七世紀）。羅瞿捺陀在許多方面，批判了他的老師，並且建立起「新洲學派」(Navadvīpa)。在他之前，正理派的學術中心原本是在彌梯羅 (Mithila)；從他之後，則遷移到賓伽羅 (Bengal) 的那婆堆波 (Nava-dveepa)。繼承他的因明之研究，延續了百餘年之久，並且出現了許多作品。在這些作品當中，可以分成兩大類：那些專門介紹因明學的，稱為「分別道理」(Prakaraṇa-grantha)；而那些批判因明學

---

padārthī)。不過，他也說到，從烏德陀迦羅開始，正理、勝論兩派，即已陸陸續續互相吸收對方的思想。

⓱ Cf. S. S. Barlingay, *A Modern Introduction to Indian Logic*, pp. 10～11.

⓲ Ibid., p. 11.

舊傳統，並且試圖提供新因明學的，則稱為「諍論道理」(Vāda-grantha)。可惜的是，當新的教育制度在印度施行之後，因明學即從正規的教育課程當中抽離，以致此後的因明學，不再有進一步的發展⓳。

第二節　正理派的「十六句義」

前節已經說過，《正理經》傳說是喬達摩的作品；但是，現存的《正理經》最早不會早於龍樹、提婆的活躍年代：西元 150～270 年。現存的《正理經》，共分為五章（品，adhyāya），每一章又細分為兩節（日課，āhnika）。其中，第一章說到了有名的「十六句義」；這應該是喬達摩原作的本來面貌。第二－四章，廣泛討論了勝論、瑜伽、彌曼差、吠檀多和佛教等各教派的哲學，因此，可以推知是後人的添加。最值得我人注意的是，在這些章節當中，甚至逐字逐句地引用佛教文獻——《楞伽經》(*Laṅkāvatara-sūtra*)、龍樹的《中觀經》(*Mādhyamika-sūtra*)⓴、提婆的《百論》(*Śataka*) 等等。例如，《正理經》IV, II, 26，引了《楞伽經》（約成立於 A.D. 300）文；II, I, 39; IV, I, 39; IV, I, 48，引了《中觀經》；IV, I, 48，引了《百論》㉑。

句義 (padārtha)，在漢譯的佛教文獻當中，又譯成「諦義」或「義」；它的字面意思是：語言（句）的對象或意義；而事實上則泛指我們感官、思惟的認知對象。因此，句義一詞的所指，其實就是宇宙中的各種存有。《正理經》把這些宇宙中的存有，分成十六種，稱為

⓳ Ibid., pp. 11～12.

⓴ 《中觀經》應該是指《中觀頌（論）》(*Madhyamakakārikā*)。

㉑ Cf. Mahāhopādhyāya Satiśa Chandra Vidyābhuṣana, *The Nyāya Sūtras of Gotama*, pp. 34, 117, 120, 133.

「十六句義」。漢譯佛教文獻當中，提到十六句義的並不多；《成實論》，卷 3，可能是少數的一個例子：「論者言：有人說一切法有，或說一切法無。……有者……如……十六種義，是那耶修摩有。」㉒引文中說：在印度的各種不同的教派當中，有些教派主張「一切法（事物皆）有」，有人則主張「一切法無」。而那耶修摩（即正理派的信徒，詳本章前節），則主張「一切法有」；因為他們提出了「十六種義」。

「十六種義」（十六句義）是什麼？《成實論》並沒有詳細說明。但是，隋．吉藏，《百論疏》卷上之中，卻詳細地討論了它們：

> 又摩醯首羅天，說十六諦義：一、量諦；二、所量；三、疑；四、用；五、譬喻；六、悉檀；七、語言分別；八、思擇；九、決；十、論議；十一、修諸義；十二、壞義；十三、自證；十四、難難；十五、諍論；十六、墮負。㉓

吉藏只說到這十六諦義是摩醯首羅天（大自在天，Maheśvara）所說，並沒有說到是正理派所提出；然而，吉藏所提到的十六諦義，顯然和《正理經》I, I, 1 所說相同㉔。

吉藏對這十六諦義（句義），曾有簡略的說明；它們和《正理經》的說法，也相去不遠。吉藏的說明是㉕：

㉒ 引見《大正藏》卷 32，頁 256，上。

㉓ 引見《大正藏》卷 42，頁 247，下。

㉔ Cf. Mahāhopādhyāya Satiśa Chandra Vidyābhuṣana, *The Nyāya Sūtras of Gotama*, p. 1.

㉕ 以下有關吉藏對十六諦義的說明，請見《大正藏》卷 42，頁 247，下。（括

量 (pramāṇa)，有兩種意思：一是獲得正確知識的方法；另一則是正確的知識本身。在這裡，我們採取第一個意思。依照吉藏的說明，量，亦即獲得正確知識的方法，共有四種：「一、現知；如眼見色，耳聞聲等。二、比知；如見一分，即知餘分；見煙知有火等。三、不能知；信聖人語。四、譬喻知；如見日去等。」其中，現知 (pratyakṣa) 又譯為現量，是感官知覺的意思。眼、耳、鼻、舌、身等五種外在的感覺器官，可以知覺到色、聲、香、味、觸等五種外在世界中的存有物，因此，這五種感官知覺，是第一種獲得正確知識的方法——量。其次，比知 (anumāna) 又譯為比量，是邏輯推理的意思。我們透過邏輯推理，也可以獲得某些正確的知識，因此，邏輯推理也是「量」之一。例如，看見遠山有煙升起，就可推知遠山有火。第三的不能知，從吉藏的說明——「信聖人語」，可以確定即是《正理經》I, I, 7 所說的「聲量」（聲音、字詞，śabda[26]），那是可信賴之大仙 (ṛṣi)、聖人 (ārya) 或外地人（彌離車，mleccha）所說的話。從這些人所說的話當中，可以讓我們獲得正知；這就是「聲量」。值得一提的是，聲量有時又稱為「聖言量」（聖教量、阿含量，āgama[27]），那是指聖者所說而傳承下來的言語（道理）。第四「譬喻量」(upamāna)，是類比推論 (analogy) 的一種。吉藏《百論疏》的例子——「如見日去等」，意義並不清楚。不過，《正理經》II, I, 46–48，曾舉了一個例子[28]：有一位可

弧內的句子，都引自原作。）

[26] Cf. Mahāhopādhyāya Satiśa Chandra Vidyābhuṣana, *The Nyāya Sūtras of Gotama*, p. 4.

[27] Ibid., p. 2.

[28] Ibid., p. 36.

信賴的人告訴我們：「博斯伽婆優斯（Bos Gavaeus，一種牡牛），是一種像家牛的動物。」不久，當我們看到一隻像家牛的動物時，我們即推知那就是博斯伽婆優斯。因此，所謂譬喻量，其實是一種類比推理：從家牛和博斯伽婆優斯之間的相似性，推論到某物即是博斯伽婆優斯。

十六諦義（句義）的第二諦義是所量 (prameya)，那是獲得正確知識之方法──「(能) 量」，所要認知的對象；亦即知識的對象。原來，印度正理派（和其他各教派都）以為，構成真理的必要條件共有四個：量、所量、量者、量知。如果把「量」比喻為一把測量尺寸的尺，那麼，「所量」就是這把尺所要測量的對象──布匹。而測量人是「量者」；所測量出來的結果──若干尺寸，則是「量知」。

對於所量，吉藏的《百論疏》，只作了簡單的解釋：「如身有我，乃至解脫也。」《正理經》I, I, 9–22[29]，則列舉了十二種所量，並且作了詳細的說明：(1)我（靈魂，ātman）；(2)色身（肉體，śarīra）；(3)根（感覺器官，indriya）；(4)境（感覺對象，artha）；(5)覺（智慧，buddhi）；(6)意（心靈活動，manas）；(7)轉作（活動性，pravṛtti[30]）；(8)煩惱 (doṣa)；(9)彼有（來世，prētyabhāva）；(10)果（果報，phala）；(11)苦 (duḥkha)；(12)解脫 (apavarga)。有些正理派的學者，例如《正理釋論》的作者──跋舍耶那（詳本章前節），認為：這十二種所量，只是我們脫離生死輪迴而解脫時，所必須了解的知識對象；它們並沒有窮盡所有的知識對象。例如，勝論派所提到的實句（實體，dravya）、德

---

[29] Ibid., pp. 5～7.

[30] 依照跋舍耶那在《正理釋論》中的注解，活動性包括身體、感官、事物，乃至苦與樂的感覺等等事物或現象的增長、繁衍。(Cf. Gaṅgānātha Jhā, *The Nyāya-sūtras of Gautama*, vol. I, p. 211.)

句（性質，guṇa）、業句（行動，karma）、同句（普遍性、共相，sāmānya）、異句（特殊性、殊相，viśeṣa）、和合句（內含性，samavāya）等「六句義」（詳下章），也是知識的對象——所量，但卻沒有包含在這十二種所量當中。原因是：如果獲得了這十二種所量的相關知識，即可解脫；但是，獲得實句乃至和合句等相關的知識，卻無法解脫㉛。

十六句義的第三句義是「疑」(saṃśaya)，吉藏《百論疏》的說明是：「如見杌似人等。」亦即，在視覺不清晰的情況之下，懷疑所看到的杌（禿樹）是一個人。依照跋舍耶那《正理釋論》的分析，《正理經》I, I, 23 說到了「疑」的五種來源：⑴來自共同性質的認知；⑵來自不同性質的認知；⑶來自矛盾的意見；⑷來自不確定的知覺；⑸來自不確定的無知覺㉜。但是，依照烏德陀迦羅的《正理大疏》（詳本章前節），《正理經》只說到「疑」之所以形成的三種來源：⑴來自「共同性質」(samānadharma) 的認知；⑵來自「不同性質」(anekadharma) 的認知；⑶來自「矛盾意見」(vipratipatti)。這三種「疑」的來源，即是跋舍耶那五種來源當中的前三種㉝。

來自共同性質之認知的「疑」，例如：微光中，我們無法確知所見之物到底是人或是柱子；因為人和柱子都具有「高」（細長）的共同性質。這種懷疑，來自人和柱子都具有「高」（細長）的共同性質。其次，來自不同性質之認知的「疑」，例如：當我們聽到聲音時，我們懷疑聲音是否永恆？因為，聲音這種性質，既不存在於人、獸等不永恆

㉛ Cf. Gaṅgānātha Jhā, *The Nyāya-sūtras of Gautama*, vol. I, p. 212.

㉜ Ibid., pp. 299～302.

㉝ Ibid., p. 303.

的事物當中，也不存在於地、水、火、風等永恆的極微（原子）當中。這種懷疑，來自聲音這種性質既不存在於永恆的性質當中，也不存在於不永恆的性質當中；所以稱為來自不同性質的「疑」。第三，來自矛盾意見的「疑」，例如：有些教派主張有靈魂（自我），有些教派則主張沒有靈魂；因此，一個同時讀到這兩種主張的讀者，就會產生懷疑；無疑地，這種懷疑來自兩種相互矛盾的意見。

另外，跋舍耶那所說到的第四種「疑」的來源是：不確定的知覺。例如，當我們看到水池中的水時，水是真實地存在；但是當我們看到海市蜃樓中的水時，水卻不存在。這時，我們會有一個疑問：是否只有水真實存在的情況之下，我們才會看到它；或是水不存在的情況之下，也可以看到它？這種懷疑來自對於水的不確定知覺：可以知覺到水，但卻不確定是否真實存在。而第五之不確定的無知覺，例如：我們無法知覺到蘿蔔中的水，也無法知覺到乾泥中的水；然而，蘿蔔中確實有水，而乾泥中卻沒有水。這時，我們會產生一個疑問：水是否只有在不存在的時候，才不會被知覺；或是在存在的時候，也可以不被知覺？而這種懷疑，則來自對於（蘿蔔和乾泥中之）水的無知覺㉞。

十六句義中的第四是「用」（目的，prayojana），吉藏《百論疏》只作了簡單的說明：「如依此物作事也。」亦即某一事物所可能發揮出來的功能，即是該一事物的「用」。例如，人們收藏燃料的「用」（目的），乃是為了烹煮食物㉟。烏德陀迦羅的《正理大疏》，則把「用」（目的），解釋成為人們解除痛苦或獲得快樂的原動力㊱。

㉞ 以上五種「疑」之來源的相關說明和例子，請見 Mahāhopādhyāya Satiśa Chandra Vidyābhuṣana, *The Nyāya Sūtras of Gotama*, p. 8.

㉟ Ibid., p. 8.

十六句義的第五是「(譬) 喻」(實例，dṛṣṭānta)，吉藏《百論疏》的說明是:「如見牛知有水牛也。」也許，我們可以另舉一個比較易懂的例子：當我們說「凡是有煙的地方，必定也是有火的地方」這句話時，我們會舉一個實例 (譬喻):例如灶;因為灶這個「譬喻」(實例)之中，既有煙又有火。有關「譬喻」的相關內容，我們將在下節再作詳細討論。

十六句義的第六是「悉檀」(宗義、定說、教義，siddhānta)，吉藏《百論疏》的說明是:「自對義由異他義;如數人根是實法，《(百)論》明根是假名等也。」這是指各個教派相互不同的教義。例如，小乘的說一切有部——「數人」，站在「一切有」的立場，以為感覺器官——根，是實有的東西——「根是實法」;但是《百論》站在中觀派「一切皆空」的觀點，卻以為「根」是不真實的「假名(有)」——「根是假名」。其中，「根是實法」和「根是假名」二句，分別代表了有部和中觀派的不同「悉檀」(教義、主張)。

《正理經》I, I, 27–31，把悉檀詳細地分成四種:(1)一切教法悉檀 (Sarvatantra-siddhānta);(2)別別教法悉檀 (Pratitantra-siddhānta);(3)前導悉檀 (adhikaraṇa-siddhānta);(4)後得悉檀 (abhyupagama-siddhānta)。其中，一切教法悉檀是指所有教派(一切教法)所共同承認的道理(悉檀);別別教法悉檀是指只受到某個(些)特殊教派承認的道理;前導悉檀是指：由這一道理(悉檀)，可以推論出(導出)另外的其他道理;而後得悉檀則是指：由某一(前導)道理推論而得到的道理[37]。

---

[36] Cf. Gaṅgānātha Jhā, *The Nyāya-sūtras of Gautama*, vol. I, p. 339.

[37] Cf. Mahāhopādhyāya Satiśa Chandra Vidyābhuṣana, *The Nyāya Sūtras of Gotama*, pp. 9～10.

第七句義是「語言分別」，吉藏《百論疏》的說明是：「分別自、他義也。」但是，《正理經》所提到的第七句義是「支分」（論式，avayava），指的是構成一個邏輯論證所必須的組成部分。所以，《正理經》I, I, 32 說：「支分是：宗、因、喻、合、結。」㊳也就是說，一個論證是由五個部分——「五支（分）」所組成：「宗」(pratijñā) 是論證的結論 (conclusion)；「因」(hetu) 是論證的前提（理由，premiss）；「喻」(dṛṣṭānta) 是實際的一個例子，其實也是論證的另一個前提；「合」(upanaya) 是因支和喻支合說；而「結」(nigamana) 則是宗支的重述。這五支構成了一個論證，稱為「五支作法」（五分作法）。有關這些，我們將在本章下節，再作詳細討論。

十六句義的第八句義是「思擇」(tarka)，吉藏《百論疏》只作了簡短的說明：「思擇道理如此。」這是把思擇廣泛地看成一種思惟的方法。事實上，《正理經》裡的「思擇」一詞，具有比較狹義的用法，亦即一種特殊的推理方式：相當於西洋邏輯中的「歸謬證法」(reductio ad absurdum)㊴。這種推理方式具有下面的形式：當我們要證明 A 成

㊳ Ibid., p. 10.

㊴ S. S. Barlingay 以為：在印度的古典文獻當中，「思擇」一詞是歧義的。它最廣泛的意思是指整個因明學；在這個意義之下，它和「探究學」(ānvīkṣikī) 的意思相當。這一用法，出現在《摩拏記》(*Manusmṛti*)、《摩訶婆羅多》、《婆陀羅子經》(*Bādarāyaṇa-sūtra*) 等古文獻當中。這一用法，也是佛教文獻當中常有的用法；例如，《思擇入論》(*Tarka-praveśa*) 裡面的「思擇」一詞，大都是這種用法。而本書所引吉藏《百論疏》的說明，顯然也是這種用法。其次，一個比較狹窄的意思是：思擇指的是比量（邏輯推論，anumāna），共有十一種或五種形式。另外，安南婆達（食主，Annambhatta）的《思擇要集》(*Tarka-Saṅgraha*)，則把「思擇」一詞定義為 Vyapyaropena Vyapakaropah；

立時，我們先假設 A 不成立，亦即假設「非 A」成立。然後再由「非 A」這個假設，推論到一個矛盾的結論——「B 且非 B」。由於「非 A」導出了矛盾，因此，「非 A」這個假設是錯誤的，A 才是對的。例如，靈魂到底是永恆的或是不永恆的呢？我們並不知道。為了探求這個問題的答案，我們採用了「思擇」這種推理方式：假設靈魂是不永恆的（亦即假設「非 A」成立），那麼矛盾馬上產生：感受業報、輪迴和解脫的主體是存在的，而且是永恆的實體；如果靈魂不是永恆的實體，那麼，就沒有感受業報乃至解脫的主體存在。這是不可能的——它和感受業報乃至解脫之主體存在的（宗教）事實相矛盾。因此，靈魂不永恆的假設錯誤；靈魂必須是永恆的實體[40]。

十六句義中的第九句義是「決」（決了、決定，nirṇaya），吉藏《百論疏》作了這樣的說明：「義理可決定也。」懷疑的去除狀態，稱為「決」。例如，兩派不同的意見，引起我們的疑慮：到底哪一派的說法成立？這時，我們必須利用各種獲得正知的方法，例如邏輯推理（比量）、聽聞聖者（有權威人士）所說（聖言量）等等方法，來判定兩種說法的誰是誰非。經過這樣的探究之後，心中的懷疑即被消除，並且得到確切的答案。這即是「決」。通常，「決」之前會有「疑」（詳第三句義）的階段；但是也有例外：當感覺器官認識外在的事物時，可以直接進入「決」的階段，而沒有「疑」的階段。另外，當我們聽聞聖

當代的因明學者，把這一定義解釋為「歸謬證法」。無疑地，這是「思擇」一詞最狹窄的意思。(Cf. S. S. Barlingay, *A Modern Introduction to Indian Logic*, pp. 119～121.)

[40] Cf. Mahāhopādhyāya Satiśa Chandra Vidyābhuṣana, *The Nyāya Sūtras of Gotama*, p. 13.

者所說，也可能沒有「疑」，而直接達到「決」的狀態。

雙方的交談或對話 (kathā)，可以分為三種：⑴論議 (vāda)，亦即雙方真誠地討論問題，希望從中尋找出真理來；⑵修諸義（紛議、言分別，jalpa），以獲勝為目的之辯論；⑶壞義（妄批，vitaṇḍā），僅僅消極地甚至惡意地指出對方的毛病、錯誤，而不正面地提出自己的主張。這三種交談或對話，即是十六句義當中的第十、十一、十二等三個句義。在這三個句義當中，論議當然是最重要的。一個標準的論議，通常包含了一個到多個的邏輯論證（五支作法）——比量，乃至聲量（聖言量）、思擇（歸謬證法）等等因明學中的推理方法。下面是一個例子[41]：

甲：靈魂是實有的。

乙：靈魂並不存在。

甲：靈魂確實是存在的——宗；

因為：靈魂是心識的住所——因；

不存在的事物，就像兔角一樣，不能作為心識的住所——喻；

靈魂並非如此，也就是說，靈魂是心識的住所——合；

可見，靈魂是實有的——結。

（以上是一比量——「五支作法」。）

乙：靈魂並不是實有的——宗；

因為：……

甲：聖典中明文說到靈魂是存在的。

（這是訴諸「聲量」。）

---

[41] Ibid., p. 14.

乙：……

甲：如果沒有靈魂，我們就無法同時經由視覺和觸覺，知覺到一個事物。

（這是思擇的應用。）

乙：……

十六句義的第十三句義是「自證」（似因，hetvābhāsa），即是一個邏輯論證（五支作法）當中的錯誤理由（因）。「自證」的中文譯名，意義不清；猜想是自己證明，沒有充足之理由的意思。如果這一猜想正確，那麼，「自證」這一譯名，顯然是引申義。因此，「似因」才是忠實的翻譯。跋舍耶那的《正理釋論》，對「似因」一詞，作了這樣的注解：「之所以稱為『似因』，是因為它們（似因）並不具有真因的所有特性，但卻和真因非常相像。」㊷吉藏《百論疏》提到了五種似因：不定、相違、相生疑、未成、即時；它們和《正理經》I, II, 4–9 所提到的五種完全相同㊸，我們留到本章第四節第二項中，再作詳細討論。

十六句義的第十四句義是「難難」（曲論，chala），那是採用詭辯、詐欺的方式，來攻擊對方。吉藏《百論疏》解釋說：「聞山林有白象，難草頭亦有白象。」這個解釋太過簡單，以致難以理解。《正理經》I, II, 11–14，把難難又細分為三種；透過這三種難難的說明，也許我們才能了解什麼叫作難難：⑴字詞的難難 (vākchala)；⑵共相的難難 (sāmānyacchala)；⑶比喻的難難 (upacāracchala)。

㊷ Cf. Gaṅgānātha Jhā, *The Nyāya-sūtras of Gautama*, vol. I, p. 523.

㊸ Cf. Mahāhopādhyāya Satiśa Chandra Vidyābhuṣana, *The Nyāya Sūtras of Gotama*, pp. 15～17.

其中，字詞的難難，乃是利用語詞的歧義性，來達到詭辯的目的。例如：甲說：「這個小孩有 nava-kambala（一條新毛毯）。」乙說：「這個小孩哪裡有 nava-kambala（九條毛毯）！他只有一條毛毯而已！」在此，乙即犯了字詞之難難的謬誤。原來，梵文字 nava 是歧義的，它一方面是「新」的意思，另一方面則是「九」的意思。連帶著，加上 kambala（毛毯）之後，也是歧義的：有「新毛毯」的意思，也有「九條毛毯」的意思。乙方即是利用 nava 的歧義性，來達到曲解、詭辯的目的。

其次，共相的難難是：混淆了字詞的全體（共相）意義和個體意義。原來，字詞有全體和個體這兩種不同意義，二者不可混淆。請看看下面這個例子：「人有二十億；張三是人；所以張三有二十億。」在這個顯然犯了謬誤的論證當中，第一次出現的「人」，具有全體的意義，它指的是人的全體。但是第二次出現的「人」，則是個體的意義，它指的是全體人類當中的某一個體——張三。如果把「人」的這兩種不同意義混淆，就會推論出像「張三有二十億」這樣荒謬的結論出來。另外一個共相難難的例子，乃是混淆了「婆羅門」一詞的全體意義和個體意義：甲說：「這位婆羅門有良好的德性。」乙說：「那是不可能的！我們怎麼能夠從他是婆羅門，就推論出他有良好的德性？有許多年少的婆羅門，並沒有良好的德性呀！」在此，乙犯了共相難難的謬誤。甲所說的「婆羅門」，是指一個特定的婆羅門，而不是指所有的婆羅門；但是，乙所理解的「婆羅門」，卻是全體的婆羅門，而不是某一位個別的婆羅門。雖然全體婆羅門，就像乙所反駁的，不可能每個都擁有良好的德性；但是個別的婆羅門，卻可能像甲所說的那樣，擁有良好的德性。

比喻的難難是：字詞常有正常意義和比喻的意義，混淆了這兩種意義，即犯了比喻的難難。例如，甲說：「觀眾席都感動得哭了。」乙說：「那怎麼可能？觀眾席又不是人，怎麼會哭！」在這則對話當中，甲用了「觀眾席」一詞，他的意思顯然是指觀眾席上的觀眾。然而，乙卻把它曲解為無生命的觀眾席；因此，乙觸犯了比喻的難難。

十六句義的第十五是「諍論」(jāti)，它是自我駁倒的意思。反駁者提出了一個無益、無用的論證，來反駁對方；結果，這個論證反而證明自己的錯誤。通常，這種謬誤都是建立在兩物之間的相似性和不相似性之上。例如，甲說：「聲音沒有行為；因為，它像虛空一樣地遍滿宇宙。」乙說：「聲音有行為，因為它像陶壺一樣，是被（嘴唇、牙齒、喉嚨、空氣等所）製造出來的。」在此，乙的反駁犯了諍論的謬誤。因為：甲所說的聲音和虛空之間，確實具有相似性，因而「沒有行為」和「遍滿宇宙」之間，也確實具有普遍的關聯性。但是，乙所說的聲音和陶壺之間，卻不具有相似性，以致「有行為」和「被製造出來」之間，也沒有普遍的關聯性。

最後，第十六句義是「墮負」(nigrahasthāna)；它的字面意思是：降伏 (nigraha) 的狀態 (sthāna)。吉藏《百論疏》的解釋是：「墮負者，如墮負論說。」而《正理經》I, II, 19，則說：和他人辯論時，形成墮負的狀態，有兩種可能的原因：⑴誤解對方的意思；⑵完全不了解對方的意思[44]。

第三節　感官知覺的形成與模式

正理派是一個典型的實在論 (Realism)，這從十二種「所量」（認

[44] Ibid., p. 18.

識對象）都是實有這一事實（詳前節），即可看出端倪。「所量」是相對於「量」（認知方法）而說的，我們以「量」來認識「所量」。而感官知覺——「現量」(pratyakṣa)，則是四種「量」當中的第一個（詳前節）。也就是說，感官知覺是獲得正確知識的第一種方法（工具）。

什麼是感官知覺——現量呢？《正理經》I, I, 4，對現量作了這樣的定義：「現量乃由感覺器官接觸對象而形成的知識，它無名、確定而且無疑。」㊺在這個定義當中，出現了四個重要的語詞：⑴「由感覺器官接觸對象而形成的知識」(indriyārtha-saṃnikarṣotpannaṃ jñānam)；⑵「無名」(avyapadeśya)；⑶「確定」(avyabhicāri)；⑷「無疑」(vyavasāyātmaka)。

所謂「由感覺器官接觸對象而形成」(indriyārtha-saṃnikarṣotpanna)，是指：感覺器官——「根」(indriya)，及其知覺對象——「境」(artha)之間的「接觸」(saṃnikarṣa)，而後「形成」（生起，utpanna）。根（感覺器官），有眼根（視覺器官）、耳根（聽覺器官）、鼻根（嗅覺器官）、舌根（味覺器官）、身根（觸覺器官）和意根（記憶、推理、想像等心理活動的器官）等六種——「六根」。而這六根所知覺的對象，則分別是色境、聲境、香境、味境、觸境和法境等六種外在的事物或現象——「六境」。現量（感官知覺），即是六根和六境接觸的情況之下，所生成的「知識」(jñāna)。

佛教瑜伽行派的大將——陳那，在其《集量論》當中，認為《正理經》中所說的現量，並沒有包括意根和法境所生起的知覺。也就是說，陳那認為，《正理經》所說的「根」，只有眼、耳、鼻、舌、身等五根，不包括第六意根(manas)；因而「境」也只有色、聲、香、味、

㊺ Ibid., p. 3.

觸等五境，不包括法境。無疑地，陳那的依據是《正理經》I, I, 12：「鼻、舌、眼、身和耳是由（地、水、火、風等四種）元素所組成的感覺器官。」㊻陳那甚至還指出，《正理經》中的「根」不包括意根這一事實，和苦與樂是「境」（知覺對象）的事實，互相矛盾㊼。

然而，跋舍耶那的《正理釋論》，卻持相反的觀點，以為《正理經》中所說的「根」（感覺器官），也包括意根在內。他認為，當《正理經》列舉現量的構成條件時，並沒有窮盡所有可能的條件；意根，乃至自我 (ātman)，都是現量形成的條件，但在《正理經》中並沒有列舉㊽。

《正理經》有關「現量」的定義當中，出現的第二個重要語詞是「無名」。對於這一語詞，正理派的學者各有大異其趣的注釋。跋舍耶那和烏德陀迦羅以為，「無名」一詞的意思是無法用語言文字來加以描述。跋舍耶那說：「語言文字並不用於認知外境的時候，它只用於對別人說話或和他人交談之時 (avyavahāra-kāle tu vyāpriyate)。」㊾

但是，跋遮濕鉢底．彌續羅卻以為：現量不可能和語言文字無關。因此，「無名」一詞意味著：（現量）並不是邏輯推論的結果㊿。烏德陀迦羅卻反駁這種說法：「某些注釋家以為，『無名』一詞是為了排除

㊻ Ibid., p. 5.

㊼ 陳那的這些說法，曾被跋遮濕鉢底．彌續羅的《正理大疏玄義釋論》I, 1, 4 所引。並且已被今人毘禪菩沙那 (Vidyābhūṣaṇa) 查出，是和藏譯本《集量論》中的詩句相同。[Cf. Jwala Prasad, *History of Indian Philosophy*, Delhi: Munshi Ram Manohar Lal, 1958 (2nd ed.), pp. 208～209.]

㊽ Cf. Gaṅgānātha Jhā, *The Nyāya-sūtras of Gautama*, vol. I, pp. 111～112.

㊾ Ibid., p. 114.

㊿ Cf. Jwala Prasad, *History of Indian Philosophy*, pp. 155～156.

推理的知覺。這是不正確的。為什麼？因為……推理的知覺，並不從根、境的接觸而形成……。」[51]

《正理經》之「現量」定義的第三個重要語詞是「確定」，它的字面意義是：不相違、沒有矛盾。而跋舍耶那的《正理釋論》1, 1, 4，以為那是沒有錯誤的意思。他舉了一個例子說：炎熱的夏天，在陽光的照射之下，地面上往往看起來像是積水的樣子，而實際上地上卻沒有積水。（佛教文獻稱這一現象為「陽焰」。）「如果現量的定義只含兩個條件——根、境接觸和無名，那麼，在上述情形之下，對於水的知覺，必須視為現量的一種。（而這顯然是荒謬的！）」[52]因此，「確定」對於「現量」的定義來說，是必要的；它可以排除類似「陽焰」這種錯誤的知覺，被誤以為是現量。

《正理經》所說到的現量定義當中，最後一個重要的語詞是「無疑」；那是確切無疑的意思。跋舍耶那說：一個人，從遠處看到地面上有東西冉冉上升。此時，他所具有的知覺形式是：「那是煙，或者那是灰塵。」然而，像這種不確定、帶有懷疑的知覺，顯然不能看作是正確的感官知覺——現量。因為正確的感官知覺，必須是確切無疑的知覺[53]。

《正理經》有關現量的定義，和佛教瑜伽行派的現量定義，有其相同之處，也有其不同之處。烏德陀迦羅的《正理大疏》1, 1, 4，曾多處批判瑜伽行派大師——世親和陳那的說法。世親的《如實論》(*Tarka-śāstra*) 當中，曾對現量作了這樣的定義：「從相同的那個外境而

[51] Cf. Gaṅgānātha Jhā, *The Nyāya-sūtras of Gautama*, vol. I, pp. 134～135.

[52] Ibid., p. 114.

[53] Ibid., p. 115.

生起的認知。」 (Tataḥ arthāt vijñānam)[54]。世親站在瑜伽行派觀念論 (Idealism) 的哲學立場，以為我們所知覺到的，只是顏色、形狀、大小等等性質，由這些性質的知覺，我們進而有了諸如「(這是一只) 水壺」的認知，亦即有了水壺這一「(外) 境」(artha) 的認知。也就是說，「(這是一只) 水壺」的認知，來自於水壺的顏色、形狀、大小等性質的知覺，而不是來自水壺這一「(外) 境」本身。世親所謂「相同的外境」，指的應該就是水壺的這些性質。從瑜伽行派「一切皆唯識」的唯心論 (Idealism) 立場來說，這些性質和水壺 (外境) 是同一個東西；因為根本沒有客觀的水壺 (外境) 存在，存在的只是內心裡有關顏色、形狀、大小等性質的知覺而已。

因此，從瑜伽行派唯心論和觀念論的立場來說，「現量」定義中的「外境」(知覺對象，artha) 一詞，其實並沒有所指；因為並沒有真實客觀的外境 (例如水壺) 存在，存在的只是顏色等內心中有關外境 (水壺) 之諸種性質的知覺。「外境」一詞，僅具強調或加強語氣的作用[55]。

對於世親的這個定義，烏德陀迦羅作了兩點批評[56]：(1)定義當中的「(外) 境」(知覺對象) 一詞是多餘的；(2)外境 (例如水壺) 之性

---

[54] 這是烏德陀迦羅的《正理大疏》1, 1, 4 中所引的《如實論》論文。(Cf. Gaṅgānātha Jhā, *The Nyāya-sūtras of Gautama*, vol. I, p. 144.) 現存漢譯本的《如實論》(一卷，陳．真諦譯)，只是原作品最後的一部分——〈反質難品〉，其中並沒有這一定義。

[55] 以上有關世親《如實論》的觀點，請參見 Gaṅgānātha Jhā, *The Nyāya-sūtras of Gautama*, vol. I, pp. 144～145.

[56] 以下有關烏德陀迦羅對於世親的批評，請參見前注所引書，頁 144～147。

質的知覺，並不等於外境（例如水壺）本身的知覺。

其中，第⑵點批評，乃實在論者（正理派）對觀念論者（世親）之批評；因此，並不難懂。其次，就第⑴點批評來說，世親既然以為，「(外) 境」一詞的作用只是強調，那麼，這一語詞即是多餘的。烏德陀迦羅說：「當我們說『從那個』時，就等於說『從那個（外）境』。」此時，如果世親作這樣的反駁：在現量的定義當中，「(外) 境」一詞，僅具有強調的作用；當我們說「從那個（外）境」時，乃是為了強調「『只是』從那個」。這樣一來，像比量（邏輯推理）這類不「只是」從那個（外境）形成的「量」，即可被排除在現量之外57。

對於世親的這一說法，烏德陀迦羅舉了一個梵文文法上的例子，來加以反駁：在 abbhakṣaḥ（以水為食）一詞當中，強調苦行者「『只是』以水為食」的目的，已被「水」(ap) 這個字所完成58。同樣地，「從那個」(tataḥ) 一詞，已經含有「只是」的意義在內，它的意思正是「『只是』從那個」；因此，沒有必要為了強調，而多加「(外) 境」一詞在它的後面。

更有甚者，烏德陀迦羅繼續批評著：由於在「現量」的定義當中，「(外) 境」一詞是多餘的，以致現量的形成，並沒有限定必須從「(外) 境」生起。這樣一來，那些不只是從外境生起的「量」，例如比量，也合乎這個定義，成為現量的一種。無疑地，這是荒謬的！

烏德陀迦羅的《正理大疏》1, 1, 4，除了對世親作了以上的批評之

57 比量的形成條件，主要的是外境的「共相」（共同性質），而不是外境各別的特殊性質——「別相」。有關這點，我們將在本章下面各章節詳細討論。

58 原來，abbhakṣaḥ 一詞，乃是 ap（水）和 bhakṣaḥ（吃食）二詞的合成語。另外，只喝水而不吃其他食物，是印度一種苦行的方式。

外，還對陳那的現量定義，作了批評。陳那的現量定義是：「現量即是遠離分別」，亦即「遠離名字與種類等」(nāma-jātya-ādyasaṃyutam) ❺❾。這一定義，顯然和漢譯本陳那之《因明正理門論》的說法相同：「此中現量除分別者，謂若有智，於色等境，遠離一切種類、名言……諸門分別。」❻⓿出現在定義中的「遠離分別」（除分別，kalpanāpoḍha）一詞，是「沒有分別」的意思。而「分別」(kalpanā)，主要的有兩種：名字（名言）分別和種類分別。

名字（名言，nāma)，唐．窺基的《因明入正理論疏》卷下，作了這樣的注釋：「名言，即目短為長等。」❻❶這似乎是指誤把短視為長等錯誤的知覺。然而，名字分別或名言分別的真正意思，應該是：以語言文字來述說被知覺的外境，例如「這是一只水壺」等等。而現量，必須「遠離」像這樣的名字分別。今人悅西，在其《因明入正理論略釋》當中，曾對「名言分別」一詞，作了這樣的解釋：「前五根（眼、耳、鼻、舌、身根）與境（色、聲、香、味、觸境）接觸時，不立名字，不起言說……。」❻❷筆者以為，這是對於「名言（字）分別」一詞的正確詮釋。

從瑜伽行派觀念論的立場來說，現量只是外境之各種「性質」（顏

---

❺❾ Cf. Gaṅgānātha Jhā, *The Nyāya-sūtras of Gautama*, vol. I, pp. 148～149.

❻⓿ 引見《大正藏》卷 32，頁 3，中。另外，引文中的名言、種類，都和《正理大疏》所說相同；而引文中的「諸門分別」，相當於《正理大疏》中的「等」（ādi 或 ādy）字。

❻❶ 引見《大正藏》卷 44，頁 139，中。

❻❷ 引見張曼濤編，《現代佛教學術叢刊(42)．佛教邏輯之發展》，臺北：大乘文化出版社，1978，頁 330。

色、形狀、大小等）的知覺，而不是對於外境「本身」的知覺；這點，我們已在世親有關「現量」的定義當中，詳細討論過。因此，以語言文字——名言（名字），來述說「這是一只水壺」，並不是現量本身，而是現量獲得認知之後，屬於第二階段的判斷。這種判斷即是「名言（名字）分別」。真正的現量，必須「遠離」這種屬於第二階段的判斷。

其次，現量所必須遠離的第二種分別是「種類」(jātya)，悅西，《因明入正理論略釋》的注解是：「前五根與境接觸時……亦無善惡好醜等之批評，更無比較……。」[63]因此，所謂「種類」，指的是知覺之後所引生的諸種內心的情緒、想像或比較等等。這些心理活動的主要特色是：把知覺到的對象（外境），加以歸類，看它到底屬於哪一「種類」，然後給以某種適當的情緒、想像或比較的反應。這是為什麼它們被稱為「種類」的原因。因此，這些心理活動都不是感官知覺（現量）本身，而是感官知覺形成之後，才進一步衍生出來的心理活動。

事實上，要成為現量，除了以上所列舉的兩種分別，必須「遠離」之外，還有其他各種不同的分別，也必須「遠離」。定義中以「等」(ādi) 字，來表達這個要求。陳那的《因明正理門論》，曾以「諸門分別」來總括一切未曾提到的分別。而今人恆伽那陀．闍 (Gaṅgānātha Jhā)，則舉實例，說到了五種分別：其中，前兩種乃是剛剛我們所討論過的名字和種類分別。這五種分別和實例是：⑴名字分別，例如「我看到的（東西）是提婆達多 (Devadatta)」；⑵種類分別，例如「我看到的（東西）是人」；⑶性質分別，例如「他長得很黑」；⑷行動分別，例如「他在走路」；⑸與他物相結合之分別，例如「他帶了一支枴

[63] 引見前書。

杖」[64]。

陳那這個有關「現量」的定義，顯然省略了《正理經》中所說五根和五境相互接觸的主要條件。這一省略的目的，是為了將內心的認知 (mano-vijñāna)、自我的意識 (ātma-samvekana)，乃至禪定的認知 (yogi-jñāna)，也包括在現量的範圍之中。而這些，都被印度後期瑜伽行派大師——法稱所著的《正理一滴》所吸收[65]。

對於陳那這個有關「現量」的定義，烏德陀迦羅的《正理大疏》1, 1, 4，作了三點強烈但卻僅僅屬於語意上的批判。例如，第二點批判是：

> 如果「遠離分別」這一語詞，指的就是現量，那麼，（現量的）定義本身，就陷入自相矛盾之中[66]。反之，如果「遠離分別」這一語詞，指的並不是現量，那麼，這一語詞就沒有任何作用。[67]

烏德陀迦羅對於陳那的批判，今人闍瓦羅．波沙陀 (Jwala Prasad) 曾有不同意見的評論，讀者可參見其《印度知識論史》[68]。

---

[64] Cf. Gaṅgānātha Jhā, *The Nyāya-sūtras of Gautama*, vol. I, p. 148n.

[65] Cf. Jwala Prasad, *History of Indian Philosophy*, pp. 205～206.

[66] 烏德陀迦羅的意思是：把「現量」定義為「遠離（名字）分別」，這樣的定義本身，即是以語言文字來加以描述的「名字分別」。因此，「現量」的定義本身，並沒有「遠離（名字）分別」。

[67] Cf. Gaṅgānātha Jhā, *The Nyāya-sūtras of Gautama*, vol. I, pp. 147～151.

[68] Cf. Jwala Prasad, *History of Indian Philosophy*, p. 207.

第四節　論證的形式、原理與謬誤

・第一項　論證的形式與定義

依照《正理經》I, I, 32，一個邏輯論證共有五個「部分」（支、分、支分，avayavas）。而這五個部分則是：⑴宗（主張，pratijñā）；⑵因（理由，hetu 或 apadeśa）；⑶喻（實例，udāharaṇa 或 dṛṣṭānta 或 nidarṣana）；⑷合（應用，upanaya 或 anusandhāna）；⑸結（結論，nigamana 或 pratyāmnāya）[69]。其中，「宗」是論證所要證明的語句；「因」是這一語句成立的理由（原因）；「喻」是實際的例子（譬喻）；「合」是理由與實例的結合、應用；而「結」則是最後的結論。這五部分構成了一個標準的論證，稱為「五支作法」（五分作法，pañca-avayavi-vākya）。下面是一個通用而且有名的例子[70]：

---

[69] Cf. Mahāhopādhyāya Satiśa Chandra Vidyābhuṣana, *The Nyāya Sūtras of Gotama*, p. 10.

[70] Cf. S. S. Barlingay, *A Modern Introduction to Indian Logic*, pp. 107～108. 其中，合支的字面意思是：「這個也是這樣」。「這個」(ayam)，顯然是指「山（上）」(parvata)。而結支的字面意思則是：「因此這樣。」什麼東西「這樣」(tathā) 呢？答案自然是「(山上）有火」(vahnimān)。另外，在漢譯的佛教文獻當中，這個五支作法通常譯成下面：

宗：遠山有火；

因：有煙故；

喻：如灶；

合：遠山亦如是（有煙）；

結：是故遠山有火。

宗：（那座）山上有火 (Parvato vahnimān)；

因：因為，（那座山上）有煙的緣故 (Dhūmāt)；

喻：就像灶一樣 (Yathā mahānasaḥ)；

合：（那座山上）也是這樣 (Ayam ca tathā)；

結：因此，（那座山上）有火 (Tasmāt tathā)。

在這五支當中，宗、因、結三支的形式比較完整，因此也容易理解。但是，喻、合二支，由於並不是完整的語句，因此必須稍加說明。首先，合支的「也是這樣」(ca tathā)，明顯地是指「也是（和灶一樣地）有煙」；因此，它的完整意思是：「山上（也是和灶一樣地）有煙」。（有關合支的意義，將在下文詳細討論。）而喻支的完整意思則是：「凡是有煙的地方，也必定是有火的地方；就像灶（既有煙又有火）一樣。」其中，如果把「就像灶一樣」一詞省略，也不會改變原句的完整意思[71]。

如果我們用小寫的英文字母 s，代表「（那座）山（上）」，用大寫的英文字母 P 和 M，分別代表「有火」和「有煙」，那麼，這五支就可以寫成下面：

宗：s 是 M；

因：s 是 P；

喻：所有 P 都是 M；

---

[71] 在這裡，我們把喻支改寫成一個以「所有」（凡是）一詞為開頭的語句。在一般的西洋邏輯書中，把這樣的語句稱為「全稱命題」(universal proposition)。

合：s是P；

結：s是M。

在西方邏輯學當中，有所謂「單稱命題（語句）」(singular proposition) 和「全稱命題（語句）」(universal proposition) 等等的不同。一個命題（語句，proposition）的主詞，如果是某一個特定的個體，例如某一座特定的山（喜馬拉雅山或玉山等），那麼，這個命題即是單稱的命題。因此，上面這個證論中的宗支（和結支）——「（那座）山上有火」，是一個單稱的命題；而因支（合支）——「（那座）山上有煙」，也是單稱命題。

其次，一個命題的主詞，如果是一類而不是一個東西，例如所有的聲音（凡是聲音），那麼，這個命題即稱為「全稱命題」。因此，「所有聲音都是無常」、「所有聲音都是依靠其他原因而產生」等等，都是全稱命題。而在上面那個例子當中，喻支——「凡是有煙的地方都是有火的地方」，就是一個全稱命題。

在一個五支作法當中，不但喻支可以是一個全稱命題，宗（結）支也可以是全稱命題。下面是出自佛教文獻——《如實論》的一個例子：

> 五分者，一、立義言（宗支）；二、因言（因支）；三、譬如言（喻支）；四、合譬言（合支）；五、決定言（結支）。譬如有人言：「聲無常」，是第一分。何以故？「依因生故」，是第二分。「若有物，依因生，是物無常；譬如瓦器，依因生，故無常」，是第三分。「聲亦如是」，是第四分。「是故聲無常」，是第五分。[72]

在這段引文當中，所出現的五支（五分）作法是：

宗：聲無常（所有的聲音都是不永恆的東西）；

因：（聲音）依因生故（因為，所有的聲音都是依靠其他原因而產生的緣故）；

喻：若有物，依因生，是物無常，譬如瓦器（所有依靠其他原因而產生的東西，都是不永恆的東西，例如瓦器）；

合：聲亦如是（所有的聲音都像瓦器一樣，也是依靠其他原因而產生的）；

結：是故聲無常（因此，所有的聲音都是不永恆的東西）。

如果我們用 M、P、S 三個字母，來分別代表「依靠其他原因而產生的東西」、「不永恆的東西」和「聲音」等三個語詞，那麼，上面這個論證即可寫成下面：

宗：所有 S 都是 P；

因：所有 S 都是 M；

喻：所有 M 都是 P；

合：所有 S 都是 M；

結：所有 S 都是 P。

一個五支作法，不管宗（結）支是單稱命題或是全稱命題，明眼的讀者一定已經察覺到，宗支與結支有其相似之處，而因支與合支也

72 引見《大正藏》卷 32，頁 35，中。

有其相似之處。(這種相似之處，我們將在下面詳細討論。) 因此，為了方便討論，我們可以暫時把合、結二支省略。那麼，前面兩個五支作法的例子，即成下面的兩個論證：

例一

宗：s 是 M (那座山上有火)；

因：s 是 P (那座山上有煙)；

喻：所有 P 都是 M (所有有煙的地方都是有火的地方)。

例二

宗：所有 S 都是 P (所有的聲音都是不永恆的東西)；

因：所有 S 都是 M (所有的聲音都是依靠其他原因而產生的東西)；

喻：所有 M 都是 P (所有依靠其他原因而產生的東西，都是不永恆的東西)。

如果依照西方邏輯的習慣，論證的兩個前提 (premises) 應該寫在上面，而結論 (conclusion) 則應該寫在下面。這樣一來，前面的兩個論證，即可改寫成為下面[73]：

(例一)

所有 P 都是 M (所有有煙的地方都是有火的地方)；

---

[73] 在一些以西方讀者為主的書籍之中，這三支往往被類比為亞里士多德邏輯 (Aristotelian Logic) 之中的定言三段論 (categorical syllogism)。也就是說，喻支是定言三段論的大前提 (major premise)，因支是定言三段論的小前提 (minor premise)，而宗支則是定言三段論的結論 (conclusion)。

s是P（那座山上有煙）；

因此，s是M（那座山上有火）。

（例二）

所有M都是P（所有依靠其他原因而產生的東西，都是不永恆的東西）；

所有S都是M（所有的聲音都是依靠其他原因而產生的東西）；

因此，所有S都是P（所有的聲音都是不永恆的東西）。

在這兩個例子當中，都出現三個主要的語詞：(1)證相 (liṅga)，即M詞——「有煙」或「依靠其他原因而產生的東西」；(2)所立 (sādhya)，即P詞——「有火」或「不永恆的東西」；(3)宗法 (pakṣa)，即S詞——「那座山」或「聲音」。對於這三個語詞的把握，將有助於下文的了解[74]。

在這五支（三支）當中，喻支需要進一步的說明。事實上，依照《正理經》I, I, 34–37[75]，實例（喻）又可以分成兩種：同喻 (udāharaṇasādharmya) 和異喻 (udāharaṇavaidharmya)。如果實例——喻，一方面具有「證相」所說的性質，另一方面又具有「所立」一詞所說的性質之時，那麼，這個實例（喻），即是同喻。在上面《如實論》所

[74] 由於論證中的三支被類比為亞里士多德邏輯中的三段論（詳[73]），因此，證相等三個語詞，也被類比為三段論中的三詞。也就是說，證相相當於三段論的中詞 (middle term)，所立相當於三段論的大詞 (major term)，而宗法則相當於三段論的小詞 (minor term)。

[75] Cf. Mahāhopādhyāya Satiśa Chandra Vidyābhuṣana, *The Nyāya Sūtras of Gotama*, pp. 11～12.

舉的例子當中，喻支中的瓦器，一方面具有證相「依因生」的特性，另一方面又具有所立「無常」的特性，因此是同喻。

相反地，如果實例（喻）既不具有證相的性質，又不具有所立的性質，即稱為異喻。下面是含有異喻的一個論證：

宗：所有的聲音都是不永恆的東西；

因：（因為）所有的聲音都依靠其他原因而產生的緣故；

喻：所有常住（永恆）的東西，都不依靠其他原因而產生，例如靈魂（自我）。

喻支中的實例（喻）——靈魂，既不具有不永恆的性質（因為它是永恆的），也不具有依靠其他原因而產生的性質（因為它不是任何原因的結果），因此，它是異喻。

通常，在一個五支作法當中，同喻和異喻只要出現一個就可以；但是，有些時候，為了展現強而有力的說服力，同喻和異喻也會同時出現在一個五支作法當中。這時，合支也必須作一些必要的調整，成為兩個分支：肯定的和否定的[76]。下面就是一個例子：

宗：所有的聲音都是不永恆的；

因：（因為）所有的聲音都是依靠其他原因而產生；

喻：(1)同喻：所有依靠其他原因而產生的東西，都是不永恆的東西，例如瓦器；

(2)異喻：所有永恆的東西，都不是依靠其他原因而產生的東西，

[76] Cf. Gaṅgānātha Jhā, *The Nyāya-sūtras of Gautama*, vol. I, p. 436.

例如靈魂；

合：(1)肯定的合支：所有的聲音都是依靠其他東西而產生，就像瓦器一樣；

(2)否定的合支：所有的聲音都是永恆的東西，它們並不像靈魂那樣；

結：（因此）所有的聲音都是不永恆的。

一個證論（比量）必須具足五支，這是正理派所堅持主張的。但是，耆那教認為應該在五支之前，另外加上下面的五支，成為十支：(1)想要知道（結論）；(2)（懷）疑（結論是否成立）；(3)完成想要知道（結論）的能力；(4)（獲得結論的）目的；(5)（懷）疑的去除。而佛教的陳那，則認為只要宗、因、喻三支即可[77]。

對於耆那教所增加的這五支，烏德陀迦羅的《正理大疏》1, 1, 32，曾逐一加以解析、反駁，而其結論是：這五支，並不能幫助我們，證明一個論證之結論的成立[78]。顯然，耆那教所增加的五支，只是我們在進行邏輯推理之前的心理欲望、期待和過程，並不是進行邏輯推理時所採取的方法本身。無疑地，這是烏德陀迦羅，之所以把它們排除在比量（邏輯推理）的「支分」之外的原因。

而陳那為什麼要把正理派的五支，縮減為宗、因、喻三支呢？他的理由是：合支和結支可以歸到宗、因、喻三支之中，因此，合、結二支是不必要的。唐．文軌，《因明入正理論疏》，卷 1，即說：「今此三分（宗、因、喻三支），即攝《對法（論）》五支。宗、因、兩同喻，

---

[77] Cf. Gaṅgānātha Jhā, *The Nyāya-sūtras of Gautama*, vol. I, pp. 356～359.

[78] Ibid., pp. 358～359.

攝彼喻及合、結也。」 ❼❾

然而，合、結二支為什麼可以化歸到前面的三支之中呢？文軌，《因明入正理論疏》，卷 1，述說了陳那的理由：

> 又古師……合云：「瓶是所作，瓶即無常。當知，聲是所作，亦是無常。」陳那云：「同喻應言：『諸所作者皆是無常。』此即已顯聲是無常，何須別更立合支耶？」古師等結云：「是故聲是無常。」陳那云：「本立無常，以三支證，足知無常。何須結云『聲是無常』？設不結者，豈即為常？故我不立第五結支。」 ❽⓿

引文的後半段（從「古師結云」開始），說明陳那之所以不立結支的理由：結支——「聲音是無常」，在內容上，完全和宗支相同；即使沒有結支，也不可能推論出和宗支相反的結論——「聲音是常」。既然宗、結二支相同，又何必在宗支之外，又增加結支呢？所以，結支是多餘的。

其次，引文的前半，說明陳那之所以不立合支的理由：（同）喻支的形式應該是一個以「諸」（所有）這一語詞開頭的「全稱命題」

---

❼❾ 引見《卍續藏經》冊 86，頁 332, b。引見中的「對法」，是阿毘達磨（論典，abhidharma）的意譯。而《對法論》，應該是指《阿毘達磨雜集論》。

❽⓿ 引見《卍續藏經》冊 86，頁 339, c。引文中的「古師」，指的固然是世親等「古因明」的佛教學者，但也可以指正理派的學者。因為在論證的「支分」之上，世親等古因明的佛教學者和正理派的學者，都是採取五支的相同立場。這可以從下面的兩句話看出來：「故世親習舊五支，鞭骨彰德；陳那創勒三令，吼石表能。」（文軌，《因明入正理論疏》卷 1；引見《卍續藏經》冊 86，頁 331, a～b。）

(universal proposition)；也就是說，（同）喻支應該具有下面的語句形式：「所有 A 都是 B」〔諸所作者 (A)，皆是無常 (B)〕。而在因支當中，又已知「所有 C 都是 A」〔例如，「所有聲音 (C) 都是所作者 (A)」〕，因此，由因、喻二支即可推論到宗支——「所有 C 都是 B」〔例如，「所有聲音 (C) 都是無常 (B)」〕，根本就不需要合（與結兩）支[81]。

然而，正理派並不同意陳那的這種簡化；這牽涉到比量的定義。《正理經》1, 1, 5，對比量作了這樣的定義：「比量是在現量之後的一種知識。」[82]原來，anumāṇa（比量）一詞，是由 anu（之後、依照）和 māṇa（觀念、意見、知識）二詞所組成；它的字面意義是：在知識之後（而成立的知識），或是：依照知識而成立（的知識）。而知識，按照上引《正理經》的說法，顯然是指經由感官知覺（現量）所獲得

[81] 文軌的說明當中，只說到同喻，而沒有說到異喻。其實，陳那所了解的異喻，也和同喻一樣，必須具備以「諸」（所有）一詞開頭的「全稱命題」之形式。也就是說，異喻的形式必須是：「所有非 P 都是非 S」〔例如，「所有不是無常（亦即常住）的東西，都不是依靠其他原因而產生的東西」〕，而不是：「就像 x 不是 P，而且不是 S 一樣」（例如，「就像靈魂不是無常，而且不是依靠其他原因而產生的一樣」）。另外，陳那的《因明正理門論》, 曾以「因（只有）三相」的理由，來說明合、結二支的不必要性。亦即以「若所比處，此相審定」（遍是宗法性）、「於餘同類，念此定有」（同品定有性）、「於彼無處，念此遍無」（異品遍無性），來說明只有宗、因、喻三支，「除此，更無其餘支分」。由於「因三相」牽涉到複雜的因明學理論，我們只有割愛了！讀者可以參見陳那，《因明正理門論》（《大正藏》卷 32，頁 3，上）。又見唐．窺基，《因明入正理論疏》卷中（《大正藏》卷 44，頁 113，中—下）。

[82] Cf. Mahāhopādhyāya Satiśa Chandra Vidyābhuṣana, *The Nyāya Sūtras of Gotama*, p. 3.

的知識。

然而，什麼叫做「在（現量的）知識之後」呢？烏德陀迦羅的《正理經大疏》1, 1, 5，在注解《正理經》「現量（感官知覺）之後」這一語詞中的「現量」二字時，曾談到比量的三個心理過程：⑴證相與所立間之關係的現量，例如，知覺到「所有所作性的東西，都是無常的東西」；⑵證相的現量，例如，知覺到「聲音是所作性的東西」；⑶對於⑴與⑵這兩種現量的回憶，這種回憶則稱為「執取」（知覺，parāmarśa）或「第三執取」（第三知覺，tṛtīya parāmarśa）[83]。今人巴林佳 (S. S. Barlingay) 以為，「執取」這一概念的提出，在因明學史上具有劃時代的意義。他還以為，烏德陀迦羅有關「（第三）執取」的理論，乃是吸收自佛教瑜伽行派學者——陳那和法稱有關宗、因、喻三支之關係的理論。他又引據梵文學者摩尼爾·威廉士 (Monier Willams) 的說法，以為 parāmarśa（執取）一詞，是由字根 mṛś（捉住、把握住、接觸、感覺），加上 parā 變化而來。另外，他還依照另一梵文巨匠——麥克多那 (MacDonell) 的說法，以為 parāmarśa 的字面意思則是：以心靈接觸。作者又說：parā 有超越、超過的意思，因此，parāmarśa 一詞的字面意思應該是：「超過已知的前提而把握、接觸某事物。而這種超越或超過，在推理的過程當中，則是相當重要的。」[84] 在這裡，所謂「超過已知的前提」，明顯地，是指超過因、喻兩支的現量。而所謂「某事物」，則指合支的內容而言。

這樣看來，因支與喻支可以看作是兩個完全不相干的語句，來自於兩種完全不相干的現量〔亦即前文所說的⑴與⑵〕。而合支，則是

---

[83] Cf. Gaṅgānātha Jhā, *The Nyāya-sūtras of Gautama*, vol. I, pp. 159～162.

[84] Cf. S. S. Barlingay, *A Modern Introduction to Indian Logic*, p. 112.

「結合」了這兩個原本不相干的語句或現量，成為另一個具有嶄新內容的語句形式。就以前面的例子來說，合支的語句形式是：「所有的聲音都是依靠其他東西而產生，就像瓦器一樣」；事實上，這一語句形式，「結合」了因支的「(所有的聲音都是) 依靠其他東西而產生」一詞，以及喻支的「(就像) 瓦器 (一樣)」一詞。這種「結合」，即是烏德陀迦羅所說的「(第三) 執取」；它是烏德陀迦羅以為合支不可省略的理由。也就是說，由於有了因、喻兩支之現量的回憶 (執取)，因此，一者我們可以「重新肯定」[85]因支的可靠性；二者也可以證明宗支所斷言的內容，確實無法被否定[86]。

無疑地，烏德陀迦羅對合、結二支 (特別是合支) 的辯解，說明了正理派試圖將論證的形式 (argument form)——前三支，以及推理的心理過程——合、結二支，混合在一起，一律視為推理活動的必要條件。相反地，陳那則試圖將這二者劃分清楚，讓因明學排除心理過程

[85] upanaya (合) 一詞，是由動詞字根 upa-ni 所轉化而來。它的字面意思是：引導得更加接近。因此，合支的原始意思是：透過對於因、喻二支之現量的回憶，把因支所要表達的內容，引導得更加接近事實 (結論)。無疑地，它有重新肯定、重新斷定 (因支) 的意思在內。事實上，前注所引文獻 (pp. 355, 439)，即把它譯為「重新肯定」(reaffirmation)，或譯為「重新斷定」(reassertion)。

[86] Cf. Gaṅgānātha Jhā, *The Nyāya-sūtras of Gautama*, vol. I, pp. 438～441. 另外，跋遮濕鉢底．彌績羅的《正理大疏玄義釋論》，曾對烏德陀迦羅的這些說法，作了這樣的注解：「因此，結支和宗支是不同的。後者所表達的內容，只具有假設性，必須經由因、喻二支的證明。但是，前者所表達的，卻是已被完全證明的真理，它排除了所有與之相反的可能情形。這是宗支所無法做到的；如果它能做到，那麼，其他各支即成多餘。」(Ibid., p. 441n.)

和條件的考慮，成為一門純粹研究論證形式的學科。陳那的努力，毋寧是比較接近當代西方邏輯學的精神和發展。

・第二項　論證的有效性與無效性

儘管正理派一再強調五支的必要性，但是，宗、因、喻三支，畢竟是一個論證最主體的部分。其中，尤以喻支最足以看出一個論證（五支作法）的特色。

五支作法中的喻支，乃是透過一個大家所熟知的實例（喻），來證明證相和所立之間具有普遍的共存性。就以「聲是無常；所作性故；如瓶」這個例子來說，證相「所作性」和所立「無常性」之間的普遍共存性，亦即「凡所作性都是無常」這一事實，乃是透過「瓶」這樣一個大家所熟知的實例（喻），來加以證明。

然而，什麼叫作證相和所立之間的「普遍共存性」呢？正理派用了「遍充」(vyāpti) 這個語詞，來代替「普遍共存性」這個概念。「遍充」一詞的字面意義是：一個字詞所涵蓋的範圍。因此，當我們發現甲詞與乙詞具有「遍充」關係時，我們的意思是：甲、乙兩詞所涵蓋的範圍，有其重疊的部分。例如，當我們說：「煙」這一詞與「火」這一詞之間，具有「遍充」的關係時，我們的意思是：「煙」與「火」所涵蓋的範圍，有其重疊的部分。也就是說，每當有煙出現的時候，必定也有火的出現。

在兩個字詞之中，涵蓋範圍較大的那個字詞，稱為「能遍充」(vyāpaka)；反之，涵蓋範圍較小的字詞，則稱為「所遍充」(vyāpya)。也就是說，如果「所有 A 都是 B」這個語句（命題）成立時，那麼，B 詞是能遍充，而 A 詞則是所遍充。例如，由於「凡是有煙時，也都有火」一句成立，因此，「火」是能遍充，而「煙」則是所遍充。所遍充（煙）和能遍充（火）之間，以下面的方式，而永恆地連結在一起：當你知覺到所遍充（煙）存在的時候，你必定也能知覺到能遍充（火）的存在。在這種意義之下，所遍充（煙）又叫做（知覺到）能遍充（存在）的「（原）因」(hetu)。有時，又稱為「證相」（特徵、徵狀、證據，liṅga），因為它（煙）是所立（火）存在的證據，也是所立（火）特有的徵狀。其次，遍充的目的乃在證明所遍充（煙）與能遍充（火）之間，存在著不變的必然關係，因此，能遍充（火）又被稱為「所立」(sādhya)，那是被證明者的意思[87]。而所謂「遍充」，則可定義如下：

A（能）遍充（於）B = A 永遠伴隨著 B（亦即，凡 B 時，必定 A）。

或是定義為：

B 被 A 所遍充 = B 永遠被 A 所伴隨（亦即，凡 B 被知覺時，A 必定也被知覺）。

例如在「煙」與「火」的例子當中，A 即代表「火」，而 B 則代表「煙」；因為「凡有煙時，必有火」成立。所以，A（火）是能遍充，B（煙）是所遍充；亦即，「A 遍充 B」或「B 被 A 所遍充」。

一個有效的論證 (valid argument)，亦即一個正確的五支作法，所應具備的條件固然很多，但是喻支的遍充性，卻是最為重要的條件。也就是說，如何證明喻支中的兩個字詞之間，具有遍充的關係，乃是

[87] Cf. S. S. Barlingay, *A Modern Introduction to Indian Logic*, pp. 109～110.

證明一個五支作法是否正確的首要條件。上文已經討論過，出現在喻支的兩個字詞是：證相（因）與所立。例如，在上面那個有關「煙」與「火」的例子當中，如何證明「凡是有煙必有火」一句的真實性，成為證明該一五支作法是否成立的最重要條件。

《思擇釋論》(*Tarka-bhāṣā*)、《思擇要集》(*Tarka-saṅgraha*)、《釋論解析》(*Bhāṣā-pariccheda*)、《真珠串聯》(*Muktāvalī*)、《一切知見》(*Sarvadarśan*) 等文獻當中，都曾說到證明喻支之遍充的方法，現在將它們歸納成為下面六點[88]：

⑴連結法 (anvaya)：

如果我們能夠證明「B 出現時，A 必定也出現」，那麼，A 遍充 B。

⑵排除法 (vyatireka)：

如果我們能夠證明「沒有 A 時，必定也沒有 B」，那麼，A 遍充 B。

⑶不相違法 (vyabhicārāgraha)：

如果我們能夠證明「B 出現時，找不到 A 不出現的反例」，那麼，A 遍充 B。

⑷條件去除法 (upādhinirāsa)：

如果我們能夠證明，在沒有任何附帶的條件 (upādhi) 之下，B 出現時，A 必定出現，那麼，A 遍充 B。例如，當 A，B 分別代表「煙」和「火」時，如果有一個附帶條件是：「燃料（木材）是潮濕」，那麼，「凡有火時，必定有煙」這句話即為真。

---

[88] Cf. S. Chatterjee and D. Datta, *An Introduction to Indian Philosophy*, Calcutta: Univ. of Calcutta, 1948, pp. 183～188.

但是，如果這個附帶條件不存在，亦即燃料是乾的，那麼，「凡有火時，必定有煙」一句即不成立。因此，「燃料是潮濕的」這一事實，成為「煙」遍充「火」的條件。當我們要證明「A 遍充 B」成立時，必須排除這種附帶條件存在的可能；否則就會得到像「凡有火時，必定有煙」（煙遍充火）這樣的錯誤結果。

⑸思擇法 (tarka)：

為了證明「火遍充煙」（凡有煙時，必定有火），首先假設「火不遍充煙」，亦即假設「凡有煙時，必定有火」一句不成立。這時，就會推論出「有些時候，有煙，但卻沒有火」。然而，事實上卻沒有這種情形。因此，「火不遍充煙」這個假設不成立。亦即，「有些時候，有煙，但卻沒有火」這句話是錯的；相反地，「凡有煙時，必定有火」才是對的。這種證明遍充的方法，相似於西方邏輯中的「歸謬證法」(reductio ad absurdum)。它的主要推論形式是：假設 Q 不成立，並由這一假設推論出矛盾，然後下結論說：Q 成立。

⑹共相法 (sāmānyalakṣaṇa)：

共相 (sāmānyalakṣaṇa)，是存在於事物之間的共同性質。例如，「死亡」是人類的共同性質，因為沒有一個人不會死亡；所以，「死亡」是人類的共相（之一）。但是「黑色」卻不是牛的共相，因為並不是所有的牛都是黑色；某些牛之所以是黑色，只是偶然而不是必然。透過共相的知覺，我們可以判定諸如「所有 B 都是 A」這類語句的真假；也就是說，可以判定「A 遍充 B」的真假。如果 A 是 B 的共相時，「A 遍充 B」（亦即「所有 B 都是 A」）即成立；反之，如果 A 不是 B 的共相時，A 即不遍充於 B⑱。

判斷五支作法的有效性，首要之務是判斷證相與所立之間，是否存在著遍充關係。無疑地，這是積極地證明五支作法的有效性，而且主要是和喻支的合理性有關。另外還有一種消極的證明法，那是以因支為檢驗的對象，排除因支的不合理性；這即是「似因」（自證，hetvābhāsa）的排除，亦即邏輯謬誤 (fallcies) 的排除。

似因，是十六句義當中的第十三句義，我們已在本章第二節中略有說明。一個五支作法必須避免觸犯這些「似因」，否則即觸犯了邏輯上的謬誤。現在依據《正理經》I, II, 4–9 所說到的五種似因，說明如下⑲：

首先是「不定（因）」（不正因，savyabhichāra），它是指論證的理由——因，不但可以推得我們所希望的結論（例如「聲音是永恆的」），

---

⑱ 事實上，共相的知覺是各種知覺當中的一種。正理派以為，現量（知覺）共有兩大類：「一般性的」(laukita) 與「非一般性的」（超常的，alaukita）。前者即是眼、耳、鼻、舌、身、意（記憶、想像、推理）等六識。後者又分為三種：⑴共相；⑵智相 (jñānalakṣaṇa)；⑶瑜伽 (yogaja)。共相已如本文所說。智相可以舉例說明：當我們說「冰看起來好冷」、「石頭看起來好硬」乃至「草看起來好柔軟」等語句時，我們實際上並沒有用眼睛去知覺冰的冷、石頭的硬或草的柔軟，但是我們卻知覺到這些事物的冷、硬和柔軟。這種知覺（現量）即是智相知覺。而瑜伽現量（知覺）則是透過瑜伽的神祕修行，所獲得的知覺能力。它可以知覺到過去與未來，乃至隱藏著的事物或無限小的極微等等。(Cf. S. Chatterjee and D. Datta, *An Introduction to Indian Philosophy*, pp. 177～178.)

⑲ Cf. Mahāhopādhyāya Satiśa Chandra Vidyābhuṣana, *The Nyāya Sūtras of Gotama*, pp. 15～17.

而且也可以推得另外一個我們所不希望的結論（例如「聲音是不永恆的」）。

其次是「相違（因）」(viruddha)，它是指理由（因）和結論（宗）所要斷言的，正好互相矛盾。例如：壺是被（陶工）製造出來的——宗；因為壺是永恆的——因。在此，因中的「永恆」一詞，正好和宗中的「被製造出來」一詞互相矛盾；因為被製造出來的東西，不可能是永恆的。

第三「相生疑（因）」(prakaraṇasama) 一詞的字面意思是相同問題、相同品類、相同議題，亦即（宗和因的）問題相似的意思。當因和宗所要斷言的相同時，因即是「相生疑因」。例如：聲音是不永恆的——宗；因為，聲音並不具有永恆的性質——因。在此，宗所斷言的「不永恆」，和因所說的「不具有永恆的性質」意義完全相同——相同品類。這樣的因，即是「相生疑因」。事實上，相生疑因這種推理上的錯誤，相當於西洋邏輯中的「循環論證」(begging the qestion)。

第四「未成（因）」（所立相似，sādhyāsama）一詞的字面意思是：同樣 (sama) 是可疑、（有）待證（明）（所立，sādhya）——與「所立」相似，都有待證明。也就是說，當因和宗都是未被證明而待證時，因即是「未成因」。例如：影子是一種實體——宗；因為，影子具有行動的特質——因。在此，「影子具有行動的特質」這一句話（因），並沒有被證明，它和宗一樣的可疑而待證。

第五種似因是「即時（因）」(kālātīta)，它是失時、過時、錯過的意思。例如：聲音具有延長性——宗；因為，聲音是由兩物的結合所顯現——因；就像顏色一樣——喻。在這裡，壺和燈光結合的那一剎那，就會顯現出壺的顏色出來；因此，壺的顏色是壺與燈光這兩物結合時的那一剎那，所顯現出來的。然而，鼓和打鼓的木棒之間的結合，固然可以把鼓聲顯現出來，但是，鼓聲卻是鼓與棒結合之後的下一剎那，才被顯現出來。這和顏色的例子顯然不同，顏色的顯現是「即時」的，而聲音的顯現卻是「失時」（下一剎那）的。

第十章　勝論派的歷史與哲學

第一節　勝論派的歷史

勝論派 (Vaiśeṣika)，也是屬於「正統的」「六派哲學」之一。它是正理派的姊妹派，也就是說，它們是「相似的學派」(samānatantra)；這是由於它們的哲學理論，有著極為相似之處，並且互為援引，因而稱為「正理一勝論派」(Nyāya-vaiśeṣika)。

勝論派的創始者，傳說是優樓佉 (Ulūka)，在漢譯佛教文獻當中，又音譯為優樓迦、優樓歌、優留佉、漚樓僧佉、優樓僧迦、嘔露迦等，或意譯為鵂鶹、休留、休睺、鵂角、獯猴子、獯狐子等。依照漢文佛教文獻的記載，這一名字來自他修行生活的習慣。隋．吉藏，《百論疏》卷上一中，即說：「優樓迦，此云鵂鶹仙，亦云鵂角仙，亦云臭胡仙。此人釋迦未興八百年前，已出世。而白日造論，夜半遊行。」❶ 唐．窺基，《成唯識論述記》卷 1一末，也有類似的說法：「成劫之末，人壽無量，外道出世，名嘔露迦，此云鵂鶹。晝避色聲，匿跡山藪。夜絕視聽，方行乞食。時人謂似鵂鶹，因以名也。謂即獯猴之異名焉。」❷

---

❶ 引見《大正藏》卷 42，頁 244，中。

❷ 引見前書，卷 43，頁 155，中。引文中的「成劫」，指的是宇宙剛剛生成的時刻。

優樓佉有時又被稱為羯拏僕（Kaṇabhuj 或 Kaṇabhakṣa），或蹇拏陀（又譯蹇尼陀、迦那陀，Kaṇāda）；漢譯佛教文獻當中，將它們意譯為食米齋、食屑等。窺基，《成唯識論述記》卷 1－末，即說：「或名羯拏僕。羯拏，云米濟（齊），僕翻為食。先為夜遊，驚他稚婦，遂收場碾糠之中米濟（齊）食之，故以名也。時人號曰食米濟（齊）仙人。」❸其實，bhuj 和 bhakṣa，都是吃、食的意思，而 kaṇa 一詞，固然有（米）粒的意思，但也有原子、微粒的意思。這個學派主張宇宙萬物乃由許多永恆不變的原子所組成，是一個典型的原子論 (Atomism)；一般以為，優樓佉之所以又被稱為羯拏僕或蹇拏陀，乃是因為他所主張的原子論的緣故❹。(有關他的原子論，我們將在本章適當的地方，再作詳細的討論。)

「勝論」一詞，在漢譯文獻當中，又音譯為吠世史迦、吠世色迦、鞞崽迦、毗世師、毗舍師、衛世師等。「勝論」一詞，一說是由梵文 viśeṣa 一詞變化而來，它有特殊、殊勝、差異、分析、區別等等意思。事實上，這個學派主張共有六種（或七種）哲學的討論範疇——「句義」(padārtha，詳下節)，其中之一即是 viśeṣa（譯為「異句」)。「勝論」一詞，傳說即是由這個哲學範疇的名字而來。當代社會學大師——馬克士．穆勒 (Max Müller) 即說：由於這個學派的哲學目的，旨在區別實句（實體)、德句（性質)、業句（行動）等之不同，同時，也致力於將物質區分為極微的原子，因此稱為「勝論派」。但是也有一些學者以為：viśeṣa 一詞是極微（亦即原子，parama-aṇu）的名字，而優樓

❸ 引見《大正藏》卷 43，頁 155，中。

❹ Cf. Nandalal Sinha, *The Vaiśeṣika Sūtras of Kaṇāda*, Delhi: S.N. Pub., 1986, pp. i～ii.

佉又主張極微論（原子論），因此他的哲學即被稱為 Vaiśeṣika（勝論）❺。

而在中國，卻有不盡相同的傳說。窺基，《成唯識論述記》卷 1－末，曾說：「亦云吠世史迦，此翻為勝。造《六句論》，諸論罕匹，故云勝也。或勝人所造，故名勝論。」❻這樣看來，「勝論」一詞的意思，是由於此派聖人（勝人）——優樓佉所作的《六句論》，亦即《勝論經》（《吠世史迦經》，*Vaiśeṣika-sūtra*），內容殊勝的緣故。然而，吉藏，《百論疏》卷中－上，卻有不同的說法：「衛世師，稱為勝異。異於僧佉，勝於僧佉，故名勝異。」❼這樣看來，「勝論」一詞的意思是：哲理勝過僧佉（數論派）的意思。也許，窺基的說法是有根據的，而吉藏的說法只是猜測之詞而已。

優樓佉，大約是西元前 300 年以前的聖者。前面已經說過，傳說他是《勝論經》的作者。而般沙窣多波陀（妙足，Praśastapāda, A.D.500～600）的《句義法集》(*Padārtha-dharma-saṃgraha*)，則被視為《勝論經》的「注釋書」(Bhāṣya)。另外，毘瑜摩濕婆（空吉祥，Vyomaśiva, A.D. 900～960）的《空問》(*Vyomavatī*)、尸利陀羅（勝持，Śrīdhara, A.D. 950～1000）的《正理芭蕉》(*Nyāya-kandalī*)，以及優陀闍那（顯現，Udayana, A.D. 1050～1100）的《光譜》(*Kiraṇāvalī*)，則是般沙窣多波陀之「注釋書」的三種有名的疏解。當勝論派和正理派結合成為姊妹派之後，也有一些重要的作品出現；其中，尤以濕婆提加（吉祥無量，Śivāditya）的《七句義》(*Sapta-*

---

❺ Ibid., pp. vi～vii.

❻ 引見《大正藏》卷 43，頁 155，中。

❼ 引見前書，卷 42，頁 264，下。

padārthī)、勞伽剌．婆斯迦羅（塵目．日輝，Laugākṣi Bhāskara）的《思擇月光》(*Tarka-kaumudī*)、毘斯婆那達（宇宙主，Viśvanātha）的《語言解析》(*Bhāṣāpariccheda*) 及其注解《悉檀真珠念珠》(*Siddhāntamuktāvilī*)，最為重要。

另外，還值得一提的是，窺基的《成唯識論述記》卷1—末，曾說到《勝論經》的流傳經過：

> 勝論師（指優樓佉），多年修道，遂獲五通，謂證菩提，便欣入滅。但嗟所悟，未有傳人。……後住多劫，婆羅痆斯國，有婆羅門，名摩納縛迦，此云儒童。其儒童子，名般遮尸棄，此言五頂。……鵂鶹因此乘通化之，……徐說所悟六句義法。❽

引文說到，已經獲得五種神通，並且自以為已經證得「菩提」（覺悟）的優樓佉（鵂鶹），在臨終之前，曾把《勝論經》中的「六句義法」，傳給了住在婆羅痆斯國的般遮尸棄（五頂，Pañcaśikhin），他是婆羅門摩納縛迦（儒童，Māṇavaka）的兒子。

五、六世紀時，勝論派學者——慧月（戰達羅，Candra 或 Maticandra, A.D. 550～650），著有《勝宗十句義論》，並為唐．玄奘譯成中文。從該《論》的名字，即知該《論》旨在闡明「十句義」，亦即在《勝論經》的六句義之外，再加上四句義，成為十句義。也就是說，慧月在實句、德句、業句、同句、異句、和合句等六句義之外，再加上俱分（既是同句又是異句）、有能（可能性）、無能（不可能性）、無說等四句義，而成十句義（詳下）。雖然慧月所增加的俱分句、有能句

❽ 引見前書，卷43，頁255，下。

和無能句等三句義，不被正統的勝論派所採納；但是，由於前面的六句義和最後的無說句（abhāva 或 asat），仍被正統勝論派的學者所接受，因此，本章下面各節在介紹六句義和無說句時，將會適時地引用慧月的《論》文。

勝論派有明顯的反《吠陀》傾向，這可以從下面的兩件事實得到證明：

首先，在所在獲得正確知識的方法——「量」當中，勝論派只承認現量和比量。而被勝論派所否定的「量」當中，聲量（聖言量）是值得注意的。勝論派以為，來自《吠陀》的知識，最多只能令人升天為神，仍然活在生死輪迴之中，無法獲得究竟的解脫；只有透過對於六句義（七句義）的研究和體悟，才能澈底達到解脫的境界，而解脫意味著痛苦的斷除，那是「至善」（最究竟，niḥśreyasam）的境界。有關這點，在《勝論經》I, 1, 1–4，乃至般沙窣多波陀的《句義法集》I, 1 當中，說得非常清楚❾。另外，儘管般沙窣多波陀的《句義法集》，一開頭即提到「禮敬大因（萬物之因）——自在天神 (Īśvara)」❿；但是，《勝論經》卻始終沒有提到任何神的名字，僅僅提到「那個」(Tat) 而已。以致某些學者把《勝論經》的作者優樓佉，視為無神論者⓫。由此也可證明，（早期）勝論派的反《吠陀》色彩。

---

❾ Cf. Nandalal Sinha, *The Vaiśeṣika Sūtras of Kaṇāda*, pp. 3～9; S. Radhakrishnan and C. A. Moore, *A Source Book in Indian Philosophy*, Princeton Univ. Press, 1957, pp. 397～398.

❿ Cf. M. Gaṅgānātha Jhā (Eng. tr.), *Padārthadharmasaṅgraha of Praśastapāda*, Varanasi: Chaukhambha Orientalia, 1982, p. 1.

⓫ S. Radhakrishnan and C. A. Moore, *A Source Book in Indian Philosophy*, pp.

其次，從勝論派的「聲無常論」（詳本章下面各節），也可以看出它的反《吠陀》色彩：把《吠陀》當作直接研究對象的彌曼差派，透過「聲常論」（聲音永恆論）的論證，極力維護《吠陀》的權威（詳下章）。相反地，勝論派卻主張「聲無常論」（聲音不永恆論），並且和彌曼差派之間，展開激烈的辯論。無疑地，這也間接說明了勝論派的反《吠陀》傾向。

第二節　哲學的六種範疇——「六句義」

「句義」(padārtha) 一詞的字面意義是：「概念」（語言，pad）所指稱的「對象」（意義，artha）；並且引申為知識（所要探討）的對象，亦即宇宙中的萬事萬物。正如前節所說，《勝論經》提到了六種句義；它們是：(1)實句，亦即實際存在於宇宙中的各種實體；(2)德句，亦即附屬在實體之上的各種性質；(3)業句，亦即實體之各種動作（業）；(4)同句，亦即事物的共同特性（共相）；(5)異句，亦即每一事物特有的差別性；(6)和合句，亦即兩種事物之間的相互結合⓬。

實句，即是存在於宇宙中的實體，共有地 (pṛthivī)、水 (āp)、火 (tejas)、風 (vāyu)、空 (ākāśa)、時 (kāla)、方 (dik)、（自）我 (ātmā)、意 (manas) 等九種⓭。其中，前五種稱為「五大」(pañca-bhūta)，它們都以極微（原子）的型態而存在著。時與方（空間），則是遍一切處、不生不滅（無變化）的實體。（自）我，即靈魂。後期的勝論派學者，又

386～387, 397.

⓬ Cf. Nandalal Sinha, *The Vaiśeṣika Sūtras of Kaṇāda*, p. 9.

⓭ Cf. *Vaiśeṣika-sūtra*, I, I, 5, in Nandalal Sinha, *The Vaiśeṣika Sūtras of Kaṇāda*, p. 17.

將它細分為兩種：小我（生命我，jīvātma）與大我 (paramātma)；前者乃各個生命體中的靈魂，後者則是自在天神。最後，意，即思想的心靈器官；它和五大一樣，也是以極微的型態存在。

德句，乃實句（實體）的各種屬性；依照《勝論經》I, 1, 6，共有十七種⓮：⑴（顏）色 (rūpa)；⑵味（道）(rasa)；⑶香（氣）(gandha)；⑷觸（覺）(sparśa)；⑸數（目）(saṅkhyā)；⑹量（大、小，pariṇāma)；⑺別體（差異性，pṛthaktva)；⑻（結）合 (samyoga)；⑼（分）離 (vibhaga)；⑽彼體（遙遠，paratva)；⑾此體（接近，aparatva)；⑿（知）覺 (buddhayā)；⒀（快）樂 (sukha)；⒁（痛）苦 (duḥkha)；⒂欲（望）(icchā)；⒃嗔（怒）(dveṣa)；⒄勤勇（勤奮，prayatna)。而在商羯羅．彌續羅 (Śaṅkara Miśra) 的注釋當中，又增加了七種，成了二十四種：⒅重體（重量，gurutva)；⒆液體（流動性，dravatva)；⒇潤（黏性，sneha)；㉑行（傾向性，saṃskāra)；㉒法（德性，dharma)；㉓非法（罪惡，adharma)；㉔聲（音）(śabda)⓯。

在這二十四種德句當中，色、聲、香、味、觸，乃至一、二、三等數（目），是容易理解的。大、小之量，又可細分為極微、極大、（中等）大、（中等）小等四種。別體是指二物之間的差異性，例如壺之不同於瓶。合是二物之間的相互結合為一；而離，則相反，乃二物的相互分離。彼體和此體，可以是時間上的遠、近，也可以是空間上的遠、近。覺、樂、苦、欲、嗔等五德，是容易理解的。而勤勇，則是意志的努力。

商羯羅．彌續羅所增加的七德，前三德是容易理解的；而聲德已

⓮ Ibid., p. 19.

⓯ Ibid.

在前面討論過。行，共有三種：運動中之物體的慣性、記憶或認知活動中的心理印象，以及物體的彈性（例如橡皮帶子的彈性）。而法與非法，指的是道德上的善與惡。

業句，也和德句一樣，並不能獨立存在，必須附屬在實句（實體）之上。可以說：德句是實句靜態的屬性，而業句則是實句動態的屬性。《勝論經》I, 1, 7，提到了五「業」（動作）：⑴取 (utkṣepaṇa)，即上升的運動；⑵捨 (āvakṣepaṇa)，即下降的運動；⑶屈 (ākuñcana)，即向內縮小的運動；⑷伸 (prasāraṇa)，即向外伸展的運動；⑸行 (gamana)，即平面的運動。在這五種「業」當中，前二是上與下之縱向的運動；⑶與⑷是內與外的運動；而⑸則是橫向（平面）的運動[16]。

同句，是指事物的共通性，永恆地存在於實句、德句和業句之中。般沙窣多波陀的《句義法集》II, 7，曾說到兩種同句：（最）高的 (para) 和（最）低的 (apara)。前者是指「實有」(sattā)；一切事物都是實有，因此，一切事物的共通性——「同句」，即是「實有」。而「（最）低的」同句，則是指諸如水壺性、桌子性、石頭性這類的共通性。只有水壺才具有水壺性，桌子、石頭等並不具有水壺性；乃至只有石頭才具有石頭性；水壺、桌子等並不具有石頭性。因此，水壺性乃至石頭性，是事物當中屬於「（最）低的」共通性——「（最）低的」同句。事實上，在（最）高的和（最）低的同句之外，還有「中庸」（既是最高又是最低，parāpara）的同句，例如「實（體）性」(dravyatva)：五大乃至意等九種實體（實句），都具有共通的「實（體）性」；但是，色乃至聲等二十四種德句，或取乃至行等五種業句等等，卻都不具有「實（體）性」。因此，「實（體）性」是「中庸」的同

[16] Ibid., p. 20.

句⓱。

異句，是事物獨有的特性，只存在於地、水、火、風，乃至意等極微（原子）之中，並不存在於由極微所組成之粗大的事物，例如水壺、桌子、石頭，乃至山河大地等等之中。而且，由於極微有無限多，因此，存在於其中的異句也有無限多。

本章第一節中已經說過，有些學者以為：異句是「勝論派」這一名字的來源。本派善於分辨各個極微的差異之處——異句 (viśeṣa)，因此，本派稱為「(研究) 差異的學派」(Vaiśeṣika，勝論派)。

和合句，亦即內屬性；舉凡德句（性質）和業句（動作）之內屬於實句（實體）、同句（普遍性）之內屬於異句（個體），乃至異句（特殊性）之內屬於極微等等，都是和合句。就以德句與實句之間的和合關係來說：地大具有香德、水大具有味德、火大具有色德、風大具有觸德、空大具有聲德等等；亦即，香德內屬於地大，乃至聲德內屬於空大等等。

和合句容易和二十四種德句當中的合德相混淆，讀者必須小心分辨。事實上，和合句與合德之間，具有下面幾個重要的不同點：

首先，二物之間的「(結) 合」，例如風箏飄到屋頂上〔風箏與屋頂的（結）合〕、滾動中的兩球互相碰撞〔兩球的（結）合〕等等，都只是偶然性而且暫時性的；二物終有相互分離的可能。但是，二物間的「和合」，例如香德之內屬於地大，乃至聲德之內屬於空大等等；卻是永恆不變的關係。

其次，合德只存在於實句之中，而和合句卻普遍地存在於六句（七句）之中。也就是說，當風箏與屋頂「(結) 合」時，風箏與屋頂必定

⓱ Cf. M. Gaṅgānātha Jhā, *Padārthadharmasaṅgraha of Praśastapāda*, pp. 25～31.

都是實句（實體）；但是，實句固然可以和實句「和合」〔例如，五大之存在於時（間）與方（空間）之中〕，同樣地，德句也可以和實句「和合」（例如，香德存在於地大之中等等），乃至異句也可以和實句結合（例如，特殊性（異句）存在於每一個極微之中）。

另外，兩個實體（實句）的「（結）合」，是相互性的關係；而「和合」卻是單向的關係。我們固然可以說：「風箏和屋頂『（結）合』。」但是，也可以說：「屋頂和風箏『（結）合』。」相反地，德句（例如香德）雖然內存於實句（例如地大）之中，但是，實句（地大）卻並不內存於德句（香德）之中。

以上是《勝論經》所明文提到的「六句（義）」，其中並不包括無說句。但是，後代的勝論派學者，卻認為無說句也是句義之一；因此，應該共有七種句義。例如，《句義法集》I, 1，即說：「無說句之所以沒有（在句義當中）單獨提到，僅僅是由於它依存於存有 (bhāva)；並不是由於沒有這樣的句義。」[18]

無說 (abhāva)，即是相對於六句義之「存有」(bhāva) 的非存有；又可細分為下面四種：⑴未生無 (prāgābhāva)，一物尚未產生前之「無」（不存在）；例如未加工之泥土中「無」瓶子這種「無」（不存在）。⑵已滅無 (dhvaṃsābhāva)，一物已經消滅後之「無」（不存在）；例如破了的瓶子之中，「無」瓶子這種「無」（不存在）。⑶畢竟無 (atyantābhāva)，在過去、現在、未來的三時當中，一物「不可能存在於」另一物之中的那種「無」（不存在）；例如，空大之中「無」色德，乃至烏龜身上「無」毛、兔子頭上「無」角等。⑷更互無 (anyonyābhāva)，兩物互不存在於對方之「無」（不存在）；例如，（水）

[18] Ibid., p. 15. 引文中的「存有」，是指六句義而言。

壺中「無」衣（服）這種「無」（不存在）。在這四種無說句當中，最後的更互無，是二物的相互不存在於對方；這是雙方面的。也就是說，壺固然「無」衣；衣也同樣「無」壺。但是，前三種無說卻是單方向的；例如，（未加工之）泥土之中固然「無」瓶子，但是，瓶子之中卻不能說「無」泥土。像這種單方向的「無（說）」，稱為「和合無」(saṃsargābhāva)⓳。

以上所提到的前六種哲學的範疇——六句義，一般被解釋隸屬「存有」(bhāva) 的範圍⓴。這意味著勝論派哲學，是一種多元的實在論。甚至在解釋第七句義之無說句的時候，也有實在論的明顯傾向。《勝論經》雖然沒有說到無說句，但在該《經》IX, 1–10，卻詳細討論了「無實」（不存在，asat）㉑。例如，在 IX, 6 當中，當作者證明「無實」

⓳ 慧月的《勝宗十句義論》，在以上所說的四種無說之外，又多加了「不會無」一種無說；而其意義則是：「不會無者，謂有性、實等，隨於是處，無合、無和合，名不會無。」（引見《大正藏》卷 54，頁 1264，上。）引文中的「有性」，即是同句義；《勝宗十句義論》說：「同句義云何？謂有性。」（引見前書，頁 1263，下。）引文中的「實」，明顯地是指實句義。某些「有性」與「實」之間，既無「（結）合」（二十四種德句之一）的關係，也無「和合」（第六句義）的關係；這種「無（關係）」，即是「不（相互）會（合之）無」。例如，有性之一的「壺性」與實句之一的「衣服」之間，既沒有「（結）合」的關係，也沒有「和合」的關係；因此，「壺性」與「衣服」之間，存在著「不會無」的關係。事實上，不會無是畢竟無的一種；也許，這是為什麼正統的勝論派學者，不把不會無當作另一種獨立的無說句的原因吧！

⓴ Cf. M. Gaṅgānātha Jhā, *Padārthadharmasaṅgraha of Praśastapāda*, p. 15.

㉑ Cf. Nandalal Sinha, *The Vaiśeṣika Sūtras of Kaṇāda*, pp. 287～296.

（指已滅無）是一種現量（感官知覺）時，曾說：它相似於「對比知覺」（相違現量，virodhi-pratyakṣa）。而所謂「對比知覺」，其形成的方式有兩個條件：⑴「過去事物之知覺的不存在」(bhūta-pratyakṣa-abhāva)；⑵「對於過去事物的回憶」(bhūta-smṛti)㉒。例如，一只先前存在，而現在已經不存在的水壺，我們之所以知覺到它的「無實」（已滅無），一方面是由於：我們目前已經沒有這只水壺的知覺；另一方面則是由於：我們回憶起這只水壺，曾在過去某個時段，被我們知覺過。在回憶過去，以及現在無所知覺的兩相「對比」（相違、矛盾，virodhi）之下，我們即可知覺到這只水壺的「無實」（已滅無）㉓。

「無實」可以經由感官而被我們知覺，這不能不說具有濃厚的實在論意含。因此，勝論派的實在論主張，不但可以從六種句義被列入「存有」這一事實看出來；而且還可以從第七句義之「無說」（亦即「無實」），乃現量（感官知覺）可知這一事實，得到進一步的證明。

第三節　極微論與聲無常論

•第一項　極微論與宇宙的形成

在六句義（七句義）的理論基礎之下，勝論派展開了它的極微論和聲無常論。它的聲無常論，我們將在稍後討論。而它的極微論，則是宇宙形成的基礎理論；佛教文獻──《提婆菩薩釋楞伽經中外道小

㉒ Ibid., p. 291.

㉓ 有關已滅無、未生無、畢竟無和更互無等四種「無說」，可由現量（感官知覺）證知的簡要說明，詳參見 Jwala Prasad, *History of Indian Epistemology*, Delhi: Munshi Ram Manohar Lal, 1958 (2nd ed.), p. 146.

乘涅槃論》，曾作了這樣的描寫：

> ……毘世師論師作如是說：謂地、水、火、風、虛空微塵物，功德、業、勝等十種法常故，和合而生一切世間知、無知物。從二微塵，次第生一切法。……故毘世師論師說：微塵是常，能生一切物。[24]

引文說到了幾件事情：⑴地、水、火、風、（虛）空等五大，是「微塵物」——極微（原子）；⑵五大之微塵物（乃至功德、業、勝等十種法），都是永恆不變的——「（微塵是）常（住）」；⑶由五大之微塵物，組成了宇宙中一切有生命的有情（知），以及無生命的無情（無知）；⑷五大之微塵物組成宇宙萬物的過程則是：先從二微塵（二原子），組成比較粗大的分子，然後再由粗大的分子，進一步組成感官可知覺的事物。

在以上所說到的四個重點當中，有些必須進一步的說明。首先是極微之永恆性 (anitya) 的證明：依據《勝論經》IV, 1, 1–5，以及商羯羅．彌續羅的注解，極微的存在及其永恆性，可以證明如下：宇宙中（物質性）的事物——「果」(kārya)，都是由一系列之「整體」與「部分」的組合。當宇宙進入毀滅 (pralaya) 的階段時，事物（果）之「整體」即開始分解為「部分」。這一分解的過程，不可能無限地進行，它必有結局。也就是說，由「整體」分解為「部分」之毀滅過程，其結局是：宇宙中的所有「整體」，都分解為「部分」；而最小的「部分」，

---

[24] 引見《大正藏》卷 32，頁 157，上－中。引文中的地乃至（虛）空等「微塵物」，指的是實句；「功德」，指德句；而「勝」，則指異句。另外，「十種法」，則指十句義。

不再能夠分解。它們之所以不再能夠分解的原因是：它們不再是由「部分」所組成的「整體」，因為它們沒有「部分」。像這種沒有「部分」，因此永恆不變（不生不滅）、不可繼續分解的存在物，就是極微㉕。

其次，宇宙初成，當不生不滅的極微，合成有生有滅的萬物之時，生命體的「隱業」(adṛṣṭa)，以及自在天神 (Īśvara)，扮演著極其重要的角色。隱業，乃生命體前世所作行為所留下的潛在勢力，和一般所說的「業（力）」(karma)，具有大同小異的意義。當宇宙初成時，自在天神依照生命體的隱業，讓無所不在而且永恆不滅的極微——地、水、火、風、空，開始合成具有「部分」，因此有生有滅（無常）的萬物。當生命體具有善的隱業時，自在天神所合成的宇宙，即是美好的宇宙，生命體即可享受快樂；相反地，當生命體具有惡的隱業時，自在天神就合成一個讓生命體感到痛苦的惡劣宇宙㉖。

依照正理一勝論派的代表作——《滿掬之花》(*Kusumāñjali*) I, IV–VII 的說法，（正理一）勝論派立基於原子論的宇宙創造說，乃是為了對治吠檀多派和數論派的因中有果論 (Satkārya-vāda)， 而提出來的主張。

吠檀多派以為，宇宙萬物之因是梵 (Brahman)，它和由之所創造出來的生命體中的靈魂——自我 (ātman)，在本質上並沒有什麼差別；因此，作為宇宙之「因」的梵，和作為梵因之「果」的「自我」，是相同的實體。「果」（自我）早已內存於「因」（梵）之中。（詳本書最後一章。）相似地，數論派以為，宇宙萬物是由一種物質性的原理——「自

㉕ Cf. Nandalal Sinha, *The Vaiśeṣika Sūtras of Kaṇāda*, pp. 145～149.

㉖ Cf. *Vaiśeṣika Sūtras*, IV, 2, 5–7, in Nandalal Sinha, *The Vaiśeṣika Sūtras of Kaṇāda*, pp. 159～161.

性」(Prakṛti)，所轉變而生。由於這種轉變 (pariṇāma) 是真實的轉變，也就是說，含有喜、憂、闇三種德 (guṇa) 的自性，在轉變成實際的萬物之後，萬物仍然具有相同的三德。就這個意義而言，作為（自性之）「果」的萬物，早已內存於作為（萬物之）「因」的自性之中。這和吠檀多派「梵我合一」的思想一樣，都是典型的因中有果論。

（正理－）勝論派反對這兩種因中有果論的說法，《滿掬之花》I, VII，即說：「唯一，則無相繼。」它的意思是：如果像吠檀多派那樣，以為宇宙萬物之「因」只是唯一的梵，那麼，所有的萬物必須「同時」由梵產生；但實際上，萬物並非同時產生，而是具有相繼生起的特性。可見，萬物內存於唯一的梵之中並且由梵生起，這種吠檀多派的因中有果論，是錯誤的主張㉗。

類似地，數論派的因中有果論，在（正理－）勝論派看來，也是錯誤的。《滿掬之花》I, VII，繼續說：「相同，則無多樣性。」它的意思是：如果像數論派所說的那樣，以為宇宙萬物都由同一個原理——自性所生，那麼，具有多樣性的萬事萬物，如何可能㉘？

因此，宇宙之「因」必定不是唯一的，而是多元的；它們是不生不滅、無所不在、無限多的極微——地、水、火、風、空。把這些多元的極微，組合成萬物的，固然是自在天神；但是，其中一個不可忽視的要素，則是生命體前世所積聚的行為潛力——隱業㉙。

值得一提的是，《勝論經》X, 2, 1，曾說到地、水、火、風、空等

㉗ Cf. E. B. Cowell (ed. and tr.), *Kusumāñjali*, Varanasi: Bharat Bharati, 1980, pp. 8～9.

㉘ Ibid.

㉙ *Kusumāñjali*, I, IX, in E. B. Cowell, *Kusumāñjali*, pp. 9～10.

實體，是組成物質世界的「和合因」(samavāyi-kāraṇa)㉚；依此類推，隱業則是組成世界的動力因 (kartā-kāraṇa)㉛。

・第二項　聲德的特質與聲無常論

勝論派的另一個主張是「聲無常論」。當彌曼差派的「聲常論」提出來後，在兩相對立之下，勝論派的「聲無常論」，更加顯得重要。不過，在沒有進入「聲無常論」的主題之前，還是讓我們先來看看勝論派對於聲音的看法：

> 聲音 (śabda)，是二十四種德句之中的一個。早先，《勝論經》在討論德句時，並沒有提到聲音；但在商羯羅・彌續羅的《勝論經》注當中，卻加入了聲音。（詳本章第二節。）在《勝論經》II, 2, 26–32 當中，聲音被視為一種在人們未說話前不存在，而且是由各種原因 (kāraṇa) 所合成的、不永恆的（無常的，anitya）東西。㉜

而在同書 II, 2, 33–37 當中，更以互相批判、反駁的方式，一方面敘述了敵對學派——彌曼差派的聲常論立場，另一方面則闡明勝論派

㉚ 相對地，二十四種德則是「非和合因」(asamavāyi-kāraṇa)。(Cf. Nandalal Sinha, *The Vaiśeṣika Sūtras of Kaṇāda*, p. 188.)

㉛ Cf. Nandalal Sinha, *The Vaiśeṣika Sūtras of Kaṇāda*, pp. 95～99. 有些學者，把依照隱業而創造宇宙的自在天神，視為「動力的指導因」(prayojaka-kartā)。(Cf. S. Chatterjee and D. Datta, *An Introduction to Indian Philosophy*, Calcutta: Univ. of Calcutta, 1948, p. 210.)

㉜ Cf. Nandalal Sinha, *The Vaiśeṣika Sūtras of Kaṇāda*, pp. 97～99.

聲無常論的主張。綜合對於彌曼差派聲常論立場的描述，共有下面三點❸❸：

一、聲音就像禮物一樣，在贈送的過程當中，必須保持永恆不變：

當老師向學生宣說《吠陀》時，老師是把《吠陀》當作禮物贈送給學生。如果在贈送的過程當中，作為禮物的《吠陀》不是永恆的，亦即有了變化，那麼，這種贈送的事實就不可能成立。因為老師贈送了甲物（《吠陀》），到了學生的手裡卻變成了乙物 （不是 《吠陀》）。因此 ，用聲音宣說出來的禮物──《吠陀》，必須是永恆不變的東西；也就是說，聲音是永恆的。

二、聲音可以重現：

我們常說：「這個段落已經唸了十遍、二十遍了。」同樣的情形，當我們施行火祭而唸誦咒語時，我們會說：「第一首咒語唸三遍，最後一首咒語也唸三遍。」這意味著聲音可以重現，也就是說，已經唸過的段落或咒語，可以重複地唸誦。聲音既然可以重現，可見聲音是永恆的。

三、聲音可以再認識：

再認識 (sampratipatti)，意味著聲音的重現而被我們知覺到。例如，我們會說：「他引用了彌萃羅 (Maitra) 所引用過的那首詩歌。」「那是同一個字母 Ga。」 聲音既然可以再認識，可見聲音是永恆的。

對於以上這三點由彌曼差派提出的聲常論主張 ，《勝論經》 II, 2, 36–37，作了總結性的反駁：聲音具有「多樣性」(bahutva)，因此，聲

❸❸ Ibid., pp. 100～103.

音的重現、可以再認識，乃至被視為像禮物一樣沒有變化，都只是具有多樣性的聲音，在不同狀況下的不同面貌而已。因此，聲音的重現、可以再認識等，並不能證明聲音的永恆不變。

以上是從勝論派的觀點，來看彌曼差派和勝論派之間的聲常、聲無常的爭論。這一爭論的結論，必然偏袒勝論派。為了求得公平、客觀的平衡點，我們將在第十一章第三節，再從彌曼差派的相反觀點，重新檢討這兩個學派之間的爭論焦點。

第十一章　彌曼差派的歷史與哲學

第一節　彌曼差派的歷史

「彌曼差」(mīmāṃsā)❶一詞，早在《梵書》時期（西元前 1000～500 年）即已出現，其意義則是對《吠陀》中祭祀之疑點的理性探究與討論。因此，「彌曼差」一詞的字面意義應該是：理性的探究、思索、討論❷。

廣義的《吠陀》，包括：⑴最早成立的詩歌體的《本集》；⑵稍後成立，主要是用來闡明本集中之宗教儀禮的《梵書》；⑶最後成立，對婆羅門教的宗教哲學，作了重大發揮的《奧義書》。因此，廣義的《吠陀》至少包括兩部分：⒜祭祀的部分——「業品」（屬行的部分，karmakāṇḍa），強調《吠陀》中之宗教儀禮或宗教實踐之解釋，亦即《本集》和《梵書》；⒝哲學的部分——「智品」（屬智的部分，

❶ 在漢譯的佛典當中，「彌曼差」一詞又譯為彌曼蹉、彌婆、彌息伽、弭曼差等。

❷ 有些學者以為，mīmāṃsā（彌曼差）一詞的字源是 man（思考、想像）；因此，「彌曼差」一詞的字面意思是：深度的思索、考慮、探究。但也有一些學者以為，它是由 mān（尺度、測量）一詞變化而來。如此，「彌曼差」的意思應該是：衡量、測度。綜合而說，「彌曼差」一詞的字面意思是：以《吠陀》中有關祭祀的問題當作對象，而加以深度的思考、探察和討論。

jñānakāṇḍa），強調《吠陀》中之哲理的探討，亦即《奧義書》。在時間上，「業品」較早成立，而「智品」則最後完成。而且，就婆羅門一生修行的先後來說，「智品」是在「四住期」(Caturāśrama)❸的最後兩期所研讀。而在《吠陀》的編輯上，「業品」被編排在「智品」之前。

研究、探討這兩部分《吠陀》的教派，原來都被稱為「彌曼差」；但是，由於這兩部分的性質相差太大，因此，研究「業品」的彌曼差，被稱為「業彌曼差」(Karma-mīmāṃsā)；而研究「智品」的彌曼差，則被稱為「智彌曼差」(Jñāna-mīmāṃsā)。而且，不管成立的時間、研讀的時間，乃至編排的先後，「業品」都先於「智品」，因此，研究「業品」的業彌曼差，又被稱為「前彌曼差」(Pūrva-mīmāṃsā)；而研究「智品」的智彌曼差，則又稱為「後彌曼差」(Uttara-mīmāṃsā)。

另外，業彌曼差或前彌曼差，又簡稱為「彌曼差」。而智彌曼差或後彌曼差，則又稱為「吠檀多」(Vedānta)，那是「《吠陀》」(*Veda*) 之「終」（末尾、極致、最高點，anta）的意思。無疑地，那是由於不管在成立的先後或是編排的先後，它（智品）都是「《吠陀》之終」的緣故。當然，它還有《吠陀》之最高深、極致之哲理的意思；因為「終」字，除了結尾、末尾的意思之外，原本就還有最高深、最究竟、最澈底，乃至極致的意思。

本書一開頭已經說過，彌曼差派和吠檀多派，也都是屬於「正統的」婆羅門教「六派哲學」。這兩個「正統的」婆羅門教派，我們將分別在本章和下章討論。現在，我們可以把以上所敘述的這些內容，用

❸ 四住期，婆羅門一生的四個時期：學習階段的「梵行期」(brahmacārin)；主持家務的「家住期」(gṛhastha)；退休修行的「林棲期」(vānaprastha)；以及離家遁世修行的「遁世期」(saṃnyāsin)。

下面的簡表來說明：

《吠陀》─┬─ 本集 ──────┐
　　　　├─《梵書》────┴── 業品 → 業彌曼差（前彌曼差）派 = 彌曼差派
　　　　└─《奧義書》── 智品 → 智彌曼差（後彌曼差）派 = 吠檀多派

儘管「彌曼差」一詞早在《梵書》時期已經出現，但是，成為婆羅門「六派哲學」之一的「彌曼差派」，卻在闍彌尼（Jaimimi，約 200 B.C.）撰寫《彌曼差經》(*Mīmāṃsā-sūtra*) 之後。其後，跋帝蜜多羅 (Bhartṛmitra)、跋婆達沙 (Bhavadāsa)、訶梨 (Hari)、優波婆沙 (Upavarṣa) 等人，都撰有《彌曼差經》的注釋。但是，在所有的注釋中，則以沙跋羅（Śabara，約 57 B.C.）的注釋最為有名；它被稱為《沙跋羅注釋》(*Śabara-bhāṣya*)。

曾經有一位不知名的學者，注解了《沙跋羅注釋》❹。般跋羯羅 (Prabhākara) 對於《沙跋羅注釋》的注解──《廣疏》(*Bṛhatī*)，即是以這位不知名學者的注解作為參考底本。般跋羯羅，又被尊稱為「上師」(Guru)，他的教說則被稱為「上師的意旨」(Gurumata)；而他所創立的教派，則被稱為「上師派」。依照傳統的說法，他是鳩摩利羅．跋陀（童中尊，Kumārila Bhaṭṭa）的學生；但卻也有不盡相同的說法❺。

---

❹ 這位學者，般跋羯羅 (Prabhākara) 稱他為「大疏作者」(Vārttikakāra)；而鳩摩利羅 (Kumārila) 的作品當中，則僅僅稱之為「如其所說」(yathāhuḥ)。(Cf. S. Dasgupta, *A History of Indian Philosophy*, Delhi: Motilal Banarsidass, 1975, vol. I, p. 370.)

❺ 鳩摩利羅注解《沙跋羅注釋》的作品當中，屢次批判沙跋羅的觀點；這些批判的觀點，也往往出現在般跋羯羅的作品當中，但卻不曾提到鳩摩利羅。因此，有人以為，般跋羯羅並不是鳩摩利羅的弟子；相反地，早於鳩摩利羅。

鳩摩利羅・跋陀（簡稱鳩摩利羅），往往被簡稱為「跋陀」(Bhaṭṭa)，他所創立的彌曼差支流，也被稱為「跋陀派」。他的年代，稍早於吠檀多派的大哲學家——商羯羅 (Śaṅkara, A.D. 700～750)。鳩摩利羅撰寫了三部巨著，用來發揮《沙跋羅注釋》裡的思想；這三部巨著是：⑴《偈頌大疏》(*Ślokavārttika*)；⑵《怛特羅大疏》(《教法大疏》，*Tantravārttika*)；⑶《小注》(*Ṭupṭīkā*)。鳩摩利羅的哲理和前面所說般跋羯羅的「上師意旨」，則被視為彌曼差派的兩大思想主流。除了這兩大主流之外，彌曼差派的第三大主流，則被稱為是牟羅利 (Murāri)。屬於這個流派的文獻，雖然屢次被其他作品所引用，可惜都已經散軼❻。

繼承鳩摩利羅的另一後輩學者是曼陀那・彌續羅 (Maṇḍana Miśra)，他是《儀軌揀擇》(*Vidhiviveka*)、《彌曼差索引》(*Mīmāṃsā-nukramaṇī*) 的作者，也注解了《怛特羅大疏》。另外，九世紀的波陀沙羅底・彌濕羅 (Pārthasārathi Miśra)，也繼承了鳩摩利羅的足跡，撰寫了《聖教之燈》(*Śāstradīpikā*)、《怛特羅珍寶》(《教法珍寶》，*Tantraratna*)、《正理寶鬘》(*Nyāyaratnamālā*) 等書。而《日輝》(*Kāśikā*) 的作者——蘇雜利陀・彌濕羅 (Sucarita Miśra)，以及《正理甘露》(*Nyāyasudhā*) 的作者——蘇彌首羅 (Someśvara)，也是鳩摩利羅的重要弟子。

另一方面，羅摩訖瑟吒・跋陀 (Rāmakṛṣṇa Bhaṭṭa)，曾撰有《理趣

(Cf. S. Radhakrishnan, *Indian Philosophy*, London: George Allen & Unwin Ltd., 1962, vol. II, pp. 377～378.)

❻ Cf. S. Radhakrishnan, *Indian Philosophy*, London: George Allen & Unwin Ltd., 1962, vol. II, p. 378.

圓融悉檀月光》(*Yuktisnehapūraṇī-siddhānta-candrikā*)，它注解了《聖教之燈》之中的重要部分——《思擇之足》(*Tarkapāda*)。而蘇摩那陀 (Somanātha) 所著之《光明園丁》(*Mayūkhamālikā*)，則注解了《聖教之燈》的其他部分。

其他比較重要的彌曼差派文獻還有：摩陀婆 (Mādhava) 的《正理花鬘廣論》(*Nyāyamālāvistara*)、商羯羅．跋陀 (Śaṅkara Bhaṭṭa) 的《妙釋》(*Subodhinī*) 和《彌曼差曙光》(*Mīmāṃsābālaprakāśa*)、跋遮濕鉢底．彌續羅 (Vācaspati Miśra) 的《正理小札》(*Nyāyakaṇikā*)、訖瑟吒耶入槃 (Kṛṣṇayajvan) 的《彌曼差教示》(*Mīmāmsāparibhāṣā*)、阿難陀提婆 (Anantadeva) 的《彌曼差正理之光》(*Mīmāmsānyāyaprakāśa*)，乃至伽伽．跋陀 (Gāgā Bhaṭṭa) 的《最勝如意寶珠》(*Bhaṭṭacintāmaṇi*) 等書。

在佛教的文獻當中，彌曼差派被視為「聲常論」（聲音永恆論）的代表。事實上，早在古印度文法學家（聲明論者）——波膩尼（波爾尼、波爾儞，Pāṇini）❼創立聲明論（文法學）之後，聲明即成為印度重要的學問之一。其後，彌曼差、勝論等學派的學者，繼承了波膩尼的研究成果，進而開展出「聲常論」（彌曼差派）和「聲無常論」（勝論派）的對立學說。唐．窺基，《成唯識論述記》卷 1—末，曾說到有

❼ 唐．玄奘，《大唐西域記》卷 2，曾這樣記錄波爾尼（波膩尼）在文法上的貢獻：「遂古之初，文字繁廣，……異道諸仙，各製文字。人相祖述，競習所傳。學者虛功，難用詳究。人壽百歲之時，有波爾尼仙，生知博物，愍時澆薄，欲削浮偽，刪定繁猥，……於是研精覃思，採摭群言，作為字書，備有千頌，頌三十二言矣！究極今古，總括文言，封以進上。王甚珍異，下令國中，普使傳習。……所以師資傳授，盛行當世。」（引見《大正藏》卷 51，頁 881，下。）

兩種聲明論：聲顯和聲生。也就是說，聲音（文字）原本是隱藏著的實有，無法被我們的耳根聽到；必須「待緣顯」（聲顯論者主張）或「待緣生」（聲生論者主張），隱藏著的聲音（文字）才能被我們的耳根聽到❽。永恆存在但卻隱藏著的聲音，必須藉由各種的條件（緣），才能「顯」現出來，而被耳根聽到；這是聲顯論者的主張。這一主張，也許就是彌曼差派的主張吧？（詳下文。）另一方面，隱藏著的聲音，必須藉由各種條件（緣），才能「生」起，而被耳根聽到；這是聲生論者的主張。這一主張，也許就是勝論派「聲無常論」的思想吧？

對於「聲常論」的主張，唐．窺基，《成唯識論述記》卷1－末，還作了這樣的說明：

> 《明論》聲常，是婆羅門等計。《明論》者，先云《韋陀論》，今云《吠陀論》。「吠陀」者，明也；明諸實事故。彼計此《（明）論》聲為能詮定量，表詮諸法。諸法楷（楷？）量，故是常住。所說是非，皆決定故。餘非楷（楷？）量，故不是常。……聲皆是常，然有時聞及不聞者，待緣詮故，方乃顯發。❾

---

❽ 詳見《大正藏》卷43，頁263，上。另外，日本．善珠，《法苑義鏡》卷5－本，也提到了「顯常」和「生常」兩種主張，並說：「《因明（入正理論）疏》云：聲論師總有二種：一、聲從緣生，即常不滅；二、聲本常住，從緣所顯，今方可聞，緣響若息，遂不可聞。聲生亦爾，緣息不聞，緣在故聞。今云顯常者，聲顯論師也；生常者，聲生論師也。」（引見《大正藏》卷71，頁227，下。）可見，（聲）顯常論即是聲顯論，而（聲）生常論即是聲生論。

❾ 引見《大正藏》卷43，頁262，下－263，上。

引文說到了三件重要的事情：(1)婆羅門教（指彌曼差派）的學者們，主張《明論》（亦即《吠陀》）裡面的聲音（亦即文字），是永恆不變的——「聲常」。(2)《明論》中的聲音（文字）之所以是永恆不變，乃因這些聲音（文字），能夠確定而無差錯地表達（表詮）事物的是與非；也就是說，這些聲音（文字），是判斷事物之是與非的標準（楷量）。因此，這些聲音（文字），必須是永恆不變的❿。(3)《明論》中的聲音（文字），雖然是永恆不變的，但是，卻因為條件（「緣」）的具足或不具足，以致有時「顯」（聲顯論）、「發」（聲生論）出來，而被我們聽到；有時尚未「顯」（聲顯論）、「發」（聲生論）出來，而不被我們聽聞到。這裡，所謂的「條件」（緣），最主要的是指人們的開口說話。(詳下)

然而，永恆不變，而且被「緣」（條件）所「顯發」的聲音（文字），到底是一個或多個，在聲常論者內部，卻有兩種不同的看法：

> 此有二類：一計常聲，如薩婆多無為，於一一物上，有一常聲，由尋、伺等，所發音顯，此音響是無常。二計一切物上，共一常聲，由尋、伺等，所發音顯，音亦無常。如大乘真如，萬法共故。唯此常者，是能詮聲，其音但是顯聲之緣，非能詮體。⓫

第一種主張以為：每一事物之上，都存在著各自不同，而且永恆

❿ 對彌曼差派來說，聲音（文字）和感官知覺（現量）、邏輯推論（比量）等一樣，都是獲得正確知識的標準（方法）——「(正）量」(pramāṇa)。有關這點，我們將在本章下面各節，再作詳細說明。

⓫ 唐．窺基，《成唯識論述記》卷1—末；引見《大正藏》卷43，頁263，上。

不變的聲音（文字）。這就像佛教薩婆多部（說一切有部）的「無為（法）」一樣，每一事物都有它各自的「無為（法）」。這些永恆不變的聲音（文字），原本隱藏在每一事物之中，不被我們聽聞；但是，只要具足了「尋」或「伺」⓬的「緣」（條件），就可以把它們顯發出來，而被我們聽聞到。

第二種聲常論者有點像大乘佛教所說的「真如」：所有的事物都共有一個永恆不變的「真如」。類似地，所有的事物也都共有一個永恆不變的聲音（文字）。但是，由於「尋」或「伺」這種「緣」（條件）的具足與不具足，而有被聽聞與不被聽聞的差別。

有關彌曼差派的「聲常論」，以及對於勝論派「聲無常論」的批判，牽涉到極為細膩的邏輯論證，我們將另闢專節詳細介紹、討論。

第二節　彌曼差派的「六量」說

在印度哲學各教派當中，唯物派只承認現量的可靠；佛教只承認

⓬ 尋與伺都是一種心理的探索、思維活動。較粗的探索、思維稱為「尋」，較微細的探索、思維則叫做「伺」。隱藏在事物內部的聲音（文字），必須藉由嘴巴的顯發（開口說話），才能被他人聽到。其次，嘴巴顯發（開口說話）聲音（文字），內心必定有所思索（尋、伺）。因此，歸根究柢，隱藏在每一事物之中的聲音（文字），之所以被顯發出來，而被聽聞到，原因乃在顯發者內心的「尋」或「伺」。日本．善珠，《法苑義鏡》卷5－本，曾說明尋、伺為什麼能作為「緣」，成為聲顯或聲生的條件：「問：『此（聲顯、聲生）二論師，許聲是大種（指地、水、火、風等四大種）所造耶？』解云：『既言待緣顯、發，所言緣者，音響等緣，非是大種。故知諸聲，非大種造。然彼宗意，音響亦非大種所造，由尋、伺等方所發生，非是由大方所造作。故知彼宗，音響等緣，非大所造。』」（引見《大正藏》卷71，頁227，下。）

現量和比量的可靠⓭；耆那教、數論派和瑜伽派只承認現量、比量和聲量（聖言量）的可靠；正理派和勝論派則在耆那教所承認的三量之外，又加以承認（譬）喻量的可靠；而彌曼差派，則在以上的四量之外，再加上義准量 (arthāpatti) 和無體量（anupalabdhi 或 abhāva）等二量，成為六量。其中，義准量和無體量的提出，使得彌曼差派不同於其他各派。因此，下面將集中篇幅，介紹這兩個特殊的量。另外，聲量雖然也是其他許多教派所共同承認的，但是，由於它和彌曼差派的聲常論，有著密切的關係，因此，我們也將另闢篇幅加以討論。現在，先讓我們看看義准量：

義准，即是假設。一個現象的出現，如果沒有某種「假設」（義准），就無法獲得合理的了解；此時，我們就會提出該一「假設」（義准），以便合理地解釋該種現象的出現。像這樣，提出某個「假設」，來合理地解釋某種現象 ， 即是義准量──那是獲得正確知識的方法（「量」）之一。例如，我們已經知道張三在白天禁食，而且眼看著張三一天一天胖起來。這種白天禁食卻胖起來的現象，如果沒有任何的「假設」，就無法獲得合理的解釋。這時，如果我們作了「張三在夜晚進食」的「假設」，這種現象就可以獲得合理的解釋。因此，在「張三

⓭ 唐．窺基，《因明入正理論疏》卷上，曾說：「諸量之中，古說或三：現量、比量，及聖教量，亦名正教及至教量；或名聲量，觀可信聲，而比義故。或立四量，加譬喻量。如不識野牛，言似家牛，方以喻顯故。或立五量，加義准量。謂若法無我，准知必無常；無常之法，必無我故。或立六量，加無體量。入此室中，見主不在，知所往處。如入鹿母堂，不見苾芻，知所往處。陳那菩薩廢後四種，隨其所應，攝入現、比故。……由斯《(因明入正理)論疏》主，但立二量。」（引見《大正藏》卷 44，頁 95，中。）由引文可見，佛教（瑜伽行派）只承認現、比二量。

白天禁食」以及「張三一天一天地胖起來」這兩件事實所組成的現象之外，可以進一步提出「張三在夜晚進食」的「假設」；這是一種獲得正確知識（指「張三在夜晚進食」這一知識）的方法，稱為「義准量」⓮。

對於義准量，《沙跋羅注釋》I, 1, 5，也曾舉了這樣的一個例子：提婆達多 (Devadatta) 還活著，但卻不在屋內；從「不在屋內（而又活著)」這一事實，必須有一個「假設」：提婆達多在屋外某處。因為，如果沒有這個「假設」，就無法合理地解釋：為什麼提婆達多活著，卻又不在屋內⓯？

另外，唐．窺基，《因明入正理論疏》卷上，也曾舉了一個有關義准量的例子：「……義准量，謂若法無我，准知必無常。無常之法，必無我故。」⓰窺基的意思是：「法無我」（法空）必須假設「(法）無常」，否則就無法了解。而「(法）無常」這一假設的提出，即是採用了義准量。也就是說，如果「(法）無常」這一假設不成立（沒有提出)，那麼，一切事物（「法」）必定都是「常」（永恆不變)；而（依照佛教的道理來說)，「常（住)」（永恆不變）的事物都是實有的，而不是「空」（無我）的。既然實有，就無法斷言「法無我」（法空)。因此，如果要斷言「法無我」（法空)，就必須假設「(法）無常」。

其次是無體量：「不存在」（非有、無說，abhāva)，就印度哲學來

⓮ Cf. S. Chatterjee and D. Datta, *An Introduction to Indian Philosophy*, Calcutta: Univ. of Calcutta, 1948, pp. 325～326.

⓯ Cf. S. Radhakrishnan and C. A. Moore, *A Source Book in Indian Philosophy*, Princeton: Princeton Univ. Press, 1957, p. 488.

⓰ 引見《大正藏》卷 44，頁 95，中。

說，往往被視為某種意義的「存在」（有，bhāva）。有關這點，我們已在前面的章節當中，屢屢論及⓱。而彌曼差派對於「不存在」的觀點，可以進一步說明印度哲學對於不存在之事物的特殊看法。

彌曼差派雖然沒有討論「不存在」到底是不是某種意義的存在，但是，跋陀彌曼差派 (Bhaṭṭa Mīmāṃsā)，亦即由鳩摩利羅．跋陀所創立的彌曼差支派——跋陀派，卻明白地說到：「不存在」可以透過一種獲得正確知識的方法（「量」），叫作「無體量」，而加以認知⓲。唐．窺基，《因明入正理論疏》卷上，曾舉了一個有關無體量的例子：「或立六量，加無體量。入此室中，見主不在，知所往處。如入鹿母堂，不見苾芻，知所往處。」⓳但是，這個例子應該是義准量的例子，不能作為無體量的說明。

第三節　彌曼差派的「聲常論」

在佛典當中，聲常（住）論、聲顯論、聲相論、從緣顯了論等，大都是指彌曼差派。無疑地，這是因為彌曼差派的主要思想之一是：聲常論乃至從緣顯了論的緣故。例如，《般若燈論釋》，卷 13，即說：「如彌息伽（即彌曼差）外道所計，《韋陀》（即《吠陀》）聲是常者……。」⓴彌曼差的這一主張，也和獲得正確知識的方法（「量」）

⓱ 參見第十章第二節。

⓲ 但是，另外一派的彌曼差——由般跋羯羅所創立的「上師派」，卻不認為「不存在」可以經由無體量而加以正確地認知。也就是說，上師派並不承認無體量是一種獲得正確知識的方法。(Cf. S. Chatterjee and D. Datta, *An Introduction to Indian Philosophy*, p. 318.)

⓳ 參見⓭。

之一的聲量（聖言量）有關；我們將陸續在本節稍後討論。

在佛典中，彌曼差派的聲常論，和數論派等因中有果論 (Satkārya-vāda) 之間，存在著某種相似的關係。《瑜伽師地論》，卷 6，曾說到「十六種異論」㉑，其中第一種異論是因中有果論，第二種異論是從緣顯了論。所謂因中有果論，是：「常常時，恆恆時，於諸因中具有果性。謂雨眾外道作如是計。」㉒也就是說，在任何時候，「果」都存在於「因」中。這是數論派的學者——雨眾（伐里沙，Vārṣagaṇya）的主張。而從緣顯了論（亦即聲常論）的主張則是：「一切諸法，性本是有，從眾緣顯，不從緣生。謂因中有果論者，及聲相論者，作如是計。」㉓也就是說，因中有果論和聲相論二者，都屬於從緣顯了論。其中，聲相論的主張則是：「聲相常住，無生無滅。然由宣吐，方得顯了。」㉔無疑地，聲相論即是聲常論。因此，在佛典中，聲常論（聲相論）和因中有果論，都是從緣顯了論。聲常論主張有一永恆不變的聲音，隱藏在事物的背後（裡面）；如果條件（緣）具足，隱藏著的聲音才會顯現出來。而因中有果論則以為，「果」永恆地內存於「因」當中；如果條件（緣）具足，隱藏著的「果」，就會從「因」當中顯現出來。這二者顯然有著極為相似的主張，這是《瑜伽師地論》等佛典，

---

⑳ 引見《大正藏》卷 30，頁 119。

㉑ 十六種異論是：因中有果論、從緣顯了論、去來實有論、計我論、計常論、宿作因論、計自在等為作者論、害為正法論、有邊無邊論、不死矯亂論、無因見論、斷見論、空見論、妄計最勝論、妄計清淨論、妄計吉祥論。（參見《大正藏》卷 30，頁 303。）

㉒ 引見《大正藏》卷 30，頁 303。

㉓ 引見前書，頁 304，上。

㉔ 引見前書，頁 304，中。

會把二者看作都是從緣顯了論的原因。

綜合以上所說，彌曼差派的聲常論，大約有兩個特點：(1)聲音（文字）永恆地隱藏在事物的裡面㉕；(2)隱藏著的聲音（文字），必須依靠各種的條件（緣），才會顯現出來。這兩個特點，顯然和勝論派的聲無常論（聲生論）有所不同。《彌曼差經》I, i, 6–25，曾詳細地反駁了勝論派的看法㉖。首先，《彌曼差經》列舉了勝論派㉗六個有關聲無常論的主要理由：

(1)聲音是（以）人力〔作為「(原）因」〕的「(結）果」；

(2)聲音是不持久的；

(3)聲音是被製造出來的；

(4)聲音可以同時出現在不同的地方；

(5)聲音有原型和變型的不同；

(6)聲音往往被說話的人所增強。

在這六點聲無常論的理由當中，第(1)中所謂「人力〔作為『(原）因』〕的『(結）果』」，意思是：聲音是由人的嘴唇、牙齒、喉嚨（以及空氣）等相互磨擦，而後製造出來的。在佛典中，往往把這個理由寫成「所作性」㉘。其次，第(2)的「不持久」，指的是聲音會隨著說話

㉕ 前文已經說過，聲音隱藏在事物裡面的方式共有兩種：(1)每一事物裡面都各自隱藏不同的聲音；(2)有一共同的聲音（就如大乘佛教所說的「真如」），隱藏在所有事物裡面。

㉖ 以下有關《彌曼差經》的聲常論主張，請參見 S. Radhakrishnan and C. A. Moore, *A Source Book in Indian Philosophy*, pp. 488～491.

㉗ 原經文並沒有明文說到勝論派，而是用「反對者的意見」(pūrvapakṣa) 來代替。

㉘ 相信這是勝論派之聲無常論的最主要理由；因為，許多佛典都提到勝論派的

者的停止說話而消失。第⑶的「被製造出來」，則是指：被創造聲音（文字）者（例如創造中文字的倉頡）所創造出來。第⑷的「同時出現在不同的地方」，例如，甲地的某人說了某句話，乙地的另外一人，也可以說同樣的一句話。這意味著聲音並不是唯一的，而是存在著許多不同的變體；因此，聲音也不可能是永恆的。第⑸的「原型」和「變型」，分別是指梵文字的原型 (prakrit) 和派生語（語尾變化，vikṛtya）。原來，每一個梵文名詞，都有八種變化，稱為「八轉聲」（蘇漫多聲，aṣṭavibhaktaya）㉙。例如，muni（聖人）是原型，而其變型或派生語

這個論證，例如，唐．窺基，《因明入正理論疏》卷上，曾說：「如勝論師，立聲無常，所作性故，喻如瓶等。」（引見《大正藏》卷 44，頁 104，下。）同書，卷中，又說：「若勝論師對聲顯論，立聲無常，所作性因。」（引見前書，頁 121，上。）

㉙ 八轉聲是：⑴體聲（汎說聲、直指陳聲、儞利提勢，nirdeśe），相當英文中的主格 (nominative)，例如「人斫樹」一句中的「人」；⑵所說聲（所作業聲、鄔波提舍泥，upadeṣaṇe），相當英文中的（直接）受格 (accusative case)，例如「人斫樹」一句中的「樹」；⑶能作具聲（能說聲、羯咥唎迦囉泥，kartṛ karaṇe），亦即相當英文中的助格 (instrumental case)，例如「我被你打」一句中的「（被）你」；⑷所為聲（所與聲、三鉢囉陀儞雞，sāmpradānike），相當英文中的與格 (dative case)，例如「某甲為某乙斫樹」一句的「為某乙（斫樹）」；⑸所從聲（所因聲、褒波陀泥，apādāne），相當英文中的奪格 (ablative case)，例如「因人造舍」（由於人，才建造房）一句中的「（因）人」（由於人）；⑹所屬聲（莎彌婆者儞，svamivācane），相當英文中的所有格 (genitive case)，例如「甲是乙的奴隸」一句中的「乙的（奴隸）」；⑺所依聲（珊儞陀那囉梯，saṃnidhā-nārthe），相當英文中的位置格 (locative case)，例如「客人在主人的家中」一句中的「在（主人的）家中」；⑻呼召聲（阿曼怛羅泥，āmantraṇe），相當英文中的呼格 (vocative case)，例如「聖者啊！請

共有八種：例如，當主格時變成 muniḥ；當受格時變成 munim；當所有格時，變成 muneḥ；當呼格時，變成 mune 等等。而最後第⑹點理由中的「被說話的人所增強」，則是指說話者說得大聲一點。

以上是勝論派聲無常論的六點理由。《彌曼差經》對這六點理由，一一作了下面的反駁；這即是《彌曼差經》所謂的「悉檀」（確切的道理，siddhānta）：

⑴′聲音並不是「（以）人力作為（原）因的（結）果」，而是被顯現的結果；

⑵′聲音之所以不持久，乃是由於顯現的原因不再存在的緣故；

⑶′聲音原本永恆地存在，卻被人所應用了（而不是被製造出來）；

⑷′相同的聲音出現在不同的地方，這就像相同的太陽，可以在不同的地方看見一樣；

⑸′聲音（文字）的原型和變型，乃是完全不同的聲音（文字）；

⑹′可以被人增強的，並不是聲音 (śabda)，而是語音 (dhvani)。

第⑴′中的「被顯現」，和前文所說「聲顯論」的「顯」字，顯然相同。也就是說，聲音早已隱藏地存在於事物之中，但卻必須依靠各種的條件（緣），才能把它「顯現」出來。這和勝論派主張聲音不是早已存在，而是可以像瓶、壺那樣，無中生有地「製造」出來，顯然有著極大的差異。

勝論派聲無常論的第⑴個理由（論證）是：聲音（文字）乃由（嘴唇、牙齒）空氣所製造出來。對於這個理由（論證），彌曼差派除了以「聲音被顯現」來反駁之外，《沙跋羅注釋》I, i, 22，還構作了這樣的

到這裡來。」一句中的「聖者」。（另外，有關八轉聲的佛典資料，請參見唐．法藏，《華嚴經探玄記》卷 3；《大正藏》卷 35，頁 149，上一中。）

一個論證，來加以反駁[30]：

⑴如果聲音（文字）是由空氣所製造出來，那麼，聲音（文字）必定是空氣的某種型態。

⑵如果聲音（文字）是空氣的某種型態，那麼，聲音（文字）即可被觸覺所感知。〔筆者按：依照印度哲學各教派的觀點，空氣是由觸覺器官（身根）所感知。〕

⑶但事實上，聲音（文字）並不能被觸覺所感知。

⑷因此，聲音（文字）並不是由空氣所製造出來。

其次，第⑵′的「顯現的原因」，指的是嘴唇、牙齒、喉嚨乃至空氣的磨擦；甚至是指更深沉的原因：尋與伺。（詳第一節。）第⑶′的「被人所應用」，是指聲音（文字）並不是被（像倉頡這樣的）人所創造出來的；而是早已存在於事物裡面，並且被（諸如倉頡這樣的）人拿來「應用」罷了。第⑷′中的太陽比喻，告訴我們，每一個事物的聲音（亦即名字）雖然只有一個，但卻可以在不同的地方，多次地「應用」它。而第⑸′則告訴我們，就彌曼差派對梵文文法的看法來說，每一個梵文字的原型及其八種不同的派生語（八轉聲），都是不同的聲音（文字）。也就是說，muneḥ（聖人的）與 mune（聖人啊）等八種派生語（八轉聲），乃是完全不同的八種「聲音」（文字）。

最後，在第⑹′當中，彌曼差派分別了聲音 (śabda) 和語音 (dhvani) 的不同。這是特別值得注意的，因為，這也是彌曼差派之聲常論的理論基礎。也就是說，「聲音」是一種永恆的存有；當它還沒有被「顯現」出來時，它會隱藏在事物裡面；但是，當條件（緣）具足，它就

---

[30] Cf. S. Radhakrishnan and C. A. Moore, *A Source Book in Indian Philosophy*, p. 490.

會被「顯現」出來，成為可被人們聽聞到的「語音」。

彌曼差派的聲常論，除了建立在以上所說的六點理由之外，還建立在聲音（文字）及其所指對象之間的永恆關係之上。這種永恆關係，就是前面所謂：聲音（文字）永恆地隱藏在事物（文字所指對象）之中。依照《彌曼差經》I, i, 19，聲音（文字）及其所指稱的對象之間，是同時的；也就是說，當我們說了「牛」(go) 這個字時，同時之間，就有「所有牛」的概念出現。因此，《沙跋羅注釋》說：「由此可知，每一個聲音（文字），都指稱著一組 (ākṛti) 實物。」[31] 也就是說，「牛」這個字（聲音），指稱著那些生活在草原上或牛欄中的牛群。沙跋羅還說，這種字與（一組）物之間的對應關係，並不是人或神所創造的，而是天然而且永恆不變的[32]。

彌曼差派的聲常論，無疑地，是要維護《吠陀》的權威。彌曼差派雖然是個無神論的婆羅門教派[33]，但卻極力維護《吠陀》的權威。

---

[31] Cf. S. Radhakrishnan and C. A. Moore, *A Source Book in Indian Philosophy*, p. 490; S. Radhakrishnan, *Indian Philosophy*, p. 391.

[32] Cf. S. Radhakrishnan and C. A. Moore, *A Source Book in Indian Philosophy*, p. 490.

[33] 彌曼差派的學者以為，神沒有形體、欲念，也沒參考的藍圖、方法和工具，因此不可能創造宇宙。而且，太初沒有眾生，神也就沒有憐愛的對象，因此，神也沒有創造萬物的目的。所以，宇宙中不可能有創造神的存在。(Cf. Kumārila Bhaṭṭa, *Ślokavārttika*, in S. Radhakrishnan and C. A. Moore, *A Source Book in Indian Philosophy*, pp. 498～500.) 彌曼差派的學者以為，宇宙的形成，乃是依靠眾生的（祭祀）行為之後，所殘留下來的一種稱為「新得業」(apūrva) 的「性力」(śākti)。(Cf. *Mīmāṃsā-sūtra*, II, I, 5, in S. Radhakrishnan and C. A. Moore, *A Source Book in Indian Philosophy*, pp. 496～497.) 至於神既

他們甚至認為，《吠陀》中一些被視為荒謬的句子，例如「樹坐在祭祀的典禮之上」、「老牡牛正在狂歌」等等，並不是沒有意義，而是對於祭祀的稱讚㉞。依照彌曼差派的思維方式：《吠陀》中的聲音（文字）是永恆的，因此，這些聲音（文字）所傳達的道理也是永恆的。不但這樣，這些聲音（文字）所要傳達的道理——「法」(dharma)，也是「自明」（自量，svataḥ-prāmāṇya），而且沒有錯誤的。也正因為這樣，聲音（文字）才可以作為一種獲得正確知識的方法，稱為「聲量」(śabda-pramāṇa)。

事實上，不但聲量是「自明的」，而且所有的六量也都是「自明的」。像這種「知識本身即是正確無誤」的理論，即是彌曼差派有名的「自量論」(Svataḥ-prāmāṇya-vāda)。這種「自量論」至少必須包括兩個必要條件：⑴知識只靠形成它的那些條件（指健康的眼睛或耳朵、充足的光線或音量、適當的距離等等），即可自己形成，不必靠額外的其他條件 (prāmāṇyam sataḥ utpadyate)。⑵當知識形成時，其正確性的信念隨即產生；不必依靠其他的方法（例如邏輯推論——比量），來加以證明 (prāmāṇyam svataḥ jñāyate ca)。例如，當我們健康的眼睛，在

然不存在，《吠陀》中為什麼又要人們祭祀的問題，彌曼差派的學者回答說：那是因為《吠陀》規定祭祀是一種義務；為了尊重《吠陀》的權威，因此人們才需要有祭祀的行為。也就是說，神只是八轉聲中的「所為聲」（sāmpradānike，參見㉙），亦即英文文法中的與格 (dative case)，祂並不存在，但是「為了祂（的名字）」（「祂」之與格），人們才能完成《吠陀》所責成於人們的祭祀任務。(Cf. S. Chatterjee and D. Datta, *An Introduction to Indian Philosophy*, p. 339.)

㉞ Cf. *Śabara-bhāṣya*, I, i, 32, in S. Radhakrishnan and C. A. Moore, *A Source Book in Indian Philosophy*, pp. 491～492.

充足的光線和適當的距離之下，面對著某個危險物體（例如一隻衝撞過來的大象）時，我們不但對那個物體形成了視覺、沒有懷疑地相信那個物體的存在，而且指導我們去實行 (pravṛtti) 某些應該實行的行為（例如逃跑）。同樣地，當我們的耳朵聽到巨響時，我們也隨即相信巨響的真實性，而且馬上掩住耳朵。因此，任何一個人，當他聽到《吠陀》經裡的道理（聲音）時，就應該沒有懷疑地相信它，而且依照其中的指示去做。

總之，彌曼差的自量論告訴我們：只有在構成知識的條件產生了問題，例如不健康的感覺器官、昏暗的光線、微弱的聲音或距離太遠等情形之下，知識的正確性才會出問題。否則，知識一形成的時候，即是知識「自明」而且足以令人產生信念的時候；這一信念，並且進而成為我們行為的指導原則。這樣的自量論，適用在現量、聲量之上，也適用在比量、譬喻量、義准量和無體量之上㉟。

㉟ 以上有關彌曼差之「自量論」的介紹，請參見 S. Chatterjee and D. Datta, *An Introduction to Indian Philosophy*, pp. 329～331; S. Dasgupta, *A History of Indian Philosophy*, vol. I, pp. 372～375.

第十二章　吠檀多派的歷史與哲學

第一節　吠檀多派的歷史

「吠檀多」(Vedānta) 一詞的字面意思是：《吠陀》(*Veda*) 之終(anta)；而「終」字，則有末尾、極致、最究竟等意思。因此，「吠檀多」一詞，一方面表示：這個教派的哲理，是婆羅門的晚年（林棲期和遁世期），專門研究《吠陀》的末篇——《奧義書》，而後開展出來的宗教哲學。但是，另一方面，「吠檀多」一詞也意味著：這個教派的哲理，是最究竟的宗教哲學。吠檀多派又稱為「後彌曼差派」(Uttara-mīmāṃsā)，原因是：吠檀多派專門以《吠陀》之末篇——《奧義書》，為「探究」（彌曼差，mīmāṃsā）的對象。有關這些，我們已在前章第一節中略有說明；本章不再贅言。另外，吠檀多派有時又稱為「身彌曼差派」(Śārīraka-mīmāṃsā)，原因是吠檀多派以「身」（藏在肉體中之靈魂，śārīra），作為探究之對象的緣故❶。

吠檀多派的成立，導因於《奧義書》中存在著許多內在的矛盾。為了理性地化解這些矛盾，吠檀多派終於成立。《奧義書》有時以絕對一元論的面目出現，有時卻又有濃厚的二元論傾向。例如，《大林間奧義書》2, 3，即說：「梵有兩種形式：有形的 (mūrta) 和無形的

---

❶ Cf. H. Nakamura, *A History of Early Vedānta Philosophy*, Delhi: Motilal Banarsidass Pub., 1990, part one, pp. 409～413.

(amūrta)。」有形的梵是「有生滅的」、「靜態的」、「真實的」；而無形的梵，則是「不生滅的」、「動態的」、「彼岸的」、「(既）不是這樣！（也）不是那樣！」(neti neti)。這顯然是對宇宙最高原理——「梵」(Brahman) 的矛盾描述。再如，《泰迪梨耶奧義書》2, 1–5，說到了自我 (ātman) 共有「五藏」(Pañca-kośa)：食物之精髓所形成的自我、生氣所形成的自我、意識所形成的自我、認識所形成的自我、妙樂所形成的自我。也就是說，真實的自我，隱藏在食物、生氣等肉體，乃至意識、認識等表相之心理活動的背後。如果要探求真實的自我而解脫，就必須揚棄、超越、排除外在的肉體和表相的內在心理活動。這意味著真實的自我之外，還存在著不真實的事物——肉體和表相的心理活動。無疑地，這有濃厚的二元論傾向。但是，另一方面，《奧義書》中的偉大哲學家——優陀羅迦．阿盧尼，卻又在《唱贊奧義書》6, 2–5 當中，說到宇宙起初只有「有」(Sat)，然後，由於「有」的內在慾愛——「希望（由唯一無二）變多」，因而由「有」放出了「火」，乃至「水」、「食物」等「三神性」(tri-devatā) 或「三重」(trivṛt)。然後，生命我 (jīva-ātman) 進入三神性之中，並開展出「名」(nāma) 與「色」(rūpa)；並且進而生成有血有肉的生命體。像這種把宇宙萬物都歸於一個根本原理——「有」的宇宙論主張，顯然是一元論的。這和上述自我的五藏說，有著相互矛盾的內涵❷。

《奧義書》中一元論與二元論的內在矛盾，曾為數論派加以巧妙地化解。數論派以心（神我）、物（自性）兩種原理，來說明一元與二元之間的和諧關係。但是，吠檀多派的學者並不滿意數論派的這種解釋，因為，畢竟數論派心、物兩種原理的說法，同樣墮入了另外一種

❷ 以上有關《奧義書》中的矛盾主張，請參見第三章第三節。

意義的二元論思想。吠檀多派的學者以為，《奧義書》的真正精神並不是二元論，而是一元論。許多吠檀多派的先驅學者，例如瞿多波陀 (Gauḍapāda, A.D. 670～730)、伐致呵利 (Bhartṛhari, A.D. 580～650)，以及跋帝婆般遮 (Bhartṛprapañca) 等人，都有明顯的一元論思想（詳下）。而在所有吠檀多派的先輩當中，跋多羅耶那 (Bādarāyaṇa)❸顯然是最值得注意的一個。為了化解《奧義書》一元與二元的內在矛盾，也為了對抗數論派的二元論思想，他撰寫了《梵經》(*Brahma-sūtra*)；這部巨著，成了吠檀多派最重要的典籍。吠檀多派後來分裂為許多小派別，然而，《梵經》卻是這些派別所共同遵循的原典。

《梵經》，又名《吠檀多經》(*Vedānta-sūtra*)，有時也叫作《後彌曼差經》(*Uttara-mīmāṃsā-sūtra*) 或《身彌曼差經》(*Śārīraka-mīmāṃsā-sūtra*)。由於對於這部經典之作的不同詮釋，吠檀多派因而分裂為許多不同的派別。這些派別主要的有三個：(1)商羯羅 (Śaṅkara, A.D. 700～750) 所開創的「不二一元論吠檀多」(Advaita-vedānta)；(2)羅摩衾闍 (Rāmānuja, A.D. 1017～1137) 所開創的「偈限不二一元論吠檀多」(Viśiṣṭādvaita-vedānta)；(3)摩度 (Madhva, A.D. 1197～1272) 所開創的「二元論吠檀多」(Dvaita-vedānta)。

---

❸ 有關《梵經》的作者，傳統都以為是跋多羅耶那；而跋氏又名毘沙 (Vyāsa)。然而，卻也有人認為《梵經》的作者是毘沙，而毘沙並不是跋多羅耶那。跋多羅耶那的生卒年代，有許多不同的說法：印度學者大都以為他是 500～200 B.C. 之間的人。西方學者 Fraser，也有相似的看法（約 400 B.C. 的人）；Max Müller 以為他的年代稍早於《薄伽梵歌》成立的時代；而 Keith 則以為，跋氏的年代不能遲於 A.D. 200。(Cf. S. Radhakrishnan, *Indian Philosophy*, New York: The Macmillan Co., 1962, vol. II, pp. 432～433.)

商羯羅的不二一元論吠檀多，吸收了佛教中觀派「一切皆空」和瑜伽行派「萬法唯（阿賴耶）識」的思想，以為萬物都由「梵」(Brahman) 所本具的「幻（力）」（魔術力，māyā）所生；因此，萬物都是虛幻不實的。無疑地，這是觀念論（或唯心論，Idealism）的主張。其次，羅摩奴闍的侷限不二一元論吠檀多，則吸收了毘瑟笯 (Viṣṇu) 的信仰，強烈反對商羯羅這種觀念論（唯心論）的說法；羅氏以為：「梵」（亦即毘瑟笯）是真實的，祂所創造的萬物也是真實的。而且，羅氏還以為，生命體的靈魂──「命」(jīva)，也是真實的；只是它們都附屬於「梵」罷了。這樣看來，羅摩奴闍的思想，乃是道道地地的實在論 (Realism)。而摩度的二元論吠檀多，則受到了基督教的影響；除了保留羅摩奴闍的實在論立場之外，摩度進一步強調神（梵）與人、神與物、人與人、人與物、物與物這五者之間的差異性。我們可以用下面這個圖表，來說明這三位哲學家之間的關係：

- 吠檀多派
  - 實在論
    - 羅摩奴闍：心、物皆真實且屬於梵 ── 侷限不二一元論
    - 摩度：心、物皆真實且不同於梵 ─── 二元論
  - 觀念論（唯心論）— 商羯羅：心、物皆不真實 — 不二一元論

有關這三大吠檀多支派的主張，我們將在下面各節詳細討論。目前讓我們先來看看《梵經》中的主要思想。

《梵經》共有四章，第一章的主要內容是「梵」；而其主要目的則是「化解」(samanvaya)，亦即化解《奧義書》各種有關「梵」的不同（矛盾）說法。本章說到「梵」是宇宙的最高原理；舉凡「梵」的特質、「梵」與自我 (ātman)、「梵」與現象世界之間的關係等等論題，都在本章當中作了詳細的討論。其次是第二章，稱為「不相違」

(avirodha)，主要是檢討各種可能的反對意見，並給以適當的反駁。但也討論到宇宙如何（在劫初）由「梵」演化出來，並在最後（末劫）又被吸入「梵」之中的整個過程。同時，自我的特質、自我所寄居的肉體等等主題，也在本章當中有所說明。第三章說到「梵明」(Brahma-vidyā) 是解脫的唯一途徑。「梵明」，乃是有關「梵」的知識 (vidyā)；本章還詳細地介紹了獲得這種知識的「修習」（方法，sādhana）。而最後的第四章，則說到了獲得「梵明」之後的「(結)果」(phala)。同時也討論了「自我」在死後輪迴或解脫的各種可能的情形。

前文已經論及，《梵經》是對數論派二元論思想的反省。數論派以為，神我（心）和自性（物）是相互獨立的兩種宇宙原理；由這二者的相互合作，轉變出宇宙萬物。然而，《梵經》卻以為，神我並不是獨立於自性的一種原理；事實上，它們都是同一「梵」的不同面向而已。至於精神性的神我和物質性的自性，如何可能同屬於「梵」，《梵經》則沒有說明；這一空白，留給後代的吠檀多學者許多爭論、思考的空間。

就《梵經》而言，「梵」既是材料因 (material cause)，又是工具因 (instrumental cause)。也就是說，「梵」以祂自己做為創造宇宙萬物的材料（以上材料因）。而且，在創造的過程當中，沒有用到任何工具；這意味著「梵」以祂自己做為工具，而後創造宇宙（以上工具因）。

「梵」是宇宙萬物的材料因，這意味著宇宙萬物乃由「梵」自身所轉變而成。宇宙萬物和「梵」的這種關係，就像「捲起來的衣服」和「展開來的衣服」之間的關係一樣；也像「泥土」和「(由泥土所製作之）泥壺」之間的關係相似。作為宇宙之因的「梵」，就像捲起來的衣服；而宇宙萬物則像展開來的衣服。二者看起來似乎不同，但實際上卻是同一件衣服。同樣地，「梵」就像泥土，萬物則像泥壺；二者彷佛不同，但實質則是一樣——都是泥土。《梵經》的這種因、果等同的說法，明顯的是某種意義的「因中有果論」。（恰好它所批判的數論派，也是因中有果論者。）然而，就《梵經》的立場來說，因、果等同，並不表示萬物沒有差異或沒有變化。宇宙之因——「梵」，還是轉變出與祂不同的自我和萬物出來。

《梵經》一方面宣說因、果等同，另一方面又主張差異和變化；這似乎是自相矛盾的說法。對於這種兩面的說法，商羯羅的解釋是：因（梵）、果（萬物）原本應該等同，是人們的「無明」(avidyā)，亦即對事物的認識不清，使它們看起來有所差異和變化；這就像把草繩（梵）誤以為蛇（宇宙萬物），或是把貝殼（梵）誤以為銀子（宇宙萬物）一樣。而羅摩㝹闍則有完全不同的解釋：由「梵」因轉變為萬物之果，是真實的轉變。被轉變出來的宇宙萬物也是真實的存在。「梵」（因）和萬物（果）之間的關係，絕對不是商羯羅所說的那樣，僅僅像是草繩與蛇或像是貝殼與銀子之間的關係。

商羯羅、羅摩㝹闍，乃至摩度等人對於《梵經》的不同詮釋，以上所說，只是其中的幾個例子。其他的例子，我們將在下面各節詳細介紹。

對古代的中國佛教學者而言，吠檀多派是一個極為陌生的婆羅門教派；因為在漢譯的佛典當中，儘管不乏和吠檀多相似的思想主張，但是，「吠檀多」一詞卻從來不曾出現過❹。漢譯佛典當中，把異教徒

❹ 在（西）藏譯佛典當中，特別是有關因明學的佛典當中，則曾提到吠檀多派的名字——「吠檀多宗」(Vedānta-vādin) 和「《奧義書》派」（Aupaniṣadika

稱為「外道」(tīrthika)；其中，主要的外道是數論派和勝論派。佛典中花費許多篇幅，來批判數論和勝論。甚至還譯有這兩個教派的典籍：屬於數論派的《金七十論》，以及屬於勝論派的《勝宗十句義論》❺。然而卻對吠檀多派隻字不提。其中原因之一，乃是由於佛典的漢譯，大約停止於中唐 (A.D. 700～800)；而吠檀多派的大流行，則遲至七世紀末葉。另一原因則可能是，佛教當時還在興盛時期，因此自信滿滿，沒有把吠檀多派這個新興的教派，當成真正的敵人看待。另外，吠檀多派的早期先驅，例如前面提到的瞿多波陀、伐致呵利，他們的思想被視為和佛教的主張，沒有什麼不同。甚至這些吠檀多派早期先驅的繼承者——商羯羅，也被譏為「隱身的佛教徒」(Pracchanna Saugata)❻。而他的支持者，若不是被視為「中觀派的另一種化身」(Mādhyamikasya eva aparāvatāraḥ)，就是被譏為「唯識宗的一支」(Vijñāna-vādyekadeśin)❼。這些早期的吠檀多派學者，既然被視為和佛

或 Aupaniṣada)。(Cf. H. Nakamura, *A History of Early Vedānta Philosophy*, part one, pp. 132～133.) 例如，佛教中觀派大師——寂護 (Śāntarakṣita)，曾撰有《真理要集》(*Tattvasaṇgraha*)，而迦摩羅什 (Kamalaśīla) 則撰有注釋。在《真理要集》以及迦摩羅什的注釋當中，都曾詳細介紹並批判「吠檀多派」(Vedānta, Vedāntin) 有關「自我」(ātman) 的說法。(Cf. Gaṅgānātha Jhā, *The Tattvasaṇgraha of Shāntarakṣita, with the Commentary of Kamalashīla*, Delhi: Motilal Banarsidass, 1986, vol. I, pp. 213～216.)

❺ 參見第七、十章。

❻ Cf. H. Nakamura, *A History of Early Vedānta Philosophy*, part one, p. 121. 其中，「隱身的佛教徒」一詞，乃是對應於陳那 (Dignāga) 等佛教瑜伽行派的學者而言。這些瑜伽行派的學者，被稱為「公開的佛教徒」(Prakaṭa Saugata)。

❼ 參見前注所引書。

教（瑜伽行派的信）徒沒有兩樣，那麼，佛典中不把他們當作「外道」看待，沒有刻意提到他們、批判他們，也就變得可以理解了。

第二節　商羯羅的不二一元論

・第一項　商羯羅之前的不二一元論吠檀多

商羯羅，無疑地，是吠檀多派最重要的哲學家。他所主張的「不二一元論」，也是吠檀多派影響深遠的重要哲理之一。事實上，在他之前，相同內涵的「不二一元論」思想，已經若隱若現地被提出來。其中，除了《梵經》的作者——跋多羅耶那之外，前節所提到的吠檀多先驅——瞿多波陀、伐致呵利，乃至跋帝婆般遮等人，無疑地，是最重要的三個。

跋帝婆般遮主張：「梵」是一個「亦二亦不二」(dvaitādvaita)，亦即「亦離亦不離」(bhedābheda) 的最高原理。他在《大林間奧義書》的注釋當中，把「梵」分成「因梵」和「果梵」。尚未轉變成宇宙萬物的「梵」，稱為「因梵」；反之，如果已經轉變為萬物的「梵」，則稱為「果梵」。他並且說：因梵和果梵是不同的（二的，dvaita）、相離的 (bheda)；但是，當末劫來臨時，萬物（果梵）回歸到「因梵」之中，這時，因梵和果梵是不二的（相同的，advaita）、不相離的 (abheda)。跋帝婆般遮的這種「亦二亦不二」或「亦離亦不離」的主張，曾被商羯羅所吸收，並且去除「不同」、「相離」的部分，保留「不二」、「不相離」的另一部分，而改造成為不二一元論❽。

瞿多波陀和伐致呵利的思想，對於商羯羅的影響更為明顯。瞿氏

❽ 參見前注所引書，頁 466。

被認為是喬文陀 (Govinda) 的師父，而喬文陀則是商羯羅的師父（之一)。但是，當商羯羅還是一個學生時，瞿氏應該還健在；因為商羯羅在注解瞿氏的鉅作——《唵聲偈頌》(*Māṇḍūkya-kārikā*) 時，曾說：他的思想直接受到瞿氏的影響；而且，在注解中也描述了瞿氏其他弟子受教的情形。可見商羯羅曾經親身受教於瞿氏。

瞿氏主要的作品是對《唵聲奧義書》的注解；這一注解稱為《唵聲偈頌》。在該書當中，舉凡不二一元論吠檀多的主要哲學論題，例如「梵我合一」、「幻（力）」(māyā) 等等，都曾經提出來討論過。《偈頌》一書共有四章，第一章名叫「阿含」（傳承，Āgama），旨在注解《唵聲奧義書》；無疑地，這也是這部鉅作之所以名為《唵聲偈頌》的原因。從第二章到最後的第四章，是瞿氏個人的哲理發揮。第二章名叫「空幻」(Vaitathya)，從章名即可推知本章旨在闡述宇宙萬物的空幻不實。他說：萬物如「夢」(svapna)；而所謂萬物如夢的意思是：萬物都是「空幻」（不真實）的。

而在最後兩章，則詳細討論了瞿氏特有的不二一元論。第三章名為「不二」（唯一、絕對，Advaita）。在本章中，瞿多波陀說：真理就像虛空 (ākāśa) 一樣，沒有生與滅，沒有來與去等等變化。差別不一，只不過是「夢」(svapna) 和「幻」(māyā)。差別不一，起因於「幻（力）」對於「不二」的矇騙。而第四章則名為「熄滅火炬」(Alātaśānti)；本章中，瞿多波陀進一步說明他的不二一元論。他說：「梵」就像一支火把；差別不一的宇宙萬象，則像揮動的這支火把，所引生的火圈幻象。火把（梵）只有一支，但火圈（宇宙）卻顯現出許多火把的樣子。在這章當中，瞿氏大量引用了佛教中觀派和瑜伽行派的論證方法和觀點，並且六、七次提到了釋迦牟尼佛的聖名。例如，在該書 IV, 19 說到：釋迦牟尼佛已經證明：任何形式的生起都不存在 (sarvathā Buddhairajātiḥ paridipītaḥ)。而在該書 IV, 100，當瞿氏結束該書之前，曾有一些讚美詞，咸信這也是以釋迦牟尼佛為讚美的對象❾。這也就難怪，當代印度學權威——達濕鳩布陀 (S. Dasgupta)，會以為瞿多波陀是個佛教徒了❿！

另外一位深刻影響商羯羅的吠檀多派先驅，是伐致呵利。依照唐．義淨，《南海寄歸內法傳》卷 4 的說法，伐氏和佛教瑜伽行派的健將護法 (Dharmapāla)，都是同一時代的佛教學者。跋氏曾七次出家為僧，七次還俗；所謂：「徹信三寶（佛、法、僧），諦想二空（我空、法空）。希聖法（指佛教）而出家，戀纏染而便俗。斯之往復，數有七焉！」他還作有一首自嘲的四句詩：「由染便歸俗，離貪還服緇；如何兩種事，弄我若嬰兒！」⓫義淨還說：伐氏撰有《伐致呵利論》(*Bhartṛhariśāstra*)，共「二十五千頌」，乃「盛談人事聲明之要」的一部作品；因此，是有關「聲明」的著作⓬。也許，這就是他為人所熟知的聲明鉅作——《婆迦跋底耶》（《聲明論》，*Vākyapadīya*）吧！在這部鉅作當中，伐致呵利說：差別不一的世界，乃是幻覺 (kālpanikam)；宇宙萬物都無我 (nairātmya)。這些都和佛教的主張相似。他和佛教不同的地方是，他以為：「梵」是真實的；由「梵」所生起的宇宙萬物，則不過是「幻影」(vivarta)。這顯然是一種「幻影論」

❾ Cf. S. Dasgupta, *A History of Indian Philosophy*, Delhi: Motilal Banarsidass, 1975, vol. I, pp. 423～424.

❿ Ibid., p. 423.

⓫ 以上引見《大正藏》卷 54，頁 229，上。

⓬ 參見前注所引書。

(Vivarta-vāda)，和商羯羅所主張的相似（詳下）。

・第二項　梵與世界的生成

商羯羅的主要作品是《梵經》及各種《奧義書》的注釋 (bhaṣya)。其中，有關《奧義書》的注釋，主要是針對下面的十種《奧義書》：《由誰奧義書》、《大林間奧義書》、《唱贊奧義書》、《文荼卡奧義書》、《六問奧義書》、《愛多列雅奧義書》、《泰迪梨耶奧義書》、《唵聲奧義書》、《伊沙奧義書》(*Īśā Upaniṣad*)、《羯陀奧義書》(*Kaṭha Upaniṣad*)。

在商羯羅甚至整個吠檀多派的哲學裡，「梵」是宇宙萬物的本源。在印度，自古就有一種流傳很廣的宇宙創造理論，稱為「五分」(pañcīkaraṇa) 說。依照這個說法，又名為「自我」的宇宙本源——「梵」，依次創生了五種細微的原素——「五唯」：空 (ākāśa)、風 (vāyu)、火 (agni)、水 (ap)、地 (kṣiti)。其次，再由五唯組成五種比較粗大的元素——「五大」：空、風、火、水、地。例如，空大是由二分之一的空唯，以及八分之一的風唯、八分之一的火唯、八分之一的水唯和八分之一的地唯所組成的。其他風大乃至地大，也是按照這樣的比例而組成。最後，再由五大進一步組成一般感官可知覺的宇宙萬物⓭。

商羯羅接受了這個通俗的創造理論，並且一再強調「梵」才是宇宙萬物的本源。他說：「梵」分化為「名」(nāman) 與「色」(rūpa)，乃至作者（造業者）與受者（受業報者）⓮。

⓭ Cf. *Vedānta-sūtra*, II, III, 1–12, in G. Thibaut, *Vedānta-sūtras, with the Commentary by Śaṅkarācārya*, Delhi: Motilal Banarsidass, 1973, part II, pp. 3～24.

然而，唯一無二、清淨無穢的梵，怎麼可能創造雜多而且有惡的宇宙萬物呢？為了回答這個問題，商羯羅提出了「幻（力）」（魔術力）的理論。他說，那是由於梵所本具的幻力，所創造出來的。梵，就像一個「幻師」（魔術師，māyāvin），變幻出萬物；但是，事實上祂並沒有變幻出任何東西出來。人們由於「無明」的緣故，誤以為梵變化出宇宙萬物出來；就像無知的觀眾，以為魔術師變幻出實際的東西出來一樣。因此，商羯羅的宇宙創造論，主要有三個重點：⑴「梵」是唯一創生宇宙萬物的最高原理；⑵「梵」雖然唯一無二、清淨無穢，但祂所本具的魔術力——「幻」，卻變幻出雜多、罪惡的世界；⑶雜多、罪惡的世界並非真實存在，但卻由於人們的「無明」，而把它們誤以為真實存在。總合這三個要件，即是商羯羅有名的「幻影論」。

立基於以上這三個主張，商羯羅批判了其他學派的不同說法。他說：這些雜多、罪惡的萬物，不可能像數論派所說的那樣，由物質性的「勝因」（根本實體，pradhāna⓯）所生；也不可能像勝論派（和唯物派）所說的那樣，由地、水、火、風等極微（原子）所生；同樣地，也不可能由「非有」所生⓰。另外，商羯羅也對佛教的說一切有部

⓮ Cf. G. Thibaut, *Vedānta-sūtras, with the Commentary by Śaṅkarācārya*, part I, pp. 15～17.

⓯ pradhāna 一詞，是數論派的用語。在漢譯的文獻當中，譯為勝因，這是由於該詞有殊勝、特殊的意思。然而，一般都把它視為一種宇宙最初的創造實體。就數論派而言，它就是自性 (prakṛti)。所以，漢譯數論派的代表作——《金七十論》卷上，曾說：「自性者，或名勝因，或名為梵，或名眾持 (bahu-dhātmaka)。」（引見《大正藏》卷 54，頁 1250，中一下。）

⓰ Cf. G. Thibaut, *Vedānta-sūtras, with the Commentary by Śaṅkarācārya*, part I, pp. 15～17.

(Sarvāstivādin)、空宗（Śūnyavādin，亦即中觀派）和唯識宗（Vijñānavādin，亦即瑜伽行派），作了批判。他以為，《梵經》II, II, 28–32，旨在批判說一切有部「內在和外在事物都是實有」的宇宙觀；因為它違背了吠檀多派外在事物都不真實的主張⑰。而《梵經》II, II, 28–32，則在批判瑜伽行派「只有阿賴耶識」的觀念論立場；因為這一立場違背了吠檀多派「外在世界由梵生起，因此含有某種真實性」的說法⑱。

其中，商羯羅針對說一切有部「一切有」的批判，大約是這樣地：有部以為物質性的萬物，乃由地、水、火、風等四大所組成。然而，四大之中並沒有梵或自我等精神性的實體，怎麼可能由它們組成萬物？其次，由無明、行、識、名色乃至生、老死等十二因緣，來解釋生命體的形成和活動過程，商羯羅也提出了批判。而其理由和批判四大組成萬物一樣，以為十二因緣當中並沒有永恆性的梵或自我，怎麼可能形成生命體？商羯羅以為，十二因緣的第一支——無明，只是生命體之所以形成的動力因而已；如果沒有永恆的、精神性的梵或自我，誰在推動這一形成生命體的動力呢⑲？因此，不管是物質性的萬物或精

---

⑰ Ibid., pp. 400～418.

⑱ Ibid., pp. 418～428. 值得注意的是，雖然商羯羅以為《梵經》II, II, 18–32，旨在批判佛教的說一切有部、空宗和唯識宗。(Cf. G. Thibaut, *Vedānta-sūtras, with the Commentary by Śaṅkarācārya*, part I, p. 401.) 但在正式的注釋當中，卻只提到了說一切有部和唯識宗。而空宗（中觀派），只在注解《梵經》II, II, 32 時，一筆帶過而已。不過，羅摩奴闍的注解則明白地說到，《梵經》II, II, 32（相當於羅摩奴闍注釋本中的《梵經》II, II, 30），旨在批判中觀派。(Cf. G. Thibaut, *The Vedānta-sūtras, with the Commentary by Rāmānuja*, Delhi: Motilal Banarsidass, 1971, pp. 514～516.)

神性的生命體，都必須預設梵或自我的存在，才能合理地解釋它們的生起及形成⑳。

其次，針對瑜伽行派的主張，商羯羅作了下面幾點批評：⑴外在世界具有客觀的真實性。也就是說，當某甲知覺到一根柱子或一面牆壁時，某乙、某丙等其他所有的人，也可以具有相同的知覺。這意味著外在世界有著客觀的真實性，而不像瑜伽行派所說的那樣，只是一己之主觀心識所幻現出來的東西。⑵瑜伽行派所謂「心識變似外物」的說法，顯然必須預設「外物」的存在，否則就沒有意義。當我們說「某甲和某乙相似」這句話的時候，意味著甲和乙二者都是真實的存在。沒有人會說：「毘瑟筱彌特羅 (Viṣṇumitra) 和石女兒相似。」因為石女兒（不妊女人所生的兒子）根本不存在。同樣地，瑜伽行派既然宣稱外物不存在，怎麼又說「心識變似外物」呢？⑶瑜伽行派常常用「夢」來比喻心識（阿賴耶識）變現外物的情形。但是，商羯羅卻指出：睡夢和清醒，是兩種不同本質的狀態。睡夢中的事物，可以在清醒之後，被否定掉。但是，清醒時所知覺到的事物，卻無法被否定掉。因此，瑜伽行派所謂外在世界像夢一樣地不真實，是不妥當的比喻。⑷瑜伽行派以為，阿賴耶識是一切過去世之經驗——「種子」的貯藏所。但是，阿賴耶識在本質上和其他的「轉識」(pravṛttivijñāna)㉑一

⑲ 依照《梵經》I, IV, 23–27，梵不僅僅是宇宙萬物的「動力因」(nimitta-kāraṇa)，而且是宇宙萬物的物質因（現取因，upādāna-kāraṇa）。(Cf. G. Thibaut, *Vedānta-sūtras, with the Commentary by Śaṅkarācārya*, part I, pp. 283～288.) 相信這是商羯羅，之所以批判十二因緣之「無明」理論的原因。

⑳ Cf. G. Thibaut, *Vedānta-sūtras, with the Commentary by Śaṅkarācārya*, part I, pp. 403～407.

樣，都是變化無常的心體。既然是變化無常，怎麼可能作為「種子」的貯藏所呢？如果變化無常的阿賴耶識可以作為「種子」的貯藏所，那麼，同樣是變化無常的其他「轉識」，為什麼不能作為「種子」的貯藏所呢㉒？

・第三項　兩種梵與三種存有

綜合商羯羅的「幻影論」，主要有下面的幾個論點：由於梵所本具的幻力，變幻出宇宙萬物。所變幻出來的萬物，由於是幻力的結果，因此，雖有真實的成分（由梵生成的緣故），但卻並非完全真實；但是，由於人們的無明，把這些並不完全真實的萬物，誤以為完全真實。

商羯羅的這些論點，牽涉到兩個主要的概念：梵與幻（力）。下面我們將說明這兩個概念之間的關係：

依照商羯羅的看法，作為宇宙最高原理的梵，含有兩個不同的面向：⑴實德梵 (Saguṇa Brahman)；⑵離德梵 (Nirguṇa Brahman)。第⑴種面向的梵，具有各種真實 (sat) 意義的性質（德，guṇa)。例如，《泰迪梨耶森林書》 (*Taittirīyāranyaka*) III, 12, 7， 曾正面地描寫 （實德） 梵：「創造了名與色的智者 （指梵），坐著呼喚 （事物的名字）。」 其次，第⑵種面向的梵——離德梵，則是沒有 (nir-) 任何（正面意義的）性質（德，guṇa） ——「離（於）求那」(nirguṇa)。在這個面向之下，梵不能說祂是創造名色的智者。梵，只能像《大林間奧義書》2, 3 所

㉑ 轉識，指的是眼、耳、鼻、舌、身、意等前六識，以及第七末那識。這七識都由阿賴耶識所轉變而生，因此稱為「七轉識」。

㉒ Cf. G. Thibaut, *Vedānta-sūtras, with the Commentary by Śaṅkarācārya*, part I, pp. 420～427.

說的那樣：「(既) 不是這樣！(也) 不是那樣！」因此，商羯羅在注釋《梵書》I, I, 11 的時候，曾說：「梵可以理解為兩種形式：首先，由於演化出名與色等多樣性，以致被特定的條件所限制。其次，相反地，獨立於所有特定的條件之外。」㉓

儘管梵具有實德、離德兩個面向，但是實德梵並不是梵的真實面向，而是「跡相」(近似的樣子，taṭasthalakṣaṇa)；離德梵才是梵的真實樣子——「本相」(自己的樣子，svarūpalakṣaṇa)。商羯羅曾舉了許多例子，來說明這個觀點；例如：泥土可以製造出壺、盤等許多不同形式的器皿，就像梵可以創造出火、水、地等不同的宇宙萬物一樣。「就它們被稱呼 (為壺、盤等) 來說，它們是不真實的；就它們是泥土來說，它們是真實的。」也就是說，火、水、地等三元素及其衍生出來的宇宙萬物，就像壺、盤等器皿一樣地不真實；只有梵 (泥土) 才是真實的存有㉔。再如舞臺上的演員，顯現出不同的服飾和裝扮。服飾和裝扮可以有許多的差異；但是隱藏在服飾和裝扮裡面的，卻是同一個演員。作為「因」的梵也是一樣，只有一個；但是由祂所顯現出來的現象世界之「果」，卻有許多不同㉕。

建立在以上所說的這種世界觀之上，商羯羅提出一種獨特的因果理論——「因中有果論」(Satkāryavāda)㉖，以對抗主要是由勝論派所

㉓ Ibid., pp. 61～62.

㉔ Ibid., pp. 320～321.

㉕ Ibid., p. 341.

㉖ 更接近事實地說，商羯羅的因果理論應該是「因果同一論」。事實上，因中有果論共有兩類：⑴數論派的因中有果論，以為宇宙萬物早已隱藏在宇宙最高原理——自性 (勝因) 之中。在這種理論之下，因是真實的，由它生起的

提出的「因中無果論」(Asatkāryavāda)。商羯羅說：「果，是由空大等（元素）所組成的多樣性的宇宙；因，則是最高梵。就實相（宇宙真實的樣子）來說，果與因並無不同；也就是說，除了因，果並不存在。」㉗商羯羅舉了一個例子，來說明他的因中有果論：作為「因」的梵，就像廣大無邊的虛空；作為「果」的宇宙萬物，則像具有差別形狀的壺、缸之中的空間。壺、缸之中的空間儘管具有差別的形狀，卻與廣大無邊的虛空沒有什麼不同；就像具有多樣性的宇宙萬物，與唯一無二的梵並無不同一樣㉘。

基於以上的因中有果論，商羯羅嚴厲地批判了因中無果論；其中一個論證是這樣的：只有因存在時，果才存在。就像只有泥土存在時，壺、盤等才存在；又像只有線存在時，布才存在。這意味壺、盤或線等雜多的「果」，只是假相的存在；在這些「果」的背後，有一個更加基本、更加重要的「因」存在，祂才是真實的存有㉙。另外一個批判因中無果論的論證，則是這樣的：如果雜多的「果」，並不事先存在於「因」中，那麼，因果的秩序將會大亂。舉例來說，如果作為（牛乳之）「果」的酪，並不事先存在於作為（酪之）「因」的牛乳之中，那麼，為什麼酪一定是從牛乳提煉出來，而不是從泥土等其他東西之中

果（宇宙萬物）也是真實的。羅摩奴闍的宇宙論，也是屬於這種意義的因中有果論。(2)商羯羅的因中有果論——幻影論，以為因就是果；因此，並沒有真實的果，由因生起。這樣的因中有果論，其實即是因果同一論。

㉗ Cf. G. Thibaut, *Vedānta-sūtras, with the Commentary by Śaṅkarācārya*, part I, p. 320.

㉘ Ibid., p. 321.

㉙ Ibid., pp. 330～332.

提煉出來？也就是說，牛乳和泥土等物，既然同樣都沒有酪預先存在其中，那麼，為什麼只有牛乳才可提煉出酪，泥土卻提煉不出酪呢？如果只有牛乳才可提煉出酪，泥土等其他東西無法提煉出酪，這就表示作為「果」的酪，早已存在於作為「因」的牛乳之中[30]。

雜多的「果」（宇宙萬物），早已存在於「因」（梵）之中；這是商羯羅所主張的因果理論。問題是：⑴雜多的「果」真的存在嗎？（宇宙萬物是真實地存在嗎？）⑵如果雜多的「果」真的存在，那麼，它們以什麼方式存在於「因」中？

就第⑴個問題來說，「果」（宇宙萬物）並不（像佛教說一切有部所主張的那樣）是真實的，但也不（像佛教中觀派、瑜伽行派所主張的那樣）是不真實的。「果」不是真實的，因為「果」即是「因」，並沒有真實的「果」從「因」創生。相反地，「果」並不是像「兔（子頭上的）角」一樣，全然是幻想出來，以致乃是虛幻不實的東西；因為「果」即是「因」（梵），雜多之「果」的背後，存在著共同的「因」（梵），而這一共同的「因」（梵）則是真實的。就像我們可以說：蛇是虛幻不實的；但卻不能說：蛇這一幻像所依靠的繩子，也是虛幻不實的。沒有真實的繩子，就沒有蛇的幻像；同樣地，沒有作為「因」的大梵，也就沒有雜多的世界之「果」。所以，商羯羅說：「每當我們否定某物的真實性，我們同時關涉到某些真實的東西。例如，否定不真實的蛇，即關涉到真實的繩子。」又說：「如果所有東西都被否定掉，就沒有任何東西殘存；而且，如果沒有任何東西殘存，其他東西的否定……就變成不可能，也就是說，後者變成真實而且不可否定。」[31]這意味著有些東西，例如梵，永遠不能被否定。

[30] Ibid., p. 334.

繼承了商羯羅的這種存在理論，後代的不二一元論者，例如達摩羅闍度因陀羅（Dharmarājādhvarīndra，約 1550 年），在其《吠檀多定則》(*Vedāntaparibhāṣā*) 當中，即把宇宙萬物分成三類：⑴勝義的（第一義的，pāramārthika），亦即最真實的存在，指梵而言。⑵世俗的 (vyāvahārika)，亦即一般常識所認為的存在，指由梵所創造的現象世界。⑶幻相的 (prātibhāsika)，亦即諸如貝中之銀（把貝殼誤以為銀子）等幻覺㉜。

其次，第⑵個問題是：雜多的「果」以什麼形式存在於「因」中？商羯羅的回答更具一元論的色彩。他說：「因」（梵）與「果」（宇宙萬物）之間的關係，既不像一樹（梵）含多葉（萬物）的關係，也不像一水（梵）含多波（萬物）的關係。因為，這些關係都是唯一的「因」當中，含有雜多的「果」（枝葉、波）。這不是真正的不二一元論。真正的不二一元論應該是：只有「因」，沒有「果」；因為「果」即是「因」。在大梵當中，不含任何的分子，也沒有任何可以分離的部分；祂唯一無二，完整而不可分割。

就物質性的現象世界來說，它雖然是梵的「果」，但卻不真實地存在；因為「果」（現象世界）就是「因」（梵），「果」並不是「因」的一分子或一部分。同樣地，就精神性的自我（靈魂，ātman）來說，它和梵之間的關係也是如此。每一生命體 (jīva) 的自我（靈魂）㉝，即

㉛ Ibid., part II, p. 168.

㉜ Cf. S. Radhakrishnan, *Indian Philosophy*, vol. II, p. 520.

㉝ 為了區別不受限制（解脫）的自我（亦即梵），和受（肉體）限制的自我之間的不同，通常前者的梵文寫成 ātman 或 paramātman (paramā-ātman)，而後者則寫成 jīvātman (jīva-ātman)——那是「生命（體中之）我」的意思。

是梵；它並不是梵的一分子或一部分。《梵經》I, I, 19，曾說：《奧義書》等經典告訴我們，梵就是「妙樂所形成的自我」(ānandamaya-ātman)。而商羯羅的注釋則進一步說，體悟「梵就是妙樂所形成之自我」的道理，即可獲得解脫：「如果在妙樂所形成的自我當中，稍存不同（於梵）的見解，那麼，就無法遠離輪迴的恐懼。但是，如果經由（自我）絕對相同（於梵）的了解，體悟妙樂所形成之自我的寂靜，那麼，就能超脫輪迴的恐懼。」[34]由此可見，作為「果」的宇宙萬物，並不真實地外在於「因」（梵）之外；而是以與「因」（梵）相同的方式，內存於「因」（梵）當中。

・第四項　梵、幻與無明

梵唯一無二；並沒有生命體的自我或雜多的現象世界，存在於唯一無二的梵當中。因為，作為「果」的自我和現象世界，就是作為「因」的梵。但是，這樣的不二一元論思想，怎麼解釋無窮的生命體和雜多世界存在的事實？前文略有論及，商羯羅用「幻（力）」和「無明」這兩個概念，來化解這種理論上的矛盾。現在我們將進一步詳細說明。

「幻」這一詞，並不是《梵經》或商羯羅所首創的用語，而是《吠陀》、《奧義書》等古籍中的固有概念。羅達訖瑟難 (S. Radhakrishnan)，在其《印度哲學》一書當中，即說：「幻」一詞，屢屢出現在《梨俱吠陀》當中；而其一般的意思是指：諸神，特別是天空父神婆盧那、太陽神彌陀羅和雷霆神因陀羅，所擁有的超能力。有些《梨俱吠陀》的

[34] Cf. G. Thibaut, *Vedānta-sūtras, with the Commentary by Śaṅkarācārya*, part I, p. 71.

詩頌（例如 III, 38; IX, 83, 3; I, 159, 4; V, 85, 5），甚至把「幻」視為宇宙的支持力量。而在《梨俱吠陀》的某些章節裡，「幻」是邪神阿修羅的特有力量，具有詭譎的欺騙能力。但是，《梨俱吠陀》VI, 47, 18 當中，「幻」卻成為因陀羅為了對抗阿修羅時所擁有的變化能力。而在《六問奧義書》I, 16 當中，「幻」字的意思幾乎等於幻覺。另外，《白淨識奧義書》 4, 9–10 ，「幻」 成了人格神——自在天神所擁有的力量[35]。作為一個實際的例子，讓我們看看《白淨識奧義書》的說法：「宇宙乃幻力之主 (Māyin) （亦即大梵） 所設計。其他的事物 (anya)（指生命我），也由祂的幻力 (māyā) 所控制。而今，人們應該知道：自性 (prakṛti) 即是幻力；大自在天（神）(Maheśvara) 即是幻力。宇宙遍布萬物，它們都是祂（身體）的一部分。」[36]

依據以上這些古籍所說的「幻」，商羯羅進一步說明了「幻」和梵之間具有「不異」（不離、無分別，ananya）、「非獨立」(avyatirikta) 的關係。有關這點已在前面詳細討論，不再贅言。不過，值得一提的是，如果從「幻」的詭譎欺騙來說，「幻」有時又被稱為「無明」(avidyā)；此時，通常是指有限的生命體中的自我——生命我 (jīvātman)，所與生具有的煩惱。也就是說，梵原本並沒有創造宇宙；但是，由於梵所本俱的「幻」，具有欺騙的能力，使得擁有同一「幻」（無明）之有限的生命體（一般的凡夫），誤以為梵創造了宇宙。

商羯羅之後，「幻」的理論有了進一步的發展。商羯羅《梵經釋》的主要注解是：薩婆若陀摩．牟尼（Sarvajñātma Muni，約 A.D. 900）

---

[35] Cf. S. Radhakrishnan, *Indian Philosophy*, vol. II, p. 565n.

[36] 譯自 R. E. Hume, *The Thirteen Principal Upanishads*, London: Oxford Univ. Press, 1934, p. 105. 並請參見本書第三章第三節。

的《略說身論》(*Saṃkṣepaśarīraka*)。書中說到「幻」有兩種功能：(1)覆障 (āvaraṇa)；亦即隱藏事實的真相，讓事實真相無法彰顯。事實的真相是：梵唯一無二、沒有雜多的自我和宇宙萬物，但是「幻」的「覆障」作用，使得這一真相被隱藏起來。(2)錯亂 (vikṣepa)；亦即歪曲事實的真相，讓事實的真相變形。由於「幻」的「錯亂」作用，使得梵似乎創造出雜多的自我和宇宙萬物㊲。

・第五項　商羯羅與佛教

從以上各項對於商羯羅哲學的介紹，我們知道他與佛教中觀派和瑜伽行派之間，有著若即若離、極為相似的思想內涵。也正因為這樣，商羯羅的不二一元論吠檀多哲學，被他的思想上的敵人——主要是一些毘瑟笯信仰者（詳下節），視為佛教哲學的一支。下面是幾個例子：

在《蓮華往世書》(*Padma Purāṇa*) 當中，自在天神即曾向濕婆的妻子——（喜馬拉雅）山娘 (Pārvatī)，說：「幻力的理論是錯誤的，是變相的佛教（理論）。女神們！在末世（爭鬥之世，Kaliyuga）時，我曾以婆羅門的方式，提出過這個理論。」又說：「幻力的理論，不被《吠陀》所印證；雖然它含有《吠陀》的真理在內。」㊳

其次，識比丘 (Vijñānabhikṣu) 在其《數論妙法釋》(*Saṃkhyapravacana-bhāṣya*) I, 22，也曾這樣說：「至於，由一些自稱吠檀多信徒的人們，所提出來的新奇的幻力說，那不過是（佛教之）主觀觀念論的一種罷了。那種說法，並不合於吠檀多的教義。」引文中的「主觀觀

㊲ Cf. *Vedāntasāra*, IV, in S. Radhakrishnan, *Indian Philosophy*, vol. II, p. 571.

㊳ Cf. *Uttara Khanda*, ch. 236, in S. Radhakrishnan, *Indian Philosophy*, vol. II, p. 471.

念論」，顯然是指佛教的瑜伽行派[39]。

另外，羅摩奴闍的師公——耶牟那阿闍梨（Yāmunācārya，詳下節），也曾指出商羯羅和佛教瑜伽行派之間的相似性：他們都主張知者、能知、所知等三者都是虛幻不實。唯一不同的是，商羯羅以為，這是因為「幻力」的緣故；而瑜伽行派則以為，這是由於「菩提」（覺悟，buddhi）的關係[40]。

至於羅摩奴闍對於商羯羅的批判，更加明顯；我們將在下節再作討論。

第三節　羅摩奴闍的侷限不二一元論

・第一項　羅摩奴闍之前的侷限不二一元論吠檀多

從另一個觀點，詮釋《梵經》的吠檀多派學者，是羅摩奴闍。不同於商羯羅的不二一元論吠檀多，羅摩奴闍的詮釋被稱為「侷限不二一元論吠檀多」。事實上，羅摩奴闍之前，相似的吠檀多思想，已經陸續地出現在印度宗教思想史上。這些侷限不二一元論吠檀多的宗教思想，包括：毘瑟笯信仰 (Vaiṣṇavism)、濕婆信仰 (Śaivism)、性力信仰 (Śāktaism)，乃至廣泛流傳於民間的歷史故事書——《往世書》（《古史傳》、《布羅那論》，*Purāṇa*）等等。

羅摩奴闍之前的這些侷限不二一元論吠檀多，大都是對於彌曼差派之祭祀萬能主義，以及商羯羅之不二一元論吠檀多的反動。彌曼差派，一方面強化了《梨俱吠陀》以來的「四（種）姓階級」，把廣大的

---

[39] Cf. S. Radhakrishnan, *Indian Philosophy*, vol. II, p. 471.

[40] Ibid.

首陀羅列入沒有資格信仰婆羅門教的奴隸階級㊶；另一方面，彌曼差又是一個無神論的教派，僅僅將神祇視為「八轉聲」中的「所為聲」（相當於英文文法中的「與格」）㊷，並沒有實質的真實性。像這樣的教派，顯然無法滿足廣大群眾的宗教願望。於是，達羅維荼、科羅利耶這兩個印度原住民族㊸，發展出帶有濃厚情意色彩的有神論教派，其中尤其是以毘瑟笯信仰、濕婆信仰和性力信仰三者最為首要。這三個教派，有它們各自不同的標記 (tilaka)、宗教儀式 (dīksā)、上師（傳教士，guru)、咒語 (mantra) 乃至論典 (śāstra)。例如，就論典來說，毘瑟笯派的論典是《五派詩集》(*Pañcarātra Samhiṭa*)，濕婆派的論典名叫《濕婆阿含》（濕婆聖教，*Śaiva Āgama*），而性力派的論典則是《怛特羅》（密咒，*Tantra*）。

其次，商羯羅的不二一元論，帶有濃厚的智性成分。他把抽象的梵，作為禪定、冥思的對象；體悟祂的唯一無二，才能解脫。另外，自在天神只是梵的「跡相」，而非「本相」；因此，對於自在天神的崇敬，最多只是屬於「世俗諦」（世俗的見解，vyāvahārika-dṛṣṭi），而非「勝義諦」（最高的見解，pāramārthika-dṛṣṭi）。像這樣強調智性的教派，自然無法滿足那些智性思惟不足，乃至重視情意生活的信徒。於是，強調「熱愛（神）」〔信敬（神），bhākti〕的有神教派，例如毘瑟

㊶ 《彌曼差經》VI, I, 26，明白地說到只有上面的三種階級，才有祭祀的資格；第四階級——首陀羅沒有祭祀的資格。(Cf. S. Radhakrishnan and C. A. Moore, *A Source Book in Indian Philosophy*, Princeton: Princeton Univ. Press, 1957, p. 498.)

㊷ 參見第十一章㉝。

㊸ 參見第一章第一節第一項。

笯信仰中的四個教派㊹，因此應運而生。他們以為，創造宇宙的人格神是真實的，被創造出來的世界也是真實的；「幻（力）」並不存在。而且，只有通過熱烈的信仰才能解脫；帶有智性成分在內的禪定（冥思梵），並不能達到究竟的解脫。

另外，還值得一提的是，這些新興的教派，大都和流傳民間甚廣的《往世書》（《古史傳》）有關。《往世書》的作者傳說是廣博（毘耶娑，Vyāṣa），種類共有十八，分屬毘瑟笯、濕婆和梵天等三種神祇㊺。

㊹ 這四個毘瑟笯信仰的教派是：⑴羅摩𡍼闍的「威德傳承」（威德派，Srisaṃpradāya）；⑵摩度的「大梵傳承」（大梵派，Brahmasaṃpradāya）；⑶毘瑟笯蘇跋明 (Viṣṇusvāmin) 的「魯達羅傳承」（魯達羅派，Rudrasaṃpradāya）；⑷賃婆羯 (Nimbarka) 的「元初傳承」（元初派，Sanakādisampradāya）。(Cf. S. Radhakrishnan, *Indian Philosophy*, vol. II, p. 661n.) 另外，還值得一提的是，這四個教派所重視的「熱愛（神）」，甚至還包括強調祈禱時的狂喜、熱淚縱橫等宗教情操。他們還把這些狂喜的經驗，以南印度種族——坦米爾 (Tamil) 族的文字，寫成三巨冊，內含三百首詩歌。(Cf. S. Dasgupta, *A History of Indian Philosophy*, vol. III, p. 63n.)

㊺ 屬於毘瑟笯派的共有六種：《毘瑟笯往世書》(*Viṣṇu P.*)、《薄伽梵往世書》(*Bhāgavata P.*)、《那羅天往世書》(*Nāradīya P.*)、《迦婁羅往世書》（《金翅鳥往世書》，*Garuda P.*）、《鉢曇摩往世書》（《蓮華往世書》，*Padma P.*）、《婆羅訶往世書》（《野豬往世書》，*Varāha P.*）。屬於濕婆派的也有六種：《濕婆往世書》(*Śiva P.*)、《形相往世書》（《男根往世書》，*liṅga P.*）、《塞建陀往世書》（《毀壞往世書》，*Skanda P.*）、《阿耆尼往世書》（《火神往世書》，*Agni P.*）〔或《窪尤往世書》（《風神往世書》，*Vāyu P.*）〕、《魚族往世書》(*Matsya P.*)、《蛇龜往世書》(*Kūrma P.*)。而屬於大梵信仰的六種則是：《大梵往世書》(*Brahma P.*)〔或《太陽往世書》(*Saura P.*)〕、《梵卵往世書》(*Brahmāṇḍa P.*)、《梵變往世書》(*Brahmavaivarta P.*)、《摩建提耶往世書》(*Mārkaṇḍeya P.*)、

這十八種《往世書》稱為《大往世書》(*Mahā-purāṇa*)；另外還有一些次要的《往世書》，稱為《近邊往世書》(*Upa-purāṇa*)。這些《往世書》主要在說明宇宙初生 (sarga) 的狀況、宇宙（毀滅後之）再生 (pratisarga) 的狀況、種姓（家族，vaṃśa）、摩冕時期（宇宙循環時期，manvantara）、家族史（朝代史，vaṃśānucarita）等主題。另外，這些《往世書》大都和數論派或吠檀多派有關，而其共同的主張則有下面幾點㊻：⑴有創造神的存在。⑵自我（個體靈魂）和現象世界二者，雖然歸於大梵，但二者都有獨立的真實性，而不等同（於大梵）。⑶梵天 (Brahmā)、毘瑟笯和濕婆三神，乃「三位一體」〔同一實體（梵）的三種面向，trimūrti〕，但是後二神的地位卻高於梵天。有些《往世書》甚至以為，三神當中，毘瑟笯的地位最高；例如，《薄伽梵往世書》IV, 24, 28，即說：「愛敬我（濕婆），即是委身於毘瑟笯。」可見毘瑟笯的地位高於另外二神。⑷數論派物質性的宇宙最高原理「自性」(prakṛti) 這種概念被吸收，但卻改造成受到大梵的意志所支配。⑸已有吠檀多式的「因（梵）中有果（世界）論」的思想在內；例如，《毘瑟笯往世書》I, 3，曾記錄了下面的一段對話：彌勒 (Maitreya) 請教婆羅舍（脇生，Parāśara）：「為什麼元初創造的動力 (sargādikartṛtvam)，歸因於純真的大梵？」而婆羅舍的回答則是：宇宙存在於大梵之內，就如熱氣存在於烈火當中。「宇宙存在於大梵之內」，顯然已有因中有果論的思想內涵。⑹批判「幻（力）」的理論，以為現象世界乃創造神真

《未來往世書》(*Bhaviṣya P.*)、《窪摩那往世書》(*Vāmana P.*)。(Cf. S. Radhakrishnan, *Indian Philosophy*, vol. II, p. 663n.)

㊻ 下面幾點有關《往世書》的共同主張，請參見 S. Radhakrishnan, *Indian Philosophy*, vol. II, pp. 663～665.

實的創造結果。以上這幾點有關《往世書》的共同主張，無疑地，已和其後發展出來的吠檀多派哲學，極為相近。吠檀多派的學者受到這些《往世書》的深刻影響，應該是無庸置疑的事實。

另外，吠檀多派的先驅思想，還有薄伽梵信仰 (Bhāgavatism)。遠在《吠陀》時代，即有施給人們吉祥的薄伽神（施與者，Bhaga）。由薄伽神進而發展出象徵美德的薄伽梵（婆伽晚、世尊，Bhagavān 或 Bhagavat[47]），祂即是薄伽梵信仰的中心神祇。隨著毘瑟笯地位的逐漸提升，毘瑟笯派的信徒，把薄伽梵和毘瑟笯二神，結合為一；薄伽梵也因而成了毘瑟笯信仰的中心神祇。這一結合，以及相關的毘瑟笯信仰，可以從《大戰歌》當中對於古老的毘瑟笯支派——「五夜派」(Pañcarātra)[48]的描寫看出來。

大約成立於九世紀的《薄伽梵往世書》(*Bhāgavata Purāṇa*)，強調薄伽梵信仰的中心是黑天 (Kṛṣṇa)。而且，對於薄伽梵或黑天的「熱

---

[47] 在漢譯的佛典當中，Bhagavān 和 Bhagavat，有時被譯為「婆伽晚」（例如《金剛針論》；參見《大正藏》卷 32，頁 170，中）。有時也被譯為「薄伽梵」（例如《藥師琉璃光如來本願功德經》；參見《大正藏》卷 14，頁 404，下）。有時也意譯為「世尊」〔例如《長阿含經（卷 2）·遊行經》；參見《大正藏》卷 1，頁 11，上〕。其中，有些是有關婆羅門教的神祇名字，例如《金剛針論》；但大都是對於釋迦牟尼佛的尊稱，例如《藥師經》、《長阿含經》。

[48] 五夜 (Pañcarātra)，是薄伽梵信仰或毘瑟笯信仰的一支；此派信奉毘瑟笯和黑天合而為一。而其名字的來源，可能是由於此派結合了五種不同聖典的緣故。(Cf. S. Radhakrishnan, *Indian Philosophy*, vol. I, p. 496.) 五夜原本是一種宗教儀式或祭品；依照《百段梵書》XIII, 6, 1 的說法，那羅延那天神由於見了「五夜」，因而凌駕在所有神祇之上。(Cf. S. Dasgupta, *A History of Indian Philosophy*, vol. III, p. 12.)

愛」（信敬，bhākti），也是純粹情意性的；神和自我（個體靈魂）之間的關係，則如主人與女僕之間的從屬關係相似。

西元前一世紀，薄伽梵信仰開始傳入南印度。《薄伽梵往世書》XI, 5, 38–40 曾說：那羅延那天神的信仰，將遍及南印度。可見此時，薄伽梵信仰也和那羅延那的信仰互相結合。這一綜合性信仰的代表作品，是一群名叫阿羅婆爾 (Āḷvar)㊾的宗教詩人，所吟唱出來的《那爛伊羅詩集》（詩歌集，*Nālāyira Prabandham*）㊿。繼承這些宗教詩人的，

㊾ 坦米爾（Tamil，南印度種族）文「阿羅婆爾」一詞的意思是：具足有關神祇之深沉智慧，而且沉浸在對於神之冥思（禪定）當中的人。他們都是南印度宗教詩人，信仰毘瑟笯。主要的有十二、三個：住在唐羅波尼 (Tāmraparṇī) 的那摩阿羅婆爾 (Nāmḿ-āḷvār)、摩都羅迦毘夷阿羅婆爾 (Madhura-kaviy-āḷvār)；住在窺陀摩羅 (Kṛtamālā) 的媲利夷阿羅婆爾 (Periy-āḷvār)、安達爾 (Āndal)；住在波耶濕毘尼 (Payasvinī) 的波夷迦夷阿羅婆爾 (Poygaiy-āḷvār)、弗陀他阿羅婆爾 (Bhūtatt-āḷvār)、媲夷阿羅婆爾 (Pēy-āḷvār)、提盧摩利沙・毘藍 (Tiru-maḷisai Pirān)；住在迦威利 (Kāverī) 的唐達阿提波提夷阿羅婆爾 (Toṇḍa-aḍi-poḍiy-āḷvār)、提盧般阿羅婆爾 (Tiru-pāṇ-āḷvār)、提盧曼迦夷 (Tiru-mangaiy-āḷvār)；住在摩訶那陀 (Mahānadī) 的媲利夷阿羅婆爾 (Periy-āḷvār)、鳩羅師迦羅・媲盧摩 (Kula-śēkhara Perumāl)。這群宗教詩人，大約活躍於七、八世紀左右；其中有七位是婆羅門，一位是剎帝利，兩位是首陀羅，一位是下階層的波那 (Panar)。他們的詩作都是採用坦米爾文寫成；而《那爛伊羅提毘詩集》(*Nālāyira-divya-prabandham*)，則是這些詩作的集大成。

㊿ 在這部詩集當中，共收錄有四千篇詩歌 (ālāyiram)，並且分成四部分。第一部分名為〈牟陀爛伊羅〉(Mudalāyiram)，收錄了諸如媲利阿爾婆 (Periāḷvār) 乃至安達爾女士 (Āṇḍaḷ) 的作品。第二部分名叫〈媲利阿提盧摩夷〉(Periati-rumoyi)，乃提盧曼伽伊 (Tirumangai) 所作。第三部分乃那摩爾婆

則是另一群被尊稱為阿闍梨（教師、軌範師，Ācārya）的宗教師。而在羅摩奴闍之前的阿闍梨，值得注意的有兩位：那陀牟尼 (Nāthamuni) 和阿羅旺達 (Āḷavandār)51。其中，大約活躍於十世紀的那陀牟尼，是最後一位阿羅婆爾的弟子，傳說也是《那爛伊羅詩集》的編輯者。他著有《正理真義》(*Nyāyatattva*)、《瑜伽密意》(*Yogarahasya*) 等書。而阿羅旺達的主要作品則有：《阿含正量》(*Āgamaprāmāṇya*)、《摩訶原人定論》(*Mahāpuruṣanirnaya*)、《圓滿三種》(*Siddhitrayam*)、《(薄伽梵）歌（意）旨總攝》(*Gītārthasaṃ-graha*)、《四句偈頌》(*Caturślokī*)，以及《讚歌妙寶》(*Stotraratna*) 等書。

在以上所舉的各種教派和作品當中，影響羅摩奴闍最深的是：主張有創造神的《奧義書》、《大戰歌》中和那羅延那天神有關的部分 (Nārāyanīya)、《薄伽梵往世書》、《毘瑟笯往世書》、《毘瑟笯阿含》，以及阿羅婆爾和阿闍梨等諸宗教師的作品。而羅摩奴闍畢生的主要工作，乃是試圖透過對於創造神的「熱愛」，來詮釋《奧義書》、《薄伽梵歌》和《梵經》。

還值得一提的是，有一位屬於吠檀多支派——「三杖派」(Tridaṇḍa)52的學者，名叫跋濕迦羅 (Bhāskara)，生於商羯羅同時或稍

(Nammāḷvār) 的有名詩作——〈提盧婆夷摩夷〉(Tiruvāymoyi)。而第四部分則名為〈伊耶爾波〉(Iyarpa)，和第一部分一樣，也是雜集，收錄了許多宗教詩人的作品。其中，採用坦米爾文寫出來的〈提盧婆夷摩夷〉，一般被視為是《吠陀》的改編。

51 又名耶牟那阿闍梨 (Yāmunācārya)。

52 依照《摩笯法典》(*Manu*) 的說法，一般的婆羅門必須擁有一支利用比爾瓦樹 (bilva) 或波拉舍樹 (palāśa) 的樹枝，所製作的手杖。（參見蔣忠新譯，《摩奴法論》，北京：中國社會科學出版社，1986，第二章，頁 45～47。）但是，

後。他寫有《梵經》注，名叫《跋濕迦羅（梵經）注》(*Bhāskara-bhāṣya*)。依照跋多什．底刺陀 (Bhattojī Dīkṣita) 在其《真實分別釋疏》(*Tattva-viveka-ṭīkā-vivaraṇa*) 一書中的說法，跋濕迦羅的主要思想是：「亦離亦不離」(bhedābheda)。也就是說，大梵乃是不可分化的意識體，但卻具備所有的德性。在「因」位時（亦即宇宙未生成時），大梵是唯一不二──「不（分）離」(abheda)；但在「果」位時（亦即宇宙已生成時），大梵卻不是唯一不二，而是含有雜多──「(分）離」(bheda)。因此，唯一不二的「不離」和含有雜多的「離」，都是真實的。另外，跋濕迦羅還相信大梵生成宇宙時，有真實的「轉變」(pariṇāma)；商羯羅幻影論中的「幻」，乃是受到佛教影響之下的理論，完全不可相信。這些思想或多或少影響了後來的羅摩奴闍。

羅摩奴闍生於西元 1017 年，早年受教於享有盛名的吠檀多派學者──耶陀婆般迦葉 (Yādavaprakāśa)。耶氏主張「大梵轉變論」(Brahmapariṇāmavāda)，以為大梵真的轉變成心 (cit)、物（非心，acit）和創造神──自在天神。另外，他也主張「亦離亦不離論」(Bhedābhedavāda)，以為因（梵）與果（心、物等現象世界）之間的關係，既是「(分）離」(bheda) 又是「不（分）離」(abheda)。也就是

也有一些婆羅門，習慣攜有三支這樣的手杖。所謂「三杖派」，指的即是這些習慣攜有三支手杖的吠檀多派的婆羅門。另外，依照槃提陀．文迭濕婆利．般沙陀．兌毘丁 (Paṇḍita Vindhyeśvarī Prasāda Dvivedin)，在其《跋濕迦羅（梵經）注》(*Bhāskara-bhāṣya*) 的序言當中，曾說：唐迦 (Taṅka)、瞿訶提婆 (Guha-deva)、跋流支 (Bhāruci)，以及耶牟那阿闍梨（阿羅旺達）等人，都是屬於三杖派吠檀多。(Cf. S. Dasgupta, *A History of Indian Philosophy*, vol. III, p. 1n.)

說，如果是從「因」(kāraṇa) 的狀態來考察，或是以同一「種類」(jāti) 的性質來看待時，梵與心、物、自在天神等現象世界之間，並無差別——「不離」。但是，如果是從「果」(kārya) 的狀態來考察，或是以不同個體之「差異」(vyakti) 來看待時，那麼，梵和心、物等之間的關係，則有所不同——「離」。

耶陀婆般迦葉似乎也是個一元論者；羅摩奴闍的《吠陀旨要》(*Vedārtha-saṃgraha*)，曾這樣描述耶氏的一元論主張：儘管大梵轉變成差別的心與物，但是，當我們體悟到大梵唯一不二之時，祂的真實性質才能被了解[53]。也許因為這種一元論的想法，和羅摩奴闍具有二元論傾向的思想互相衝突的關係，羅摩奴闍曾和耶氏在某些《奧義書》的解釋上，有了重大的歧見。最後，羅摩奴闍終於被逐出師門。

被逐出師門的羅摩奴闍，原本想要拜在剛支普爾那 (Kāñcīpūrṇa) 的門下[54]，但是，卻遇到了媲利安南毘 (Perianaṃbi)[55]。媲氏受到了師父——阿羅旺達（耶牟那阿闍梨）的命令，帶領羅摩奴闍來到他所居住的地方——室利藍甘 (Srīraṅgam)，試圖收留羅摩奴闍為弟子。可惜，當羅摩奴闍來到室利藍甘的時候，阿羅旺達已經逝世。傳說，阿氏逝世後，三根手指還會活動，象徵他有三個願望：⑴教導人們熟悉於毘瑟笯派之宗教詩人——阿羅婆爾所作的詩歌，以養成「順忍（於神）」(prapatti) 的美德[56]。⑵遵照室利毘瑟笯派（至尊毘瑟笯派，

---

[53] Cf. Rāmānuja, *Vedārtha-saṃgraha*, The Medical Hall Press, 1894, p. 15.

[54] 剛支普爾那，生為下賤的首陀羅階級；他是阿羅旺達（耶牟那阿闍梨）——羅摩奴闍第二位師父的弟子。

[55] 又名摩訶普爾那 (Mahāpūrṇa)。

[56] 有關「順忍（於神）」，請參見後文。

Śrīvaiṣṇava）[57]的觀點，注釋《梵經》。⑶撰寫多種書籍，來介紹室利毘瑟笯派。羅摩奴闍看見了這一奇蹟，因此決心弘揚室利毘瑟笯派的教義。於是，媲利安南毘成了他的啟蒙師。後來，他又跟隨瞿濕提普爾那 (Goṣṭhīpūrṇa) 學習一些神祕的教理和咒語。他也和商羯羅派的耶若牟提 (Yajñāmūrti) 辯論過，不過，耶氏後來成了他的弟子。晚年，當羅摩奴闍進入婆羅門「四住期」的最後一期——遁世修行的「遁世期」的時候，他被人們尊為「苦行之王」(Yatirāja)。在弟子鳩羅陀阿羅婆爾 (Kūrattāḷvār) 的協助之下，羅摩奴闍完成了許多作品，例如：《吠檀多要義》(*Vedāntasāra*)、《吠檀多之燈》(*Vedānta-dīpa*)、《吠陀旨要》，乃至有關《梵經》和《薄伽梵歌》的注釋。其中，《梵經》的注釋，被毘瑟笯派的學者們，尊稱為《室利之注》(*Śrī-bhāṣya*)[58]。他在世時，建廟、修廟無數；也感化了其他派別的許多信徒和寺廟，改為信奉毘瑟笯。在世時，他雖然受到信仰濕婆神的一位國王——瞿盧屯迦一世 (Kolluttuṅga I) 的迫害[59]，但是，隨後國王的繼承者卻受到感

---

[57] 室利毘瑟笯派，乃毘瑟笯信仰的一支；特別是指羅摩奴闍所創立的侷限不二一元論的毘瑟笯派。

[58] 室利 (śrī) 一詞，在漢譯佛典當中，一般被譯為威德、勝德、妙德、功德、吉祥、至尊等。另外，它還有「唯一」（至尊）的意思在內。

[59] 又名羅闍多瞿羅 (Rājendracola) 或訖密甘達 (Kṛmikaṇṭha)。另外，還值得一提的是，十至十七世紀之間，毘瑟笯派和濕婆派之間鬥爭激烈，而且常和政治牽扯在一起。信仰毘瑟笯的國王，往往毀壞濕婆派的寺廟，迫害濕婆派的信徒；相反地，信仰濕婆的國王，則毀壞、迫害毘瑟笯派的寺廟和信徒。這些都可以從梵迦陀．蘇提（Veṅkaṭa Sudhī，十四、五世紀人）所寫的《悉檀瓔珞》（《真理珠貫》，*Siddānta-ratnāvalī*），得到證明。(Cf. S. Dasgupta, *A History of Indian Philosophy*, vol. III, p. 18.)

化，而改信毘瑟笯。大約是在西元 1099 年左右，羅摩奴闍成功地改變了何伊沙羅國 (Hoysala) 國王——毘帝提婆 (Bittideva) ⑩的耆那教信仰。毘帝提婆成了羅摩奴闍最重要的護持者。由於他的護持之下，羅摩奴闍在耶達婆德利 (Yādavādri) 這個地方，建造了一座廟，名叫提盧那羅耶那毘盧摩爾 (Tirunarayanapperumāl)。在這座廟裡，羅摩奴闍大約住持了十二年之久。也許由於他到處改變其他教派（特別是濕婆派）的信仰吧？在世時，他深深地涉入了毘瑟笯信仰和濕婆信仰的鬥爭之中。但是，從毘瑟笯派的廣泛受到民眾信仰這個事實看來，無疑地，羅摩奴闍是近世印度教的啟蒙者和先驅思想家。他領導了七十四個教區；在他的弟子當中，共有七百個苦行僧、一萬名男性傳教士，以及三百名女性傳教士。而他的弟子，除了上述的鳩羅陀阿羅婆爾和耶若牟提之外，還有：鳩瑞沙 (Kureśa)、達沙羅提 (Dāśarathi)、那陀都爾・阿爾旺 (Naḍāḍur Āḷvān) 等；他們大都致力於宗教哲理的研究。另外，達笯達娑 (Dhanurdāsa)、婆陀普爾那 (Vaṭapūrṇa)、瞿摩潭・濕提耶阿爾旺 (Gomaṭham Siṭiyāḷvān)、烏迦爾・阿爾旺 (Ukkal Āḷvān)，乃至烏迦爾安摩 (Ukkalammal)，則是掌管宗教事務。

羅摩奴闍之後（第十三世紀），偈限不二一元論吠檀多派分裂為兩個支派：南派 (Tengalai) 與北派 (Vaḍagalai)。前者以坦米爾（泰米爾，Tamil，南印度種族）文字所書寫的宗教詩集 (Prabandham) 作為聖典，而不採用梵文聖典。而且接受了神享受罪惡的思想；在許多人士看來，這似乎是離經叛道的作法。後者雖然兩種聖典都採用，但卻以梵文聖典為主。此派還接受了「性力」（能量，śākta）神學，並且把它應用在有關「威德力」（吉祥，Lakṣmī）⑪的概念之上。另外，前者主張無條

⑩ 信仰毘瑟笯後，改名為毘瑟笯婆達那提婆 (Viṣṇuvardhanadeva)。

件地「順忍」於神，人的努力完全沒有作用。因此，神、人之間的關係就像母貓和子貓之間的關係一樣；母貓用牠的嘴巴咬住子貓行走，子貓完全不必花費任何力氣。這樣的神、人理論，被稱為「貓論」(Mārjāranyāya)。相反地，北派則以為：「順忍」於神，乃是解脫的眾多方法之一，並不是唯一的方法。個人的努力（業力）、智慧，再加上熱愛（於神）和順忍（於神），才可以獲得最後的解脫。因此，神、人的關係就像母猿和子猿的關係一樣：子猿必須依靠自己的力量，緊抱母猿不放，然後再加上母猿的保護，子猿才能到達安全的地方。相對於南派的「貓論」，北派的這種理論，被稱為「猿論」(Markaṭanyāya)[62]。

毘羅伊．盧伽阿闍梨 (Piḷḷai Lokācārya)，是南派最重要的代表人物。他的主要主張是：神的恩典不能否定。我們不但要以積極的「熱愛（神）」來敬仰神，而且還要消極的「順忍（於神）」(prapatti)，才能獲得神的恩典。另外，順從阿闍梨的指導 (ācāryābhimāna)，也是他所強調的德性。他留下許多作品，稱為「祕密藏」(Rahasya)，例如：《五義》(*Arthapañcaka*)、《三種真實》(*Tattvatraya*) 等等。另外，摩那婆羅．摩訶牟尼 (Maṇavāḷa Mahāmuni)，也是此派的重要聖者。

吠檀多．提濕迦（Vedānta Deśika，約十三世紀）[63]，乃北派的創立者。主要作品有下面兩種：《折服他宗》(*Paramatabhaṅga*)、《三密精要》(*Rahasyatrayasāra*)。另外，《護持五夜》(*Pañcarātrarakṣā*)、《護持實修》(*Saccaritrarakṣā*) 等，則是有關毘瑟笯信仰之支流——五夜派

---

[61] 威德力，乃幸運與美麗的女神，毘瑟笯或那羅延那天神的妻子。

[62] Cf. S. Radhakrishnan, *Indian Philosophy*, vol. II, p. 706.

[63] 又名泛迦陀那達 (Venkatanātha)。

的入門書籍。

・第二項　梵、心、非心與宇宙的形成

繼承了上面各項所介紹的先驅思想，羅摩笯闍開展出他自己對於宇宙最高原理——梵、個體靈魂——心 (cit)，以及物質世界——非心 (acit) 這三者的獨特看法。也就是說，大梵雖然唯一，但卻包含了心與非心；而且，由於個體生命和物質世界都具有無限多的數量，因此，包含在大梵當中的心與非心，也都是無限多。另外，不管是大梵，或是被祂包含的無限多的心與非心，都是真實存在的實體。《羅摩笯闍（梵經）注》I, 1, 1，曾引《毘瑟笯往世書》(I, 23, 53–55)，說：「大梵有兩種形式：一個是物質的，另一個是非物質的。」[64]而在同書 II, 3, 18 當中，羅氏自己也說：「……永遠包含在大梵之內的形式（種類，prakāra），共有兩種：（有）情與非（有）情。」[65]

如果從大梵唯一這個意義看，羅摩笯闍顯然是個一元論者；但是唯一的大梵當中，卻容許雜多的心和非心存在，這又有二元論的傾向。因此，羅摩笯闍的哲學，被稱為含有「限制」（侷限，viśeṣa）的「（不二）一元論」(advaita-vāda)——「侷限不二一元論」(Viśiṣṭaadvaita-vāda)。

羅摩笯闍這種意義的侷限不二一元論，似乎也有「亦離亦不離論」的色彩。因為，大梵一方面是唯一的——「不離」，另一方面卻又含有雜多的心與非心——「離」。但是，羅摩笯闍的哲學，顯然和前面各項

[64] Cf. G. Thibaut (Eg. tr.), *The Vedānta-sūtras, with the Commentary by Rāmānuja*, Delhi: Motilal Banarsidass, 1971, p. 88.

[65] Ibid., p. 542.

所介紹的「亦離亦不離論」不同。也就是說，主張亦離亦不離論的吠檀多學者，不管是較早的跋濕迦羅，或是較晚而且當過羅摩衾闍啟蒙師父的耶陀婆般迦葉，都是從大梵的「因」相和「果」相這兩個不同的觀點，來說明大梵（因）以及現象世界（果）之間的「亦離亦不離」；而不是從同一個觀點，來說明大梵的「亦離亦不離」。但是，羅摩衾闍卻只從大梵的一個觀點，來詮釋他的「亦離亦不離論」。也就是說，不管大梵是在「因」位（宇宙毀滅或未生成時）或在「果」位（宇宙生成時），祂都是唯一，但卻又同時包含了雜多的心與非心。無疑地，這應該是羅摩衾闍之所以會在他的《梵經注》I, I, 1 當中，大力批判「亦離亦不離論」的原因[66]。

事實上，侷限一元論的吠檀多，把「離」（差異，bheda）分成三大類：⑴異質離（異質差異，vijātīya-bheda）：一物與完全不同類屬的另外一物之間的差別，例如某一條牛與某一匹馬之間的差別，稱為「異質離」。⑵同質離（同質差異，sajātīya-bheda）：某物與同類屬之另一物之間的差別，例如某一條牛與另一條牛之間的差別，稱為「同質離」。⑶自性離（自性差異，svagata-bheda）：一物自己內部的差別，例如同一條牛的頭和尾之間的差別，稱為「自性離」。其中，異質離和同質離可以歸為一類，它們都是不同的二物之間的差別；也許我們可以稱它們為「外部離」（外部差異）。相反地，自性離則是同一物內部的差別；因此可以稱它為「內部離」（內部差異）。而大梵，只有屬於內部的自性離，而沒有兩種外部離。也就是說，大梵以「心」和「非心」為其不可分割的部分 (cid-acid-viśiṣṭa)。以「精微」(sūkṣma) 的狀態，永恆地內存於大梵內部的「心」與「非心」，它們和大梵之間的

[66] Ibid., pp. 42～43.

「離」（差異），就像同一條牛身上的頭、尾、腳的不同一樣；它們不是不同的三物，而是同一實體（梵）之不可分割的部分❻❼。

羅摩耎闍既然承認「離」（差異）的存在，那麼，他又如何解釋《奧義書》中諸如「（梵）唯一無二」（《唱贊奧義書》6, 2, 1）、「祂是你」（同書 6, 8, 7）等句子呢？

首先就「唯一無二」一句來說，羅摩耎闍以為：那是就大梵具有無限的力量，可以作為宇宙萬物之「唯一」的根本原因而言。並不是說大梵的內部沒有差異（自性離）❻❽。其次，就「祂是你」一句來說，羅摩耎闍以為：這並不表示「你」(tvam) 可以完全化歸到「祂」(Tad) 之中；亦即，並不表示個體靈魂——「生命我」(jīvātman) 的不存在。事實上，「你」和「祂」都是同一實體——大梵的不同面向。「你」（生命我），是就大梵受到肉體的束縛 (acid-viśiṣta-jīva-śarīrakam) 這個面向來說。而「祂」，則是就大梵是一位全知、全能的創造者這個面向而言。

羅摩耎闍以為，所謂的「不離」（相同性），無法用在兩個完全不同的事物之上；因為，完全不同的兩物，怎麼可能「不離」（相同）？其次，「不離」也無法用在完全相同的一物之上。因為，「不離」一詞是指兩物的相同；而現在既然只有一物，「不離」一詞就用不上了。這樣看來，「不離」（相同性）一詞，只能用在同一事物的不同面向或不同形式之上。

---

❻❼ Cf. *Siddhānta-cintāmaṇi*, in MS; E. B. Cowell and A. E. Gough (trans.), *Sarva-darśana-saṅgraha of Mādhavāchārya*, Delhi: Parimal Pub., 1986, pp. 88～119.

❻❽ Rāmānuja, *Śrī-bhāṣya*, I, 1, 1, in G. Thibaut (trans.), *The Vedānta-sūtras, with the Commentary by Rāmānuja*, p. 80.

為了說明這個道理，羅摩奴闍在其《梵經》釋——《室利之注》I, 1, 1 當中，採用了「共置」(sāmānādhikaraṇya) 這個概念，來解釋同一實體可以共有兩個不同形式的想法[69]。另外，他在同書，也用「共置」的概念，來解釋了「祂是你」這句《奧義書》裡的名言；他說：「祂」和「你」二字，指的是具有「離」（差異）的大梵。也就是說，「祂」字代表具有全知等德性的大梵；而「你」字，則和「祂」字「共置」於大梵這個實體之上，並且告訴我們：個體靈魂受制於肉體[70]。

同書，羅摩奴闍還舉了一個例子，用來說明「共置」的概念：「這個人即是（以前我所認識的）提婆達多 (Devadatta)。」在這個句子當中，「這個人」和「（以前我所認識的）提婆達多」二詞，分別代表了現在我所看到的提婆達多和以前我所認識的提婆達多；也就是說，它們「共置」於同一個實體（提婆達多）之上。提婆達多只有一個，但卻不妨有兩種不同的形式：過去的和現在的。「祂」、「你」和大梵三者之間的關係，即是這樣。這種關係，並不表示大梵之中沒有「離」（差異）；而是表示唯一的大梵內部，存在著不同的兩種面向或形式[71]。

和許多吠檀多學者一樣，羅摩奴闍以為大梵有兩種狀態：「因相」(kāraṇa-avasthā) 和「果相」(kārya-avasthā)。在因相狀態之下的大梵，稱為「因梵」(kāraṇa-brahman)；相反地，在果相狀態之下的大梵，則稱為「果梵」(kārya-brahman)。在因相下的因梵，可以說祂「離（於）

---

[69] Cf. G. Thibaut (trans.), *The Vedānta-sūtras, with the Commentary by Rāmānuja*, p. 79. 另外，「共置」一詞的字面意義是：同一個根基之上，共同存在著許多事物。

[70] Ibid., p. 130.

[71] Ibid., pp. 130～131.

求那」（沒有任何性質，nirguṇa）；但是，在果相下的果梵，卻創造了真實的宇宙[72]。

作為「因」的大梵是真實的，作為「果」的宇宙也是真實的；而中間由大梵生成宇宙的「轉變」(pariṇāma) 也是真實的。「轉變」一詞是數論派的固有用語，也是《梵經》所本有的。《梵經》I, 4, 27 說：「由於轉變。」而羅摩㝹闍的《室利之注》I, 4, 27，則說：「在我們的系統當中，轉變（一詞）並不是告訴我們最高梵的不完美；相反地，它（轉變一詞）給了祂無限的榮耀。」[73]至於由大梵轉變成為現象世界的過程，則是這樣的：如前所述，大梵含有「心」與「非心」兩種形式；其中，非心又名「自性」(prakṛti)，那也是數論派的固有術語。在宇宙尚未生成之時 (pralaya)，自性以潛在、極微 (sūkṣma)、不可分割 (avibhakta) 的狀態，存在於大梵之中。而在宇宙開創之時，創造神──毘瑟笯，依照人們的業力，而使自性開始轉變，最後成為具體的現象世界。轉變的過程則是：首先，由自性轉變出 (praiṇāmayati) 細微的三種元素：地、水、火等三唯。其次，再由三唯進一步轉變出比較粗大的原素：地、水、火等三大。最後，再由三大轉變出山河大地等現象世界。值得注意的是，和數論派相同的，自性含有喜、憂、闇等三德。而在這轉變的過程當中，三唯、三大乃至山河大地也同樣含有三德。無疑地，這種宇宙的創造說，乃是源自《奧義書》以來即已存在之「三重（因）」（三元素，trivṛt-kāraṇa）的說法[74]。

---

[72] Cf. Rāmānuja, *Śrī-bhāṣya*, II, 3, 18, in G. Thibaut (tr.), *The Vedānta-sūtras, with the Commentary by Rāmānuja*, p. 542.

[73] Ibid., p. 402.

[74] Rāmānuja, *Śrī-bhāṣya*, I, 1, 1, I, 4, 27, in G. Thibaut (trans.), *The Vedānta-sūtras,*

轉變是真實的，轉變出來的宇宙萬物也是真實的，那麼，商羯羅等不二一元論者所主張的「幻力」說，在羅摩冕闍的眼裡看來，必然是錯誤的。這點，和他的先輩們，亦即本節前項所介紹的毘瑟笯派學者們，是完全相同的。羅摩冕闍質問不二一元論者：生成雜多世界的無明（幻力）❼，它所依靠的基質在哪裡？接著，他設下了兩難：如果無明的基質是個體靈魂，那是錯誤的。因為個體靈魂是由於無明形成的；無明是因，個體靈魂是果；因不能預先存在於果之中。其次，如果無明的基質是大梵，那麼大梵就失去了祂自我觀照的智慧❼。

然而，「幻力」一詞是《奧義書》和《梵經》當中固有的用語：《梵經》III, 2, 3 說：「但是，它只是幻力……。」羅摩冕闍如何自圓其說呢？他在《室利之注》III, 2, 3 當中，這樣注解著：《奧義書》中之所以說到大梵本具「幻力」，那是對創造神（大梵）的讚美之詞。他說：「……『幻力』一詞意指美妙的事情；就如下面這段引文所顯示的：『她出生在闍那伽王族 (Janaka) 當中，具有天仙一般的美妙體態 (devamāyā)。』」❼其中「天仙一般的美妙（體態）」(devamāyā) 一詞，

---

with the Commentary by Rāmānuja, pp. 125～127, 140, 405～406.

❼ 就商羯羅等不二一元論者來說，無明和幻力並不完全相同。無明是就有所限制的個體靈魂而言，而幻力則就無限的創造神而言。但是，就羅摩冕闍來說，無明即是幻力。有關這點，《室利之注》II, 1, 15 已經說得非常清楚。[Cf. G. Thibaut (tr.), *The Vedānta-sūtras, with the Commentary by Rāmānuja*, pp. 441～442.]

❼ Rāmānuja, *Śrī-bhaṣya*, I, 1, 1, in G. Thibaut (trans.), *The Vedānta-sūtras, with the Commentary by Rāmānuja*, p. 103.

❼ Cf. G. Thibaut (trans.), *The Vedānta-sūtras, with the Commentary by Rāmānuja*, p. 602.

並不是對於「她」的真實描寫，而是讚美詞而已。同樣地，《奧義書》或《梵經》當中所說到的「幻力」，也是對於創造神的讚美詞而已，並不是說真有「幻力」（無明）存在於創造神的身上。

由於轉變是真實的而幻力則是不存在的，因此，羅摩奴闍除了批判商羯羅的幻影論之外，也批判酷似幻影論的佛教瑜伽行派的唯識論。這些批判，我們都可以從他的《室利之注》II, 2, 27–29 看出來；讀者不妨參考78。

最後，讓我們再來看看羅摩奴闍哲學當中，屬於宗教實踐的部分：

在羅摩奴闍的宗教哲學當中，另外一個和毘瑟笯信仰相同的想法是：「熱愛（神）」。其次，相信神可以讓我們解脫的「（神之）恩寵」(prasāda)，也是重要的德性之一。事實上，羅摩奴闍以為，像商羯羅那樣，只注重（對於大梵的）智慧，並不能獲得究竟的解脫；因為，解脫不能只靠智慧 (jñāna) 和（善）業 (karma)，相反地，熱愛和神的恩寵，才是解脫的真正原因79。其中，「熱愛」有相當豐富的內容：(1)無分別 (nirviveka)，不分別食物等（的好與壞）；(2)分離 (vimoka)，不執著任何事物，只追隨神；(3)作事 (kriyā)，造作有利於他人的事情，包括研讀聖典、禮敬天神、祭祀祖先、服務社會、服務眾生等五種善行；(4)妙善 (kalyāṇa)，祝願一切美善；(5)實語 (satyam)，不說謊話；

---

78 Ibid., pp. 511～514.

79 普利乾多羅 (R. Puligandla) 曾說：羅摩奴闍提倡「熱愛瑜伽」(bhākti-yoga)，用來對付商羯羅的「智慧瑜伽」(jñāna-yoga)。這意味著羅氏以為：只靠屬於理性範圍的智慧（知識，jñāna），無法獲得最後的解脫；還要靠屬於情意性質的「熱愛」，才能獲得澈底的解脫。(Cf. R. Puligandla, *Fundamentals of Indian Philosophy*, New York: Abingdon Press, 1975, p. 236.)

⑹直心 (ārjavam)，質朴、正直；⑺慈心 (dayā)，同情心；⑻安福 (anavasāda)，充滿快樂和希望；⑼心懷滿足 (anuddharṣa)；⑽實踐 (abhyāsa)[80]。這樣看來，羅摩毟闍所說的「熱愛（神）」，並不全然是盲目的感情 (svapneśvara) 或執著 (anurakti)[81]。事實上，那是某種意義的瑜伽 (yoga) 或禪定 (dhyāna)。許多學者並且採用「熱愛瑜伽」(bhākti-yoga) 一詞，來取代簡單的「熱愛」一詞[82]。而普利乾多羅 (R. Puligandla) 更說到，羅摩毟闍的「熱愛瑜伽」包含下面三種內容：禪定、祈禱 (upāsanā)、熱愛（神）[83]。可見羅摩毟闍的「熱愛」，並不是對於神祇單純的感性崇拜。而這種圓滿的「熱愛」，即是「順忍（於神）」(prapatti)；這也是毘瑟笯派的宗教詩人們，所重視的德性。

---

[80] Cf. E. B. Cowell and A. E. Gough (tr.), *Sarva-darśana-saṅgraha of Mādhavācārya*, pp. 115～116, in S. Radhakrishnan, *Indian Philosophy*, vol. II, p. 704.

[81] 這二詞都是商提利耶 (Śāṇḍilya) 的用語。其中，執著的梵文字 anurakti，商氏將它拆成 anu（在後面）和 rakti（執愛）兩字，然後解釋說 anurakti 的意思是獲得有關神的知識之後的執著。(Cf. S. Radhakrishnan, *Indian Philosophy*, vol. II, p. 704.)

[82] 例如普利乾多羅（參見[79]所引書）、親姆 (H. Zimmer)。(Cf. H. Zimmer, *Philosophies of India*, Princeton: Princeton Univ. Press, 1971, pp. 404～405, 587.)

[83] 普利乾多羅更依據《薄伽梵歌》、《瑜伽經》等作品，把瑜伽分類成下面四種：⑴王者瑜伽 (rāja-yoga)，透過心理的探究，而達到心智的開發和控制；⑵智慧瑜伽 (jñāna-yoga)，知識的探究；⑶業瑜伽 (karma-yoga)，不執著業果的行為訓練；⑷熱愛瑜伽。(Cf. R. Puligandla, *Fundamentals of Indian Philosophy*, New York: Abingdon Press, 1975, p. 236.)

・第三項　附論：摩度的二元論吠檀多

對於《梵經》的不同注釋，因而分裂的吠檀多支派，除了上面所討論到的商羯羅和羅摩奴闍之外，還有婆羅跋 (Vallabha)[84]、賃波迦（Nimbārka，約逝世於 A.D. 1165）、摩度等人[85]。其中，不管是從影響層面的廣大來看，或從新思想的開發程度來看，都屬摩度最為重要。摩度受到羅摩奴闍的影響很深，許多方面二者都有相同的見解：神、人、物的差異；真實的創造神、真實的宇宙轉變、真實的現象世界；情意性地崇拜神祇的要求[86]；從這些共同的思想，可以看出羅摩奴闍投射在摩度身上的影子[87]。

---

[84] 有關婆羅跋的年代，一直是個謎。Dr. Rajendra Lal Mitra 以為，婆氏的年代早於賃波迦。(Cf. S. Dasgupta, *A History of Indian Philosophy*, vol. III, p. 400.) 但是，S. Radhakrishnan 卻明白標示為西元 1401 年。(Cf. S. Radhakrishnan, *Indian Philosophy*, vol. II, p. 756.)

[85] 有關婆羅跋和賃波迦的思想，請參見 S. Dasgupta, *A History of Indian Philosophy*, vol. III, pp. 399～416; S. Radhakrishnan, *Indian Philosophy*, vol. II, pp. 751～760.

[86] 摩度比起羅摩奴闍更加強調情意性的崇拜毘瑟笯。敬神的行為包括在身上烙上毘瑟笯的印記、給兒女取一個和毘瑟笯有關的名字、以麵粉捏成動物的形狀祭拜神祇（這是因為活著的動物犧牲，已被禁止做為犧牲的緣故）等等。

[87] 摩度雖然和羅摩奴闍之間有極為相似之點，但是卻也有完全不同之點：⑴羅摩奴闍以為，不同的個體靈魂之間，存在著相同的本質；而摩度卻以為，個體靈魂之間，並沒有相同的本質。⑵羅摩奴闍以為大梵是宇宙萬物的物質因，而摩度卻以為宇宙並不是大梵所創造。⑶羅摩奴闍以為，所有個體靈魂都會解脫；但是摩度卻以為，有些個體靈魂永遠無法解脫。(Cf. S. Radhakrishnan, *Indian Philosophy*, vol. II, p. 738n.)

另一方面，商羯羅是個絕對的一元論者；羅摩㝹闍則是個修正的一元論者或前文所說的侷限一元論者，具有濃厚的二元論傾向。然而，羅摩㝹闍畢竟只是具有二元論的傾向，並不是真正的二元論者；摩度才是真正和商羯羅決裂，澈底走向了二元論 (Dvaitavāda) 的思想領域。也因為他那明顯的二元論色彩——特別是神、人距離的加深——使得強調情意崇拜的毘瑟笯信仰，才能夠完成圓滿而具有一致性（沒有矛盾性）的教義。

摩度，又名普那般若 (Pūrṇaprajñā)、阿難陀提達 (Ānandatīrtha)，西元 1199 年生於西南印的毘利伽蘭 (Biligram)。早年拜在商羯羅派的阿周陀薛剎 (Achyutaprekṣa) 門下，後來卻不滿阿氏的不二一元論的教學，因而離開了師門。晚年，則在烏提毘 (Udipi)，建造了供奉黑天 (Kṛṣṇa) 的神廟；並以之為中心，發展出他自己的教派，名為「真實毘瑟笯派」(Sad-Vaiṣṇava) 或「大梵毘瑟笯派」(Brahmā-Vaiṣṇava)。摩度逝世於西元 1278 年，作品共有三十七種；其中尤以《經注》(*Sūtra-bhaṣya*)[88]——對於《梵經》的注解，以及《釋歌》(*Gītā-bhaṣya*)——對於《薄伽梵歌》的注解，最為重要。除此之外，《釋難》(*Anuvyākhyāna*)、《論評》(*Prakaraṇas*)，以及《大戰歌》的綱要書——《大戰歌定旨》(*Bhāratātatparya-nirṇaya*) 等，也是他的重要作品。至於摩度之後，屬於此派的作品，則有：闍耶提達 (Jayatīrtha) 的《正理甘露》(*Nyāyasudhā*)——這是注解《摩度注》和《釋難》的作品；毘沙陀耶 (Vyāsarāya) 的《月光》(*Candrikā*)——這是對於《正理甘露》的注解；普那難陀 (Pūrṇānanda) 的《真實珠貫》(*Tattvamuktāvali*)——這是對於不二一元論吠檀多的嚴厲批判。

[88] 又名《摩度注》(*Madhva-bhaṣya*)。

摩度之所以被認為是二元論的吠檀多，原因是他主張：宇宙中真實地存在著多元的事物。事實上，摩度吸收了勝論派的思想，以為宇宙中存在無限多的「異（句）」(viśeṣa)：部分與全體的「異」（不同）、一與多的「異」等等。由「異」的理論，更進而發展出「（分）離」(bheda) 的觀念。在此，摩度提出他那有名的五種「離」：(1)大梵與個體靈魂的「離」（不同）；(2)神與物質存在的「離」；(3)兩個個體靈魂之間的「離」；(4)個體靈魂與物質存在的「離」；(5)兩個物質存在之間的「離」。例如，就第(1)點來說，摩度的《經注》II, iii, 28，曾引《考史多啟奧義書》(*Kauṣītaki Upaniṣad*) 當中的一段話，然後解釋說：

> 「至上神絕對分離於全部的個體靈魂，因為祂是不可想像的，遠遠超越個體靈魂，最崇高、完美而且永遠神聖；但是，個體靈魂卻必須從神那裡尋求解脫。」從這段《考史啟聖教》(*Kauśika Śruti*)[89]（當中的話），明白地可以推知：個體靈魂分離於神，而不是同一。[90]

同樣地，就第(2)點——神與物的「離」（不同）來說，摩度以為宇宙一開始，就存在著神與物這兩種不同的實體；正如一開始就存在著不同的神與個體靈魂一樣。也就是說，雖然創造神支配著心（個體靈魂）和物（現象世界）；但是，心和物卻都獨立存在於大梵（創造神）之外。為了說明這點，摩度在《經注》II, i, 18 當中，引了《梨俱吠

[89] 原注說，《考史啟聖教》即是《考史多啟奧義書》。

[90] Cf. S. Radhakrishnan and C. A. Moore, *A Source Book in Indian Philosophy*, p. 565.

陀》X, 55, 6 裡面的一段話，然後解釋說：「『您（神）所創造的世界，確切是真實的；因為它並不是空幻的。』從這樣的聖教 (śruti) 和聖傳 (smṛti)[91]，顯然，在一開始，除了大梵之外，還有其他的的事物。」[92]

世界真實地獨立於大梵之外；基於這樣的觀點，摩度除了批判商羯羅的幻影論之外，自然也會批判瑜伽行派的唯識論。《經注》II, ii, 30，說：「世界不僅僅只是心識的一種形式；因為，在人們的經驗中，不曾這樣地知覺過。」而在同書 II, ii, 31，摩度接著說：「心識 (vijñāna) 只是剎那地延續著，但是，外物卻已知是永恆的。因此，心識和外物也不能說它們是等同的。」[93]在這裡，摩度訴諸兩個理由，來批判瑜伽行派的唯識論：其一是「現量」（感官知覺），人們沒有經驗過心識生起萬物的情形，因此，不能說萬物由心識所生。其二則是訴諸心、物的不同本質；前者是剎那變化的，而後者卻是永恆不變的。因此，和物不同性質的心，並不是物生成的原因。

在以上所說的五種「離」（差異）當中，第⑴點最值得注意；因為這意味著人（個體靈魂）和神——毘瑟笯之間的距離，比起羅摩㝹闍所說，還要擴大。事實上，由於摩度特別強調「異（句）」（詳前文）和「（分）離」，因此，天上的神祇具有高低不同的階級：創造神——毘瑟笯自然是最高階位的神祇；其次是祂旁邊的吉祥女神（威德力，

---

[91] 一般來說，「聖教」指的是《吠陀》、《梵書》和《奧義書》；而「聖傳」，則指《天啟經》、《家庭經》、《律法經》等經書 (Sūtras)。（參見第二章第一節。）不過目前引文中的「聖教」和「聖傳」，則指《吠陀》聖典而言。

[92] Cf. S. Radhakrishnan and C. A. Moore, *A Source Book in Indian Philosophy*, p. 563.

[93] Ibid., p. 564.

Lakṣmī），她代表毘瑟笯有智慧力的能量——自性 (prakṛti)。而其他的神祇，則受到毘瑟笯的指揮和控制。例如，梵天和風神窪尤，都受命於毘瑟笯，而創造了宇宙。而傳說中，摩度則是窪尤的化身。

由於人、神距離的拉遠，因此，人無法直接親近神，必須透過窪尤的媒介，人才能得到神的恩寵，得到解脫。而且，解脫之後的個體靈魂，也無法進入大梵當中，與大梵合一；解脫之後的個體靈魂，只能服務於神。這樣看來，神就像基督教的耶和華，窪尤的化身——摩度，有如神子耶穌；二教的這些相似點，使人聯想摩度受到基督教影響的可能性。另外，摩度還以為：只有少數人得以受到神的恩寵，其他都會被打下地獄。這顯然並不是印度固有的思想，因此，更加證明摩度受到外來宗教影響的可能性[94]。

---

[94] Cf. S. Prabhavananda and F. Manchester, *The Spiritual Heritage of India*, Garden City, N.Y.: Doubleday & Co., 1964, p. 377.

索　引

三劃

四劃

五劃

六劃

七劃

八劃

九劃

十劃 29, 30

十一劃

十二劃

十三劃

十四劃

十五劃

十六劃

十七劃

十八劃

十九劃

二十劃

二十一劃

二十三劃

二十四劃

二十九劃

英、梵、巴文索引

班雅明

馬國明　著

班雅明受批判理論影響，反思社會現實中人未竟的價值，這點體現在他洗鍊的文字之中。蘇珊．桑塔格評論班雅明的寫作風格是「巴洛克式的定格鏡頭」，他的每一字都是全神貫注的向內凝視，每一句都得表明一切。本書將班雅明的思想織成一段闡明班雅明思想的旅程，邀請讀者一同聆聽班雅明的思想與故事。

德勒茲

羅貴祥　著

德勒茲是法國戰後最重要的哲學家。有別於傳統，德勒茲關心的不是典型形上學問題，他視哲學為觀念的創造，因此他同樣關注科學與文藝，平等地把它們看作是創造新觀念的領域。本書五章分別探討德勒茲與西方哲學傳統的關係、他怎樣在舊語言找出新意義、如何運用精神分析解剖資本主義制度、在不同藝術中發掘新動力，以及他對歷史運動趨向的獨特理解。

老子——年代新考與思想新詮

劉笑敢　著

本書以概念的深層剖析和體系的有機重構為主要方法，探討老子哲學的本來面目與現代意義。作者認為老子哲學體系是以自然為中心價值，以無為為實現中心價值的原則性方法，以辯證法和道分別為自然和無為提供經驗性和超越性的論證。針對《老子》晚於《莊子》的觀點，書中從韻式、合韻、修辭、句式等方面詳細比較，為確定《老子》的年代提出了新的論證。

王陽明——中國十六世紀的唯心主義哲學家

張君勱　著；江日新　譯

張君勱是同唐君毅、徐復觀及牟宗三諸先生共倡「當代新儒學」的代表人物。為尋繹中國走向民主政治的問題及方法，張君勱的思想研究是一個重要的可能取徑。王陽明哲學的重新認取和發揮，則是了解張君勱思想的一個關鍵。本書是張氏全面論述陽明哲學的專著，內容深入淺出，能幫助讀者把握張氏在此方面的真正意圖及洞見，是研究張氏思想與陽明心學的重要著作。

硬美學——從柏拉圖到古德曼的七種不流行讀法

劉亞蘭　著

本書作者另闢蹊徑，擺脫以「唯美」的藝術作品來介紹美學的方法，反而從七個迴異的主題下手，藉由最「冷硬」、最尖銳的議題來挑動讀者的哲學神經。這些議題包括了對藝術體制的批判、藝術與詮釋問題、創作與靈感、解構藝術、藝術與性別／種族、藝術的本質等爭議，範圍除了涵蓋當代歐陸美學與分析美學兩大傳統外，也討論了美學史上重要的哲學家。教多樣性與彼此相互關係的問題呢？一切，就從本書開始吧……

形上學要義

彭孟堯　著

哲學是人文的基礎，形上學是哲學的根基。本書介紹在英美哲學思潮下發展的形上學，解說形上學最根本的四大概念：等同、存在、性質、本質。在介紹的過程中同時也探討了「個物」以及「自然類」等概念。另外，基於形上學必定要探討這個世界的結構，尤其是這個世界的因果結構，本書特別對於因果關係進行一些說明。

柏拉圖

傅佩榮　編著

在傅佩榮教授的淺顯介紹中，柏拉圖《對話錄》之各類題旨愈發清晰，而文雅又精鍊的原文翻譯，也讓讀者得以欣賞柏拉圖行文風格與敏銳心智，並且跟隨柏拉圖的腳步，進入深刻的人生思辨。本書乃作者精心力作，以最清晰淺白的文字，帶領您進入兩千四百年前柏拉圖的世界，是掌握柏拉圖的最佳讀本！

西洋哲學史話（上／下）

鄔昆如　著

本書以編年史的形式，將西洋哲學歷史分為希臘哲學、中世哲學、近代哲學和現代哲學四個部分，清楚地解說每一時期的沿革發展，並選擇數個具代表性的哲學家或思想流派來介紹。以深入淺出的文筆，從繁榮到哲學之死，從黑暗到迎接曙光，帶你一起找到進入西洋哲學的門徑，一窺哲學世界的萬千風貌及深厚底蘊。

倫理學釋論

陳特　著

本書介紹了一些很基本的倫理學說，在其中，讀者可以看到道德對於個人和社會的各種意義與價值，亦即人之所以要道德的各種理由。希望讀者能透過這些學說，思索、反省道德對於人生所可能具有的意義與價值，以及在道德的領域中，我們的生命可能會產生什麼樣的變化，進而找到新的人生方向與意義。

哲學概論

冀劍制　著

不同於傳統以訓練哲學專業為目標，本書做為哲學入門教科書，著重在引發學生興趣與思考。希望透過與哲學的簡單接觸，就能吸收養分，轉換成生活的智慧。本書另一項特點是廣泛介紹各種哲學議題，不偏重於任何特定主題的方式來規劃內容，並且在篇末設計了一些值得討論的問題，訓練學生的思考能力。。

國家圖書館出版品預行編目資料

印度哲學史／楊惠南著,.——三版一刷.——臺北市:
東大，2022
面；　公分.——（哲學）

ISBN 978-957-19-3257-6（平裝）
1. 印度哲學 2. 哲學史

137.09　　110001086

哲學

印度哲學史

作　者	楊惠南
發行人	劉仲傑
出版者	東大圖書股份有限公司
地　址	臺北市復興北路 386 號 (復北門市) 臺北市重慶南路一段 61 號 (重南門市)
電　話	(02)25006600
網　址	三民網路書店 https://www.sanmin.com.tw
出版日期	初版一刷 1995 年 8 月 二版一刷 2012 年 7 月 三版一刷 2022 年 4 月
書籍編號	E130140
ISBN	978-957-19-3257-6

東大圖書公司